エコハウス・高断熱住宅の疑問に完全回答!

断熱・気密・換気・空調 Q&A

High insulation housing design manual

超高断熱住宅(等級6)の設計手法も徹底解説!

X-Knowledge

CONTENTS

本書は「建築知識ビルダーズ」No.46・50・51の特集記事を加筆・修正し、再編集したものです。

デザイン――マツダオフィス
DTP――シンプル
印刷――シナノ図書印刷

1章 エコハウスの基本！断熱・気密Q&A

高断熱住宅＝エコハウスが性能を発揮するうえで、結局大事なのは、断熱・気密である。
にもかかわらず、設計・施工の本当に必要な知識や技術はまだまだ伝わっていないうえに、
インターネットを覗いてみれば、偏った情報、危うい情報が散乱し、消費されている。
この章では、高断熱住宅を長年設計・施工する専門家が、断熱・気密の疑問に正確に回答する。

Q 結局、何を基準に設計すればよい？

解説・文：山本亜耕（山本亜耕建築設計事務所）

わが国において「建築を断熱する」（定量的な熱と水蒸気移動に配慮する）という視点はほぼ重視されてこなかったといっても過言ではない。事実、〝断熱を前提とした〟建築計画やその設計手法は、日本の建築教育、建築士育成、建築基準法で扱われてこなかったし、現在の計画手法の多くが断熱を省いたものである。それらに沿って建設が進められてきた結果、国内にある建築の多くが断熱不足という残念な実態がある。つくり手たちの多くが、今までほぼ求められてこなかった断熱という未知の技術に苦手意識をもつのもある意味で当然なのかもしれない。

その一方で今後、断熱のスキルを身に付けるためには、建築基準法に「建築物は断熱すること」という一文を加え、施行令や告示を用いて地域ごとに具体的な特例やその詳細を決めることが必要だと筆者は考える。外皮（断熱）基準の順守が義務ではないにもかかわらず、その内容や計算結果を建て主に説明することが義務とされるのは、やはり理解しがたい。

仮に「建築の断熱」が耐震や防耐火のようにつくり手にとって昔から当たり前の仕事であったなら、その印象は今とは全然違うものになっていただろう。多くのつくり手にとって耐震等級や耐火構造時間は、イメージしやすい物差しである。その一方で、U_A値やQ値、地域ごとに割り当てられたU_A値を示すHEAT20・G1～G3が一体どの程度のものなのかを体感としてイメージするのは難しい。G2グレードの室内がどれほどの快適性や省エネ性なのか？すぐに思い浮かべることは大抵の場合、困難である。そこで、室温（特に自然温度差Δtn）と冷暖房負荷（燃費）のシミュレーション（疑似実験）が必要になる。断熱建物を前提に、敷地のどこに配置すれば最も簡単に室内を温められるのか？断熱サッシと日射遮蔽にどんな工夫をすれば温度上昇を抑えられるのか？まずはソフト上でさまざまな検討を重ねる必要がある。きっと設計の勘所（法則性）が徐々につかめるようになるはずだ。

シミュレーション+実測で経験値を増やす

シミュレーションでおおよその外皮性能の目安が決められるようになったら、今度はシミュレーションでは問われない断熱の品質を確保するために、工事管理（監理）に集中することが求められる。たとえば断熱材を丁寧に施工することや、十分な気密性能を確保することなどはシミュレーションだけでは担保できない。

建物が竣工したら引き続き実測に移行し必ず実態を確認することが重要である。室温の変動や、シミュレーションによる計算上の燃費と実際の結果はどうだったのか、シミュレーションは必ず実測結果と対比して体感を通して理解する。この反復がつくり手にとってかけがえのない財産に変わる。余談だが、よくシミュレーションと実際は違うのだから意味があるのか？という疑問を聞く。シミュレーションとは一般解であり、ある個人の住まい方は特殊解である。

山本亜耕建築設計事務所の設計フロー

1 配置計画及び平面と立面が固まる

2 シミュレーションを行う（目標を設定する）

- 各室の温度分布（時間帯別）、自然温度差Δtn
- 敷地内配置
- 開口部（断熱性能、日射熱取得率、日射遮蔽）
- 冷暖房負荷（燃費）
- 一次エネルギー
- 計画換気
- 各部の断熱仕様

3 着工～竣工（シミュレーション以外の部分）

- 施工品質（断熱施工）
- 気密試験（中間時、竣工時）

4 実測（目標を達成しているか確認）

- 室温、湿度、換気量について測定を行う
- 地域の研究者との連携（データの解析）
- シミュレーションと実測の相関を調べる
- 目標に達成していない場合は、原因の究明（配置、間取り、設備、住まい方）

5 改善（ノウハウの蓄積） →1に戻る

付加断熱を施すことで、窓廻りに彫りの深さが生まれる。高断熱建築ならではの特徴だ

A 目標を決められるようシミュレーションと実測を反復する

人間一般を広く理解することと特定の個人を深く知ることは別であるが、双方とも必要である。もし建て主の協力が得られるならば、シミュレーションと同様の条件で住んでもらってほしい。結果はかなり近似してくるはずだ。

室温以外にも、よく世間でいわれている「断熱すると暑くてエアコンが効かないのか」「気密が高いと息苦しくはないか」「風通しが悪くならないのか」なども確かめる必要がある。可能であれば、単なる感覚の聴取ではなく、計測器によるデータを取りたい。そのデータに対して第三者（地域の研究者など）から助言をもらうことも重要である。データは事実でも、それを正しく読み解けるか否かは人によって異なるからだ。

高断熱住宅で設計の常識が変わる

断熱するのとしないのとでは建物の性質はまったく異なる。多くの設計者にとって北側の水廻りや玄関は「寒い場所」なので、居室との間は建具で仕切らねばならない。また、リビング階段や吹抜けは隙間風や暖房熱の逃げ場になり、夏場に暑くなる2階は高齢者の居場所には向かないし、温暖地では部屋ごとにエアコンを設けるのが当たり前とされてきた。部屋の使い方も特徴的で、使う時間だけ空調することが前提なため、ホールや廊下に冷気が逃げないよう、ますます仕切れる間取りが好まれる。住まいの規模は年々縮小傾向にあるのに間仕切は一向に減らない理由はこんなところにもある。

一方、建物を断熱するとこうした制限や注意の多くは不要なものとなる。まず、寒さや暑さを理由に間仕切を設ける必要がなくなり、ホールや階段を空間に取り込めるようになる。さらに、床下や小屋裏といった従来の未利用空間も、新たな室内へと変わる。1部屋に1台が常識だったエアコンは一家に1台で十分になり、30～40坪程度の家なら約3kW/hの能力で全室冷暖房が可能にさえなる。このように、従来の設計常識が大きく変わるのも断熱を取り入れた計画の特徴であり、ぜひ知っていただきたい点である。

＊現代的な建築の断熱とは一般的には一定の気密を伴った状態を指す。断熱性の実現には気密性の確保が不可欠だからである。一般にいう「断熱気密住宅」とここでいう「断熱住宅」は同義として使用している

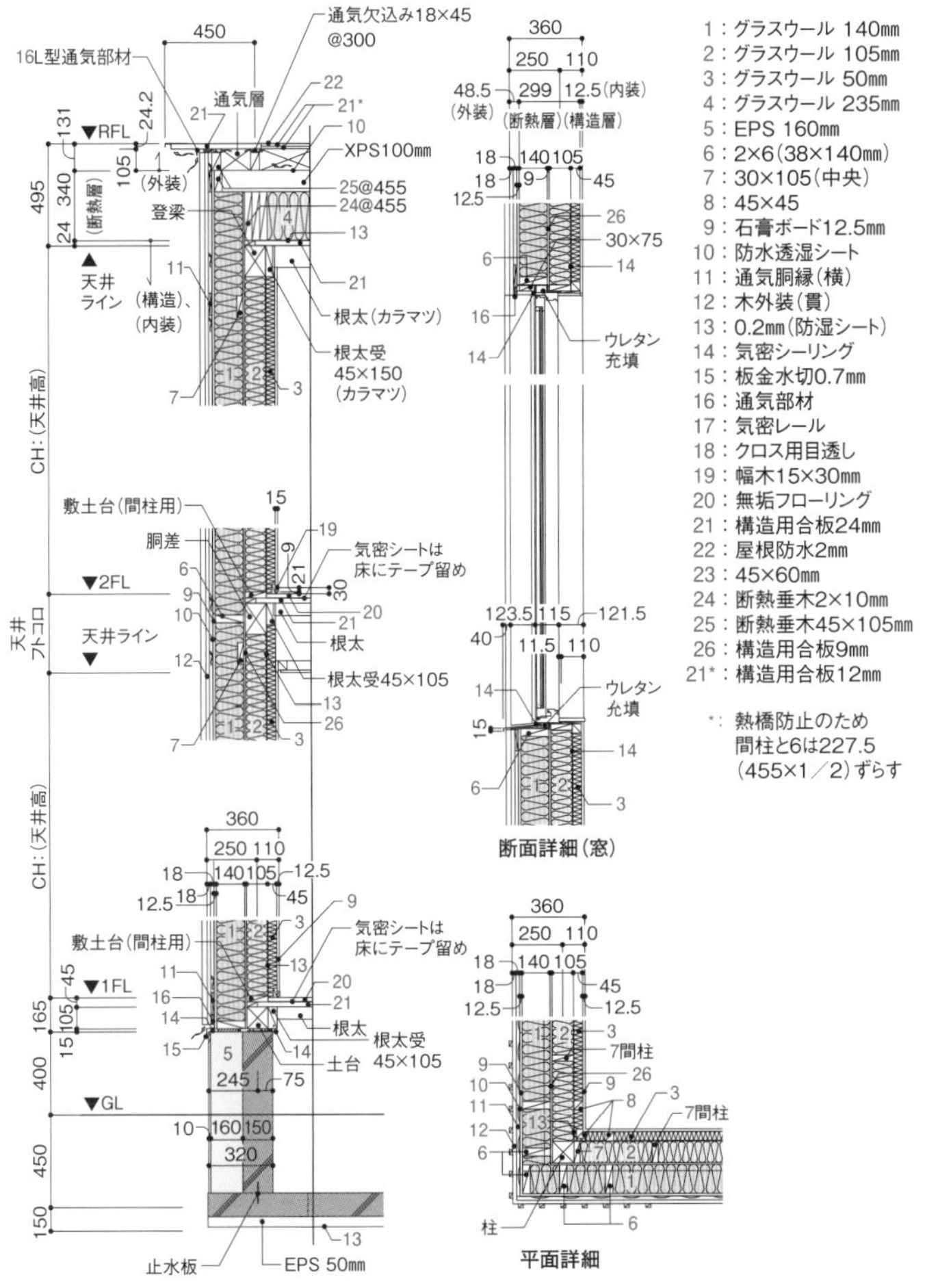

山本亜耕建築設計事務所の標準仕様例

北海道全域で断熱の効果を住まい手が実感できるように概ね、U_A値0.19～0.23W/㎡K。BEI：0.6（太陽光含まず）程度を目標に各部の断熱仕様を標準化している。断熱仕様は予算に係わらずほぼ一定で、主に間取りを毎回検討し微調整を行う場合が多い

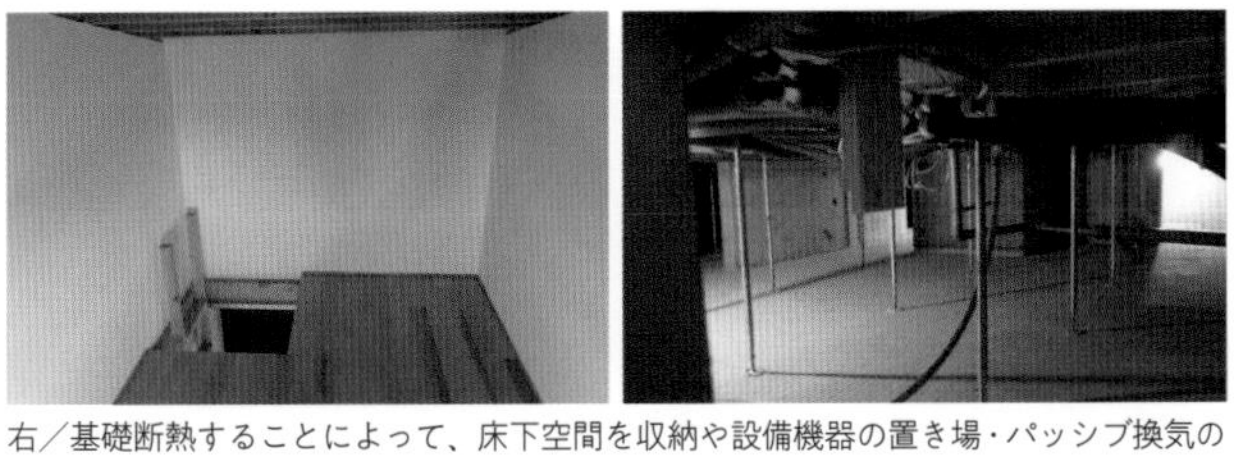

右／基礎断熱することによって、床下空間を収納や設備機器の置き場・パッシブ換気の予熱などさまざまな用途で使えるようになる。もちろん、床下点検もラクになる　左／屋根断熱を施せば、今までであれば屋根裏空間としてデッドスペースになっていた空間を室内化できるため、同じ床面積でも空間は大きく広がる

実測データの例

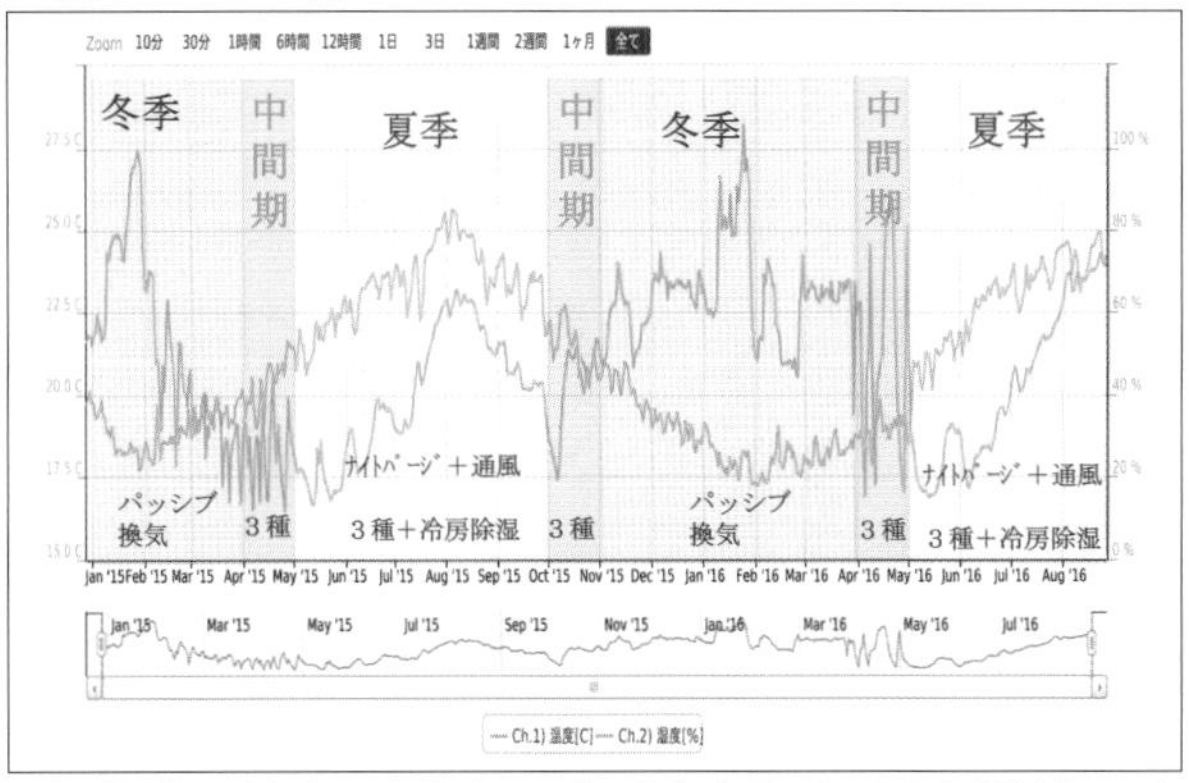

山本亜耕建築設計事務所の実測データ。竣工後約2年間に渡り温湿度計測を行い、年周期の変動を見える化し、つくり手の蓄積とすることが狙い

Q どこの性能を上げると省エネ効果が高い？

解説・文：神長宏明（Raphael設計）

ベースとなる住宅の各部位の構成（屋根日射吸収率：0.80　外壁日射吸収率：0.80）

部位		材料	単層U値
屋根・天井	外気側	屋根：ガルバリウム鋼板（※計算上）メイン：太陽光エコテクノルーフ	4.25
	断熱層	セルロースファイバー55K 300㎜厚（母屋間）	0.24
	室内側	天井：石膏ボード（仕上げ：漆喰）	4.48
外壁	外気側	外壁：スギ板	4
	断熱層	高性能グラスウール16K105㎜厚+105㎜厚（付加断熱）	0.2
	室内側	天井：石膏ボード	3.65
間仕切壁	外気側	天井：石膏ボード（仕上げ：漆喰）	3.65
	断熱層		
	室内側	天井：石膏ボード（仕上げ：漆喰）	3.65
床	外気側		
	断熱層	基礎：ビーズ法ポリスチレンフォーム50㎜（外）+50㎜（内）	0.31
	室内側	床：無垢フローリング15㎜厚+構造用合板24㎜厚	1.74
窓	南	K-WINDOW Low-E 複層Ar16　日射熱取得η：0.74	1.70（代表値）
	東西北	K-WINDOW Low-E 3層Ar16　日射熱取得η：0.3	1.2（代表値）

ひと口に「省エネ効果」といっても、イメージは人によってさまざまだ。現在の日本の家で一番の「省エネ」は、冷暖房をつけるのをできるだけ我慢することだが、今回は高断熱住宅の話なので、「電気代を我慢するのではなく、夏や冬は家中の冷暖房を24時間連続で付けても電気代が安い家」を前提条件としたい。

したがって、住宅に求める目安としては、①真冬の朝に無暖房で18℃前後の室温、②暖房期と冷房期にエアコンを24時間連続運転でも光熱費は月額1万円程度、③冷房は6月（除湿）～9月、暖房は11月下旬～2月、の3点としている。

この目安にしたがって、壁や窓の断熱性能や換気設備の機能のどの部分に費用対効果があるのかを考えていきたい。今回は実際に竣工した高断熱高気密住宅でシミュレーションを行うので、この住宅の性能や仕様を部分的に変更しながら、その効果を熱計算ソフト「QPEX」と「ホームズ君」を使って見ていきたい。

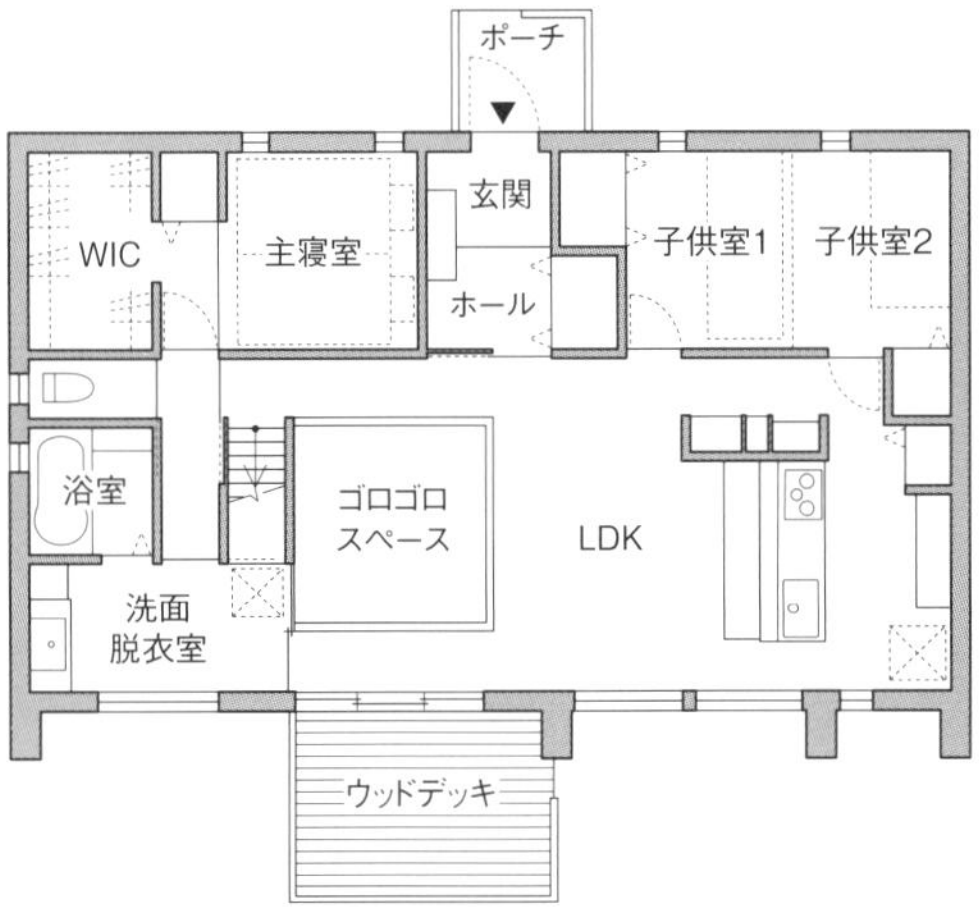

ポーチ
玄関
WIC
主寝室
ホール
子供室1
子供室2
浴室
ゴロゴロ
スペース
LDK
洗面
脱衣室
ウッドデッキ

ベースとなる住宅の平面図（S=1:200）
延床面積：92.75㎡、
栃木県（小山市）：5地域
U_A値0.29、Q値1.09、C値0.2

なお、この住宅は栃木県栃木市に建つ平屋で、U_A値0・29、Q値1・09、C値0.2と断熱性能もかなり高い。この住宅に使われている樹脂窓（K-WINDOW、南：Low-E複層ガラス、ほか：3層ガラス）からアルミ樹脂窓（APW310「断熱ニュートラル」、Low-E複層ガラス）に変更してみる。変更によって10万円程度削減ができるが、無暖房状態のLDKの室温は1月9日5時（外気温マイナス5.9℃）で18・2℃から15・5℃と2.7℃低下した。もう少し詳細に見ていくと、日射熱取得率が74%から61%になったため日射取得熱が減り、9.9kwh／㎡から19・5kwh／㎡と暖房エネルギー負荷がかなり増えている。一方、冷房エネルギー負荷は日射取得熱の減少によって8.0kwh／㎡から7.4kwh／㎡とわずかに減っている。その結果、年間の暖房費が6048円から11934円とかなり増え、冷房費は4760円から4434円とわずかに減っている。したがって、省エネ効果が格段に大きい暖房費の差を考えれば、窓の変更によるメリットが大きいといえる。また、省エネを重視するのであれば、何よりも日射熱取得率も重視して窓を選ぶ必要があることが分かる。

続いて、当初のダクトありの第1種熱交換換気を一般的なダクトレスの第3種換気に変更してみる。変更によって約40万〜50万円程度の削減が可能だが、家全体の無暖房状態の室温は1月9日5時で18・2℃から13・9℃と4.3℃低下した。もう少し詳細に見ていくと、UA値は換気による熱損失が反映されないために変化がないものの、Q値が1・09から1・55と大きく落ちている。また、暖房熱負荷が9.9kwh／㎡から29・8kwh／㎡、冷房熱負荷が8.0kwh／㎡から10・0kwh／㎡と最も変化が大きい。結果、これらが冷暖房負荷に直接つながり、暖房費で年間18225円、冷房費で年間5885円と最も光熱費がかかる結果となる。省エネという意味では、熱交換の有無が最も大きく影響することが分かる。

実例の外観。窓にはFIXを多用している。FIX窓はほかの開閉方式と比べて、樹脂窓とアルミ樹脂窓の価格差は小さい

A 効果が高いのは換気設備。コスパを考えれば窓

最後に壁の付加断熱（高性能グラスウール16K105㎜+105㎜）を充填断熱のみ（高性能グラスウール16K105㎜）に変更してみる。変更によって約37万円程度の削減ができるが、家全体の無暖房状態の室温は1月9日5時で18・2℃から14・6℃と3.6℃低下した。もう少し詳細にみていくと、暖房熱負荷が9.9kwh／㎡から19・2kwh／㎡、冷房熱負荷が8.0kwh／㎡から8.3kwh／㎡と最も変化が少ない。結果、暖房費で年間11745円、冷房費で年間4926円と光熱費の上昇も抑えられている。つまり、「数値上の省エネ」という意味では、付加断熱の有無が最も影響が小さい変更であることが分かる。

以上のシミュレーション結果から、省エネ上、もっといえば消費エネルギーの多くを占める暖房費や暖房熱負荷で比較すれば、熱交換換気→樹脂窓→壁の付加断熱の順に効果が期待できることが分かる。ただし、熱交換換気は導入コストがかかるうえに、運転コストやメンテナンスコストもかかるため、費用対効果という意味では樹脂窓ということになるだろう。

ただし、ベースとなる住宅のシミュレーション結果を見てもらうと分かるように、ほかの仕様変更した数値に比べて圧倒的に優れており、快適性においては大きな差になっている。

実際に筆者が設計する住宅では、熱交換換気、樹脂窓、壁の付加断熱の3つの仕様は必ず盛り込んでいる。今回の物件でも窓の性能アップと熱交換換気だけでは、無暖房とした場合、真冬の同日朝は14・6℃にしかならない。付加断熱を加えることで、18℃前後の室温が達成され、朝の寒さを感じずに過ごせるうえに、日中の日射熱取得による全体的な温度上昇の積み上げができるのだ。もちろん、予算によってはすべての仕様を採用できないこともあるとは思うが、樹脂窓+第1種熱交換換気+付加断熱による約100万円増で得られる快適性のメリットを最後に強調しておきたい。

窓・換気・付加断熱の変更の仕様詳細とシミュレーションの結果

	ベースとなる住宅	アルミ樹脂窓	第3種換気	付加断熱なし
価格差（上代）		約10万円万減	約40万〜50万円減	約37万円減
南面の窓（代表値）	U値1.56・日射熱取得率74%	U値1.7・日射熱取得率61%	ベースとなる住宅と同じ	ベースとなる住宅と同じ
北・東・西の窓（代表値）	U値1.20・日射熱取得率30%	U値2.94・日射熱取得率40%	ベースとなる住宅と同じ	ベースとなる住宅と同じ
換気（0.5回/h）	AVH-95 風量3 消費電力31W 顕熱（温度）交換効率89% 冷房期の全熱交換効率66% 有効換気効率95%	ベースとなる住宅と同じ	熱交換なし	ベースとなる住宅と同じ
壁の断熱	HGW16K105㎜+105㎜	ベースとなる住宅と同じ	ベースとなる住宅と同じ	HGW16K105㎜
UA値（QPEX）	0.29	0.33	0.29	0.36
Q値（QPEX）	1.09	1.25	1.55	1.34
C値（実測値）	0.2c㎡/㎡	ベースとなる住宅と同じ	ベースとなる住宅と同じ	ベースとなる住宅と同じ
LDKの室温（1月9日5時）	18.2℃	15.5℃	13.9℃	14.6℃
暖房費（年間）	6,048円	11,934円	18,225円	11,745円
冷房費（年間）	4,760円	4,434円	5,885円	4,926円
暖房熱負荷（燃費）	9.9kwh／㎡	19.5kwh／㎡	29.8kwh／㎡	19.2kwh／㎡
冷房熱負荷（燃費）	8.0kwh／㎡	7.4kwh／㎡	10.0kwh／㎡	8.3kwh／㎡
自然温度差暖房期	11.46℃	9.40℃	8.36℃	9.80℃
自然温度差冷房期	8.14℃	6.76℃	5.73℃	7.01℃

Q
遮熱窓と断熱窓はどう使い分ければよい？

解説・文：神長宏明（Raphael設計）

A
基本的には南は断熱窓、ほかの窓は遮熱窓で小さく

遮熱窓と断熱窓は、ガラス表面に塗布されるLow-E（金属）膜の位置によって遮熱性・断熱性を付与されたもので、いずれも一般の透明ガラスより断熱性能に優れる。具体的には、日射取得率が50％未満のものは断熱窓、50％以上のものは遮熱窓と筆者は分類しているが、いずれにしても日射熱を遮りたい＝遮熱窓、日射を取得したい＝断熱窓と使い分ければよい。ただし、日射取得率が50％近い遮熱窓もあるので、日射取得率の数値を確認してから採用してほしい。

遮熱窓と断熱窓を含め、窓の考え方としては、以下の7つに留意したい。

①真冬の朝に無暖房で18℃を目指すために、日射熱を取り込んで保温する
②真夏に室内を保冷しやすいように、日射を屋根や庇で遮る
③南からの日射を十分取れるのであれば東西は遮熱窓にする
④南からの日射取得が不十分であれば、東西を断熱窓にしてサイズを上げることもある
⑤春や秋の夜には、通風により室温を下げて保冷する
⑥真夏を考えると、南の窓は遮熱窓の採用を検討してもよい
⑦夏は太陽によって除湿できる

南の窓は断熱窓がベター

では実際に遮熱窓と断熱窓をどのように使い分ければよいのだろうか。具体的にシミュレーションしながら考えてみたい。

筆者の基本的な考えとして、栃木県においては、真北の方位に対して建物が40°以上振れていない場合、南が断熱窓、それ以外の方角は遮熱窓がセオリーである。このセオリーをベースに窓の使い分けを検討してみる。

シミュレーションに使用する建物は8頁のものと同じで、栃木県栃木市に建つ平屋で、UA値0・29、Q値1・09、C値0.2と断熱性能もかなり高い。東西南北の窓の効果を正確に把握するため、大開口は真南に設定する。断熱窓は日射取得率74％以上、U値1・56の複層ガラス＋樹脂サッシ、遮熱窓は日射取得率30％、U値1.2の3層ガラス＋樹脂サッシとしている。

まずは暖房負荷の大きい冬でシミュレーションしてみたい。プラン1は冒頭のセオリーどおり、南に断熱窓、東西北に遮熱窓を配置したもので、UA値0・29、Q値1・09。1月9日夜中0時（外気温マイナス3.1℃）のLDKの無暖房状態の温度は22・7℃、早朝5時（外気温マイナス5.9℃）の温度は19・7℃、室温低下は3.0℃である。

一方、プラン2は東西南北すべての窓を遮熱窓とした場合で、UA値0・26、Q値1・01。基本的に遮熱窓のほうが断熱性能は高いので、このようにUA値はよくなる。1月9日夜中0時のLDKの温度は無暖房状態で18・2℃、早朝5時の温度は16・5℃、室温低下は1.7℃である。断熱性能が高くなったぶん、温度低下は小さくなったが、日射取得量が減ったため、日中の温度上昇が小さく、結果、夜中、朝ともに温度が低くなっている。冬の暖かさを重視すれば、日射量の多い地域は南面の窓は断熱窓にすべきということになる。

なお、エアコンの温度を20℃に設定した暖房期（11〜4月）のQPEXの年間暖房費は、プラン1が5103円、プラン2が8613円。その差は3510円と、室温の差がそのまま暖房費に反映されている。

次に、平均温度が年々上昇し続けている夏でシミュレーションしてみる。栃木県小山市のシ

プラン1の温度

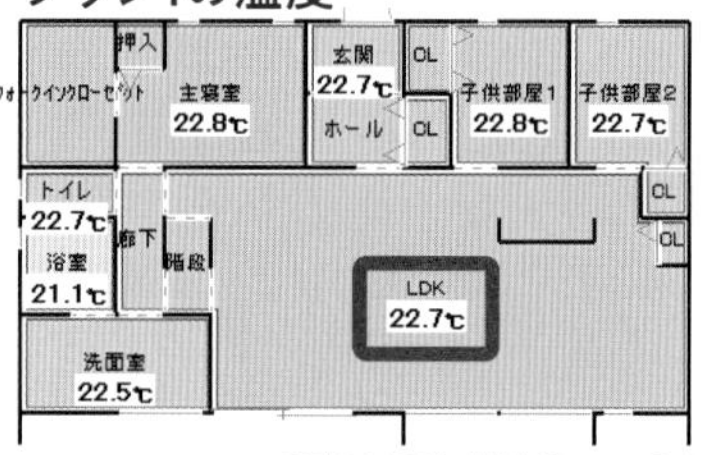
押入
ウォークインクローゼット
主寝室 22.8℃
玄関 22.7℃
ホール
CL
子供部屋1 22.8℃
子供部屋2 22.7℃
トイレ 22.7℃
浴室 21.1℃
廊下
階段
LDK 22.7℃
洗面室 22.5℃

1月9日0時（外気温：−3.1℃）

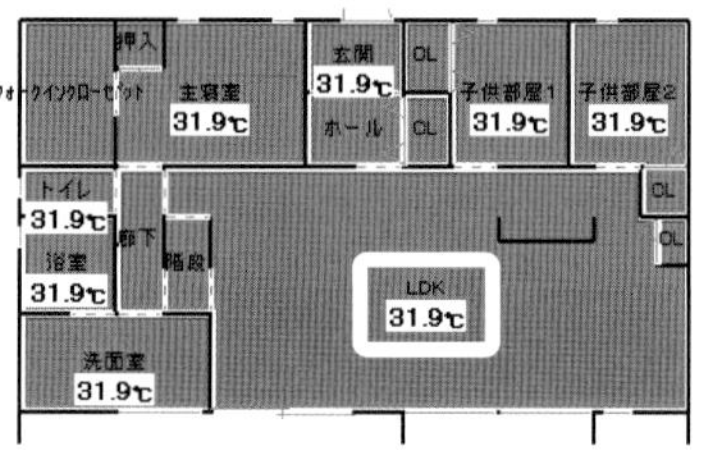
押入
ウォークインクローゼット
主寝室 31.9℃
玄関 31.9℃
ホール
CL
子供部屋1 31.9℃
子供部屋2 31.9℃
トイレ 31.9℃
浴室 31.9℃
廊下
階段
LDK 31.9℃
洗面室 31.9℃

8月5日15時（外気温：35.3℃）

プラン2の温度

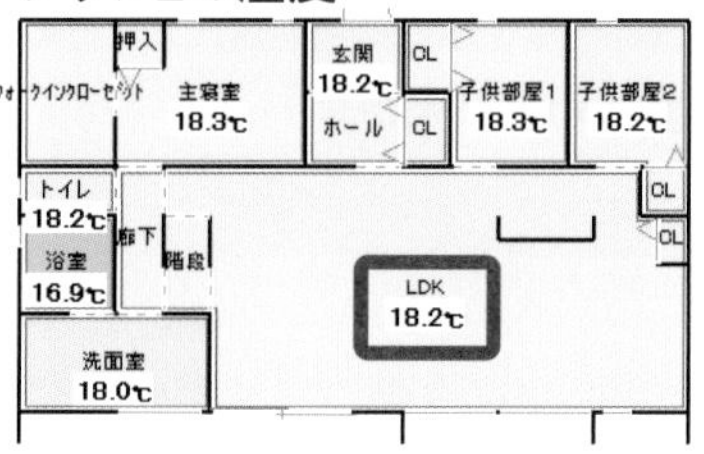
押入
ウォークインクローゼット
主寝室 18.3℃
玄関 18.2℃
ホール
CL
子供部屋1 18.3℃
子供部屋2 18.2℃
トイレ 18.2℃
浴室 16.9℃
廊下
階段
LDK 18.2℃
洗面室 18.0℃

1月9日0時（外気温：−3.1℃）

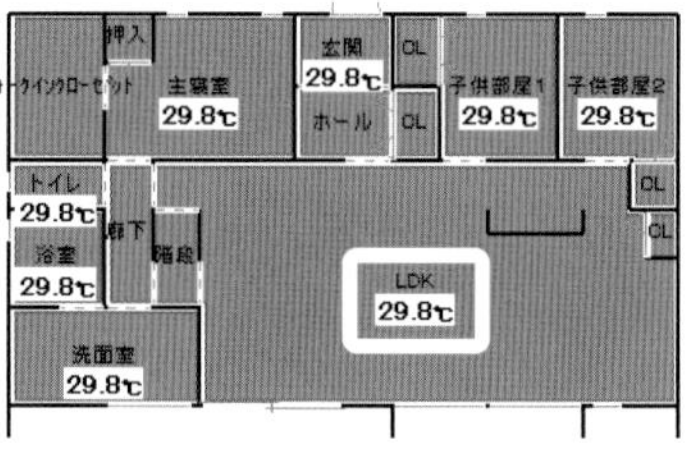
押入
ウォークインクローゼット
主寝室 29.8℃
玄関 29.8℃
ホール
CL
子供部屋1 29.8℃
子供部屋2 29.8℃
トイレ 29.8℃
浴室 29.8℃
廊下
階段
LDK 29.8℃
洗面室 29.8℃

8月5日15時（外気温：35.3℃）

ミュレーション上「最も暑い日」である8月5日15時（外気温35・3℃）の無冷房状態の温度を見てみよう。

先ほどと同じ南が断熱窓のプラン1はLDKが31・9℃、南が遮熱窓のプラン2はLDKが29・8℃、温度差は2.1℃と少し大きい。ただし、27℃に温度設定した冷房期（6月〜9月）の冷房費は、プラン1が4498円、プラン2が4132円である。その差は366円で、暖房費の差、3510円に比べて小さく、暖房費と冷房費の価格差を踏まえても、冬の日射取得を重視し、夏の暑さはエアコンで解消するのがよいと考える。

東西の窓は必要以上に開けない？

次いで東西の窓を断熱窓と遮熱窓のどちらにすべきだろうか。

ベースとなるプラン1の住宅は西の窓が小さく、東の窓はない。ここでは窓の違いがシミュレーション結果に明確に反映されるように、東西に1690×1970㎜の窓を追加して比較する。

まずはプラン1の窓をベースに、東西に追加した窓を断熱窓にしてみる（プラン3）。窓が増えたことでU_A値0・31、Q値1・18と断熱性能は低下している。1月9日早朝5時（外気温マイナス5.9℃）のLDKの無暖房状態の温度は19・3℃とプラン1と変わらなかった一方、8月5日15時（外気温35・3℃）LDKの無冷房状態の温度は34・3℃と2.4℃も高くなり、年間の暖房費は6048円、年間の冷房費は5085円となった。

次に、東西に追加した窓を遮熱窓にしてみる（プラン4）。U_A値0・30、Q値1・14と窓が増えたぶんプラン1よりやや断熱性能が低い。1月9日早朝5時（外気温マイナス5.9℃）LDKの無暖房状態の温度は19・5℃、8月5日15時（外気温35・3℃）LDKの無冷房状態の温度は32・7℃である。暖房費は5805円、冷房費4745円とプラン1よりやや高くなった。

東西の窓については、冷暖房費で考えれば、窓の断熱性能が高いぶん遮熱窓のほうがよいようだ。ただし、東西に窓を追加したプランでは、東西の窓が小さいプラン1に比べていずれも断熱性能が低くなったぶん冷暖房費が高くなっており、日射取得の大きい＝（窓に太陽が当たる時間が長い）南の窓をしっかりと確保できれば、必ずしも東西の窓を必要以上に開ける必要はないことが分かる。

断熱窓・遮熱窓の使い分けの省エネ結果

注：LDKの室温はホームズ君、それ以外はQPEX

	プラン1	プラン2	プラン3	プラン4
南面の窓（代表値）	断熱窓（U値1.56・日射熱取得率74%）	遮熱窓（U値0.85・日射熱取得率33%）	断熱窓（U値1.56・日射熱取得率74%）	断熱窓（U値1.56・日射熱取得率74%）
北・東・西の窓（代表値）	遮熱窓（U値1.20・日射熱取得率30%）	遮熱窓（U値1.20・日射熱取得率30%）	遮熱窓（U値1.20・日射熱取得率30%）東西追加窓：断熱窓（U値1.56・日射熱取得率74%）	遮熱窓（U値1.20・日射熱取得率30%）東西追加窓：遮熱窓（U値0.85・日射熱取得率33%）
換気（0.5回/h）	AVH-95　風量3　消費電力31W　顕熱（温度）交換効率89%　冷房期の全熱交換効率66%　有効換気効率95%			
壁の断熱	高性能グラスウール16K105㎜＋105㎜			
U_A値（QPEX）	0.29	0.26	0.31	0.3
Q値（QPEX）	1.09	1.01	1.18	1.14
C値（実測値）	0.2㎠/㎡			
LDKの室温（1月9日0時・外気温−3.1℃）	22.7℃	18.2℃	22.7℃	22.7℃
LDKの室温（1月9日5時・外気温−5.9℃）	19.7℃	16.5℃	19.3℃	19.5℃
LDKの室温（8月5日15時・外気温35.3℃）	31.9℃	29.8℃	34.3℃	32.7℃
暖房費（年間）QPEX	5,103円	8,613円	6,048円	5,805円
冷房費（年間）QPEX	4,498円	4,132円	5,085円	4,745円
暖房熱負荷（燃費）	8.4kwh／㎡	14.10kwh／㎡	9.9kwh／㎡	9.5kwh／㎡
冷房熱負荷（燃費）	7.5kwh／㎡	6.9kwh／㎡	8.5kwh／㎡	8.0kwh／㎡
自然温度差暖房期	11.78℃	9.89℃	11.76℃	11.61℃
自然温度差冷房期	7.76℃	7.55℃	8.11℃	7.83℃

プラン3・4の8月5日15時の温度

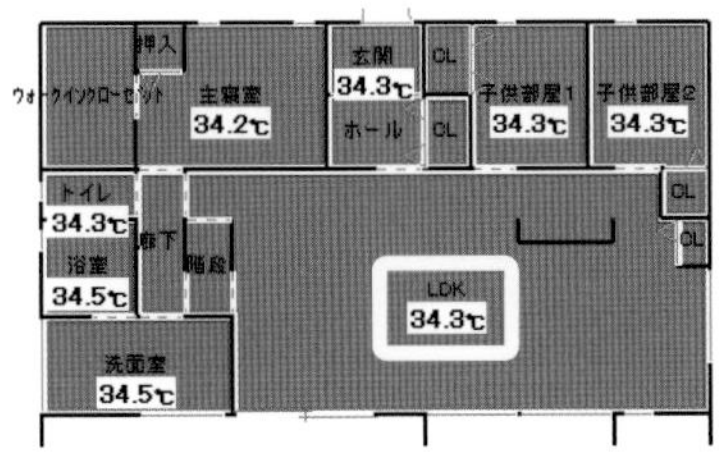

プラン3

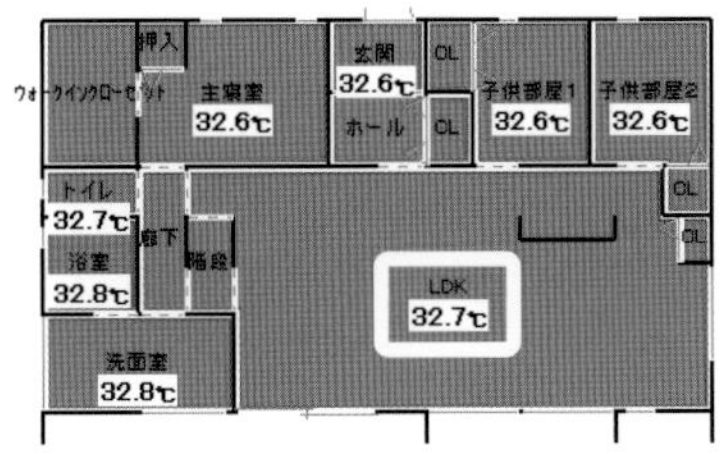

プラン4

Q 日射遮蔽には何を設置すればよい？

解説・文：神長宏明（Raphael設計）

A 高断熱住宅ならカーテンでも十分

夏を涼しく過ごすうえで欠かせない窓の日射遮蔽。セオリーでいえば、日射熱は屋外側で遮蔽するほうが効果は大きい。一番簡単なのは雨戸やシャッターだが、日中真っ暗になってしまうので適さない。筆者が実際に採用したもので効果が高く、使い勝手がよいものといえば、外付けブラインドである。ブラインドのスラット（羽根）の角度を調節することで、日射を遮蔽しながら、通風や採光を確保できる。ただし、メーカーの差はあるが、1650×2200㎜で10～15万円以上と総じて高く、予算に余裕がある建て主でないと採用は難しい。そのほかオーニングやサンシェードなどもあるが、こちらは安価なものの、外観デザインをうまく調和することが難しく、相応の工夫がいる。

したがって、冬のことを考えて、内付けの断熱ブラインドを日射遮蔽に活用することもある。内付けなので日射熱はガラスの内側に入ってしまうが、それでも窓の近くで遮蔽を行うことでそれなりの効果を期待できる。もちろん、冬は窓の断熱性能を補完してくれる。

日射遮蔽の効果を考える

では、具体的に日射遮蔽の効果をシミュレーションしてみよう。シミュレーションに使用する建物は8頁のものと同じで、栃木県栃木市に建つ平屋で、U_A値0・29、Q値1・09、C値0.2と断熱性能もかなり高い。8月5日で最も日射熱の大きい時間を設定している。日射熱の大きい窓は南面に集中しているので、これらの窓に日射遮蔽設備を取り付けてみる。

①外付けブラインド

日射遮蔽設備のないプラン1の南面の窓の日射取得熱の5481Whや3045Whと比べて、外付けブラインドを設置したプラン2は808Whや444Whまで大幅に減るのが分かる。約6.8倍の削減効果である。

続いて冷房費を見てみると、日射遮蔽設備のないプラン1の冷房費はエアコンの27℃設定・24時間連続運転で年間4737円であるのに対し、外付けブラインドを設置したプラン2は同じ冷房設定で冷房費は年間1536円となり、ほぼ無冷房状態となる。

②内付け断熱ブラインド

内付け断熱ブラインドを設置したプラン3は日射取得熱が2340Whや1294Whとなっている。外付けブラインドほどではないが、日射遮蔽設備のないプラン1と比べて約2.3倍の削減効果である。冷房費は年間

日射遮蔽設備の日射取得熱の違い

プラン1　日射遮蔽設備なし

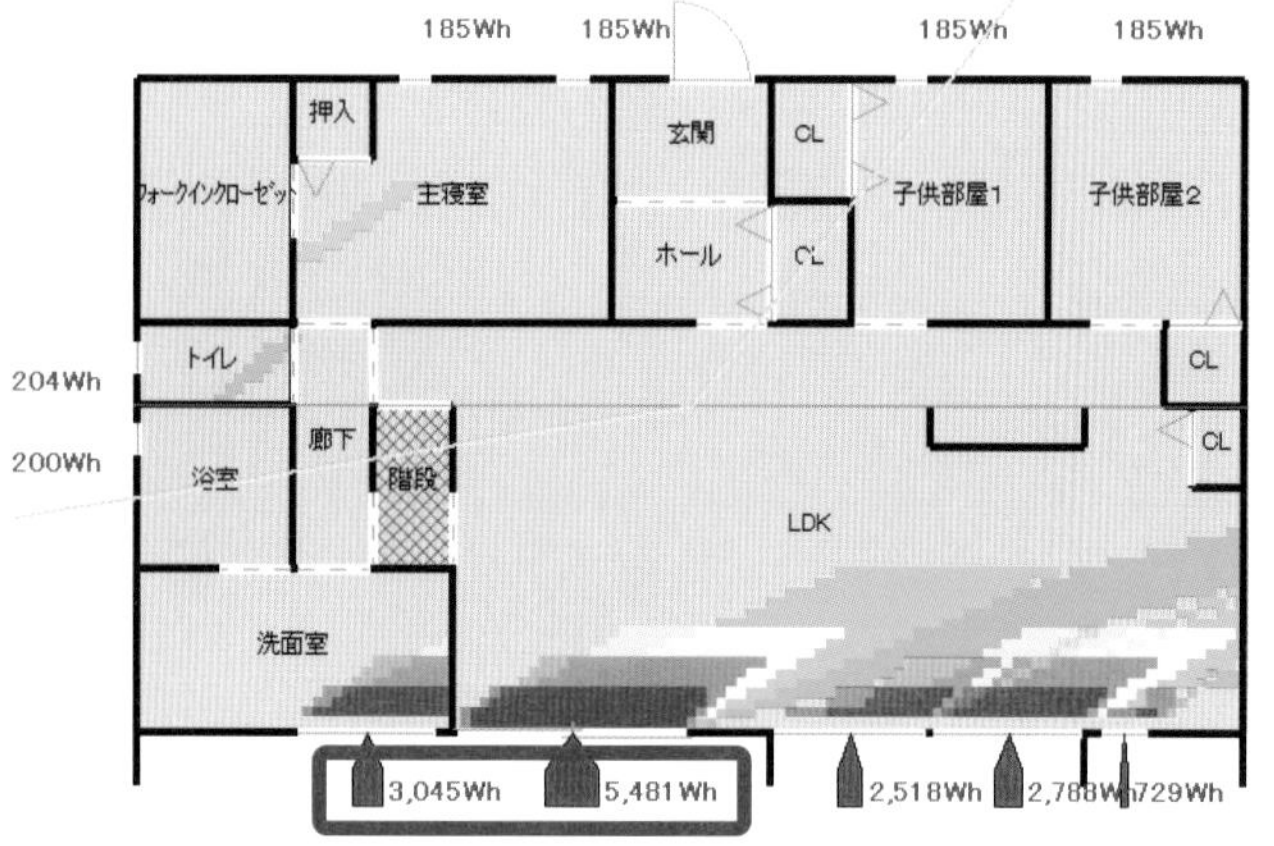
185Wh
185Wh
185Wh
185Wh
押入
ウォークインクローゼット
主寝室
玄関
CL
ホール
CL
子供部屋1
子供部屋2
トイレ
CL
204Wh
200Wh
浴室
廊下
階段
CL
LDK
洗面室
3,045Wh
5,481Wh
2,518Wh
2,788Wh
729Wh

冷房費：年間4,737円　南面の窓の日射取得熱は5,481Whや3,045Whと最も大きい

プラン2　外付けブラインド

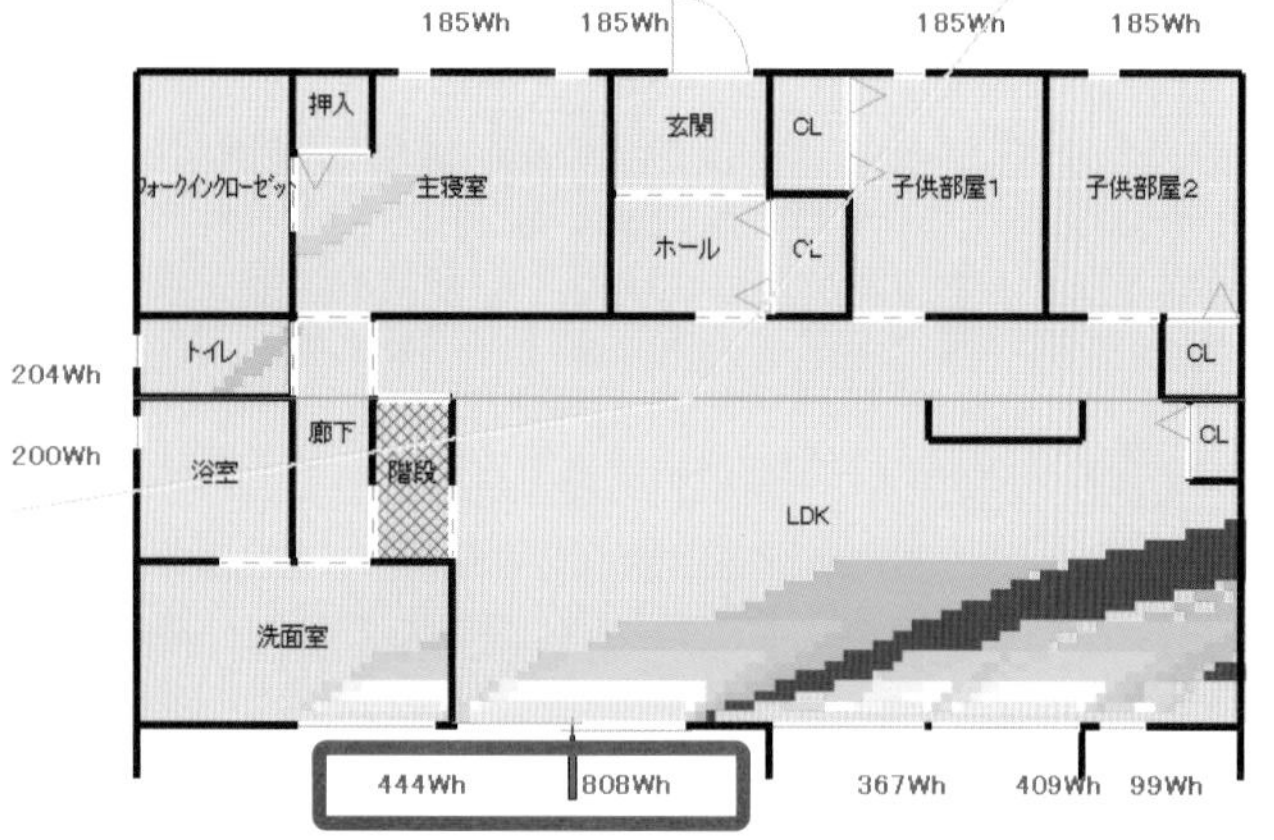
185Wh
185Wh
185Wh
185Wh
押入
ウォークインクローゼット
主寝室
玄関
CL
ホール
CL
子供部屋1
子供部屋2
トイレ
CL
204Wh
200Wh
浴室
廊下
階段
CL
LDK
洗面室
444Wh
808Wh
367Wh
409Wh
99Wh

冷房費：年間1,536円　南面の窓の日射取得熱は808Whや444Whと最も小さい

プラン3 **内付け断熱ブラインド**

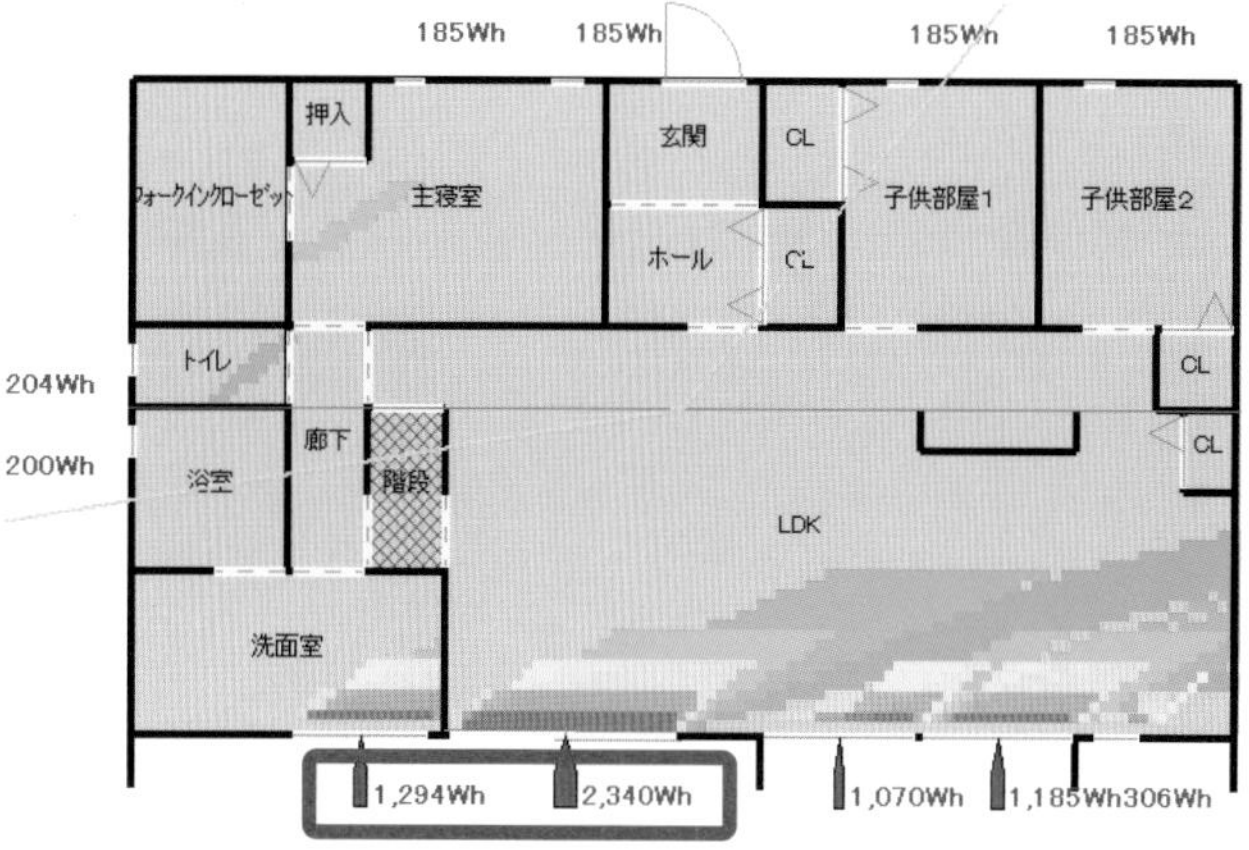
185Wh
185Wh
185Wh
185Wh
押入
ウォークインクローゼット
主寝室
玄関
CL
子供部屋1
子供部屋2
ホール
CL
トイレ
CL
204Wh
200Wh
浴室
廊下
階段
CL
LDK
洗面室
1,294Wh
2,340Wh
1,070Wh
1,185Wh
306Wh

冷房費：年間2,679円　南面の窓の日射取得熱が2,340Whや1,294Whと3番目に大きい

プラン4 **レースカーテン**

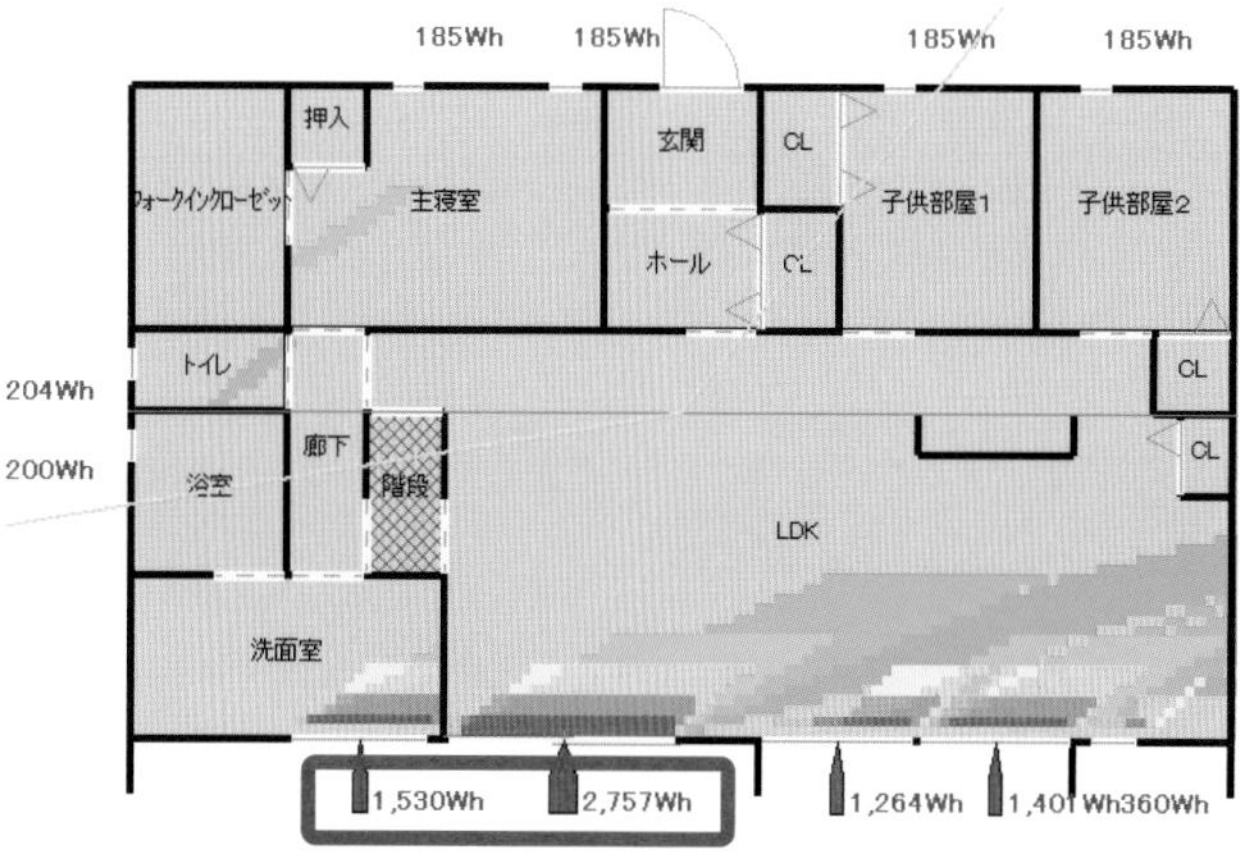
185Wh
185Wh
185Wh
185Wh
押入
ウォークインクローゼット
主寝室
玄関
CL
子供部屋1
子供部屋2
ホール
CL
トイレ
CL
204Wh
200Wh
浴室
廊下
階段
CL
LDK
洗面室
1,530Wh
2,757Wh
1,264Wh
1,401Wh
360Wh

冷房費：年間2,699円　南面の窓の日射取得熱が2,757Whや1,530Whと2番目に大きい

2679円となる。

③レースカーテン

夏の日除けとして一般的に使われるレースカーテンを設置したプラン4は日射取得熱2757Whや1530Whとなり、遮蔽設備のないプラン1と比べて約2.0倍の効果である。冷房費は年間2699円である。

以上の結果から、日射取得熱の削減量、冷房費ともに①外付けブラインド→②内付け断熱ブラインド≒③レースカーテンの順に効果があることが分かる。オーニングやサンシェードなど外付けの日射遮蔽部材はおおよそ外付けブラインドに近く、内付けのブラインド、障子などは内付け断熱ブラインドに近いと考えてよいだろう。

ただし、プラン1の数値を見てもらうと分かるように、年間4737円という冷房費自体がかなり安い。高断熱住宅のもつその高い断熱性能によって、外気の熱が十分遮断され、またエアコンや夜間冷却によって冷やされた室温が保たれ、結果として冷房エネルギーが削減されたのである（実際に私の設計するQ1.0住宅（U_A値0.34以下）では、室温が必ず冷房設定温度のマイナス2～4℃にできる）。したがって、日射量などによる多少の地域差はあるものの、高断熱住宅であれば、南面に巨大な窓でもない限りは、遮蔽部材は軽微なものでよいと考えている。

Column 断熱ブラインドで結露発生!?

引渡し後、建て主から写真のように窓一面に結露が発生しているとの報告があった。結露の詳細を詳しく聞いてみると、その窓には建て主が後付けで断熱ブラインドを設置し、窓一面に隙間なくブラインドを下ろしていたということだった。

断熱ブラインドはそれなりの断熱性能があるため、室内に比べてやや低い窓表面の温度が維持されてしまう。さらにブラインドが窓を覆うように下ろされていることで、冷えた窓面に朝日が当たり、ガラス表面が結露したと思われる。そこで、建て主にブラインドの下を1～3cmほど開けるようアドバイスした結果、結露の発生は抑えられた。

建て主が窓一面にブラインドを下げたのはセオリー通りの使い方であり、目隠しが理由だった。以降、筆者が設計する建物では、断熱ブラインドが設置される可能性のある窓や目隠しが必要な窓にグラデーションガラスを使用して、断熱ブラインドの下を開けても目隠しができるようにしている。

左／ガラス面全体が結露した様子。断熱ブラインドを上げると、このような状態になっていた。右／グラデーションガラスを腰窓に使用した例。ガラスの下部を擦りガラスにして、ブラインドを下げ切らなくても外から中の様子が見えないようにした

Q 夏の暑さはどのように対策すればよい？

解説・文：神長宏明（Raphael設計）

日本中に建っている家で暑く感じるのは特に2階である。そもそも屋根・天井面の断熱材の厚みが50〜155㎜と薄く屋根面からの熱の侵入が膨大で、その影響をもろに受けるためである。したがって、屋根の断熱性能を上げることで（私は高性能グラスウール300㎜以上が多い）、2階の暑さを抑えることができる。

ちなみに「高気密」だけでは暑さを防ぐことができない。車は極めて高気密な乗り物だが、真夏にエアコンを切って駐車しているだけで車内はあっという間に暑くなる。これは車の断熱性能が著しく低いからで、高気密と高断熱はセットでなくてはならない。

また、「遮熱」という概念があるが、遮熱塗料や遮熱性のある透湿防水シートは、直接太陽の日射を直接受ける場所であれば、ある程度の効果を発揮するだろう。しかし、日射熱のない、建物のなかで遮熱性のあるシートにくるまってもまったく涼しくならないのは簡単に想像できる。遮熱はあくまで日射熱の吸収を抑えるものであり、断熱するものではない。遮熱材の下には「断熱材」が必要になのだ。

では、夏の暑さに対して、どれだけ断熱材を入れればよいだろうか。天井の断熱材（セルロースファイバー）の厚さを変えて、その効果をシミュレーショ

天井断熱の厚さの違いによる効果（QPEXによる）

	天井断熱 厚さ155㎜	天井断熱 厚さ200㎜	天井断熱 厚さ300㎜	天井断熱 厚さ400㎜
南面の窓（代表値）	U値1.56・日射熱取得率74％			
北・東・西の窓（代表値）	U値1.20・日射熱取得率30％			
換気（0.5回／h）	ダクトレス第3種換気			
壁の断熱	高性能グラスウール16K105㎜＋105㎜			
U_A値（QPEX）	0.33	0.31	0.29	0.28
Q値（QPEX）	1.68	1.62	1.55	1.51
C値（実測値）	0.2㎠／㎡			
暖房費（年間）	21,222円	19,791円	18,225円	17,442円
冷房費（年間）	6,227円	6,065円	5,885円	5,797円
暖房熱負荷（燃費）	34.8Kwh／㎡	32.4Kwh／㎡	29.8Kwh／㎡	28.6Kwh／㎡
冷房熱負荷（燃費）	10.5Kwh／㎡	10.2Kwh／㎡	9.9Kwh／㎡	9.7Kwh／㎡
自然温度差暖房期	8.02℃	8.17℃	8.36℃	8.45℃
自然温度差冷房期	5.66℃	5.69℃	5.73℃	5.74℃
省エネ基準住宅モデル比	43.5%（56.5％OFF）	40.6%（59.4％OFF）	37.3%（62.7％OFF）	35.8%（64.2％OFF）

エアコンによる除湿の空調システム概念図

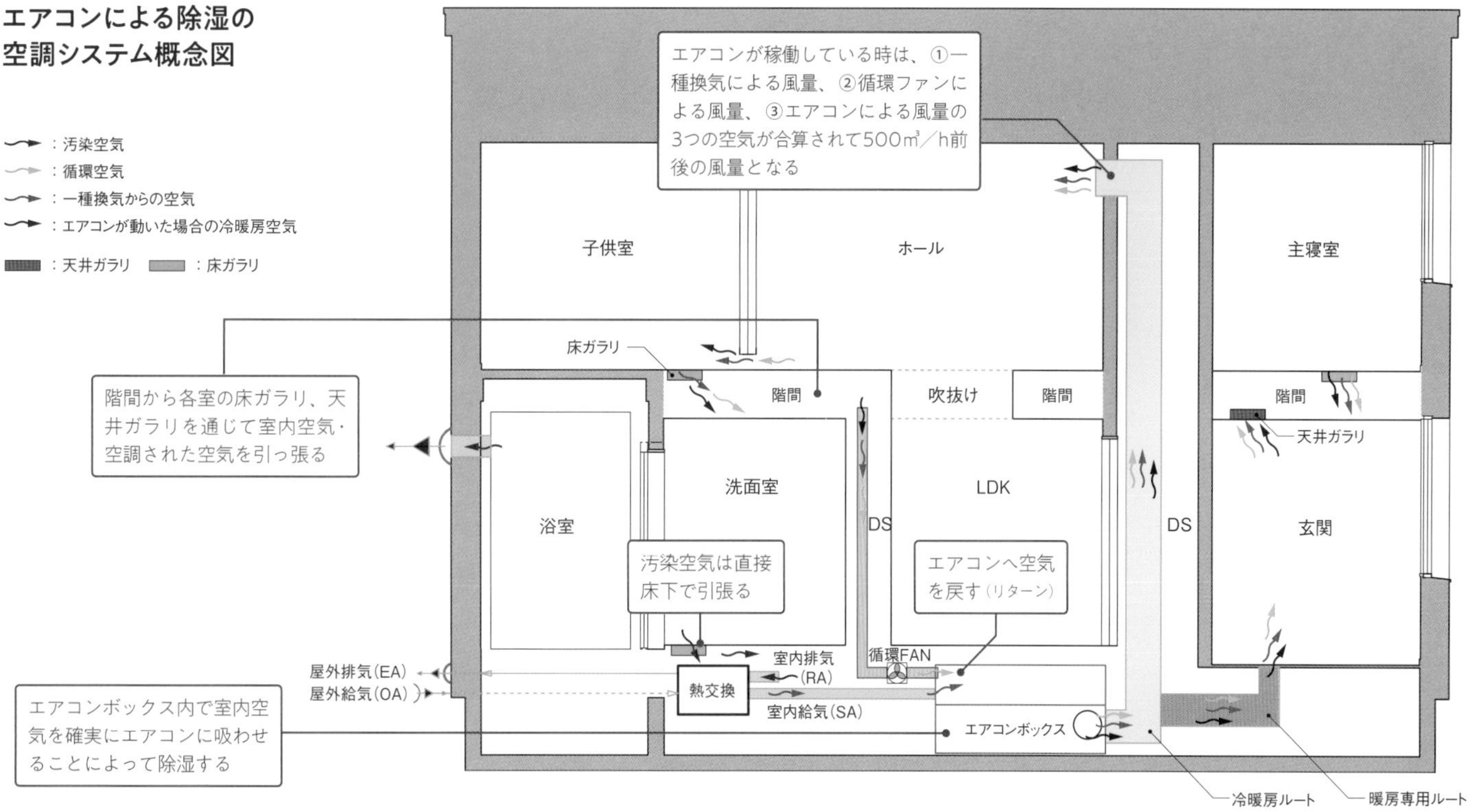
：汚染空気
：循環空気
：一種換気からの空気
：エアコンが動いた場合の冷暖房空気
：天井ガラリ　：床ガラリ
エアコンが稼働している時は、①一種換気による風量、②循環ファンによる風量、③エアコンによる風量の3つの空気が合算されて500㎥/h前後の風量となる
子供室
ホール
主寝室
床ガラリ
階間
吹抜け
階間
階間
天井ガラリ
階間から各室の床ガラリ、天井ガラリを通じて室内空気・空調された空気を引っ張る
浴室
洗面室
LDK
玄関
DS
DS
汚染空気は直接床下で引張る
エアコンへ空気を戻す（リターン）
屋外排気（EA）
屋外給気（OA）
室内排気（RA）
循環FAN
熱交換
室内給気（SA）
エアコンボックス
エアコンボックス内で室内空気を確実にエアコンに吸わせることによって除湿する
冷暖房ルート
暖房専用ルート

ンしてみる。使用する建物は8頁のものと同じで、栃木県栃木市に建つ平屋である。

断熱材を厚くすればするほど、UA値、Q値がよくなり、暖房費、冷房費は減っていくが、155㎜と400㎜で比較すると暖房費が3780円削減されたのに対し、冷房費が430円の削減と変化が極めて小さい。

しかし、これで断熱性能を上げても夏の暑さには効果がないとは言い切れない。これはセルロースファイバー300㎜の天井断熱（母屋間）を施した住宅のサーモ画像だが、外気温が37℃、冷房27℃設定で運転していた時の2階の天井面と1階床面の表面温度を示す色がほぼ同じであることが分かる。つまり、天井面の断熱材によって2階天井面の表面温度を1階床面と同程度まで下げているのである（屋根からの熱の侵入を抑制）。

A 高断熱+エアコンの連続運転がベスト

エアコンの冷房で夏の高い湿度を下げる

夏の暑さはじめじめとした空気の元である「湿度」によるところも多い。家の中の湿度をいかに下げることができるかが、夏の不快な暑さを抑えるポイントとなる。

湿度を下げるには、エアコンの冷房運転がよい。8頁で解説したように高断熱住宅であれば、エアコンの冷房費は暖房費に比べてかなり安い。したがって、梅雨から夏にかけてエアコンをできるだけ連続運転させて湿度を下げれば、夏の不快な暑さはかなり解消される。

なお、エアコンにきちんと湿気を取ってもらうには、室内の高湿度の空気が滞留しないように、エアコンの吸い込み口である上部に室内の高湿度の空気を効果的にリターンするように設計を行いたい。

私は第1種換気とエアコン、循環ファンを使って、30〜40坪程度の家であれば400〜500㎥/hくらいの風量で家中の空気を循環させ、冷気を部屋の隅々まで行き渡らせるようにしている。詳しくは空調概念図を参照してほしい。

なお、湿度をさらに下げるには、高断熱住宅の高い保冷能力によってエアコンの設定温度より下がった室内の空気の温度を、日射熱を使って室内の空気を温めることで温度を下げすぎず除湿を行うという方法もある。

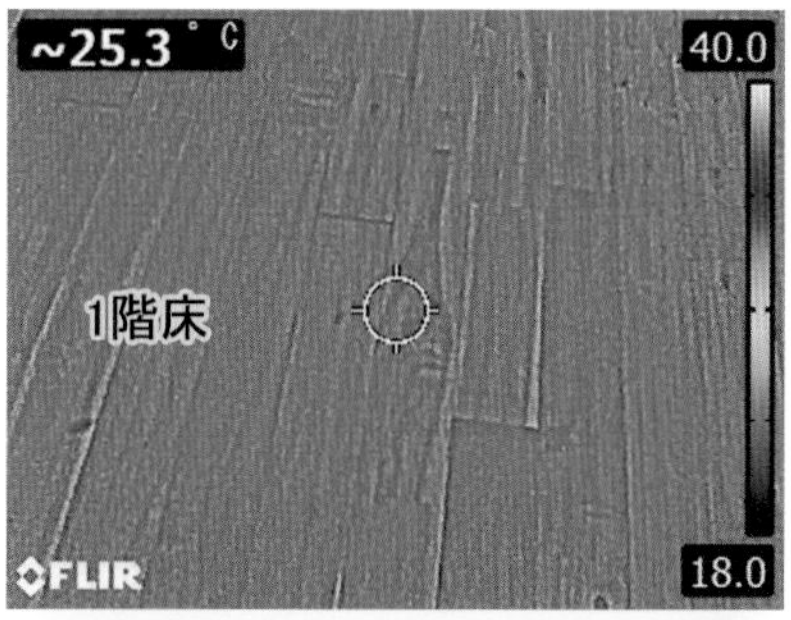
~25.3 °C
40.0
1階床
FLIR
18.0

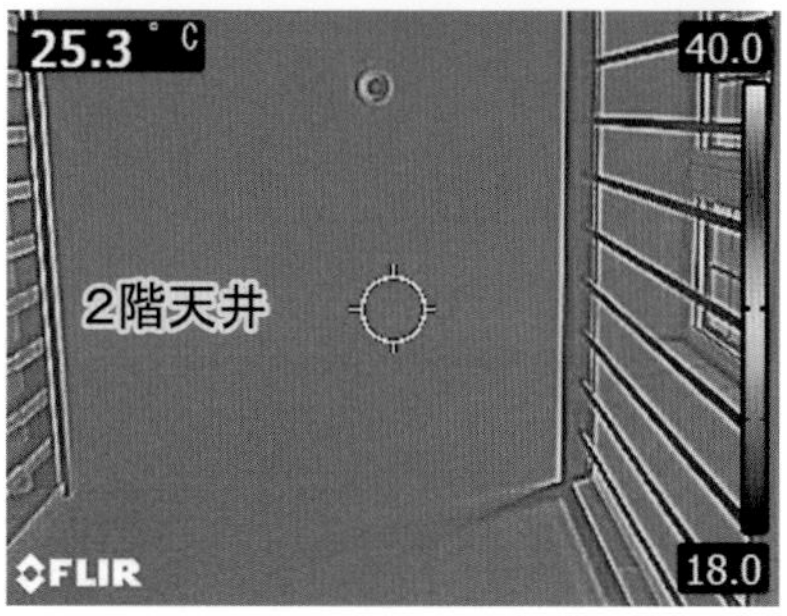
25.3 °C
40.0
2階天井
FLIR
18.0

300㎜の天井断熱（母屋間）の住宅のサーモ画像

8月に撮影した1階床と2階床の吹抜け部の表面温度が25.3℃と同じである。「吹抜けは冷房効率が悪くなる」という概念は当てはまらない

Q 屋根断熱と天井断熱、どちらを選べばよい？

解説・文：岸野浩太（夢・建築工房）

A メリット・デメリットを検討して、適切な工法を選択すべき

最初に結論だけいってしまえば、屋根断熱、天井断熱ともにメリット・デメリットがあるので、さまざまな要素から検討して、工務店や建て主に合った工法を選択するべきである。以下、具体的に説明していこう。

屋根断熱にはいくつか工法があり、屋根の垂木や登り梁の間に断熱材を充填する充填断熱、充填断熱の内外側に断熱材を追加する充填断熱＋内付加断熱、充填断熱＋外付加断熱が主に使われる。充填断熱にはさらに、グラスウールなどの繊維系断熱材や発泡系のボード断熱材を敷き込むケースと、繊維系断熱材やセルロースファイバーなどを吹き込むケース、現場発泡のウレタンフォームを吹き付けるケースなどがある。

付加断熱は充填断熱だけでは断熱性能が不足する場合などに使われ、充填断熱と同じ材料の断熱材を厚くして断熱する手法と、複数の材料・工法を併用する手法がある。

屋根工事では、軸組を濡らさないよう、上棟後はできるだけ早く雨仕舞い（防水シートの施工）ができるようにしたい。したがって、上棟日に防水シートの施工まで終わらせるとなると、屋根の断熱工事はその後の工程に回すこともある。

充填断熱の場合、屋根の上から断熱材を敷き込んでいくのが一番簡単だが、繊維系断熱材を用いるケースでは加工や取り付けに若干時間がかかる。発泡系のボード断熱材であれば、加工・取り付けの時間が繊維系断熱材ほどかからないので、雨の多い季節でなければ、選択肢として検討してみるとよいだろう。

雨仕舞いを最優先するのであれば、内側から断熱材を入れていくことになるのだが、下から

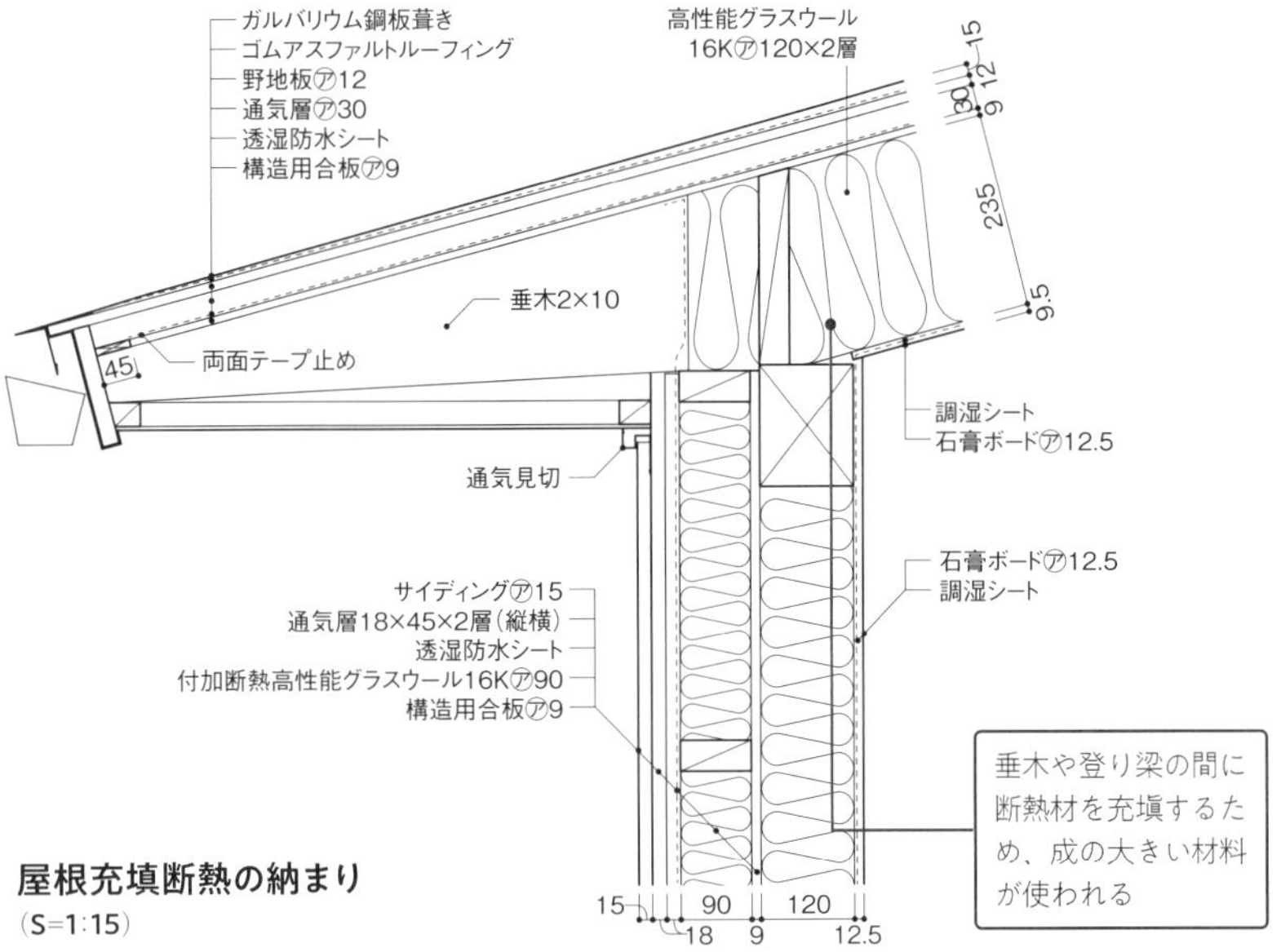

ガルバリウム鋼板葺き
ゴムアスファルトルーフィング
野地板㋐12
通気層㋐30
透湿防水シート
構造用合板㋐9
高性能グラスウール
16K㋐120×2層
15
12
9
30
235
9.5
垂木2×10
45
両面テープ止め
調湿シート
石膏ボード㋐12.5
通気見切
石膏ボード㋐12.5
調湿シート
サイディング㋐15
通気層18×45×2層（縦横）
透湿防水シート
付加断熱高性能グラスウール16K㋐90
構造用合板㋐9
垂木や登り梁の間に断熱材を充填するため、成の大きい材料が使われる
15
90
120
18
9
12.5

屋根充填断熱の納まり
（S=1:15）

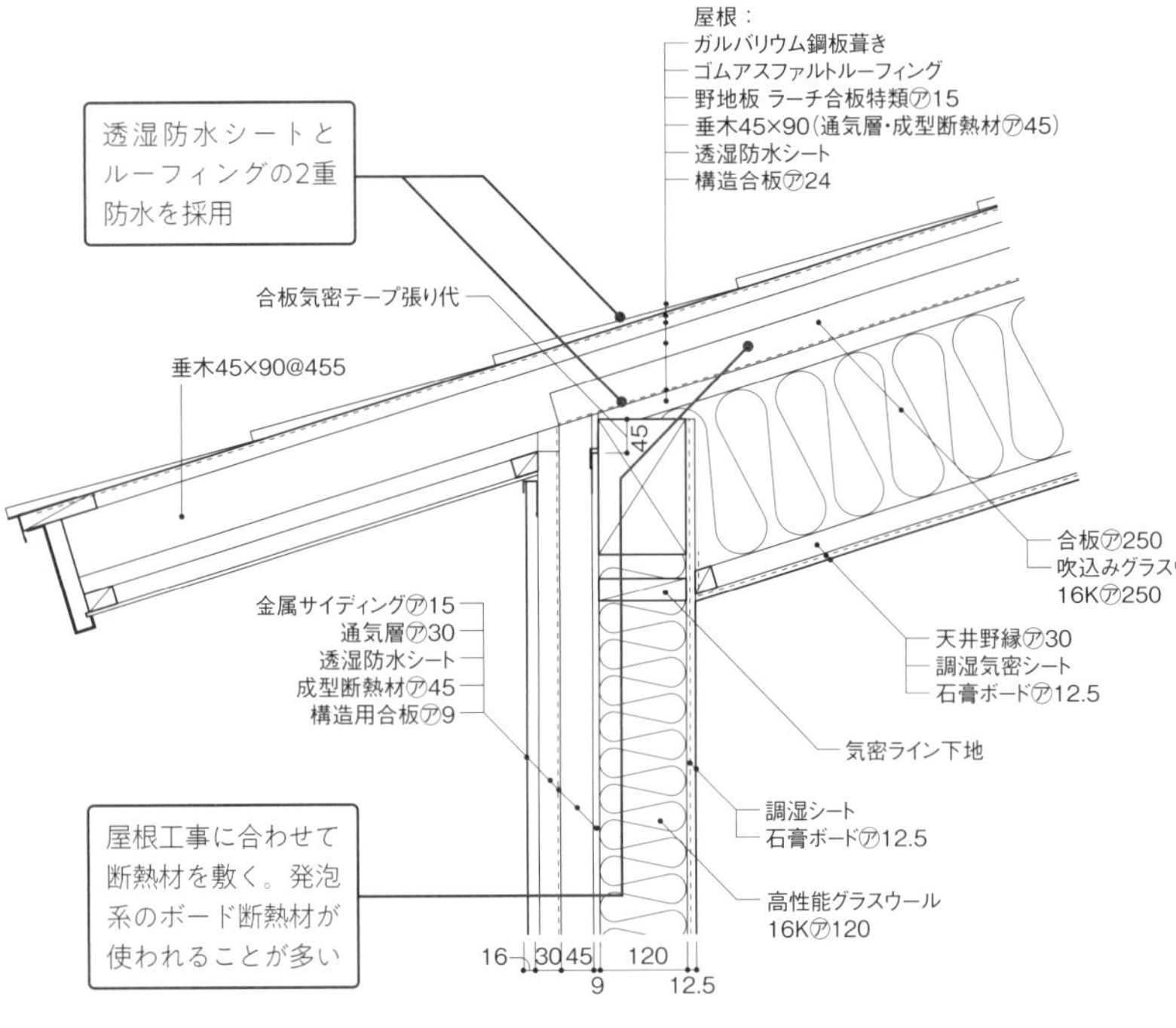

屋根：
ガルバリウム鋼板葺き
ゴムアスファルトルーフィング
野地板 ラーチ合板特類㋐15
垂木45×90（通気層・成型断熱材㋐45）
透湿防水シート
構造合板㋐24
透湿防水シートとルーフィングの2重防水を採用
合板気密テープ張り代
垂木45×90@455
45
合板㋐250
吹込みグラスウール
16K㋐250
天井野縁㋐30
調湿気密シート
石膏ボード㋐12.5
金属サイディング㋐15
通気層㋐30
透湿防水シート
成型断熱材㋐45
構造用合板㋐9
気密ライン下地
調湿シート
石膏ボード㋐12.5
高性能グラスウール
16K㋐120
屋根工事に合わせて断熱材を敷く。発泡系のボード断熱材が使われることが多い
16
30
45
120
9
12.5

屋根充填断熱+内付加断熱の納まり（S=1:15）

の見上げの作業は手間も労力もかかる。したがって、多少金額はかかるが、繊維系断熱材の吹込みを選択することが多い。基本的に外部の専門業者に依頼するため、大工の負担は少なく、施工精度も高い。ただし、その特性上多少の自沈は見込んでおくべきである。

どの材料・工法にも、断熱性能や価格、施工精度などに長所と短所があり、その特徴を理解して建物や工務店の特性などに合わせて選定したい。

屋根部分の断熱には、天井裏（小屋裏）に断熱材を敷き込む天井断熱もある。天井断熱は、大きく分けて、天井のすぐ上に断熱する天井（直）断熱と、桁の上に合板などを張ってその上に断熱する桁上断熱がある。いずれも屋根の雨仕舞いに影響を受けず、上棟後の好きなタイミングで施工できるため、使い勝手はよい。天井断熱にはさまざまな断熱材が使われ、工法も敷込み・吹込みがともに使われるが、桁上断熱の場合は、小屋裏に気流が起こりやすいので、どちからといえば敷込みが適しており、天井直断熱の場合は、野縁、吊木といった障害物が多く存在するので吹込みがよいだろう。

施工性・コストはどちらが優位か

では、屋根断熱と天井断熱をいくつかの点から検討してみたい。

施工性については、天井断熱のほうがよいといえる。屋根とは異なり勾配がなく、垂木などに断熱材を納めるための寸法加工のような手間も少ない。吹込みの場合は専門業者に工事をまかせるため、屋根断熱と天井断熱でそれほど施工性の差は生じにくいが、大工が行う防湿シートや下地などの施工が容易であるぶん天井断熱が有利といえる。また、天井断熱は屋根材が露出しているため、断熱材の施工状況の確認や、雨漏り・シロアリ被害などの点検を容易に行える。屋根断熱の場合、雨漏りリスクをできるだけ減らすため、屋根は透湿防水シートとゴムアスルーフィングによる2重防水を取り入れている。

コストについては地域性や工務店の置かれている状況によっても異なるので一概にいえないが、埼玉で高断熱住宅を数十年施工してきた当社の場合、施工のコストが安い順に天井直断熱（敷込み）→同（吹込み）→桁上断熱（敷込み）→同（吹込み）→屋根充填断熱、同（吹込み）→屋根充填付加断熱となる。実際は施工時のコスト＋メンテナンスコスト、断熱性能などを総合的に考える必要があるので、実際にはさまざまな要素から総合的に判断したい。

数字上の断熱性能を高めるには、天井直断熱の吹込みがよく、小屋裏の広いスペースを生かして断熱材の厚みを稼ぐことができる。ただし、天井断熱は熱気が天井付近に溜まりやすく、夏暑くなりがちなので、熱気が天

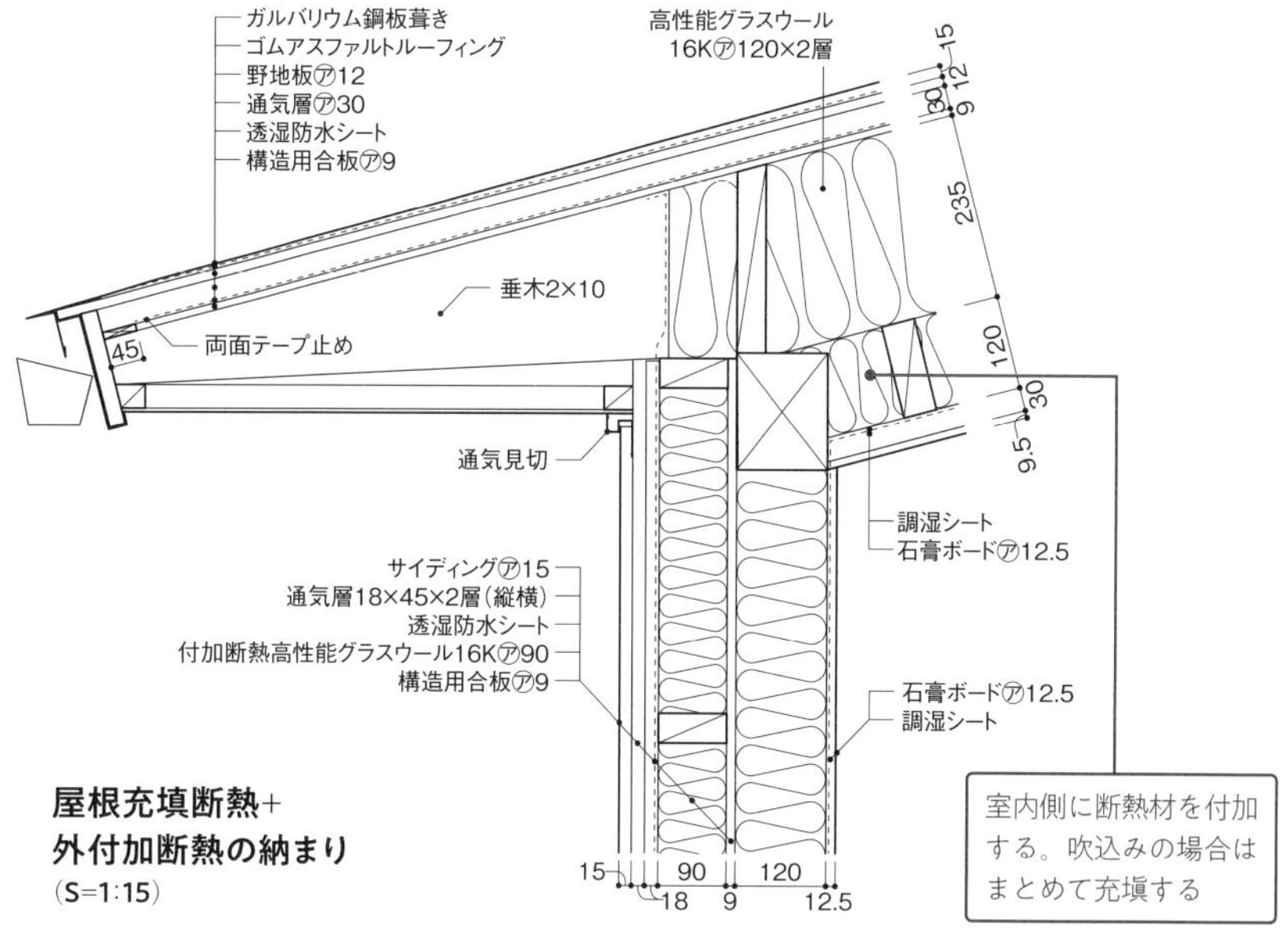
ガルバリウム鋼板葺き
ゴムアスファルトルーフィング
野地板㋐12
通気層㋐30
透湿防水シート
構造用合板㋐9
高性能グラスウール
16K㋐120×2層
垂木2×10
両面テープ止め
45
通気見切
調湿シート
石膏ボード㋐12.5
サイディング㋐15
通気層18×45×2層(縦横)
透湿防水シート
付加断熱高性能グラスウール16K㋐90
構造用合板㋐9
石膏ボード㋐12.5
調湿シート
室内側に断熱材を付加する。吹込みの場合はまとめて充填する
15
12
9
30
235
120
30
9.5
15
90
120
18
9
12.5

屋根充填断熱＋外付加断熱の納まり (S=1:15)

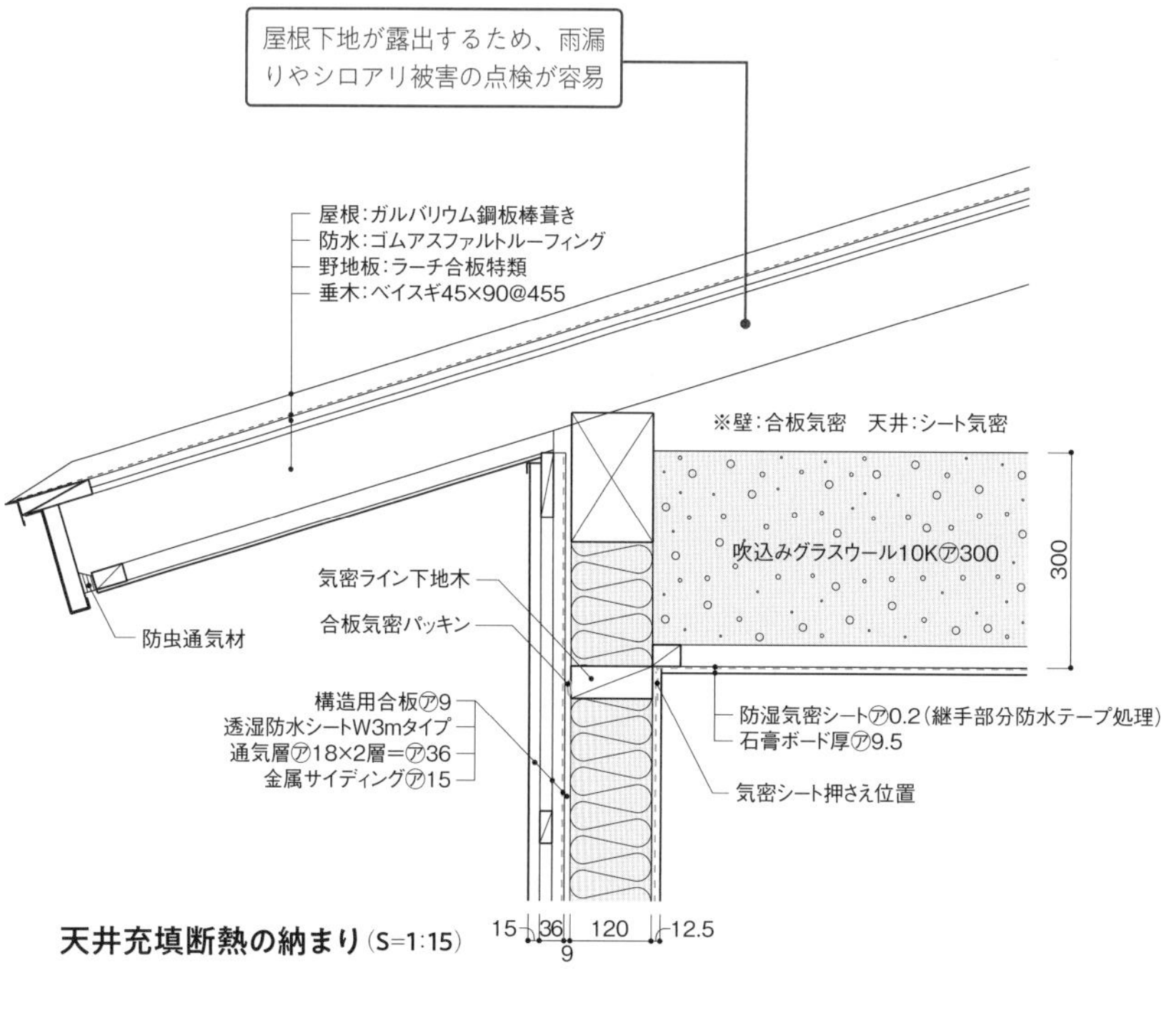
屋根下地が露出するため、雨漏りやシロアリ被害の点検が容易
屋根：ガルバリウム鋼板棒葺き
防水：ゴムアスファルトルーフィング
野地板：ラーチ合板特類
垂木：ベイスギ45×90@455
※壁：合板気密　天井：シート気密
吹込みグラスウール10K㋐300
300
気密ライン下地木
合板気密パッキン
防虫通気材
構造用合板㋐9
透湿防水シートW3mタイプ
通気層㋐18×2層＝㋐36
金属サイディング㋐15
防湿気密シート㋐0.2（継手部分防水テープ処理）
石膏ボード厚㋐9.5
気密シート押さえ位置
15
36
120
12.5
9

天井充填断熱の納まり (S=1:15)

井に溜まらないように高窓を設置したり、24時間換気の排気口を天井近くに設けるとよいだろう。

　住宅密集地では、屋根断熱が向いているという話をよく聞く。確かに、建築面積や建物高さがあまりとれない場合、屋根断熱によって小屋裏空間を利用できるメリットはとても大きい。しかし、隣の建物が迫っていて日当たりが十分に確保できない場合は、天井断熱のほうがエアコンなどで短時間で家を温めることができるため、何を重視するのか建て主と十分話し合ったうえで断熱工法を選択すべきだろう。

　当社では、屋根充填断熱＋内付加断熱を採用することが多いが、そのほかの工法を採用することもある。建てている家の特性を考えながら、最適な工法を選択するとともに、状況に応じてそのほかの工法も柔軟に採用できるように家づくりを進めていきたい。

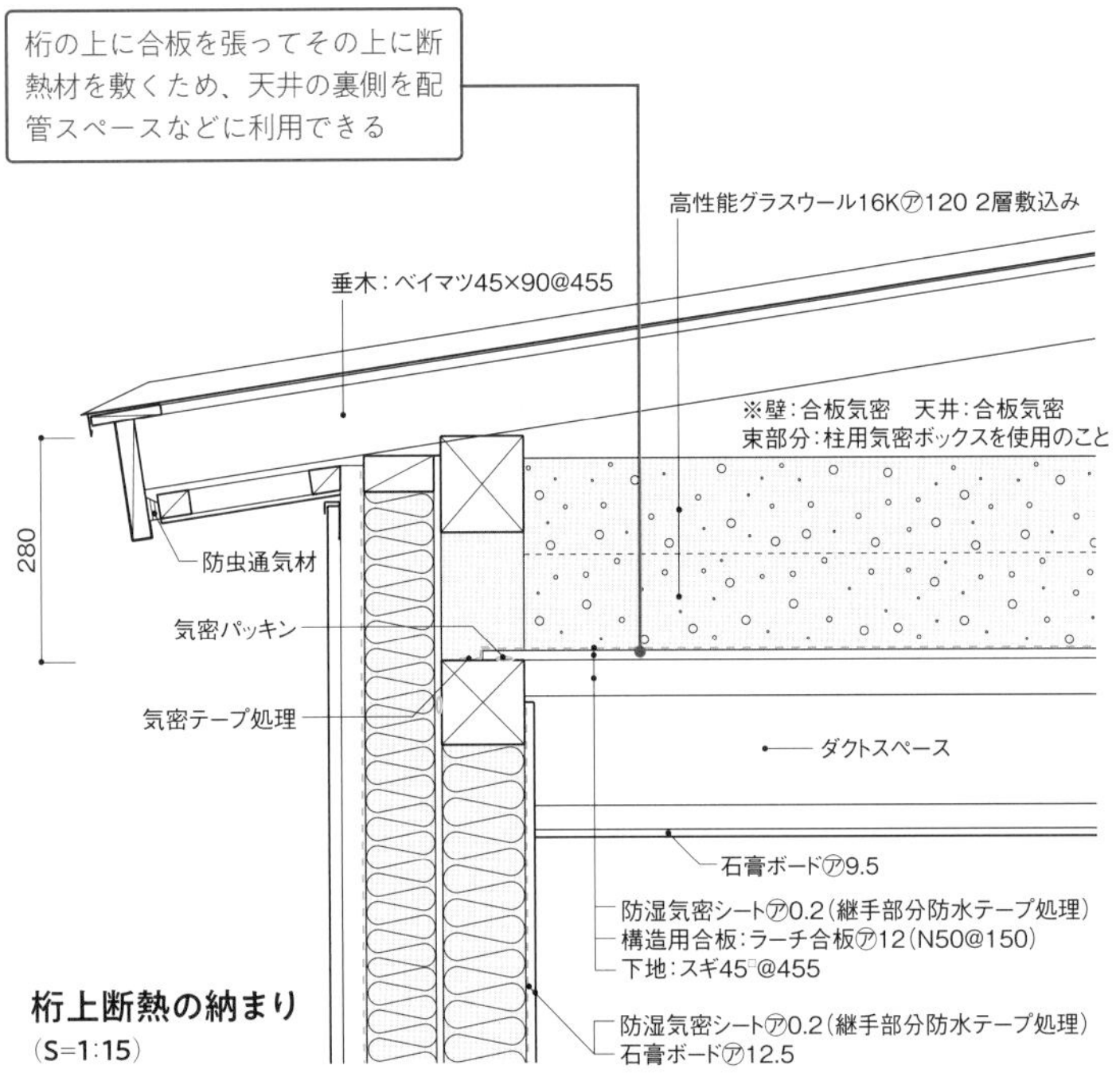

桁の上に合板を張ってその上に断熱材を敷くため、天井の裏側を配管スペースなどに利用できる
高性能グラスウール16K㋐120 2層敷込み
垂木：ベイマツ45×90@455
※壁：合板気密　天井：合板気密
束部分：柱用気密ボックスを使用のこと
280
防虫通気材
気密パッキン
気密テープ処理
ダクトスペース
石膏ボード㋐9.5
防湿気密シート㋐0.2（継手部分防水テープ処理）
構造用合板：ラーチ合板㋐12（N50@150）
下地：スギ45□@455
防湿気密シート㋐0.2（継手部分防水テープ処理）
石膏ボード㋐12.5

桁上断熱の納まり
（S=1:15）

屋根断熱と天井断熱の評価

	評価	屋根断熱	評価	天井断熱
断熱工事のしやすさ	×	基本的に勾配があるため、断熱下地などの工事を含め、大工の手間が多い。見上げの作業なので大工の負担も大きい。ただし、吹込みにして専門工事業者に依頼すれば、大工の手間や負担は軽減する	○	天井下地や桁上をしっかりとした合板下地で組めば、そこに上がって断熱工事ができるため、作業はかなり容易になる。吹込みにすることで、さらに大工の手間や負担を軽減できる
気密工事のしやすさ	×	シート気密、合板気密などを含め下地工事がやや複雑で、相応の知識と経験が求められる	×	防湿シートで気密をとることが多く、相応の知識と経験が求められる
コスト	×	大工の手間がかかるぶんコストはやや高くなる。吹込みにするとコストはさらに上がり、付加断熱をすることでさらにコストアップする	○	断熱材の厚みが簡単に増やせるほか、大工の手間が少ないため、結果的にコストも抑えられる。桁上断熱は桁上に合板を張るという手間が増えるぶんコストアップする
雨漏り・シロアリ対策	×	構造が複雑で、屋根内部の雨漏りやシロアリ被害の点検が難しい。高い防水仕様を採用したい	○	屋根材が露出しているため、屋根内部の雨漏りやシロアリ被害の点検が容易に行える
設計の自由度	○	小屋裏空間を利用できるため、建築面積の小さい建物に向いている。屋根面を使った勾配天井も容易。天井裏の配線・配管がしやすい	△	小屋裏空間が利用できないので、建築面積の小さい建物にはあまり向いていない。
暖房との相性	△	室内の空間が大きく、暖気が小屋裏に集まるため、部屋全体が温まるのがやや遅い	△	小屋裏空間を利用しないため、どの暖房機器を使っても部屋全体が温まるのが早い。ただし、夏は2階天井付近に熱気がこもりやすい

Q 床断熱と基礎断熱、どちらを選べばよい？

解説・文：岸野浩太（夢・建築工房）

A 諸問題がクリアできるなら床断熱がお勧め

床断熱と基礎断熱にも、屋根断熱・天井断熱と同様に、メリット・デメリットがあるので、さまざまな要素を検討して、工務店や建て主に合った工法を選択すべきであるが、当社は床断熱と基礎断熱を併用する方向に徐々に移行しつつある。以下、具体的に考えてみたい。

床断熱の工法として一般的なのは、床下地に断熱材を充填する床下充填断熱と、その下に断熱材を付加する床下充填断熱＋付加断熱。断熱材にはあらゆる種類のものが使われており、床断熱に特に不向きな断熱材というのは存在しない。

一般的には床下充填断熱が使われることが多いが、当社では床下充填断熱＋付加断熱を採用している。床は足が直接触れる場所で、外壁面よりその温度変化を感じやすい。したがって、床をしっかりと断熱すれば床が冷たく感じることが少なくなり、建て主がその断熱効果を実感しやすくなる。ただし壁と同様に、気密・防湿施工をしっかりと行わないと十分に断熱性能を発揮できないので、納まりや施工にも十分注意したい。なお、浴室廻りや玄関廻りなどは基礎が内部側の下地になるため、基礎断熱を行う必要がある。したがって、床断熱には原則として基礎断熱を併用しなくてはならない。

基礎断熱の工法は、基礎外周部の立上りの断熱材の設置位置によって、基礎外断熱、基礎内断熱、基礎内外併用断熱に分けられる。さまざまな断熱材が使用可能だが、一般的には耐水性能に優れるビーズ法または押出法ポリスチレンフォームが使われる。また、地盤面に近いことから、防蟻剤が含む製品が採用されることが多い。

当社では、基礎内外併用断熱を採用している。基礎外周部の立ち上がりの両面に断熱材を施工することで、基礎の表面の温度低下を防ぎ、夏場の結露を防ぐ工法である。もちろん、床面や床下空間の温度の低下を防ぐ目的もある。

施工性・コストはどちらが優位か

では、床断熱と基礎断熱をいくつかの点から検討してみたい。

施工性は基礎断熱のほうがよい。基礎断熱は、断熱材の設置も基礎工事の際に一体で行うことができるうえに、気密工事も土台の下に気密パッキンを設置するだけでよい。特に前者は基礎工事会社が作業することが多く、大工の負担も少ない。一方、床断熱は、床断熱を入れるための下地を組む必要があるうえに、気密工事は床下地の根太レス合板の普及で気密がとりやすくなったものの、床下から立ち上がる給排水配管の貫通部の処理や、根太レス合板の柱廻りの欠込み部分の隙間を処理する必要がある。また、前に述べたように床断熱であっても基礎断熱を併用する必要があり、基礎断熱

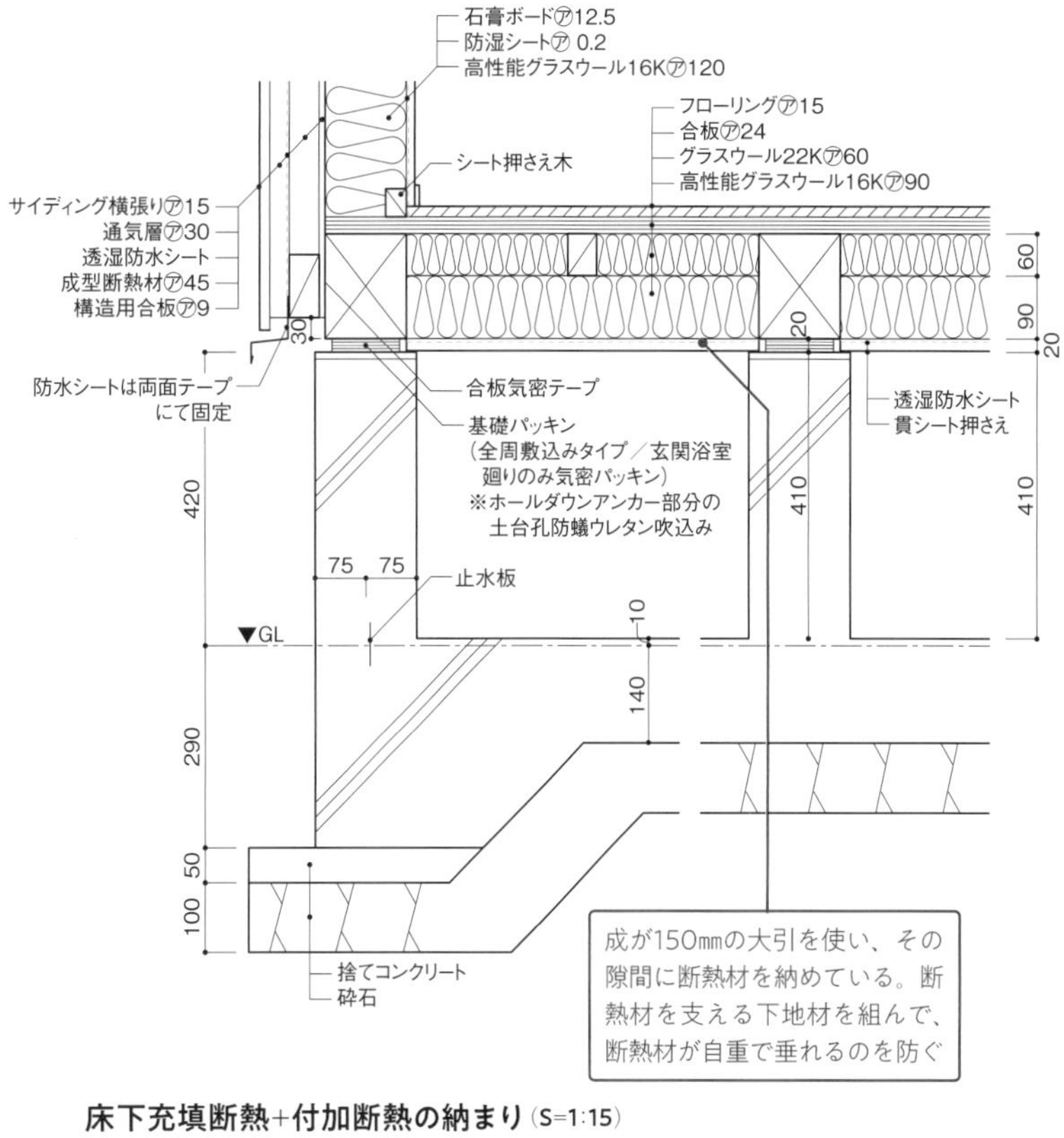

床下充填断熱＋付加断熱の納まり（S=1:15）

床断熱と基礎断熱の評価

	評価	床（床下）断熱	評価	基礎断熱
断熱工事のしやすさ	×	断熱材用の床下地組みなど床断熱の工程に加え、玄関、浴室などで基礎断熱が必ず発生する	○	基礎工事の際に一体で行え、大工の作業がほとんどない
気密工事のしやすさ	×	通常の気密工事が発生する。特に床は給排水配管の貫通部の処理や、根太レス合板の柱廻りの欠込み部分の隙間処理が必要	○	土台の下に気密パッキンを設置するだけでよい
コスト	△	大工の手間はかかるが、断熱材の費用を抑えることができる	△	大工の手間はかからないが、断熱材の選択肢は少なく、基礎工事の費用も若干かかる
雨漏り・シロアリ対策	○	直接断熱材が地面と接しないため、シロアリ被害のリスクを小さくできる。床下点検も容易	×	防蟻剤入り断熱材の使用が一般的になったが、点検が難しくシロアリの被害を防ぎきれるとはいえない
設計の自由度	×	1階に限って、スキップフロアや本畳の使用、床下の配管計画などには配慮が必要	○	1階床の設計や床下配管計画は自由に行える
暖房との相性	△	床下空間を利用しないため、どの暖房機器を使っても部屋が温まるのが早い。特に床暖房との相性はよい。一方で床下暖房は使えない	△	床下空間が室内になるため、部屋を温めるのに時間がかかる。冷暖房をつけっぱなしにする場合、基礎の蓄熱体の影響で室温が安定しやすい

よりも工程が増えてしまう。ただし、基礎断熱の場合、防蟻剤が含有されているとはいえ、シロアリ被害を完全に防げるわけではないので、そのリスク分は考慮に入れておく必要がある。

　コストについては、人件費によって多少の差はあると思うが、基本的に同じくらいと考えてよい。床下充填断熱の場合、グラスウールなどを使えば断熱材は安くなるが、気密工事が大変で手間がかかり、基礎断熱の場合は、断熱材は高くなるものの、施工は容易で手間も少ない。ただし、床下充填断熱+付加断熱、基礎内外併用断熱などを採用すれば、断熱材のぶんコストが高くなる。

　設計面でも工法ごとに特徴があり、注意が必要だ。床断熱の場合、床面がフラットでないと、

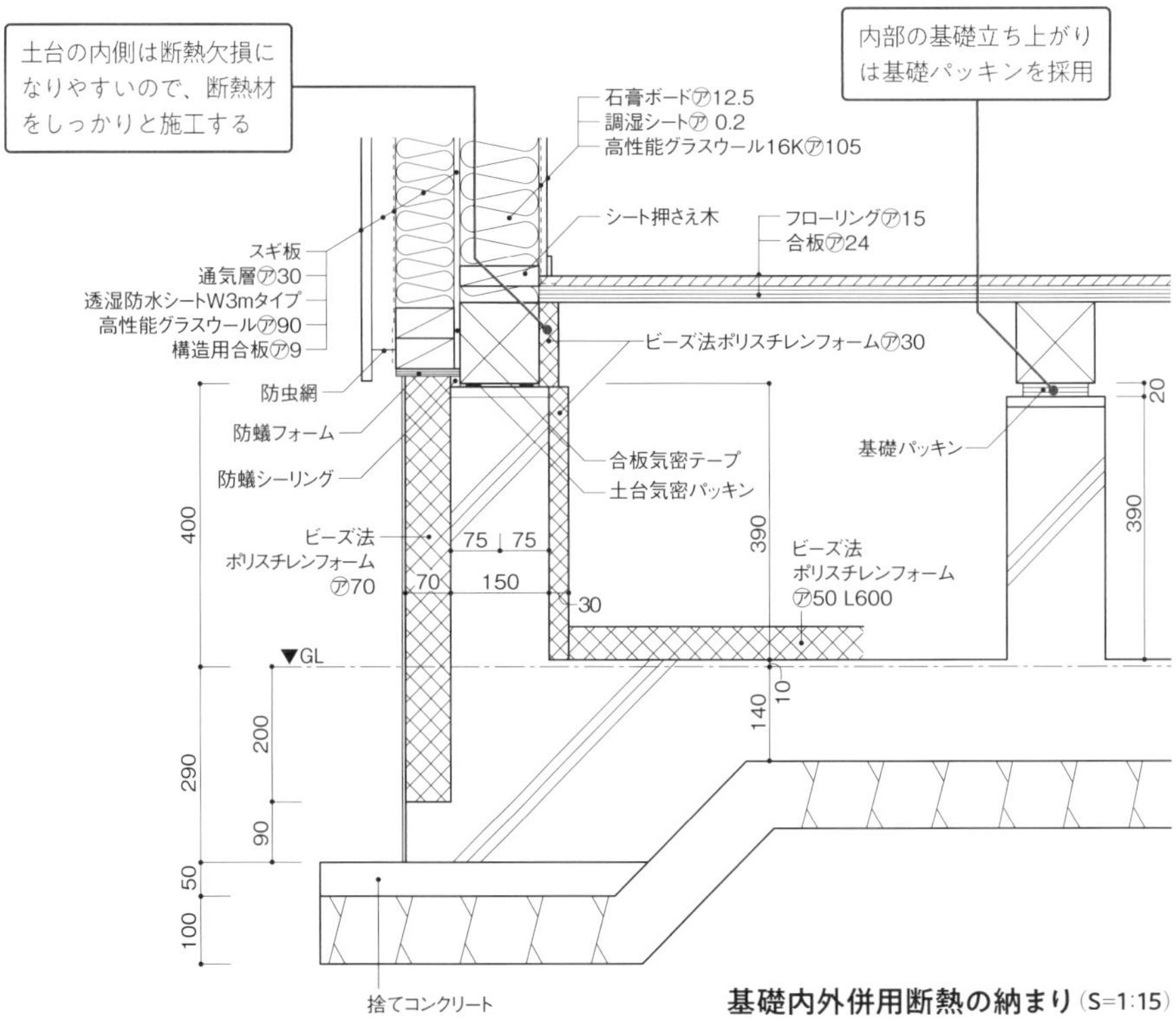

土台の内側は断熱欠損になりやすいので、断熱材をしっかりと施工する
内部の基礎立ち上がりは基礎パッキンを採用
石膏ボード㋐12.5
調湿シート㋐ 0.2
高性能グラスウール16K㋐105
シート押さえ木
フローリング㋐15
合板㋐24
スギ板
通気層㋐30
透湿防水シートW3mタイプ
高性能グラスウール㋐90
構造用合板㋐9
ビーズ法ポリスチレンフォーム㋐30
防虫網
防蟻フォーム
防蟻シーリング
合板気密テープ
土台気密パッキン
基礎パッキン
ビーズ法ポリスチレンフォーム㋐70
ビーズ法ポリスチレンフォーム㋐50 L600
▼GL
捨てコンクリート

基礎内外併用断熱の納まり（S=1:15）

とたんに施工が難しくなる。したがって、1階をスキップフロアにする場合や本畳など厚みのある床材を使う場合には工夫が必要になる。基礎断熱には、そのような制約がないので、比較的自由に床面や下地の高さを調節できる。同じ理由で、床下配管の自由度も高い。

温暖地では、夏対策が重要になってくる。基礎断熱の場合、床断熱に比べて床の表面温度が低くなるため、夏はひんやりとして気持ちがよい。ただし、先ほども述べたが基礎断熱にはシロアリの問題があり、ここでもこの長所を十分に検討する必要がある。

暖房方式との相性については、通常の壁掛けエアコンはどちらでも使えるが、床断熱のほうが床下空間がないぶん、短時間に室内を温めたり冷やしたりがしやすい。床暖房も床断熱であれば直下に断熱材があるため、室内側に効率よく放熱することができる。なお、当然のことだが、床下から家全体を温める床下暖房は基礎断熱でないと使えない。

冒頭で、今後は床断熱と基礎断熱を併用していく当社の考え方を述べた。とはいえ、高断熱住宅での大工の経験不足を考慮したり、床下暖房の採用を考えたりするのであれば基礎断熱を選択すべきだし、最終的には建てている家の特性や建て主の要望などに応じて柔軟に工法を選択できるようにしたい。

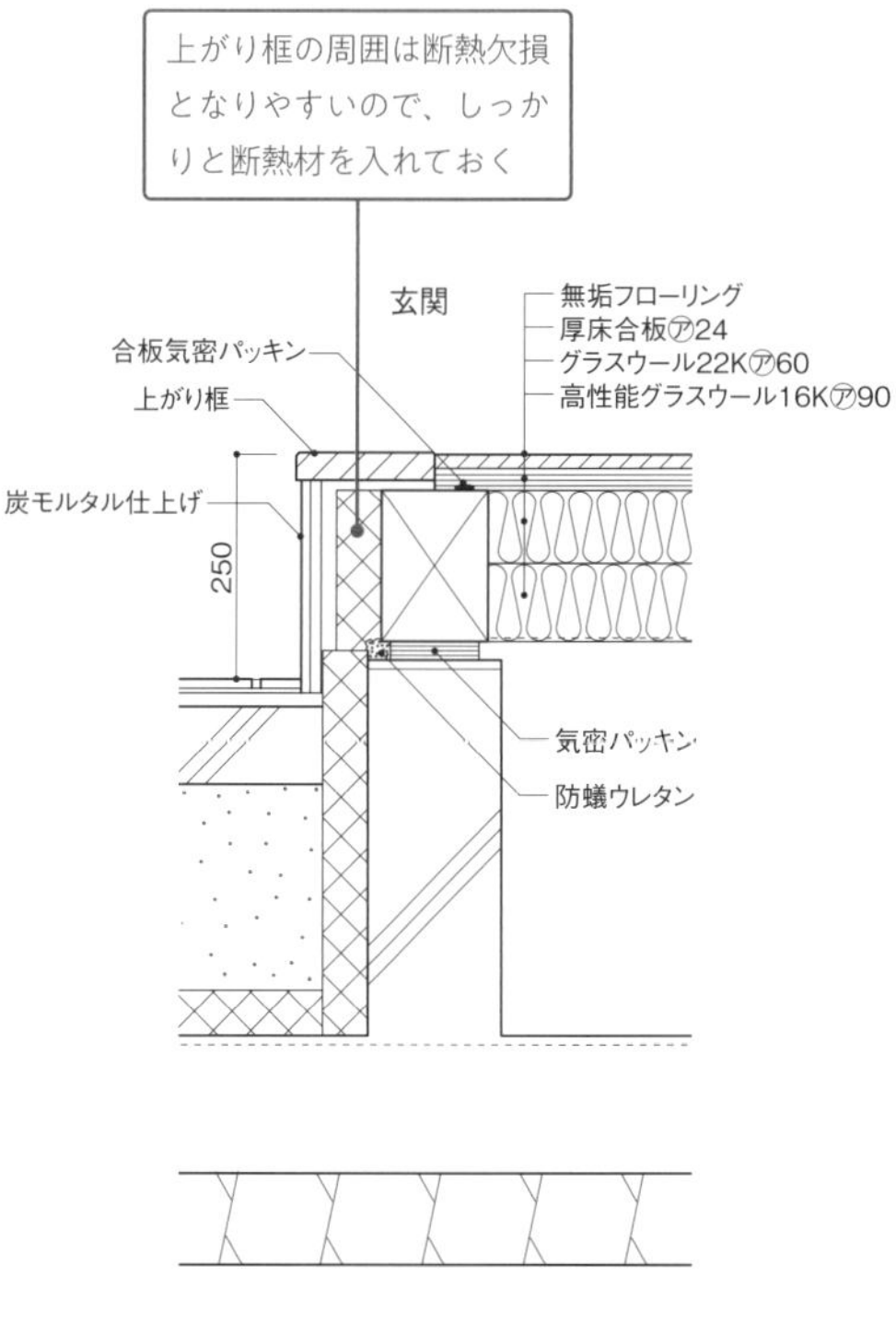

上がり框の周囲は断熱欠損となりやすいので、しっかりと断熱材を入れておく
玄関
無垢フローリング
厚床合板㋐24
グラスウール22K㋐60
高性能グラスウール16K㋐90
合板気密パッキン
上がり框
炭モルタル仕上げ
250
気密パッキン
防蟻ウレタン

玄関廻りの断熱・気密の納まり(S=1:15)

Column 「ゆめけんの家」で屋根断熱と床断熱を採用したわけ

2章で断熱工事の現場として掲載している「ゆめけんの家」で、断熱仕様をどのように決定したかをここで紹介したい。ゆめけんの家は体験モデルルーム兼オフィスとして使用する予定だが、共働きの夫婦＋子ども2人の住まいを想定して設計している。敷地の東側に道路があり、そこそこ交通量があるため、プライバシーを確保しつつ南面に大きな窓をとるために2階リビングの逆転プランとした。なお、断熱性能はU_A値0.29、Q値0.9で、HEAT 20 G2レベルである。

この住宅では、屋根充填断熱＋付加断熱と床断熱（＋基礎併用断熱）を採用している。屋根断熱としたのは、2階リビングとしたので、天井高さをしっかりと取りたかったから。また、屋根付加断熱によって夏の天井からの輻射熱をできるだけ抑えるようにした。もちろん、屋根断熱は雨漏りの状態を目視できないので、透湿防水シートとルーフィングによる2重防水を施している。

床断熱にしたのは、冬冷たくなりがちな1階の床表面温度をできるだけ上げたかったため。とはいえ、1階の南面にも大きな窓があり、日射取得がかなり期待できるので、冬であってもそれほど寒くならない。なお、浴室を2階にもってきたため、基礎断熱としたのは玄関だけで、ほぼ床断熱で施工することができている。

工事中の「ゆめけんの家」。7月の雨の多い時期だったので、雨の降っているときは室内の充填断熱や屋根断熱下地を、晴れの日は外部の付加断熱や外壁工事をバランスよく進めていた

ゆめけんの家平面図(S=1:150)

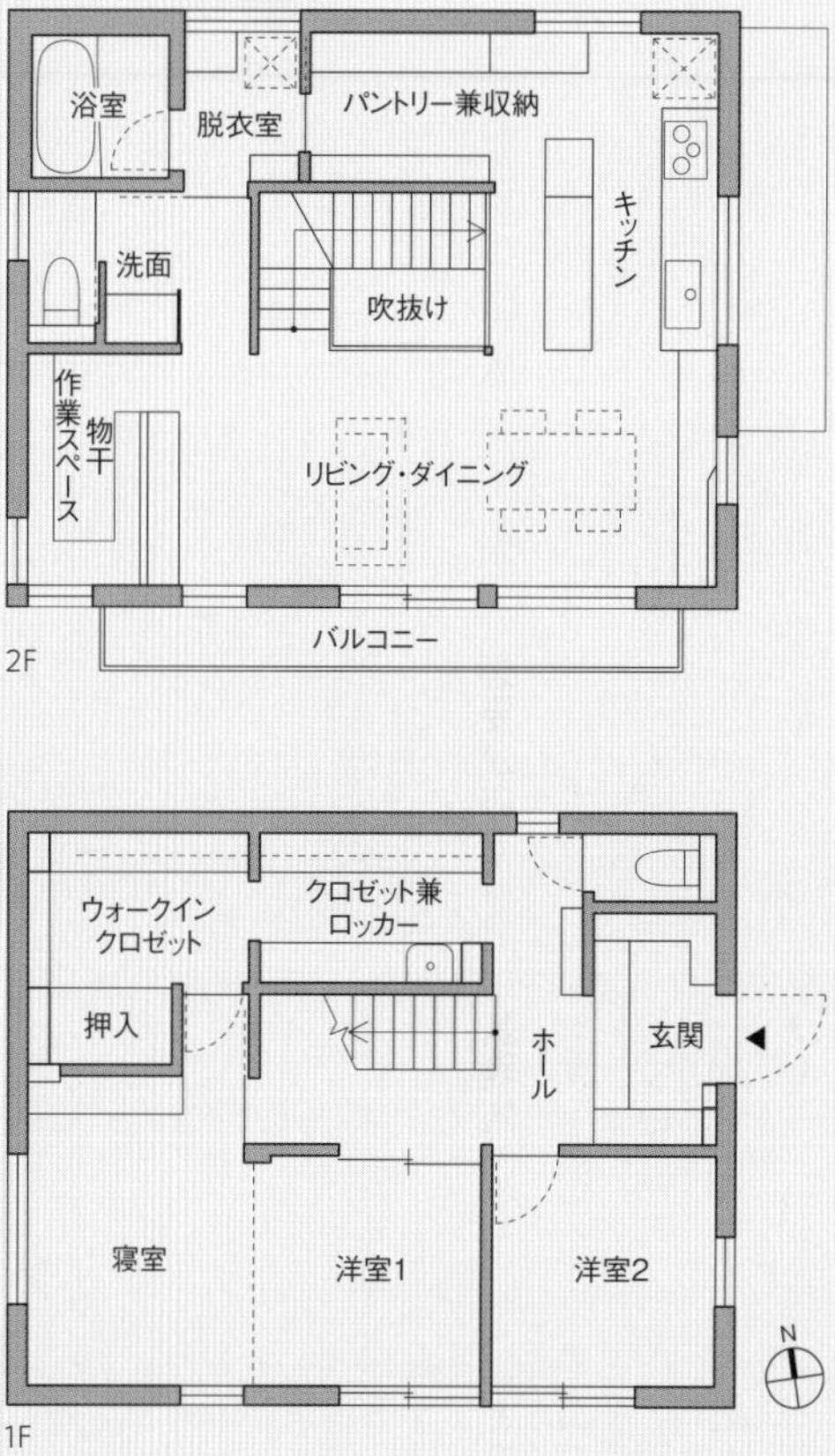

浴室
脱衣室
パントリー兼収納
キッチン
洗面
吹抜け
作業スペース
物干
リビング・ダイニング
バルコニー
2F
ウォークインクロゼット
クロゼット兼ロッカー
押入
ホール
玄関
寝室
洋室1
洋室2
N
1F

Q 換気の第1種と第3種どちらがよい？

解説・文：森亨介（風建設）

A 建て主がどこまで快適性を望んでいるかで決める

一般的な住宅に導入されるごく普通の第3種換気は、高断熱高気密住宅に向いていないという話を聞く。第3種換気とは、排気のみを機械で行うもので、ファンによる強制排気によって家の中を負圧にし、外気が給気口や家の隙間から入ることで換気が成立するという仕組みだ。明確な定義はないが、一般的なイメージとして、給気口から予定どおりに入ってくる空気は計画された給気とみなし、隙間から入ってくる予定外の空気は漏気とみなしてよいかと思う。したがって第3種換気は、気密性能が低いほど漏気が起こりやすく、換気不良や温度ムラができやすいといえるのだが、言い換えれば、高断熱高気密住宅であれば換気不良や温度ムラはできにくくなる。つまり、第3種換気と高断熱高気密住宅との相性は悪くないといえる。

一方、第1種換気は、給気排気とも機械で行う方式で、基本的には家の中と外で圧力差が生じないため、気密性能の高低による換気不良や温度ムラの懸念は小さいといえる。

第1種熱交換換気のコスパを考える

高断熱住宅と第1種換気・第3種換気との相性はどちらも悪くないといえるが、第1種換気の場合は熱交換を併用することもあるため、その点についても検討する必要がある。熱交換換気は、排気する空気から熱や湿気などを回収し、それを給気する空気に戻すことで室内の温湿度を安定させ、冷暖房エネルギーの削減にも寄与する仕組み。

したがって、快適性や省エネ性を重視する高断熱住宅などでは採用例も多い。ただし通常の換気設備に比べて複雑な機構をもつため、イニシャル（導入）・ランニング・メンテナンスのコストが高くなるので、費用対効果については厳密に考える必要がある。また、快適性について

使って半年の第1種熱交換換気用フィルター。第1種換気は給気口に換気フィルターを設置することで、花粉やPM2.5などの侵入を集中的に抑えることができる

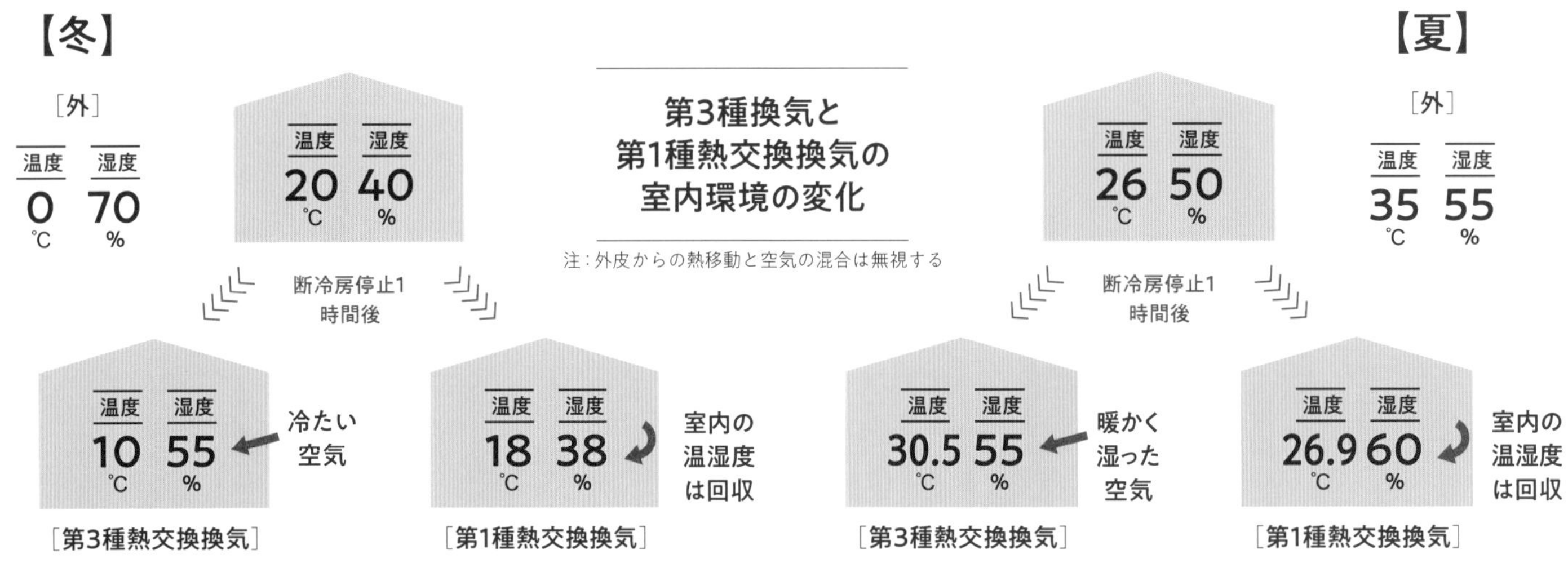

第3種換気と
第1種熱交換換気の
室内環境の変化
注：外皮からの熱移動と空気の混合は無視する
【冬】
［外］
温度 0 ℃
湿度 70 %
温度 20 ℃
湿度 40 %
断冷房停止1時間後
温度 10 ℃
湿度 55 %
冷たい空気
［第3種熱交換換気］
温度 18 ℃
湿度 38 %
室内の温湿度は回収
［第1種熱交換換気］
【夏】
［外］
温度 35 ℃
湿度 55 %
温度 26 ℃
湿度 50 %
断冷房停止1時間後
温度 30.5 ℃
湿度 55 %
暖かく湿った空気
［第3種熱交換換気］
温度 26.9 ℃
湿度 60 %
室内の温湿度は回収
［第1種熱交換換気］

第3種換気の場合は、給気口から外の空気がそのまま入ってくるため、現在の法律だと、1時間後には家の中の半分の空気が入れ替わり、温度10℃・湿度55%になる

第1種熱交換換気（温度交換率80%、湿度交換率40%）の場合、熱交換換気の給気口から出てくる空気は温度16℃・湿度35%となり、1時間後の室内は温度18℃・湿度38%になる

第3種換気の場合、室温35℃・湿度55%の空気がそのまま入ってくるため、1時間後の室内は室温30.5℃・湿度55%まで上昇する

第1種熱交換換気の場合、給気口から出てくる空気は温度27.8℃・湿度68%となり、温度26.9℃・湿度60%になる

も考慮したい。そこで、以下の3点について検討してみる。

①熱交換換気を入れたほうが室内は快適になるのか

②熱交換換気を入れたほうが光熱費は安くなるのか

③導入コストとメンテナンスコストはどうか

まずは①について考えたいと思う。詳しくは右頁の図を見ていただきたいが、冬の場合、外が温度0℃・湿度70％、家の中が温度20℃・湿度40％であるときに、第3種換気だと1時間後に温度10℃・湿度55％になるのに対し、第1種熱交換換気だと1時間後に温度18℃・湿度38％になる。10℃と18℃では快適性がかなり違う。

夏についても外が温度35℃・湿度55％、室内が温度26℃・湿度50％であるときに、第3種換気だと1時間後に温度30・5℃・湿度55％になるのに対し、第1種熱交換換気だと1時間後に温度26・9℃・湿度60％になる。冬ほどの差はないが、熱交換換気を採用したほうが換気による室内環境の変化を軽減でき、快適性は間違いなく高いといえる。

②の光熱費についてはどうだろうか。「自律循環型住宅への省エネルギー効果の推計プログラム」で計算すると、デフォルトの値から換気設備だけを変えて計算した場合の年間光熱費は左の表のようになる。

第1種熱交換換気は第3種換気と比べて、暖房費は4000円ほど下がるのだが、換気が15000円ほど高くなる。光熱費で考えれば、第1種熱交換換気のほうが高いといえる。

何も考えずダクト式の第1種熱交換換気を採用した場合、ダクトレス第3種換気と比べて換気扇に使われるモーターの消費電力が上がる。熱交換素子という大きな抵抗をもつ素材を潜り抜け、ダクトを通って家の各所に空気を送り届けるためには強力に空気を送り出すファンが必要になるためだ。省エネ基準の6地域の場合、1年のうち、冷房を使う期間が約3カ月、暖房を使う期間が約4カ月になるが、残りの5カ月は熱交換換気はあまり役に立たない。しかし、モーターは24時間365日運転するので、暖冷房の時期に安くなった光熱費を換気扇動力が大きく上回ってしまう。

用途別年間光熱費の試算（単位：円）

第3種換気		第1種熱交換換気	
暖房	37,368	暖房	33,689
冷房	16,698	冷房	16,698
換気	12,679	換気	27,675

「自律循環型住宅への省エネルギー効果の推計プログラム」で、6地域・120.08㎡の家をデフォルト計算により試算。換気のモーターの電気代がかなり大きいことが分かる

第3種換気のほうがトータルで光熱費が安く済むというのは、「自律循環型住宅への省エネルギー効果の推計プログラム」のデフォルト計算の場合、1地域でも変わらない。第1種熱交換換気の光熱費を安くするためには、口径の大きなダクトを使ったり、抵抗の少ないダクトを使ったり、ダクトをあまり曲げない計画にしたり、効率のよいファンを採用したり、熱交換効率の高い素子を使ったりして給気と排気の比率を整え、熱交換素子を通らず換気されてしまう空気を極力減らすなどの工夫を行う必要がある。しかし、そういったことまで考えて換気設備の設計・施工を行っているつくり手は少数派だ。

右／ブラシレスDCモータ（ECモータ）とロータリー式熱交換器を使った換気設備
左／大口径で抵抗が少なく、曲がりも小さいダクト

③の導入コストとメンテナンスコストについてはどうだろうか。ダクトレスの第3種換気の場合、2万円前後の換気扇が家の中に3～5台設置されることが多いのではないか。対して第1種熱交換換気の場合、換気扇本体が30万～50万円。ダクト工事費が30万～50万円。先に述べた光熱費を抑えるための工夫をした第1種熱交換換気になると、さらに金額は上がっていく。

メンテナンスコストは、換気扇本体の価格が15年ごとにかかるとイメージすればよい。また、高性能のフィルターを使う第1種熱交換換気の場合は、1～2年おきに数千円～数万円の換気フィルターを交換し続ける必要がある。

3つの検討結果を踏まえれば、快適性には優れるが光熱費が高くなる第1種熱交換換気、快適性は低いが光熱費は安く済む第3種換気、というのが明確にイメージできる。つまり、どちらが高断熱住宅に適するかというのは、住宅に何を優先するのか、建て主次第ということだ。

100万円強の導入コストと年間1万円ほどの出費で快適が買えるなら熱交換換気を導入したいという判断をする建て主もいれば、そこまで出費をするなら快適性は望まないという建て主もいるだろう。いずれにしても、建て主が判断できる材料を適切に提示できるかどうかが、私たちプロにとっては重要ではないだろうか。

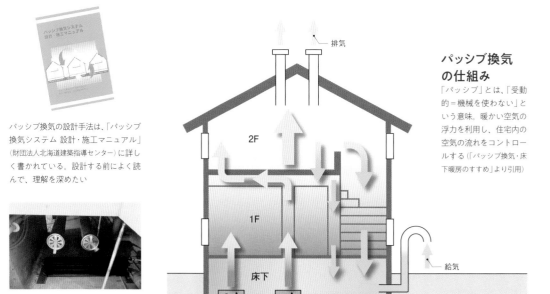

Qそもそもパッシブ換気とは？

解説・文：山本亜耕（山本亜耕建築設計事務所）

パッシブ換気[*1]とは、建物内外の温度差、すなわち室内の暖かくて軽い空気の浮力を主な動力とする「計画換気」である。住宅内の空気の流れを考慮して実現するのが「計画換気」であり、従来の隙間風や単なる通風に頼る成り行きまかせの自然換気とは区別する意味でパッシブ換気と呼んでいる。国内で一般的な採暖[*2]とは異なり、全室暖房が前提の換気&暖房一体型の技術で、高断熱・高気密建物の特性である冬場の大きな内外温度差を換気動力として用い、必要となる換気風量を満たすために建築本体の設計を行う。

具体的には基礎断熱された床下空間にヒーターなどの熱源を設け、そこに給気を集中的に行いながら高所から排気する仕組みなので、冬に換気能力が最大化する。そのため、パッシブ換気の効率が最小化する夏は、状況に応じて窓開けや機械換気で不足分を補うなど、住まい手の関与が必要である。そう聞くと、温暖地向けではない、北海道のような北国ならではの手法のように聞こえるかもしれないが、26頁で示すように、温暖地なりの工夫を少々加えれば本州でも採用できる方法だ。

パッシブ換気の設計手法は、「パッシブ換気システム 設計・施工マニュアル」（財団法人北海道建築指導センター）に詳しく書かれている。設計する前によく読んで、理解を深めたい

床下に設置する給気口と予熱ヒーターの例

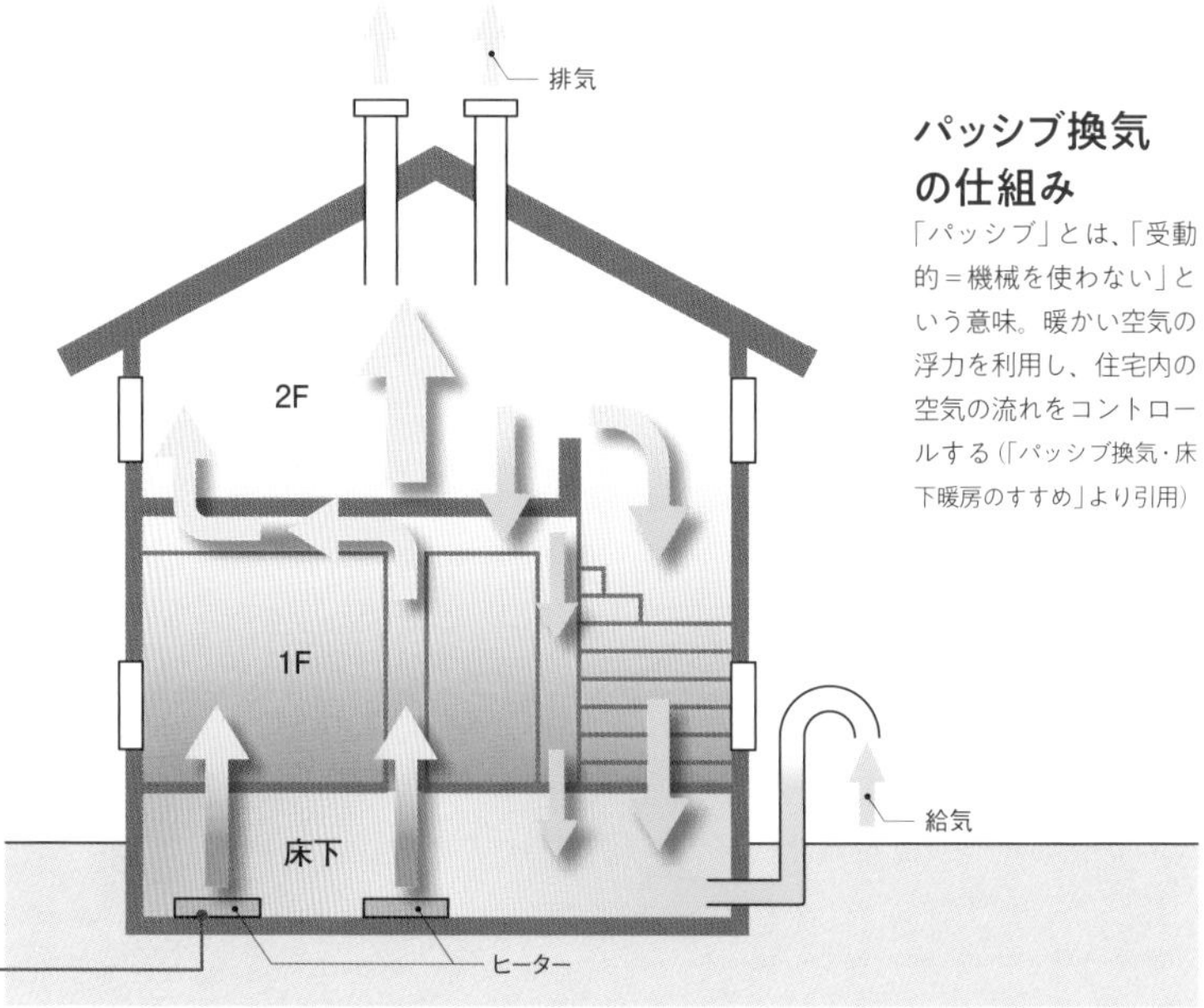
排気
2F
1F
床下
給気
ヒーター

パッシブ換気の仕組み

「パッシブ」とは、「受動的＝機械を使わない」という意味。暖かい空気の浮力を利用し、住宅内の空気の流れをコントロールする（「パッシブ換気・床下暖房のすすめ」より引用）

給排気管の寸法と有効開口面積の関係

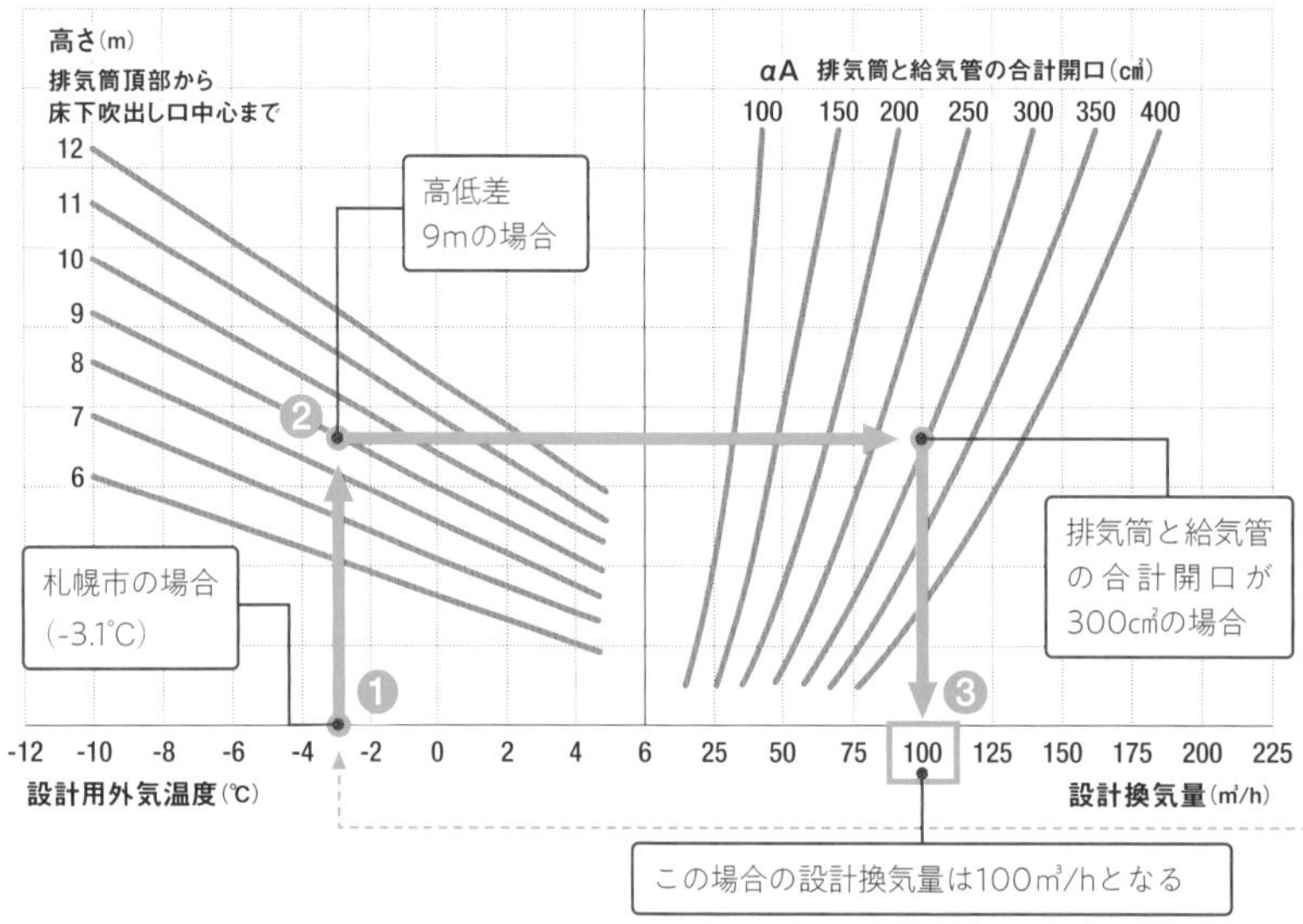
高さ(m)
排気筒頂部から
床下吹出し口中心まで
αA 排気筒と給気管の合計開口(㎠)
100 150 200 250 300 350 400
高低差
9mの場合
札幌市の場合
(-3.1℃)
排気筒と給気管の合計開口が300㎠の場合
-12 -10 -8 -6 -4 -2 0 2 4 6 25 50 75 100 125 150 175 200 225
設計用外気温度(℃)
設計換気量(㎥/h)
この場合の設計換気量は100㎥/hとなる

主要都市の設計用外気温度（℃）

稚内	-3.9
網走	-4.9
留萌	-3.4
旭川	-6.0
根室	-3.5
岩見沢	-4.2
小樽	-2.3
札幌	-3.1
釧路	-4.4
帯広	-6.1
倶知安	-4.8
苫小牧	-3.1
室蘭	-1.1
浦河	-1.8
函館	-2.1

給排気管の寸法と有効開口面積の関係

管径	100mmΦ	125mmΦ	150mmΦ	175mmΦ	200mmΦ
有効開口面積	40㎠	60㎠	90㎠	120㎠	160㎠

パッシブ換気は自然エネルギーを動力とする「計画換気」であるが、建築基準法28条2に定められた機械による計画換気（24h）には該当しない。あくまで北海道で開発されたローカルな設計手法だ。したがって建築確認等の届け出上は、1〜3種のなかから換気種別を選択し、法定換気量0.5回／h以上を満たす必要がある。人によっては同じ目的の換気設備を重複させることに疑問をもつ場合もあるだろう。しかし実際は、冬が近づくと自動的に換気を開始し、春が近づき窓開け可能な季節に呼応して換気量が減少するパッシブ換気は、換気設備の電源入れ忘れや故障の心配が少ないシステムといえる。結果的に住まい手は夏の冷房期の機械換気に集中すればよく、メンテナンスや運用上の手間が半減する。

A 室内で暖めた空気の浮力を利用した「計画換気」のこと

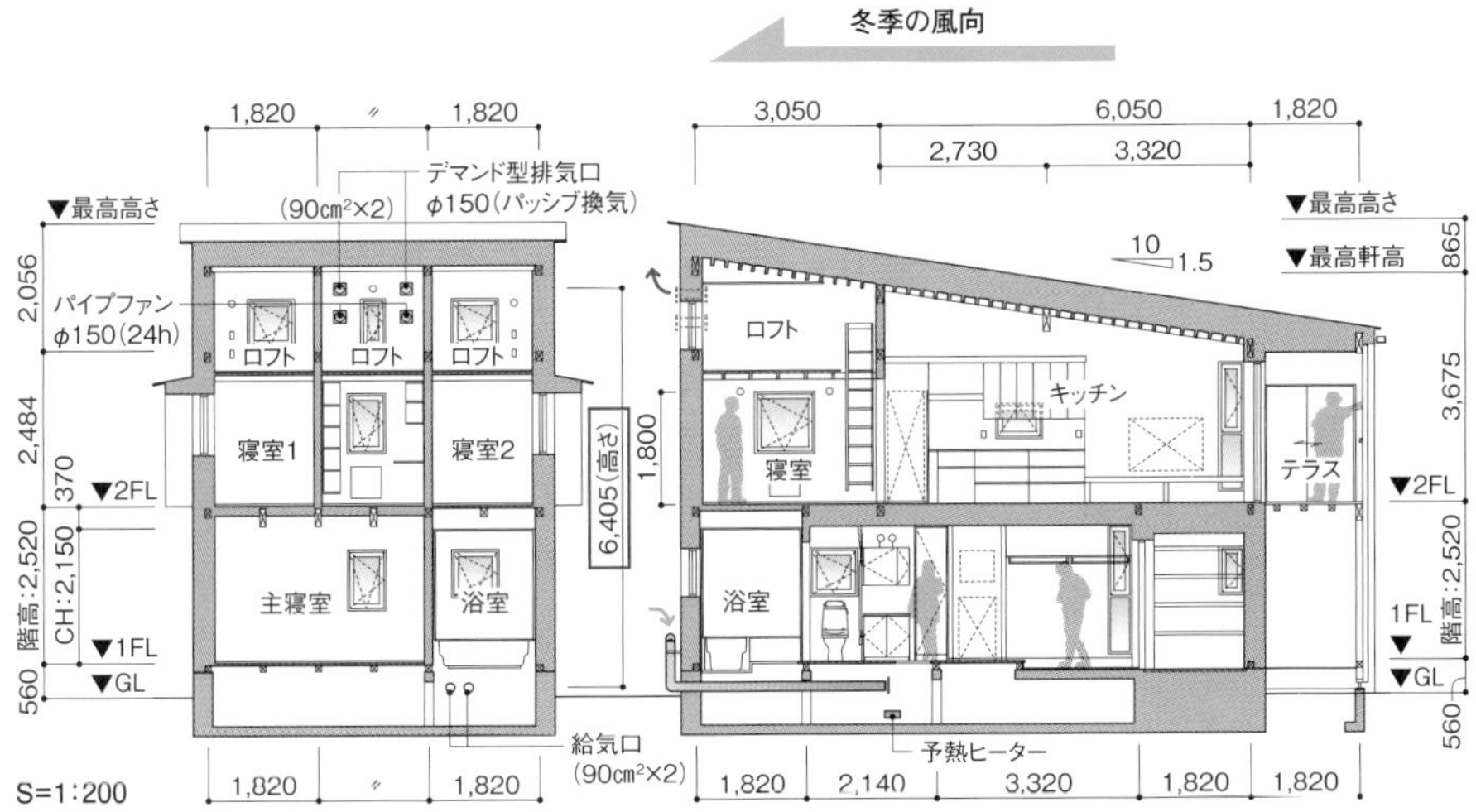

断面図で設計用換気量を決める

断面図で開口面積（給気＋排気口面積の合/㎠）、給気－排気高さ（m）を図示し設計用換気量を確定する。また壁付けの給気、排気口は、共に風下側（主に冬期の）に計画すると逆流等のロスが少ない。難しい場合は煙突型排気塔にすれば全方位の風に対応可能

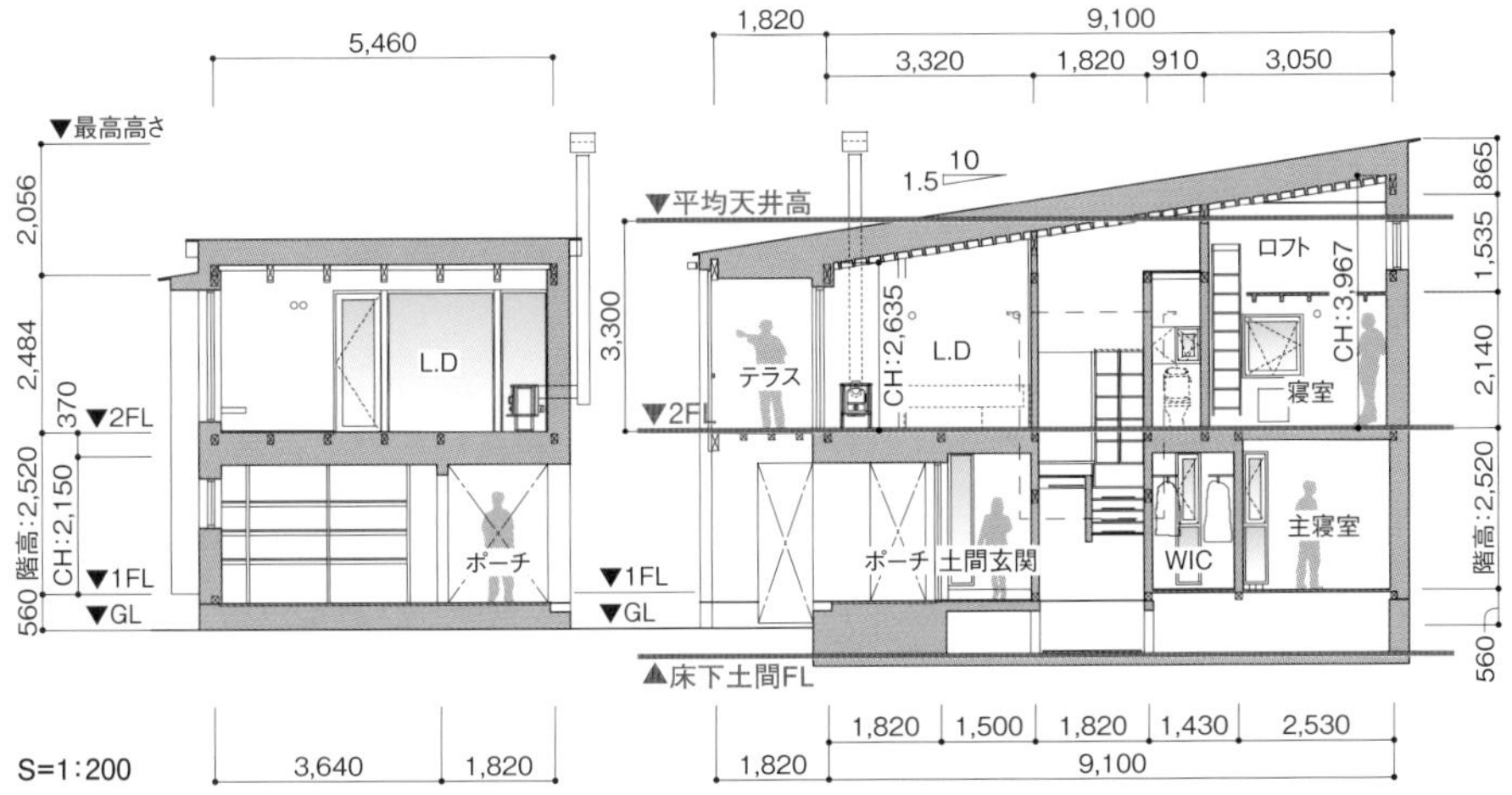

断熱ラインは「一筆書き」にして正確な気積を出す

断熱ラインを建物外周に沿って一筆書きすることで室内外が明快になり正確な気積が計算できる。階間や床下などもすべて計画換気対象の気積に参入する。断熱区画の内側であれば、床下であろうと計画換気と計画冷暖房が必要であるという意識が大切

具体的な計画に際しては「内外温度差」「給気－排気高さ」「給排気口面積」から設計用チャートにより得られる換気量を確認し、建物を設計する流れとなる。

なお計画換気の前提として、家族の在宅・不在にかかわらず常に同じ換気量を維持する必要はない。仮に在宅時を想定した換気量を1日中維持しようとすれば不在時には過剰になりやすく、快適性や省エネの観点からも望ましくない。必要な換気量は状況に応じて変動するのが常なので、1日のなかで穏やかに換気され、極端な換気不足に陥らないのであれば、その基礎的な換気量を内外温度差や外部風のような自然エネルギーに任せてもよいという考えが成り立つ。

パッシブ換気システムは、原理的には、高断熱高気密建物の特性に十分な理解があれば単純明快で、各人の工夫が生かせるシンプルな技術である。マニュアルのなかで詳しく解説されており、煩わしいパテントなどを気にすることなく誰でもすぐに設計できるようにあえてオープンソースとされている。その一方で、設計や実践にはある程度のスキルが必須である。採用する際には、マニュアルを十分に理解するとともに、実績ある経験者の助言や各研究会*3に所属するなど、適切なサポートを得られる環境でチャレンジすることをお勧めする。

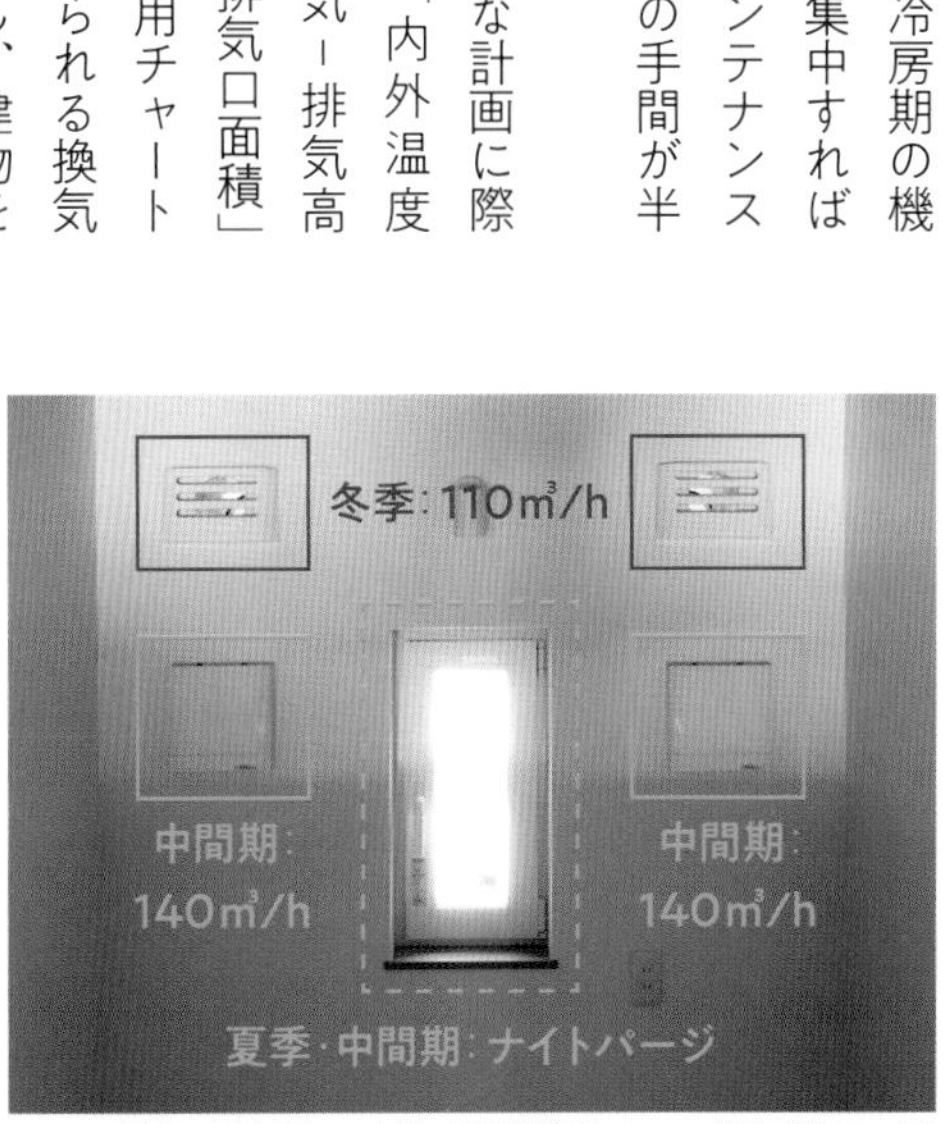

パッシブ換気の排気廻り。赤枠：湿度制御付パッシブ換気排気口、青色枠：パイプファン×2台、点線枠：夏季のナイトパージや中間期用の開口部（ドレーキップ窓）

*1 ここでは、平成11年3月発行「パッシブ換気システム 設計・施工マニュアル」（財団法人北海道建築指導センター）で定義されるものを指す
*2 建物を部分的に暖めること
*3 代表的な研究団体としてNPO法人パッシブシステム研究会（札幌）、パッシブ技術研究会（東京）がある

Q パッシブ換気は、温暖地でもうまくいく？

解説：高本直司（アークライフ）、森亨介（凰建設） 文：編集部

A 内外温度差10℃程度で稼働している例もあり

パッシブ換気は、前頁で説明したとおり、温められた空気が上昇する浮力を利用して換気を行う方法。北海道のように冬の内外温度差が大きいと、換気量は大きくなる。

では、北海道と比べて内外温度差が小さい温暖地では、果たしてこの仕組みが通用するのだろうか。そこで東京と岐阜でパッシブ換気を採用した事例を見てみよう。

東京都の設計事務所アークライフでは、町田市の築50年の木造住宅の断熱改修を機に、パッシブ換気を導入。パッシブ換気設計のセオリーどおり、床下にヒーターと給気口×2、2階にパイプファンと夏用エアコン、排気口×2を設置した。そして、引き渡し後に室温、湿度、二酸化炭素濃度を実測した。その結果を見ると、2020年12月から2月末の期間の平均外気温6.0℃に対し、平均室温は20・9℃、平均内外温度差は14・9℃と、パッシブ換気の動力源となる内外温度差は北海道に比べるとかなり小さかった（北海道札幌市の平均内外温度差は24・7℃）。しかし、同期間の室内のCO_2濃度は平均で720ppmという値で、十分に換気されていたことが分かった。

岐阜の凰建設でも、同様に内外温度差15℃程度でパッシブ換気を採用しているが、問題なく換気されており、適切な設計がなされていれば「内外温度差10度から換気は可能」（同社社長の森亨介氏）と話す。

温暖地でパッシブ換気を採用するときに考えなくてはならないもう一つのポイントとして、夏の湿気対策が挙げられる。北海道の夏は湿度がさほど高くないため、そのまま外気を取り込んでも室内は快適に保たれるが、温暖地の場合、高温多湿な外気をそのまま取り込めば室内は、たちまち湿度が上がってしまう。

凰建設では、パッシブ換気を採用した住宅では、夏は2階からの給気に切り替え、エアコンで冷やしてから室内へ行き渡らせることで湿度を調整している。これにより8月初旬でも極端に湿度が上がることなく平均湿度60％前後が保たれている。

「町田の家」（設計：アークライフ、施工：テクトハウジング）
2020年12月5日～2021年2月28日の室温と、相対湿度、CO_2濃度推移

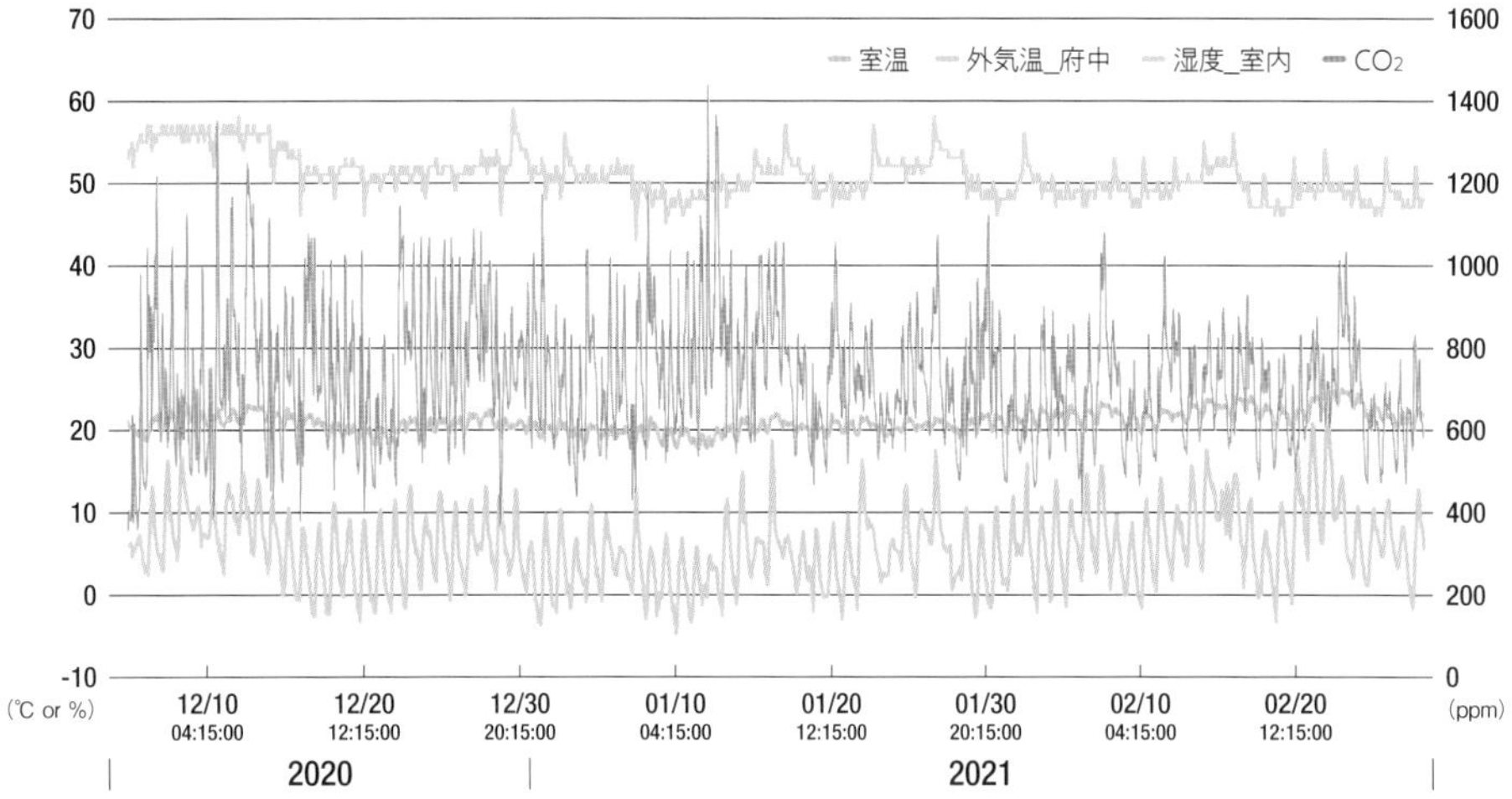

室温
外気温_府中
湿度_室内
CO2
70
60
50
40
30
20
10
0
-10
(℃ or %)
1600
1400
1200
1000
800
600
400
200
0
(ppm)
12/10 04:15:00
12/20 12:15:00
12/30 20:15:00
01/10 04:15:00
01/20 12:15:00
01/30 20:15:00
02/10 04:15:00
02/20 12:15:00
2020
2021

2月22日にかけて外気温が21.3℃まで上昇し、内外温度差がさらに小さくなったが、その場合でもCO_2濃度は1,000ppmを大きく超えることはなく、すぐに低減している。また、外気の平均絶対湿度は3.6g/kg（DA）だったが、室内の平均絶対湿度は7.8g/kg（DA）、平均相対湿度50%と過乾燥状態になることはなかった

「高台の家」（設計・施工：凰建設）平面図

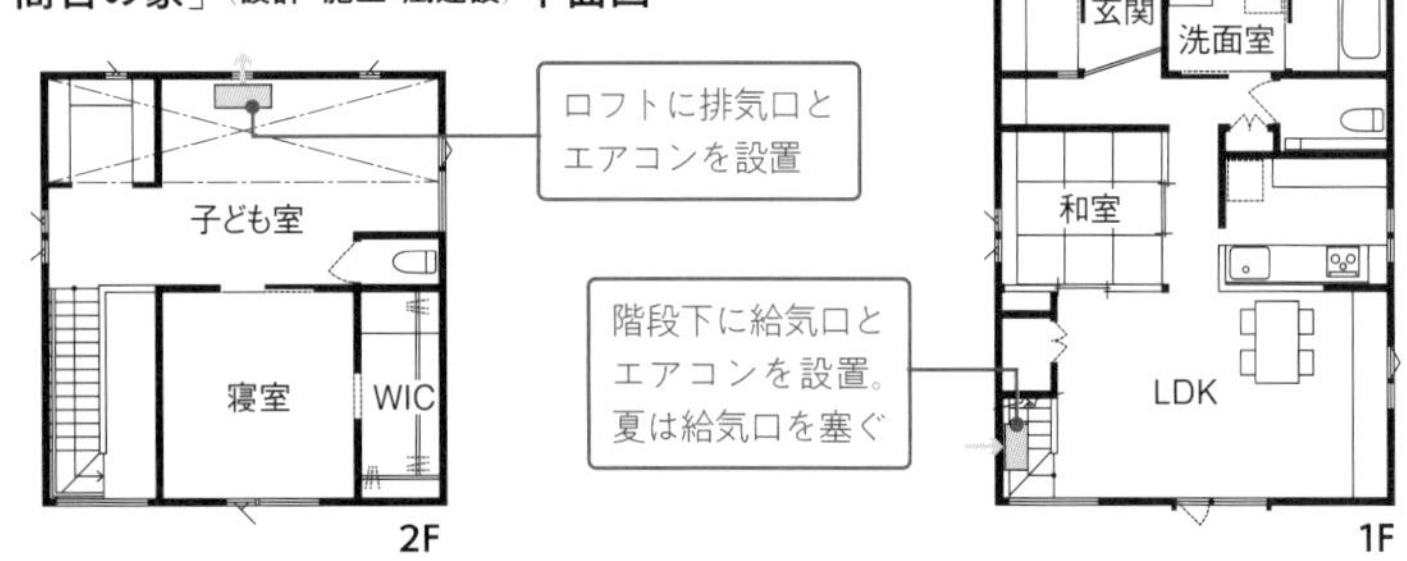

ロフトに排気口とエアコンを設置
子ども室
寝室
WIC
2F
階段下に給気口とエアコンを設置。夏は給気口を塞ぐ
玄関
洗面室
和室
LDK
1F

1階階段室に給気口と冬用エアコン、2階ロフトに排気口と夏用エアコンを設置。夏はエアコンを介した空気が冷やされ、1階へと送られる

防火戸の選択肢にはあまり困らないのに、断熱性能を備えた防火戸やサッシとなると、途端に選択肢が限られてしまう。どう対応するのが正解か、悩んでいる人も少なくないことだろう。窓に要求される性能の優先順位でいうと、断熱性よりも防耐火性であることは、建築基準法を学んだ人なら容易に想像がつくのではないだろうか。特に基準法では同じ防火戸でも、「防火設備」「特定防火設備」といった具合に火災強度に応じたランク付けまでされており、火災防止に対する関心の高さが条文からも読み取れる。

ここから先は現状の法規を踏まえた具体的な対応について考えたい。まず日本の防火戸の取り扱い上の特徴は、屋外に面する建具に限るという点である。つまり屋外に面する建具を防火戸とすれば、屋内側の建具にまでは防火性は求めないということだ。マンションの断熱改修などではこの仕組みを用いて、「外窓は既存の防火戸のまま、内戸のみ断熱気密性に優れた樹脂や木製に交換」とすることが多い。この考え方は新築にも使えるため、「外窓は従来どおりの金属製防火戸で安価に、内窓は断熱気密性を主体に選択する」といった方法が現実的である。こうした役割分担型の2重窓の場合、屋外側の防火戸の気密性はあえて落として、屋内側の内窓の気密性を上げることが重要である。この方法を守らないと、必ず外窓の室内側で結露して躯体を傷めるので、十分注意されたい。

Q
防火戸の断熱性能はどうしたらいい？

A
防火は外窓で、断熱は内窓でとるのが現実的

解説・文：山本亜耕（山本亜耕建築設計事務所）

【屋外】
2重窓の場合、窓の断熱気密性は室内側を高くし、屋外側を低くするのがポイント
【屋内】
気密の低い窓（防火戸）
断熱気密の高い窓（防火戸以外）

当然ながら海外製のサッシにも防火戸はあるが、それらを安心して使うには、国内規格との整合性や法的取り扱い、国内での再試験のコスト、手続きの煩雑さに対するサポートがより必要となる。高性能な海外製品を自由に使えるようになるのは魅力的だが、規制や審査認定に携わる人たちが断熱防火戸の重要性を理解したり、取り扱いのルートを用意することも重要である。また、つくり手と使い手双方が今後の新築や改修にこうした断熱防火戸の標準化を一層強く求めて行くことも大切だ。

現状では断熱防火戸となると選択肢に苦慮する人が多い。理想は、基本性能として断熱性を加えた防火戸が当たり前になることが望ましいが、当面は現状の法規制を十分研究し、その範囲内で防耐火性と断熱性の両立を目指さざるを得ないだろう。

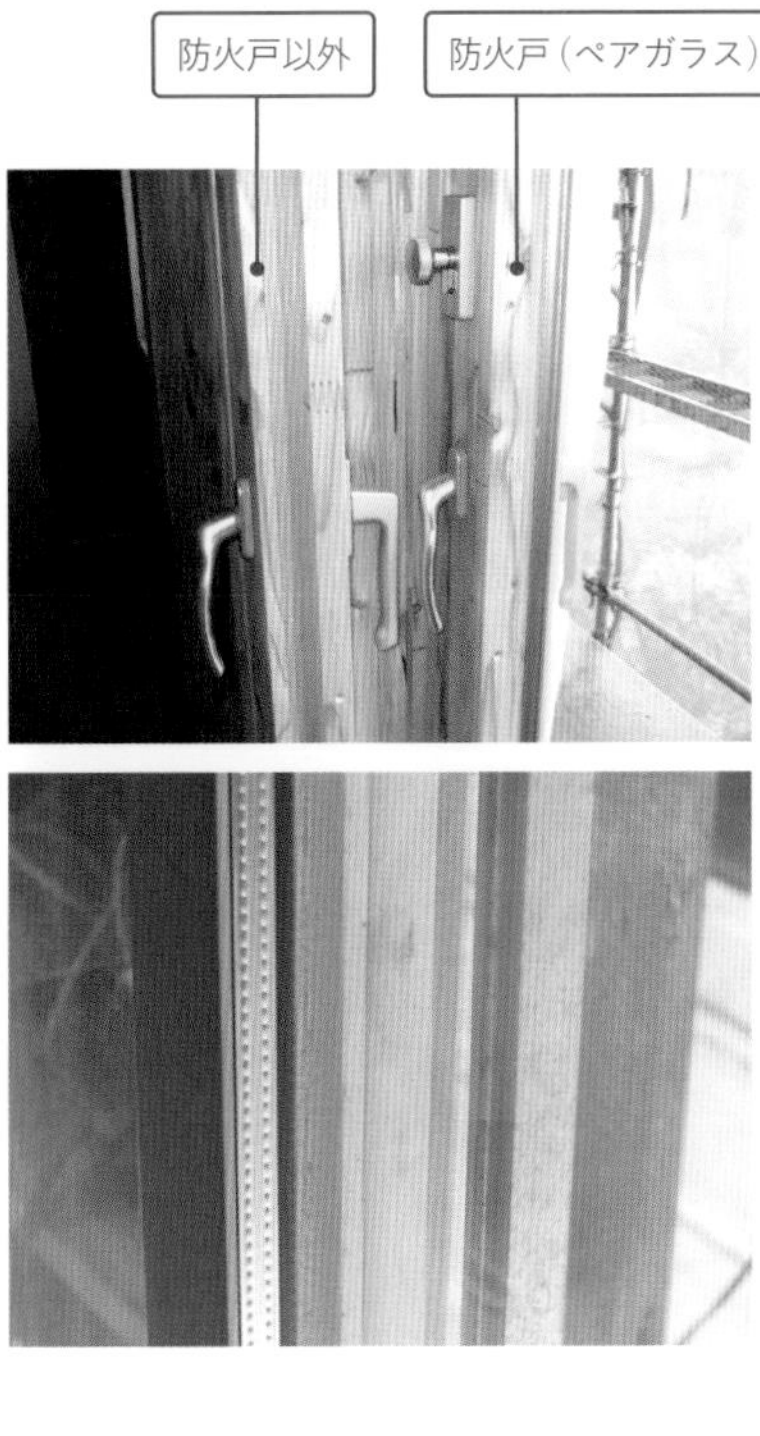

防火戸以外
防火戸（ペアガラス）

上／防火認定サッシのガラスは複層までが多い。そうした場合は、2重窓を設置する場合と同様に、室内側により断熱・気密性の高いサッシを追加し、全体の性能を補う　下／屋外側は従来どおりアルミ枠＋シングルガラスの防火戸（断熱気密性低）＋屋内側は樹脂枠＋複層ガラス（断熱・気密性が確保されたもの）で対応する

Q エアコンの冷暖房、結局どうすればよい？

解説：菊田良将（菊田工務店）・岸野浩太（夢・建築工房）　取材・文：編集部

高断熱住宅の冷暖房に関しては、居室ごとのエアコンを設置する一般的な方法のほか、全室冷暖房を前提として複数台のエアコンを設置して家全体を冷暖房する方法、1台で家全体を冷暖房する方法、さらには各工務店や建材・設備機器メーカーなどが開発した冷暖房システムなど、さまざまな方法が存在する。菊田工務店の菊田良将さんによると、それぞれのシステムや配置について、結局のところ、それほど大きな差は感じられないという。

菊田さんは2013年ころから高断熱住宅の設計・施工を手がけ始め、現在では同社の住宅がすべてHEAT20 G2以上のU_A値0.3を下回るように設計されているが、エアコンの配置は建物ごとに異なっているという。

基本的な配置は、1階と2階に壁掛けエアコンを配置し、2階は主に冷房用として、1階は主に暖房用として使用するというもの。2台配置する理由は、冷気が下降し、暖気が上昇する特性をシンプルに生かすという意味と、どちらかが故障してもある程度の冷暖房効果を確保するという意味がある。

A エアコンの台数や配置よりも家の断熱性能を重視すべき

なお、菊田さんによるとエアコン1台での家中の冷暖房をまかなうことはできなくはないということだが、下降する冷気と上昇する暖気を1つのエアコンでまかなうために冷暖気を強制的に移動させるファンが必要になることも。プランを含めてエアコンの配置を十分に検討する必要がある。エアコン2台であれば、プランや意匠の自由度が高いうえに、ファンなども必要ない。2台を同時に稼働することで、急速に家全体を温めたり冷やしたりすることも可能だ。

エアコンは上下階へ冷暖気が通る吹抜けや階段室の位置を考慮して、冷暖気が家全体にまんべんなく回るように配置する。ただし、それよりも室外機の位置からエアコンの配置を決めるなど、意匠上、プラン上の理由が優先されることも多い。意匠やプランを優先してエアコンを配置した場合でも、効き目の影響は小さいという。なぜなら、菊田さんが手がけるような高断熱の住宅は外気温の影響がかなり小さく、季節を通じて各部屋の室温の温度差が極めて小さいからだ。したがって、どの場所でエアコンを稼働しても、徐々に温度が上昇もしくは下降し、最終的には家中の室温が均一になるのである。

福島パッシブハウスの南側外観。2階の窓は屋根の庇、1階窓はオーバーハングの庇とサンシェードで日射を防いでいる。東西の袖壁も効いている

断熱性能によっては冷房のみ工夫を

ただし、冷房の取り扱いには若干の注意が必要と語るのは、高断熱住宅の設計・施工について菊田さんと意見交換している夢・建築工房の岸野浩太さんだ。HEAT20 G2・G3レベルの性能が発揮され、比較的壁の少ない高断熱住宅であれば問題ないが、もう少し断熱性能の劣る、もしくは壁の多い住宅の場合、冷気が部屋の隅々まで伝わるには若干の工夫が必要とのこと。

吹抜けや階段室とエアコンの位置が近いと、2階が十分に冷える前に1階に冷気が流れて行ってしまうことがある。したがって、冷気が1階に流れすぎないように吹抜けや階段室の周囲には手摺壁を設けたりするなどの工夫を行うようにしたい。また、1階に流れた冷気が部屋の隅々まで十分に行き渡るように、吹抜けや階段室は部屋の中央部分に設け、冷気が1階の中央から広がるような間取りにするとよいだろう。

換気計画には配慮し、2階は給気口を中心に、1階は排気口

エアコン配置のセオリーを守る

1階に対して2階をオーバーハングさせた住宅。U_A値0.2のパッシブハウス認定住宅で、高い断熱性能をもつため、エアコン2台で十分な暖かさ、涼しさを確保できている。ただし、壁の少ないオープンな間取り、エアコンからの冷暖気の流れを考慮した給排気口の配置、冷気がダイレクトに流れない腰壁の設置など、空調計画のセオリーに配慮した設計がなされている

右：1階はLDKを中心としたプラン。エアコンは写真奥の東側の壁に設置され、写真手前にある階段に向かって1階全体を温める
左：2階はフリースペースに各個室がアクセスするプラン。写真奥の西側の壁のエアコンの近くに階段があるが、周囲に腰壁を立てて、1階に直接冷気が流れるのを防いでいる

エアコン配置の考え方（平面図 S=1:150）

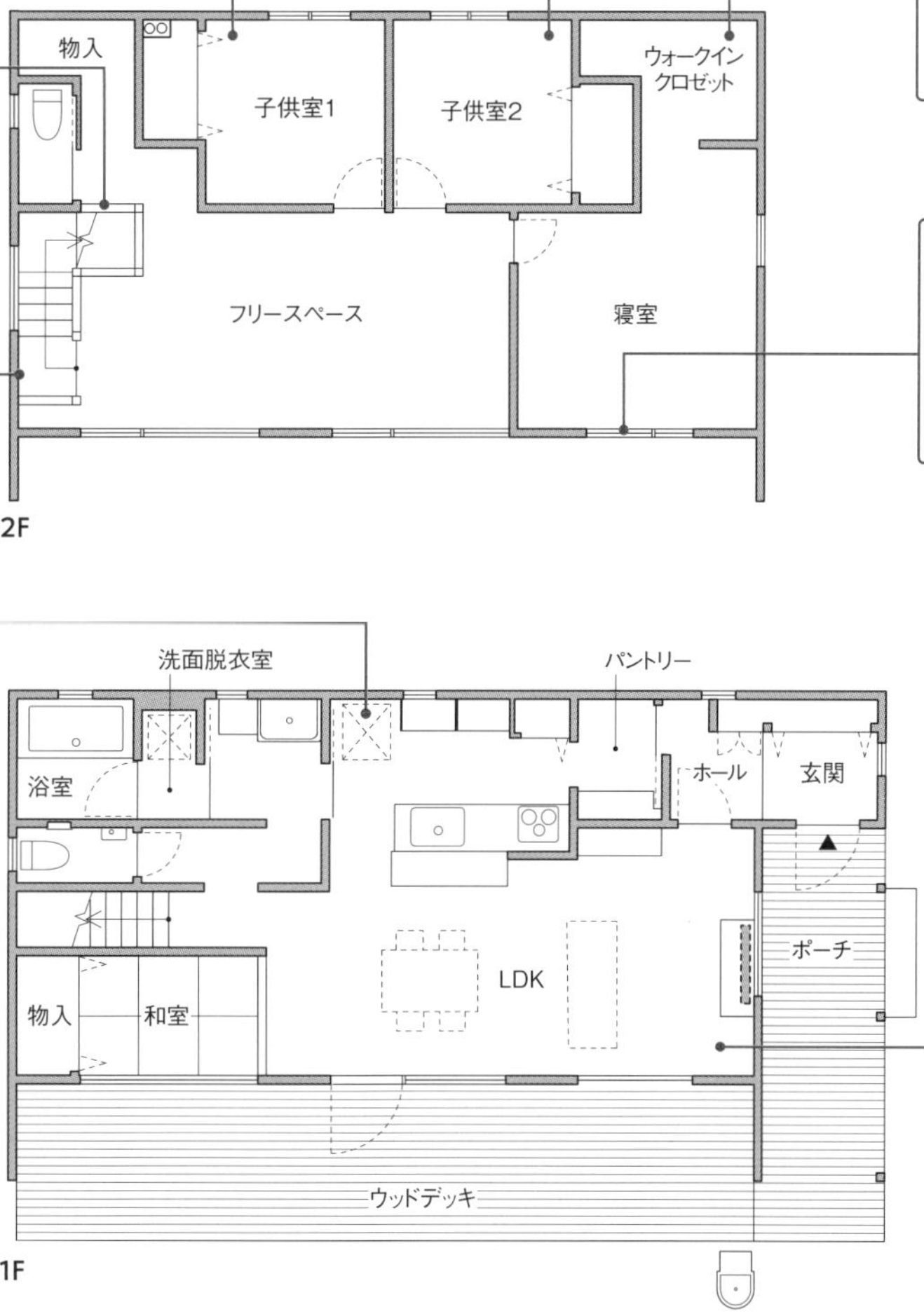
物入
子供室1
子供室2
ウォークイン
クロゼット
フリースペース
寝室
2F
洗面脱衣室
パントリー
浴室
ホール
玄関
ポーチ
LDK
物入
和室
ウッドデッキ
1F

階段などの吹抜けはフロアの中央が望ましいが、プラン上エアコン近くの配置になったため、冷気がダイレクトに1階に流れないように階段の周囲に腰壁を立てている

エアコンは西側の壁に配置。直下に階段があるが、高い断熱性能と適切な換気計画によって2階全体を冷やすことに成功している

エアコンや階段の吹抜けから送られる冷気・暖気を各部屋に引き込むため、機械換気の排気口を各部屋に配置した

2階、1階と大きな窓をもつ。冬はほぼ無暖房で過ごせるほどの日射熱取得に貢献するが、その分、夏は冷房に負荷がかかるので、屋根やオーバーハングさせた庇、サンシェードなどで日射遮蔽を行っている

1階のエアコンから対角線上の位置にあるキッチンや水廻りに機械換気の排気口を設置。エアコンからの暖気を1階の隅々まで行き渡らせる

1階のエアコンは東側の壁に設置。吹抜けとなる階段室からは最も遠い場所にあり、暖気を1階全体に行き渡らせるとともに、2階へも流れていくよう計画した

「福島パッシブハウス」
建築概要

所在地：福島県福島市
家族構成：夫婦＋子ども2人
構造：木造2階建て
U_A値：0.20W／(㎡・K)
設計・施工：菊田工務店

を中心に配置すれば、2階のエアコンの冷気が家全体をまんべんなく冷やしてくれる。個室なども必要に応じて廊下からの冷気を引き込むファンなどの取り付けを検討したい。

なお、菊田工務店のある福島県福島市は、夏期は日中40℃近くまで外気温が上昇するため、日射の当たる場所を中心に室温もかなり上昇する。もちろん、エアコンをつけっぱなしにしていれば問題ないのだが、南面の窓を中心にサンシェードなどの日射遮蔽設備を設けていれば、エアコンをつけていなくてもある程度の室温の上昇が抑えられ、エアコンを付ければすぐに家全体の室温を下げることができる。

ちなみに菊田さんはまれに第1種換気システムに接続するアメニティエアコンを採用することがある。これは通常の第1種換気システムに50万円ほどの追加費用がかかるのだが、ダクトを通って各部屋に冷暖気が流れるので、通常の2台のエアコンの冷暖房に比べてより均一な室温となり、間仕切壁や個室が多い家だとより効果を発揮するという。この選択は予算や建て主の要望次第で決まるようだ。

Q 壁内結露を防ぐには、何をすればよい？

解説・文：山本亜耕（山本亜耕建築設計事務所）

A 室内側は水蒸気をブロック、室外側は水蒸気を逃がす

つくり手目線でなるべく簡単に結露を解説したい。簡単にいえば結露とは水蒸気（気体）が水（液体）に変わる現象である。その際、気体から液体に変わる温度を露点と呼ぶ。私たちの身の回りの空気（湿り空気）はさまざまな温湿度で存在するから、その空気の状態によって露点もまた変動する。その相関関係をより詳しく知りたい人には空気線図を読むことをお勧めするが、単に結露を防ぎたいだけなら、「露点を生じぬように表面温度を管理すればよい」と理解するのが簡単だ。一般的に、結露は、湿った空気が接する個体の表面温度が露点温度を下回った際に発生する。つまり結露を避けたい部分の温度を露点まで下げなければよい。これでもまだ難しいという人は「結露は必ず低温部で起こる」と覚えておこう。

先にも書いたように、日本の建築には断熱という視点が非常に希薄だ。それを別の言葉で言い換えるなら、「建材の断熱性に対する関心が低い」となる。断熱性のある建材は表面温度も下がりにくく、安定している。それが結果として結露に強い性質を示すのだ。アルミよりも樹脂サッシ、単板ガラスよりも複層ガラスが結露に対して強いのはこうした理由からである。つくり手として結露を防ぎたいのであれば、建築各部でどこが温度低下しやすいのか、そこに十分な断熱性が与えられているか、現状の露点温度が何度なのかを絶えず意識することが大切だ。

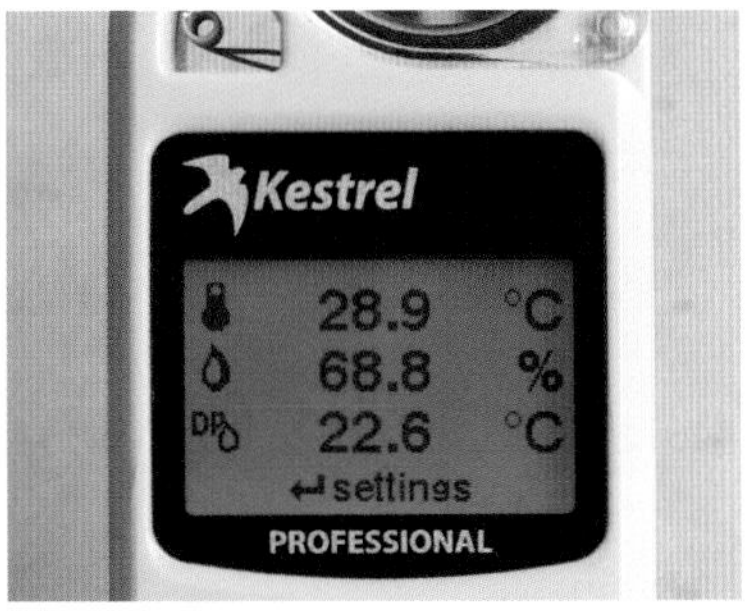

Kestrel
28.9 °C
68.8 %
22.6 °C
settings
PROFESSIONAL

現状の露点温度のみ手っ取り早く知りたいという人は携帯型の風速・気象計の使用をお勧めする。写真は「ケストレル5200」（ニールセン・ケラーマン社）。室温28.9℃、相対湿度68.8％の時、露点温度が22.6℃。これを下回ると結露が発生する

ビニルシートor可変透湿シート

壁内結露防止を想定した断熱構造を考える際のポイントは、水蒸気の移動方向を明確にすることである。躯体内に水蒸気が入る大きな要因は主に2つ、隙間風と透湿である。前者は湿度発生源である室内と壁内部が物理的につながって湿った空気が流入する状態を指し、後者は絶対湿度勾配に沿って水蒸気が物質を通り抜けようとする現象である。一般的には隙間風による水蒸気移動のほうが多い。壁内結露防止のためには、これら2つの要因に配慮することと、仮に湿気が入っても外部に抜ける構造にしておくことが大切である。

意外にも筆者が住む北海道では、防湿シートのほぼ100％が安価な厚手のビニルシート（JIS A6930-1937）のため、条件によっては夏期の結露シミュレーションがNGとなる。その一方で、同じ断熱構造である築深の建物を解体しても、躯体内に結露蓄積による損傷の痕跡は見つからない。損傷の激しい建物の特徴は、むしろ防湿不足や透湿と防湿の反転など、直感的なつくり手の思い込みによるものが多い。もし壁内結露防止で安価なビニルシートか、高価な可変透湿シートかで迷うようであれば、シミュレーションだけに頼るのではなく、既存建物の解体に立ち会ってみ

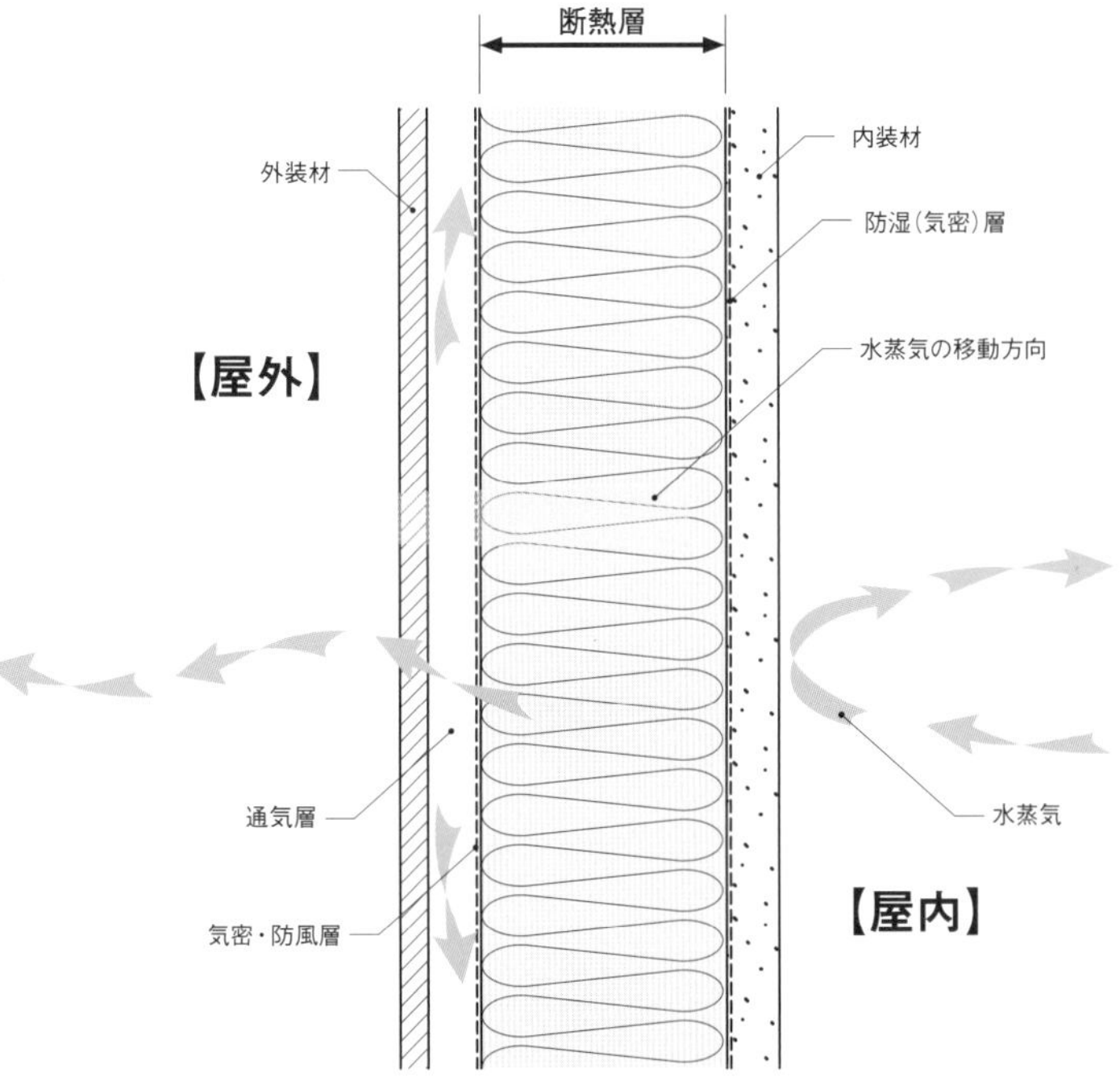

断熱層
外装材
内装材
防湿（気密）層
水蒸気の移動方向
【屋外】
通気層
気密・防風層
水蒸気
【屋内】

結露が発生する仕組み。室内で温められた空気が、壁内に入り込むのを防ぐ。筆者は冬場の一番厳しい条件で定常計算をしてもクリアできるように設計している

るのはいかがだろう。身近に築深の高断熱建物がないという人は、枠組壁工法の建物を探してみよう。防湿にビニルシートを使っている場合が多いはずだ。

既存断熱建物の解体現場は、つくり手による判断の正否を今に伝えてくれる。時間はかかっても、過去から学ぶ機会を大切にして、地域に適した結露対策の勘所を見つけてほしい。

夏型結露も冬型結露も考え方は同じ

しばしば、夏型と冬型の結露はまったく別物のように語られるが、結露である以上原理は同じだ。躯体内部の湿った空気が、エアコンによって冷やされた室内側で結露するケースと、冬の寒さで冷やされた屋外側で結露するケース。前者を夏型結露、後者を冬型結露と呼ぶだけである。季節や冷暖房により生じる低温部の位置の差なので、あまり複雑に考えすぎる必要はない。大切なことは、生じる結露が目視可能な表面結露であれ、見えない内部結露であれ、内装や建物構造を傷めない限度内で結露と乾燥を繰り返すのであれば心配はない。

非定常計算ソフトで結露判定を行う際は瞬間的な結露の有無を気にするよりも、より厳しい条件で2年程度を想定し、全体的な結露蓄積が安全域に留まるか否かに注目しよう。最近は屋根断熱をした小屋裏を空調室にして冷房することで、室内に剝き出しになった防湿シートが冷え、ビニルシートの屋外側（壁内部）が結露して青くなった人も多いのではないだろうか？ これは北海道でもよく見られる「コンビニ型結露」と同じ現象である。コンビニの奥にはウォークインタイプの飲み物用冷蔵庫があるが、夏場に店員が飲み物をキンキンに冷やそうと温度を下げると客側のガラス扉や壁パネルが結露する。冷蔵庫の内部が空調室、ガラス扉が防湿シートといえば分かりやすいだろう。対策は、露点を上回るまで冷蔵庫の温度を上げるか、またはガラス扉や断熱パネルの断熱性を上げること。こうして露点以上に表面温度を上げてしまえば結露は消える。結露発生の解決の肝は、エアコンによる低温の度合いは住まい手自ら調整可能という点である。夏の暑さや湿度は人の手ではどうにもならないが、温度（露点）を選べることは知っておいて損はない。

北海道の解体現場にて、損傷のない壁内。ビニルシートを採用した断熱構造だが、躯体内に水分蓄積した痕跡がない

Column

結露は温度が高い所でも発生する!?

今は外気温が34℃……エアコンをガンガン効かせた車内でこの原稿を書いています。ふとフロントガラスに目を向けるとなんとガラスの外がうっすら結露しているではありませんか！「あれれ……たった今、山本さんはエアコンで冷やされた側で結露が起こると言ったばかりなのに……温度の高いはずの屋外側で結露するなんておかしい……」こんな風に思った人はいませんか？（笑）

その理由はガラスの内部に湿り空気が存在しないからです。車のガラスは内部に空洞を持たないソリッドで断熱性に乏しい固体です。ですからエアコンの冷気で冷やされるとその熱が屋外に伝わって湿り空気との接点、すなわち屋外側のガラス表面で結露を生じたのです。熱帯地域に多い無断熱RC住宅の外壁が結露で汚れやすいのも、まったく同じ理由です。（山本）

壁内結露による劣化の5例

1
冬型結露

壁内結露による水分蓄積が再生可能限度を超え傷んだ壁の内部。被害箇所が柱の外側なので、冬型結露が原因と考えられる

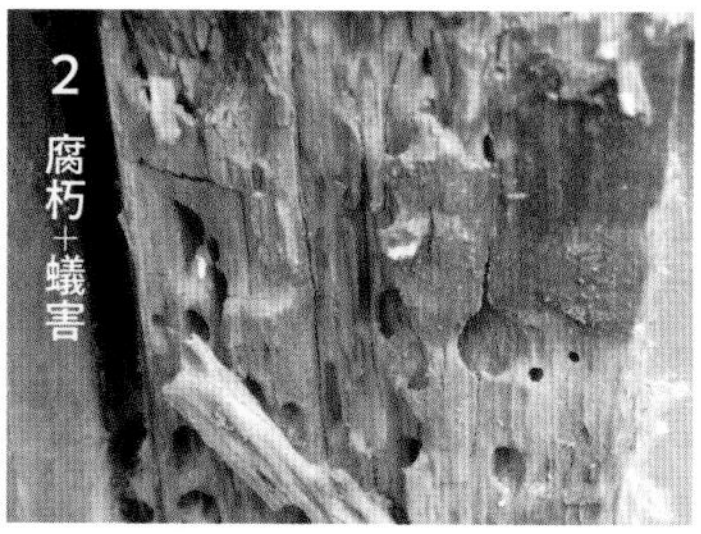
2
腐朽＋蟻害

木材の多くは腐朽すると蟻害を併発しやすい。白アリのみならず黒アリにも注意が必要となる

3
ダスティング

防湿シートがないと室内の湿り空気は壁内に入り放題となり内部に黒い埃の痕跡（ダスティング）を残す。ダスティングを見つけたら躯体の防湿性能が不十分であるサインだ

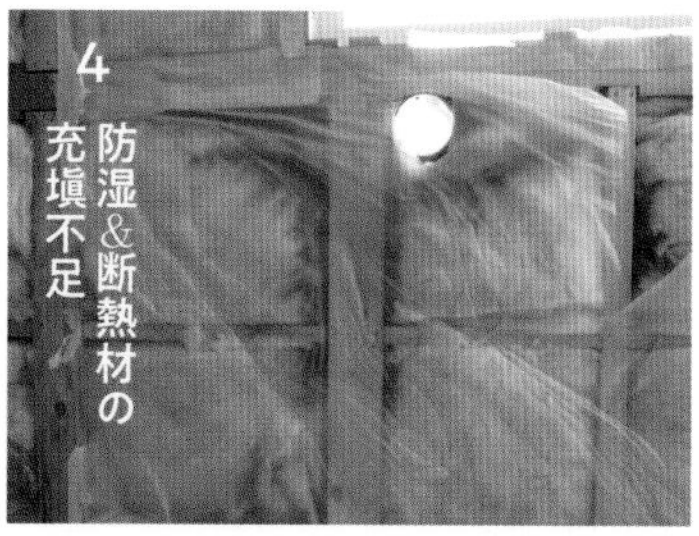
4
防湿&断熱材の充填不足

防湿シートを施工していてもその裏にダスティングが見える。断熱材と防湿シートの間の隙間を湿り空気が行き来しているということだ

5
通気胴縁の損傷

配管の貫通部分の防湿が不十分だと管の周囲から室内の水蒸気が通気層に漏れ、通気胴縁を傷める

Q 透湿防水シートは何を使えばよい？

解説：夏見諭（夏見工務店）　取材・文：編集部

A 何よりも耐久性・防水性を重視して製品を選ぶ

透湿防水シートとは、外壁材の隙間などを通り抜けて壁の内部に浸入する雨水から建物を守るために設けられる防水シート（防水紙）に透湿機能を付加した建材のこと。室内の水蒸気が壁の中に浸入するという現象が知られるようになると、その水蒸気を外部に排出するために防水シートの透湿性が求められるようになり、現在では断熱の性能レベルにかかわらず、一般的に用いられるようになっている。有名なのは「タイベック®」だが、機能や特性の少しずつ異なる製品が、国内外の多くのメーカーで製造・販売されている。したがって、高断熱住宅の経験の長さにかかわらず、結局何を使えばよいのか、ということになる。

透湿防水シートが設置される環境は、かなり厳しい。外壁の通気層の温度は夏で45℃程度とされるが、透湿防水シートも高温多湿にさらされる。それだけではない。外壁の表面は夜になると外気の温度低下に合わせて徐々に温度を下げていくが、外気とはいえ通気層という空気の移動が決して活発ではない場所に設置され、さらに外壁材の輻射熱を受け続ける透湿防水シートの表面はなかなか温度が下がらず、夜遅くまで高温状態にさらされているのだ。したがって、透湿防水シートにはこのような厳しい環境に長期間耐えられる耐久性が必須である。

しかし、透湿防水シートの耐久性の評価基準は今のところ存在せず、また耐久性の高さを売りにした製品もほとんど存在しない。私が探した範囲では、ドイツ・ウルト社の「ウートップ®」が耐久性の面で優れており、実際にISO・DIN基準などをクリアしている。

国内で平易に入手できるものでは、「タイベック®」のハードタイプがあり、劣化に抵抗する耐久性はソフトタイプと変わらないが、耐摩耗性などに優れていると思われる。

耐久性と同じく重要なのが、防水性である。ただし、この防水性は雨水を浸入させないという意味だけの防水性ではない。現在の乾式外装材であれば、実際に外壁材を通過して雨水が浸入してくることはほとんどない。むしろ、常時壁内に浸入しようとしてくる水蒸気によってできる水滴を壁の中に入れない防水性が求められる。

防水性にはJIS規格が存在し、外壁における透湿防水に

耐久性・防水性を重視した透湿防水シートの施工

STEP 1　野地板・構造用合板で気密をとる

防湿シートの下地となる合板を施工している。右写真が野地合板、左写真が壁の構造用合板である。この部分で気密をとるため、合板のジョイントには気密テープを張っている

STEP 2　透湿防水シートを張る

合板の上から透湿防水シートを施工。壁、屋根を包むように施工するのがポイント。シートのジョイント、サッシとシートのジョイントは専用の防水テープでしっかりとふさぐとともに、タッカーを使いすぎないように注意する

ついてJIS A 6111が規定されており、長期優良住宅や瑕疵担保保険の基準の対象となっている。また、国際基準のISO規格にもあり、国外の製品などはこちらの規格に沿っていて、一定以上の防水性能が担保されているといえる。なお、製品のなかには耐水圧の単位であるkPa（キロパスカル）を示しているものもあるので、比較・検討の参考としたい。この防水性の面でも国外製品のほうが押しなべて優れているが、国内で手軽に入手できるものとしては、12・6kPaの「タイベック®」がよいだろう。

透湿性については、耐久性、防水性に続き必要な性能といえる。透湿防水シートのうち、その構造から「タイベック®」のような一つの素材から成形されるシートと、国内製品に多い防水透湿樹脂薄膜に補強用の不織布を張り付けた積層型シートに分けられる。透湿性能に大きな差はなく、耐久性、防水性を優先して選べばよいだろう。

製品選び以上に重要な納まり

製品選びと並行して重要なのが、透湿防水シートの特性を理

STEP 3 通気胴縁を取り付ける

透湿防水シートの上に通気胴縁を取り付ける。シートはタッカーで留めず、通気胴縁で押さえるのが基本。通気層の熱や水蒸気の排出を促すため、壁は30×60㎜、屋根は45×90㎜の断面のものを使用

STEP 4 仕上げや下地を張る

通気胴縁の上から壁は仕上材、屋根は防水下地材を張る。屋根はこの上にルーフィングを張り、屋根材で仕上げる。屋根は2重防水とすることで、雨漏りはもちろん、透湿防水シートを劣化から守る

透湿防水シート選びの優先順位

1. 耐久性

夏の長期間にわたって
高温度に晒されるため

▶ISO・DIN基準など

2. 防水性

長期間にわたって
高湿度に晒されるため

▶JIS A 6111およびISO基準など

3. 透湿性

壁内の水蒸気を放出するため

▶JIS A 6111にて部位別に規定

解したうえでの納まりや施工だ。納まりでは透湿防水シートの防水ラインの連続性をしっかりと確保すること。壁から屋根と建物全体を包むように透湿防水シートで一筆書きのように連続施工するのが望ましい。私は、防水性に優れる「ウートップ®」を使い、1種類の透湿防水シートで屋根から壁まで連続した防水ラインが出来上がるような納まりとすることで、高い防水性を確保している。条件に応じて屋根用の透湿防水シートはさらに耐久性の高いものも採用することもある。

また、長時間熱にさらされる外壁通気層の環境を少しでも改善できるよう、通気層もできるだけ厚みをとりたい。私は30×60㎜の通気胴縁を使い、厚さ30㎜の通気層を確保している。なお、屋根には45×90㎜の通気を兼用した垂木を使い、壁の通気層と連続させている。

透湿防水シートの施工上の弱点は、シートのジョイント（繋ぎ目）の隙間やタッカーの小さな孔である。ジョイントに関しては、メーカー指定のテープを使い、隙間ができないようにしっかりとふさぐことが重要だ。タッカーは、透湿防水シートは通気胴縁で押さえることを念頭に置きながら、できるだけ使わずに施工するよう心がけたい。意識的に施工を繰り返していけば、このタッカーの使用頻度は下がってくるだろう。

そして、使用材料や基本となる納まりを変えず、同じ工程で繰り返し施工を行うことだ。それによって施工精度が高まり、質の高い透湿・防水層をつくることができる。

Q 気密や熱橋、断熱欠損はどこまで気にする？

解説・文：山本亜耕（山本亜耕建築設計事務所）

A 面材を使用すればC値1.0は確保できるはず。熱橋・断熱欠損はサーモカメラで判断を

平成11年（1990年）の次世代省エネ基準までは、地域ごとに必要な断熱性能のみならず、気密性能を示す「相当隙間面積」（＝C値）が明示されていたが、平成25年基準からは削除された。したがって現在は地域ごとの断熱性能を示す外皮平均熱貫流率（UA値）だけが残された格好だ。その一方、すでに説明を重ねてきたように、現代的な「断熱」には「気密」が欠かせない。したがって、「断熱はするが気密はしない」「暖かい地域なので高断熱・低気密でもよい」といった安易な思い込みはそもそも間違いのもとである。

しかし現状の建築物省エネ法上は、断熱基準こそあれど気密基準がないために、見方によってはそうした誤解をさらに深めてしまいやすい。この点に着目した北海道では、「北方型住宅技術解説書※」で北方型住宅（高断熱・高気密住宅）のC値を2.0㎠／㎡以下と明示している（北方型住宅ECO 2009以降はC：1.0㎠／㎡）。現在の木造は外壁周りに従来の筋かいではなく、合板などの耐力面材を用いる工法が主流となっている。これに気密シートなどを併用すれば、C値1.0㎠／㎡以下の性能が比較的容易に実現できるようになった。併せて土台や大引天端に厚物合板を敷く剛床、桁上断熱をはじめとする天井・屋根断熱の進化によって、気密化のハードルはさらに下がりつつある。もちろん高い気密性能を誇りたい気持ちも分からなくはないが、良識あるプロならあくまでも目指すべき目標達成に必要十分な値ととらえるべきである。

各々の目標とする断熱性能を達成するには、こうした気密性能や断熱欠損、熱橋などの影響も、自身で判別できるようになりたい。一案ではあるが、サーモカメラで室内を見渡すと各部の温度分布が一目瞭然である。低温部は何℃だろう？ その時の露点温度は？ はたまた漏気部分はないかなど、普段から現場をよく観察し、熱的な弱点の有無を見つける習慣をつけると、さまざまな疑問を解く糸口が見えてくる。たとえば、付加断熱のない柱、サッシ枠やガラススペーサーの熱橋部は要注意ポイントであることが分かる。「建築物を断熱する」ということは、目に見えぬ熱や水蒸気の性質を十分に理解し、それに応じた工夫を行って目的を果たすことである。従来の「つくり手にとって、直感的で誰でもイメージできる話」とは正反対の「直感に反する事実に慣れること」である。そのためには推計と実測、机上と現場を行き来し、物事を客観的に考える力がこれからのつくり手には求められる。

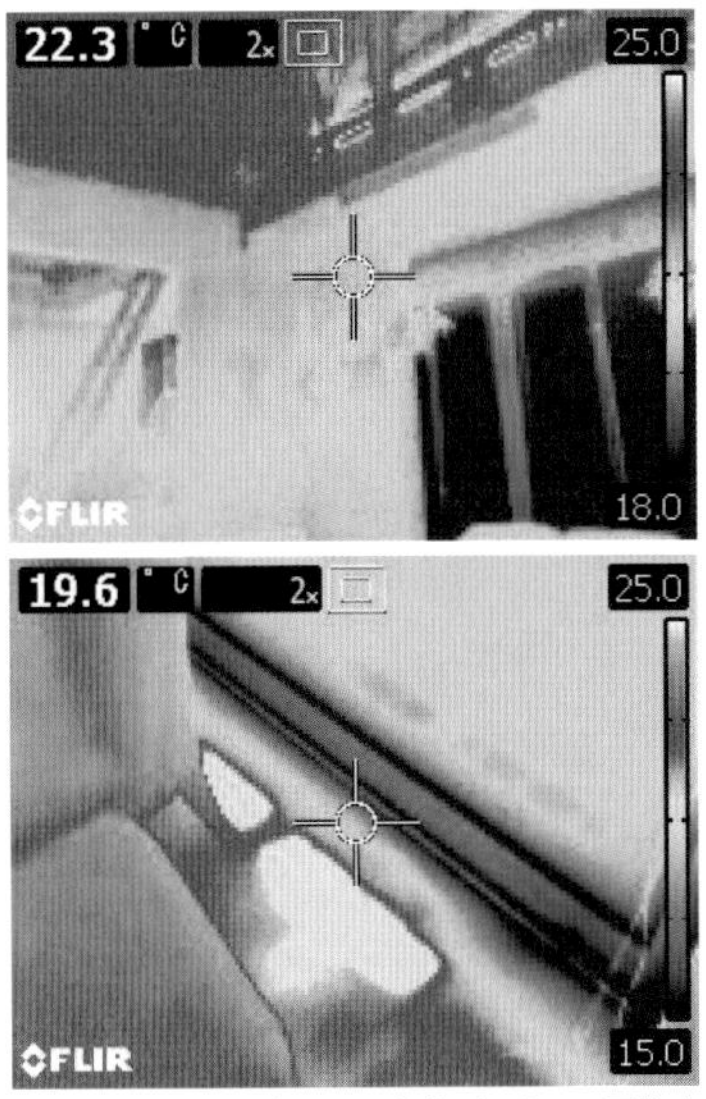

自身が竣工させた住まいの室内データは、画像を保存して特徴を理解しておく。こうすることで、自分の設計の特徴が明らかになる。この画像では掃き出し窓の足元が冷えているのがわかる。低温となりやすい部分を実測で把握しておき、次の設計時に生かす

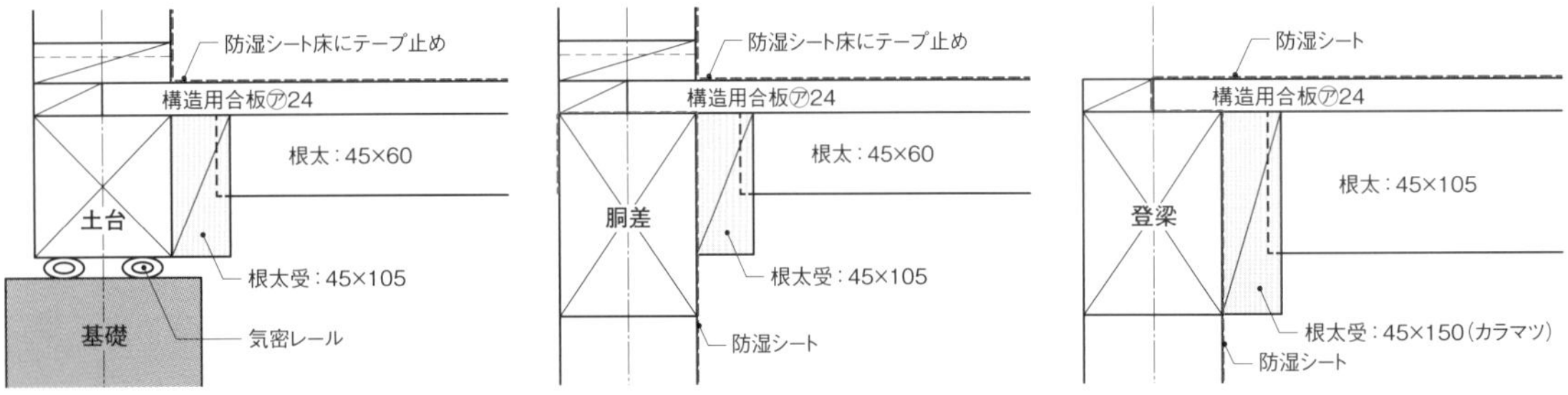

床＋壁＋天井といった外皮と、その接合部の納まりは実際の断熱性能を大きく左右する。土台・胴差・登梁（最上階の桁）の3か所は、あらかじめ納まりを標準化しておき、プレカットや手刻みの段階から統一しておく。施工品質はシミュレーションでは問われない。準備して現場を確認する以外に断熱の質を確保する術はない

※北海道の気候風土にふさわしい性能を備えた、北海道が推奨する住まいのこと

2章 快適性の決め手！ 換気・空調Q&A

機械に頼らざるを得ないうえに、科学的な知識も要求される換気・空調の設計は、
住宅業界で得意とする人材が極端に少なく、十分に機能させている例はかなり少ない。
この章では、換気設備やエアコンをどのように選び、どこに配置し、
どうやって快適な環境をつくり、運用していくのかを、
住宅の換気・空調設計に明るい専門家がQ&A方式で解説する。

イラスト：新月ゆき

選べばよい？
家の条件と建て主との相性で決める

解説：岸野浩太（夢・建築工房）

第1種換気ダクトタイプのメリット・デメリット

メリット ○

- 各部屋に確実に給排気できるので、計画どおりの換気（空気質の確保）がしやすい
  ▷ 細かくきっちりした建て主向け。間取りが細かく分かれている場合にも有効
- フィルターが1カ所に集約されている
  ▷ 掃除やフィルター交換などが容易
- 機器本体が1つで済む
  ▷ メンテナンスしやすい
- 外壁貫通スリーブが給気・排気の2カ所だけ
  ▷ 孔が少ない分、内外の音漏れが少なく、雨仕舞いの点でも便利
- 空調設備（エアコン）と組み合わせることでエアコンの外壁貫通スリーブが要らなくなる
  ▷ 3LDK程度の住宅の場合、エアコン用と換気用（第3種換気）のスリーブが通常9～10カ所にも及ぶところ、換気用の2カ所で済む

デメリット ×

- ダクト配管工事が大変
  ▷ ダクトの種類やジョイント部分の処理を適切に選択し、外壁貫通部周辺の結露リスク・風音・汚れ・圧力損失・ダクト内の熱交換などに配慮しながら工事を行うと、手間がかかるうえ、材料費・施工費もかなりかさむ
- ダクトが家中の天井裏を這う
  ▷ 工場や作業場のような設備システムを嫌う建て主も一定数いる
- 配管施工者によって施工精度に差が出る
  ▷ 配管専門に工事している業者に頼むとよいが、価格は高額になる。工務店レベルだと電気工事会社や空調工事会社に頼むことも多いが、慣れていない業者も多い。必要に応じて設備機器メーカーの指導員を呼んだり、ジョイント部などの施工写真を事前に用意したりして、重点的に指導・管理を行うようにしたい
- 高性能なものほど本体・ダクトが大きいため、かなりのスペースが必要になる
  ▷ 本体設置場所・ダクト経路・点検場所などを、設計時に入念に考えておく必要がある。小さな家には向かない
- 機器が多種多様で、機器の癖や性質を理解しにくいケースも少なくない
  ▷ 施工前のチェック、施工中の確認などに時間・労力がかかる。心配性な建て主には向かない。最初は使ったことが製品ものや、普及している国内メーカーの製品のほうが無難だ
- 換気設備が動いているか分かりにくいものが多い
  ▷ リモコン（最近は表示が分かりづらいものもある）などを見れば分かるが、温熱技術に無関心な建て主には不向き

ウォークインクロゼット内の目の高さの位置に設置された第1種熱交換型換気のフィルターボックス。メンテナンスしやすく、目にもつきやすい

天井に設置されたダクト配管。上の写真ではダクトとダクトをつなぐ黒い部分のジョイント部に断熱タイプの片落菅が使われている。下の写真はダクトが集中している箇所。天井を張る前は工場のようだ

Q 換気設備はどう

A 換気方式・ダクトの有無は

第1種換気ダクトレスタイプのメリット・デメリット

メリット ○

- ダクトがないので、その分、施工費が安く済み、品質も安定する
  - ▷ 天井裏にダクトが這うこともないため、すっきりした工事を好む建て主に好まれる
- ダクトがないので、ダクトの汚れを心配する必要がない
  - ▷ 換気設備の運転を長時間止めてしまうとダクト内が汚染されるが、その心配がない
- 換気設備を自由に配置できる
  - ▷メンテナンスしやすい位置、目視で確認しやすい場所に配置可能
- ダクトがないため、天井懐の有無や寸法、排水管などとの干渉を気にしなくてよい
  - ▷ ダクトの納まりなどを気にせずに設計できる。法規上高さ制限などが厳しい場合に有効

デメリット ✕

- 壁に設置用スリーブをたくさんあける必要がある
  - ▷ 6〜10カ所は必要なため、雨仕舞いの問題や内外の音が漏れやすく、騒音のひどい場所には不向き。フィルターなどのメンテナンスも大変
- 各部屋に換気扇を設置するため、作動音が気になる場合もある
  - ▷ 神経質な建て主には向かない。ベッドの配置などを考えて計画することが重要

和室の壁に設置されたダクトレス第1種熱交換型換気設備。室内に露出しているので動作状況も分かりやすく、メンテナンスもしやすい

24時間換気設備を選ぶに際し、当社では、空調方式・間取り・建て主・レンジフードの種類などさまざまな要因を検討し、次に挙げる3種類のなかから選定している。3種類とは、第1種熱交換型換気のダクトタイプ、同じくダクトレスタイプ、第3種換気設備の排気ダクトタイプである。住宅用の換気設備には多くの種類が存在するが、大半はこの3種類に集約される。

第1種熱交換型換気のメリット・デメリットとして、以下が挙げられる。

①メリット

・内外の空気の熱を交換することにより換気による熱負荷を抑えられるためさらに冷暖房費も安くなる

・給気排気ともに機械で行うので正確な計画換気が可能

・家の中の圧力バランスが崩れない

・全熱交換換気の場合は冬場の過乾燥を防げる

②デメリット

・機械本体が大型であるケースが多く、専用の設置スペースが必要

・イニシャルコスト・ランニングコストともに高い

・機器本体の中に熱交換素子があるため、普段のメンテナンスをさぼってしまうと機器内

・素子内が汚れてしまい、機器の交換を余儀なくされることがある

ダクトの有無は建てる家の諸条件で決める

第1種熱交換型換気のダクトタイプとダクトレスタイプは、それぞれ特徴があり優劣をつけにくいが、当社はダクトタイプを使用することが多い。その理由は、外壁貫通スリーブの量をできるだけ減らしたいからだ。貫通部には外壁の雨仕舞い、断熱処理、気密処理、結露、カビ、よごれ、虫、音が常に付きまと

う。外壁を貫通する孔は、あらゆる観点から少なければ少ないほうがよい。ただし、鉄道の線路沿いにある家で電車の音が気になる建て主ならばダクトタイプの第1種熱交換型換気とし、天井高さが取れない場合や梁が露出している場合にはダクトレスタイプの熱交換型換気など、建てる家の条件に応じて臨機応変に選択することが望ましい。

温暖地でコストを抑えるのであれば第3種

快適性を重視するなら、いくつかのデメリットはあるものの、第1種熱交換型換気でよいと思う。では、なぜ第3種換気を選択肢に含めているのかというと、私の施工エリアである埼玉県の

天井裏に設置された第3種換気排気ダクトタイプ。ダクトレスタイプに比べて空気の流れのコントロールが容易

場合、平均気温が10℃を下回るのは12月後半から3月初頭くらいまでの約3カ月で、1年のうちの1/4程度しかないからだ。その時期は室内外の温度差も大きく、熱交換型の第1種換気を使うととても快適に過ごせるのだが、それ以外の時期は室内外の温度差が少なく、熱交換の必要性をあまり感じない。したがって、第3種換気のデメリットを補う施工が可能なのであれば、1年の1/4のために第1種換気のメンテナンスを怠ってしまったときの悲惨なリスクを背負ってまで導入する必要はないと考えるのである。

第3種換気のメリットとデメリットについては右頁の表を参照してほしい。予算が厳しく、

第3種換気のメリット・デメリット

メリット ○

- 機器がシンプルで安価
  ▷シンプルな仕組みなので壊れにくく、壊れても安価に交換可能
- ダクトは排気だけなので、メンテナンスも
  ▷排気口の位置を調整すれば、ダクトも短くできる
- 給気口の位置は自由な高さ・場所に設定できる
  ▷設計に応じてフレキシブルに対応可能。
  目の高さに設ければ、フィルター清掃の動機づけにもなる。
- 給気口に手を当てて空気量を確認できる
  ▷24時間換気が機能していることを建て主が簡単に確認できる。
  設備の異変にも気づきやすい

デメリット ×

- 個室の多い閉鎖的な間取りには向かない
  ▷個室などは、欄間を設けるなど十分な対策をしないと、換気が不十分になる
- 熱交換がないため、外気が直接家の中に入ってくる
  ▷温熱環境をすこぶるよくしたい場合には不向き
- 給気口の数が多いため、フィルターの清掃が大変
  ▷騒音・雨仕舞いの問題がある。日常的なメンテナンスが苦手な建て主には不向き
- 家の中が負圧になりやすい
  ▷玄関ドアを開けるのに力を要したり、サッシの隙間から音がしたり、排水から悪臭を引き込んだりすることがある。第3種換気は第1種換気に比べて気密性が高いことが望ましいが、気密性が高くなればなるほど、これらのデメリットが目立ってくる

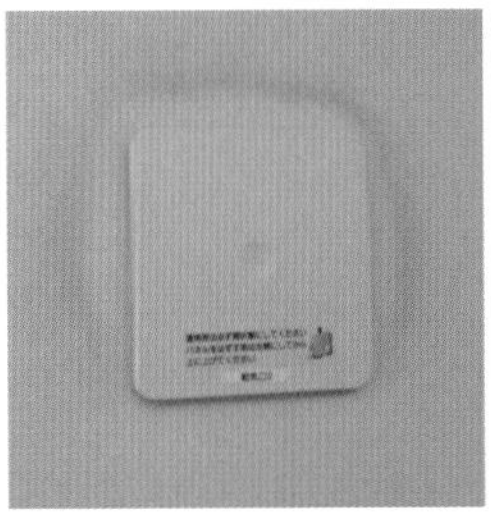
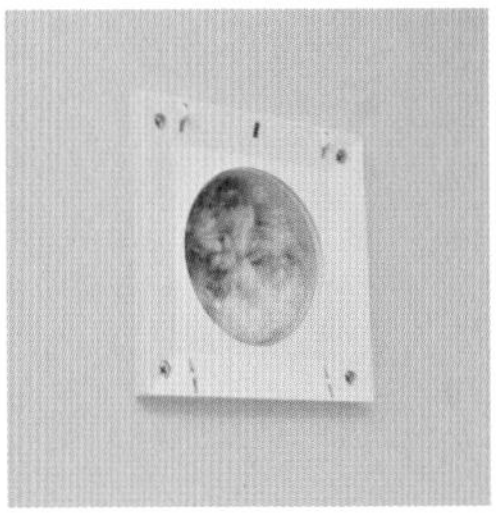

左／24時間給気口のフィルター清掃をさぼってしまい、周囲の壁が汚れている。一見するとデメリットのようであるが、これによってフィルターの目詰まりに注意が向く
右／高性能フィルターを設置した給気口。高性能フィルターは給気量が少なくなりやすく、その分家の中の負圧が大きくなる

排気型レンジフードの脇に窓を設けた例。窓を開けてからレンジフードを運転することで、ショートサーキットが生じ、ほかの給気口からの過大な外気の侵入を防げる

同時給排型レンジフードを設置した例。見た目はシンプルだが、天井裏のダクト配管が多くなり、給気ダクトの汚染が心配

排気型レンジフードの脇の壁に連動給気口を設置した例。壁付けなのでダクトがいらない

機器やダクトのメンテナンスを最小限にしたいという場合であれば、第3種換気がお勧めだ。

ただし、第3種換気の場合、レンジフードを稼動すると、大量の外気が居室の給気口から入ってきてしまう。したがって、同時給排気型のレンジフードを採用するか、レンジフードの稼働に合わせて給気口が開く連動給気口を設けるとよい。それでも外気の侵入をゼロにはできない。また、レンジフードの近くに開けやすい窓を設けるという方法もある。こうすることで窓を開けてレンジフードを稼動すれば、キッチン周辺でショートサーキットを起こすため、各部屋の給気口から外気が大量に入ってくることを防げる。

どれくらい窓を開ければ給気口から大量の外気が入ってこないようになるかは、風量測定をすればすぐに分かる。またレンジフードの近くに窓が取れない場合は、ガスコンロをIHクッキングヒーターにして循環式のレンジフード（排気を室内に戻すレンジフード）を選択するのもよいだろう。そうすれば家の中は負圧にならない。

第3種換気の場合は注意点がもう1つある。給気口に付けるフィルターだ。これを高性能フィルターにしてしまうと抵抗が増し、給気口から新鮮な空気が入りにくくなる。その対策として本体機械換気の排気量を上げると、家の中がどんどん負圧になっていき、いろいろな隙間から空気が漏れて音がしたり、排水からの悪臭が家中に広がったり、玄関ドアが開きにくくなったりする。第3種換気でも引渡し前にはしっかりと風量測定を行い、その辺りのことを建て主に十分説明したうえで、先ほど挙げた対策をしておく。

換気設備の選定に際しては、機器自体の性能に加え、各タイプの根本的な性質を理解したうえで建て主とよく相談して決めてほしいということ。そして選んだ換気設備のメリット・デメリットを相互に確認・理解して、そのデメリットを補えるような対策を施すことだ。

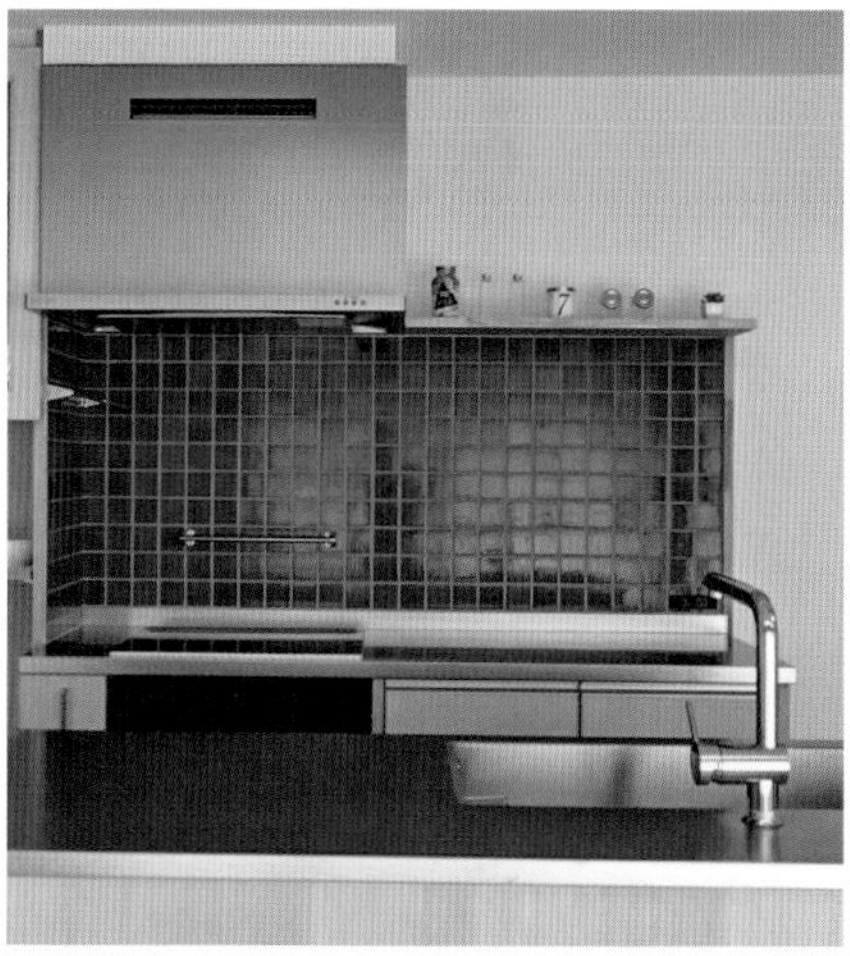

上／循環型レンジフードの設置例。排気を室内に戻すため、室内外の圧力差が生まれず、給気口からの過大な外気の侵入を防げる
下／引渡し前の風量測定の様子。給排気の量やそのバランスに問題がないことを確認する

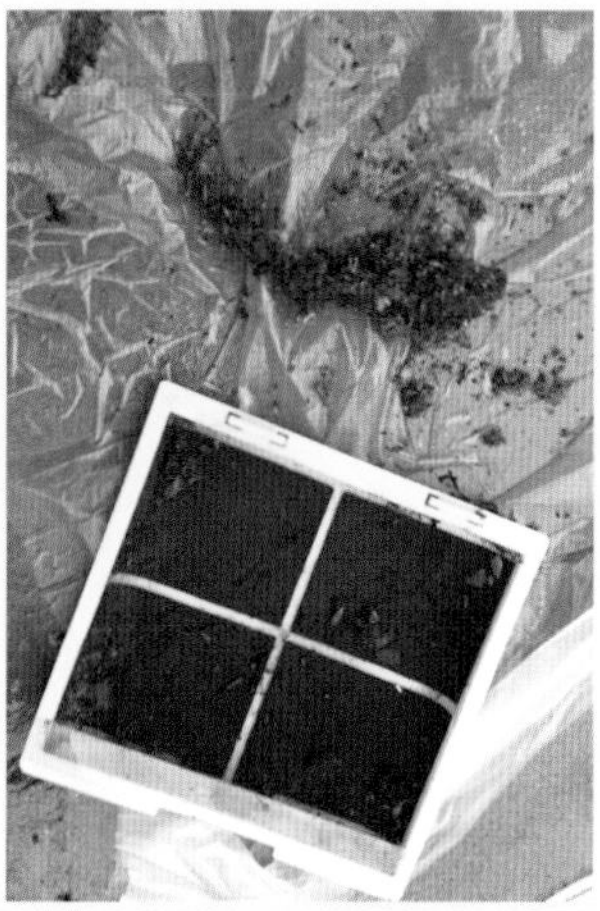

ほこりが溜まって目詰まりを起こしたフィルター。フィルターの定期的な清掃を行わないと、換気の不具合を引き起こす

Column 換気設備はよく止まる

「快適な家づくり」を謳いながら、換気設備がまったく機能していないということは避けなければならない。高断熱住宅に長年携わっていると、「換気設備が止まっているのに、換気は働いていると思っていた」「換気設備は動いているが、メンテナンス不良で風量が0になっていた」といったケースに直面する。このようなこと避けるため、十分な対策を行いたい。

たとえば、建て主が毎日必ず目にする位置にリモコン（動いていることが分かるランプなどが付いているもの）やフィルター清掃口を設置する。給気・排気口から空気が出入りしていることが分かるようにひもを付ける。作動音がわずかに聞こえるように配置に気を配るなどの対策が有効だ。また、初期の不具合を放置しないように、引渡し後は数カ月の間隔で、換気設備のメンテナンス・点検確認のための連絡や点検を実施するとよいだろう。

Q 3種換気の給排気口はどこに設置したらよい？

解説：森亨介（凰建設）

ダクトのない第3種換気は、イニシャルコスト・ランニングコストを抑えたり、季節ごとの換気計画を自由に設定できたりするというメリットがある。反面、外気を直接取り入れるため、給気口のある部屋とない部屋で、空気環境にムラができやすくなるというデメリットもある。このデメリットの調整がことのほか難しい。設計者の力量が室内環境に反映されやすい換気方式といえるだろう。

給気口は人が長時間滞在しない場所に

したがって、第3種換気で最も気をつけるべきは、給気口の配置計画と、それに対応した空調計画である。夏暑く冬寒い外気は、室内の空気と混じり合い平均化されていくが、混じり合う前に人体に触れると不快感著しい。そのため、家の中で最も長く時間を過ごすベッドや椅子、ソファの近くに給気口を設置しないことが原則だ。とはいえ、とりわけ不快な冷気を避けようとして、給気口を居室ではなく収納のなかに配置すると、その空間だけが冷えたり湿ったりしてしまい、別の弊害を生み出してしまう。

また、暖房された建物は、冬になると内外温度差に由来する空気密度差が生じる。これは、家を気球のように持ち上げようとする圧力差になる。1階の給気口には給気を加速する圧力が生まれ、2階の給気口には空気が外に出ようとする圧力が生まれ、1階の給気口からはより多くの空気が入り、2階の給気口からはほとんど空気が入ってこないという現象が起こる。第3種換気を採用する場合は、この給気口からの空気の入り方に要注意。建て主が1階の給気を少し絞るなどの調整が必要になる。ただし、この圧力差を積極的に利用すれば、パッシブ換気として機能する。

ベッドの直上に給気口があると冬季の就寝時に冷気による不快感を覚えるため、避けたほうが無難だ

排気口は暑さ寒さを感じやすい場所に

通常、排気は浴室やトイレなどから抜くことが多いと思う。しかし第3種換気における排気箇所とは言い換えると「空調された空気が最後に移動する場所」ということにもなるので、これを生かして配置するのも1つの考え方であろう。

具体的には、住宅の中で最も熱負荷の大きい場所にあえて排気口を設け、温度差を軽減する。よくある例としては、飛び出した玄関ホールに排気口を設置する方法がある。このようなプランの場合、玄関だけがほかの部屋よりも熱負荷が高くなり、暑さ寒さを感じやすいものだが、そこに排気口を設置することで、多少の冷気・暖気を供給することが可能になる。居室より玄関が2℃低い場合、玄関から50㎥/時の排気を抜くことで、居室から玄関に向けて約34Wの熱供給をしていることになり、これによって温度差が軽減される。34Wは大したことのない熱量だと感じるかもしれないが、U_A値0.3W/㎡Kの断熱性能をもつ1階の角部屋窓なし、玄関の壁床面積が13㎡、内外温度差が10℃の場合、0.3×13×10＝39Wとなり、ほぼ釣り合う熱量になって、玄関でそれ以上の温度低下を防ぐことができる。

A 給気は人が当たらない場所、排気は熱を生かす場所に

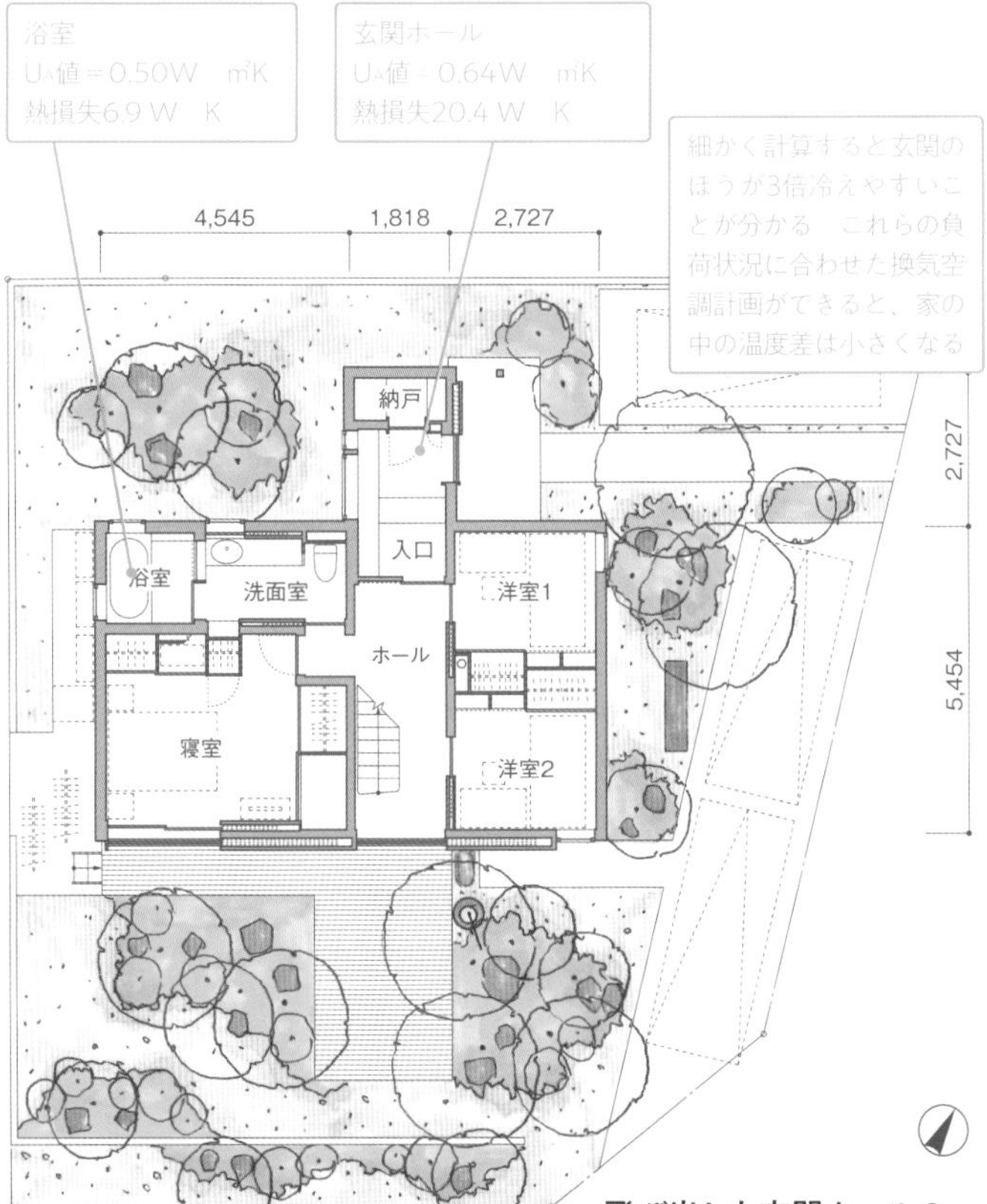
浴室
UA値＝0.50W ㎡K
熱損失6.9 W K
玄関ホール
UA値＝0.64W ㎡K
熱損失20.4 W K
細かく計算すると玄関のほうが3倍冷えやすいことが分かる これらの負荷状況に合わせた換気空調計画ができると、家の中の温度差は小さくなる
4,545
1,818
2,727
2,727
5,454
納戸
入口
浴室
洗面室
洋室1
ホール
寝室
洋室2

飛び出した玄関ホールの負荷計算平面図（S=1:200）

諫早の家（設計：伊礼智・施工：フルマークハウス）

Q ダクトは何を使ったらよい？

解説：天野洋平（天野保建築）・森亨介（風建設）

A スパイラルダクトとグラスウールダクトがオススメ

小屋裏に設置されたスパイラルダクト管。基本的にはこのダクトを使用する

小屋裏に設置されたグラスウールダクト管。OAダクトやEAダクトに使うとよい

スパイラルダクト管とグラスウールダクト管の特徴

	スパイラルダクト管	グラスウールダクト管
材料	亜鉛鋼板	グラスウール＋不織布
OA・EAダクト	保温工事が必要	保温工事が不要
切断に必要な工具	高速カッターやディスクグラインダー	カッターナイフ
専用の役物	必要	不要
ジョイント	アルミテープとビスなどで接続	木工用ボンドやアルミテープで接続

ダクトは一般的にアルミワイヤーフレキシブルダクトなどで施工されることが多いが、当社では、RAダクトにはスパイラルダクト管を、SA（室内給気）ダクト・OA（外気給気）ダクト・EA（屋外排気）ダクトにはグラスウールダクト管を、それぞれ採用することが多い。

スパイラルダクト管、グラスウールダクト管の特徴については表を見てほしいが、いずれも内部が平坦かつ滑らかで、ダクト内にチリなどが溜まりにくく、ダクトを通る冷暖気の抵抗も少ない。価格はスパイラルダクト管のほうが安価だが、保温性がない。OAダクトやEAダクトに使う場合は、保温性のあるグラスウールダクト管を使用したほうが結果として安価になるため、ダクトの場所に応じて使い分けるとよいだろう。なお、加工や設置などの作業はグラスウールダクト管のほうが容易だ。

これらのダクト配管は「専門業者でないと施工できない」と敬遠されるが、スパイラルダクト管やグラスウールダクト管などは、特殊工具がなくても、一般的な工具で加工ができる。さらにいえば、大工などは空間認識能力に優れているので、専門業者以上に最適なダクトルートに敷設できるようになる。最初は時間がかかるが、配管工事に積極的に挑戦してもらいたい。（天野洋平）

小屋裏のダクト。直径100・150・200mmのダクトを使い分けているのが分かる

A ダクトは口径の大きいものを選ぶ

ダクトを通る空気には圧力損失が発生する。たとえば、太いストローで飲み物を飲むよりも、細いストローで飲み物を飲むときのほうが強く吸う必要があるのと同じように、口径の小さなダクトであればあるほど、モーターには高い負荷がかかる。

実際に換気に求められる風量は150㎥／h～250㎥／h程度であることが多いが、そこに空調の風量が加わると、SA経路の中を動く空気の量は600㎥／h程度になることも珍しくない。リビングに、換気と空調を合わせて300㎥／hの空気を送ろうとする場合、直径100㎜のダクトならば10m／秒強の風速になり、風切り音や不快な温冷風を感じることになる。

これらを軽減するは太いダクトが必要だ。そこにエアコンの冷暖気を流す場合は、ダクトの周囲に断熱を施す必要が出てくるため、さらに太くなる。私はダクト内風速が5m／秒を超えないように、直径100・150・200㎜の3種類の大きさのダクトを使い分けている。

なお、大口径のダクトを通すには、十分な天井懐の高さと、ダクトを梁が遮らないよう構造計画を綿密に考えることが必要になる。（森亨介）

Q 汚れやすい配管経路はどうする？

解説：森亨介（凰建設）

ダクトは天井懐や床下に設置するが、立体交差にならぬよう計画することが大切だ。立体交差が生じると、立体交差がない場合に比べて高さが2倍必要になり、その分、天井懐や床下などにも高さが求められてしまう。

2階の天井裏に設置する場合、屋根断熱ならば小屋裏のスペースを利用して立体交差させても問題ないが、天井断熱により無断熱となった小屋裏のスペースを使って配管を行うケースでは、ダクトからの放熱が大きくなること、気密ラインを貫通することによる大きなデメリットが発生する。ダクトを2階天井裏に敷設するのであれば、屋根断熱を採用するほうがベターだ。

直線のストローよりも曲がりくねったストローのほうが、また短いストローよりも長いストローのほうが、それぞれ強く吸う必要があるのと同様に、ダクトが長く曲がりくねっているほどモーターの負荷は大きくなる。配管経路は立体交差を避けたうえで、できるだけ短くし、なるべく曲げないように心がけてほしい。

屋根断熱を施工した小屋裏に敷設されたダクト。屋根断熱にすることで、施工やメンテナンスが容易になる

汚れやすいダクトの対処法

住宅のダクト系のなかで汚れやすいのは、OA（外気給気）ダクトとRA（還気＝部屋の空気を換気設備に送る）ダクトである。OAダクトは外からの砂ぼこりや虫の侵入で、RAダクトは室内で発生した衣服などのほこりや繊維くずで、それぞれ汚れていく。20年程度で取り壊してしまう住宅を建てるのであれば気にする必要はないが、ダクトを50年以上使うのであれば、ダクトの中にはほこりをできるだけ入れない工夫、ほこりが溜まらないにくい工夫をしたい。

たとえば、OAダクトの入口には虫の侵入を防ぐフードを使うなどするほか、OAダクトから熱交換換気までの間にもほこりや虫を除去するフィルターを設置するとよいだろう。RAダクトのグリルにもフィルターを設けたい。そして、OA・RA両ダクトともスパイラルダクトとし、建て主にはこまめにフィルターの清掃を行うよう助言しておく。

A OA・RAダクトは汚れやすいので対策が必須

左／熱交換器にそのまま虫が入らないよう、フードを設けるとよい
中／サイクロン式のフードの場合は一定以上の風速がなければサイクロン効果が現れにくいため、風量の少ない小さな家で使う場合は検討が必要だ。OA配管内にうっすらと土ぼこりが付着しているのが確認できる
右／1年間使用した防虫効果のあるフードの内部。フード下部に虫の死骸が溜まっているのが確認できる

Q 換気工事が終わったら何をチェックすべき?

解説：森亨介（風建設）

A 風量と消費電力のチェックは必ず行う

換気設備とダクトを施工した後は、風量と消費電力のチェックを必ず行う。換気設備の施工はメーカーや空調工事会社任せにするケースが多いが、現場ではさまざまな理由から、設計どおりの施工ができているとは必ずしも限らない。実際、不適切な配管経路が原因でダクトの抵抗が大きくなりすぎて、設計どおりの風量が得られないので風量を上げた結果、消費電力が多くなってしまった、という例をよく見かける。

したがって、設計者や工務店が必ずチェックを行ってほしい。風量チェックに用いるのは市販の風量計でもよいし、洗面器に直径100㎜の孔をあけたものに安価な風速計を取り付けて自作したものでも、十分な精度の風速計になる。

消費電力のチェックは、HEMSなどがあればもちろん望ましいが、市販のクランプメーターでもチェックできる。自作の風速測定セットと市販のクランプメーターであれば、1万円以内でそろえることが可能だ。

消費電力を風量で割った値を「比消費電力」と呼ぶ。たとえば消費電力60Wで150㎥/hの換気風量という換気システムだった場合の比消費電力は、60÷150＝0.4W/(㎥/h)になる。何回か実測しながらこの「比消費電力」を算出していくと、どんな機器を選びどんな施工をすると、どの程度の比消費電力になるのかという感覚が身に付き、より正確な予測を立てることができるようになるはずだ。

上／洗面器に100φの孔を開けたものを使った風力測定の様子。50㎥／h程度までの風量であれば専用機器と遜色ないレベルで使える
下／右がケストレル（温湿度と風速を測る機器）、左がクランプメーター（消費電力を測る機器）

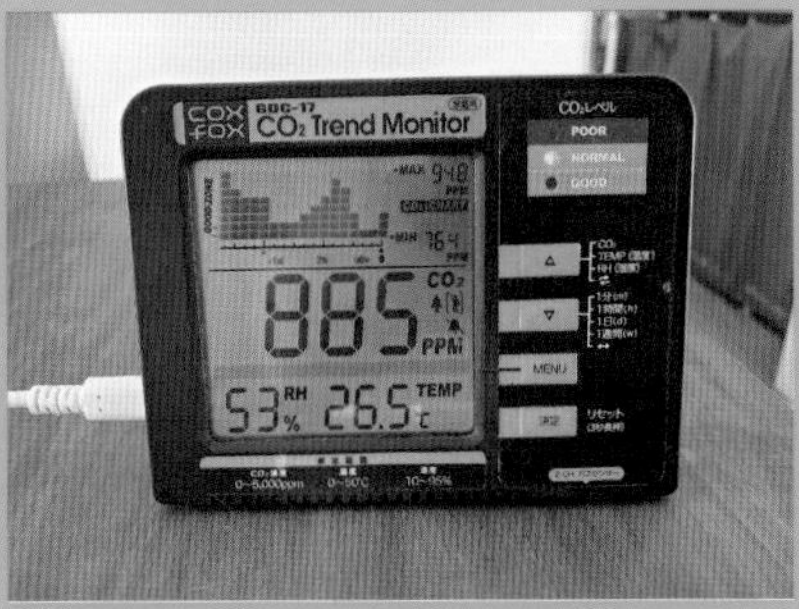

簡易な風量チェック方法

風量は基本的に専用の測定器で確認しているが、二酸化炭素濃度計でも簡易式ではあるもののチェックはできる。目安は室内の二酸化炭素濃度の基準の1,000ppmで、それを上回っている場合はより正確な測定を行ったほうがよいだろう。（天野洋平）

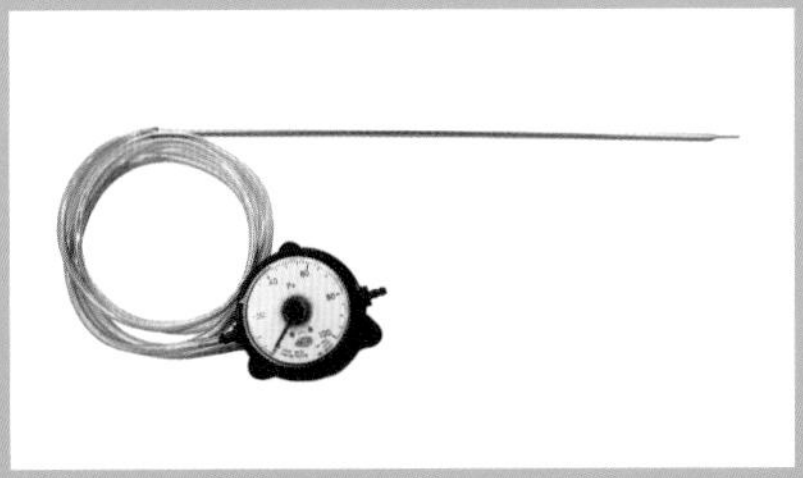

ダクト式第3種換気の流量測定

日本住環境が扱う「ルフロ®400」はダクト式の第3種換気である。確実に排気しているか確認するためには、同社が発売している排気グリル専用流量測定器「測定システムマノメーター（200Pa）＆オリフィスピトー管」を活用するとよい。（編集部）

比消費電力の求め方

$$比消費電力 = \frac{消費電力}{風量}$$

Q

換気設備はどこに設置するとよい？

解説：天野洋平（天野保建築）・森亨介（凰建設）

A

設置タイプにもよるが、オススメは洗面脱衣室

第1種換気の設置場所は、機器の種類に応じて、天井・床下設置タイプと壁掛けタイプに分けられる。ここでは設置場所ごとのメリット・デメリットや、設計・施工上の注意点を解説する。

なお、高気密・高断熱住宅はことのほか音の内部反響が大きい。そのため、換気設備を設置する場合、どこに設置するにしてもファンが出す騒音への対策が必要になる。

天井に設置する場合は、将来のメンテが重要

設置場所の天井高さ、梁成、それらに基づく構造の検討に加え、設置箇所とダクトの納まりなどを、計画段階からよく考慮し、無理のない計画を提案したい。換気設備の設置スペースは機器の大きさにもよるが、最低でも1820×1820㎜は欲しい。また、ダクト施工性を考慮し、階間（天井高さと梁下端）に余裕をもった計画を立てたい。

メンテナンスの際は、脚立に上がって上向きで作業することになり、危険を伴う。したがって、機械本体の更新も考えると、当社では換気装置は基本的に壁

設置場所別換気設備のメリット・デメリットとその対策

天井設置タイプ	床下設置タイプ	壁設置タイプ
		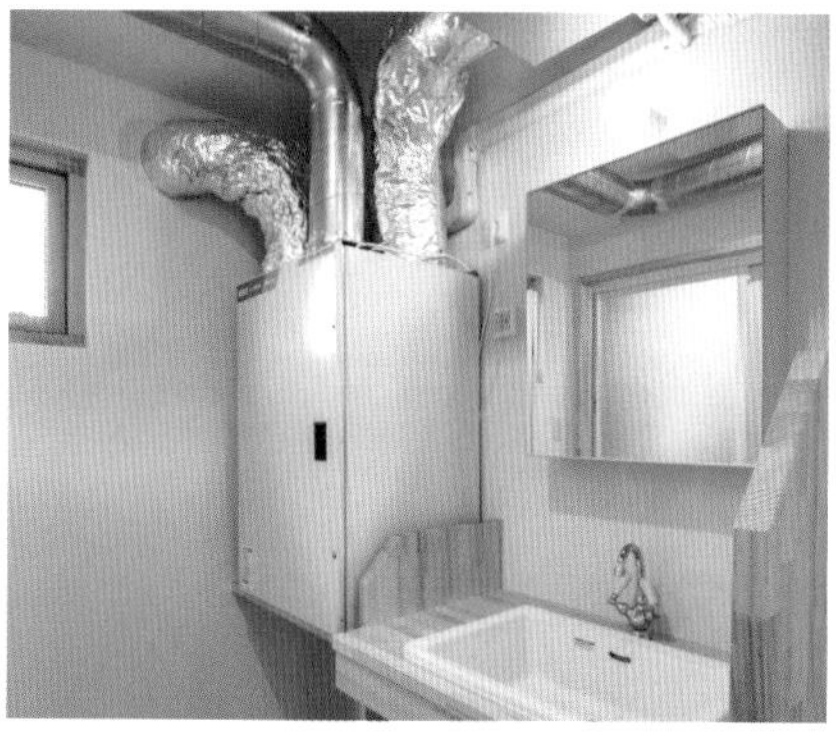
メリット ○ ・居住スペースを圧迫しない ・換気設備が露出しないので、インテリア上の不都合はない	**メリット ○** ・居住スペースを圧迫しない ・換気設備が露出しないので、インテリア上の不都合はない	**メリット ○** ・メンテナンスや修理が容易である
デメリット × ・天井断熱の際は、断熱・気密工事が別途発生 ・メンテナンスの際は、脚立に上って上向きに作業することになり、危険が伴う	**デメリット ×** ・床断熱の際は、断熱・気密工事が別途発生 ・床下には上下水道配管もあるので、口径が大きなダクトの設置には適さない	**デメリット ×** ・換気設備本体が室内側に露出するため、設置場所が限定される ・換気設備はある程度の大きさがあるので、居住空間を圧迫する
対策 ・将来の工事を考えて、設置する部屋の天井仕上げをせず、隠ぺいもしない ・機械本体を丸ごと更新できるような点検開口を設ける	**対策** ・床下空間を点検しやすいように、土台下に高さ400㎜ほどの空間を確保する ・必要に応じて点検口を別途設け、容易に維持点検が行えるようにする	**対策** ・換気設備が露出しても気にならないように、ウォークインクロゼットや洗面脱衣室に設置 ・機械本体の大きさや開閉方式を踏まえてプランを考える

壁掛けタイプの換気設備。ダクト配管も目視で点検できるように露出させている

掛けタイプの採用することが多い。天井設置タイプを採用する際には、①将来の工事を考えて、設置する部屋の天井仕上げをせず隠ぺいはしない、②機械本体を丸ごと更新できるような点検口を設ける、の2点を心がけている。

床下に設置する場合は、点検しやすい配慮を

床下に設置するタイプも天井タイプと同様に、メンテナンスを十分に考慮したい。床下空間の高さは点検しやすいように土台下400㎜ほどの空間を確保する。これなら大柄な人でも進入しやすい。

床下点検口と換気設備が離れている場合は、点検口を別途設け、維持点検が行えるようにするとよい。なお、床下には上下水道配管もあるので、口径が大きなダクトの設置には適さない。

点検口は600×600㎜程度大きさは確保し、人が普段出入りしない場所に設置する。また、床張りの前に施工する必要があるため、工程管理をしっかりと考えたい。ファンの音がある程度響くことが予想されるため、SA（給気）ダクトには消音ダクトを使用するとよい。

壁掛けタイプはメンテしやすい場所に設置する

壁掛けタイプはほかのタイプとは異なり、機器本体が室内側に露出することになる。したがって、換気設備が露出しても気にならないウォークインクロゼットや洗面脱衣室などに設置するのがよいだろう。機械本体の大きさや開閉方式を踏まえたうえで、収納計画や洗面化粧台などの配置計画を行いたい。

ダクト配管はほかと同様、天井・床下に計画されるので、構造上の取合いや配管などに十分配慮して計画することが重要だ。

また、ファンの騒音についても同様に。必要に応じてSA（給気）ダクトに消音ダクトを使用するとよい。

フィルターの掃除や交換などのメンテナンスは、建て主が行うことが大前提である。壁掛けタイプはメンテナンス性が高く、建て主が自主的に作業しやすい。メンテナンスの時期を建て主が確認でき、機械本体を清掃しやすい高さ・位置に設置したい。（天野洋平）

ウォークインクロゼットの一角に設けた機械室。脚立を使うことなくメンテナンスが可能で、交換の際にも作業しやすい

A 可能であれば機械室を設けたい

ダクト式の第1種換気は数十年前から存在し、これから先も存在し続けると思われるが、15～20年で部品や本体の交換が必要になる。しかし、20年前の設備の部品が残っているという例は日本ではそう多くなく、軽微な交換だけで済む場合であっても、設備本体を交換することのほうが多い。

さらに、設備本体の交換に伴い、使用しているダクトがそのまま接続できるか、接続可能な部品が用意されているかが問題になる。既存ダクトが使えない場合はダクト配管のやり直しが必要だ。小屋裏や床下の点検口は450×450㎜程度のものが多いが、換気設備によってはこの点検を通って運び込めないものもあり、交換の際に点検口を取り外す必要がある。もちろん、その時には内装のやり直しも発生してしまう。

設備はいつか壊れるもの。将来の機器本体の交換に耐えられるよう、設備本体を床下や天井裏ではなく機械室に設置するという案も検討したい。（森亨介）

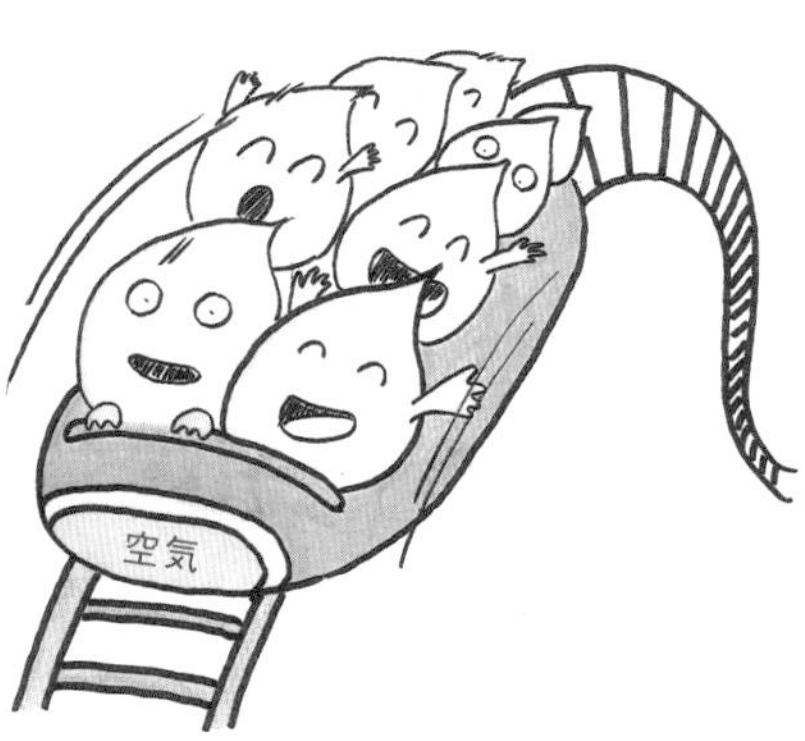

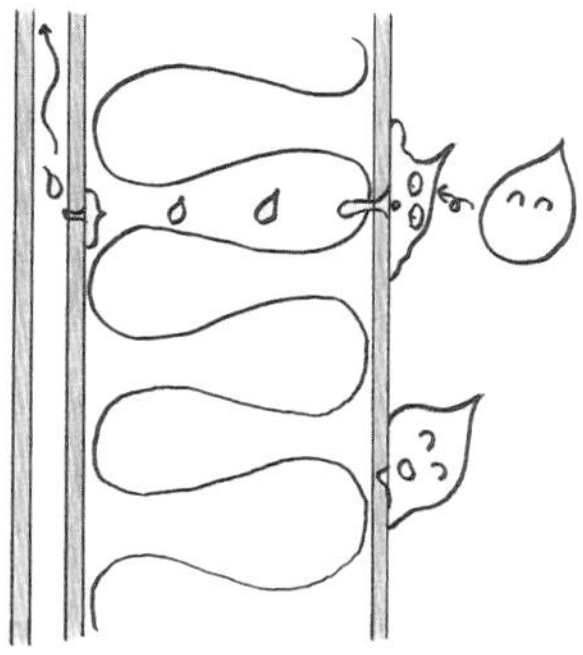

右／水蒸気が壁表面から壁の内部でじわじわと浸み込んでいくのが「浸透」
左／空気に乗って水蒸気が移動してくるのが「移流」

Q 冬の過乾燥はどう防ぐ？

解説・イラスト：白鳥顕志（木の香の家）

当社が採用しているネスターマーティン社製の薪ストーブ。この製品もそうだが、外気導入管が接続できるものを選びたい

A 外気の侵入を抑え、湿気を外に出さないこと

当社の家では、加湿器を使わずに真冬の湿度を40~50%にキープしている。しかも、家の中を乾燥させるといわれる薪ストーブを設置した場合もそれを維持している。

過乾燥になるのは、室内の水蒸気がなくなるためである。水蒸気の移動方法には以下の2つがある。

・浸透：壁表面からじわじわと浸み込んで移動する
・移流：空気の動きに乗っかかって水蒸気が移動する

これらのうち、私たちが意識しなければならないのは、「移流」である。それは、移流によって運ばれる水蒸気の量が、「浸透」よりもはるかに多いからだ。

当社の実験ハウスは南面に窓が多く、天気のよい日は冬でも無暖房で30℃近くまで室温が上昇する。ある冬の日、風を入れて室温を下げようと南面と北面の窓を開けたところ、家の中の湿度が50%からみるみる下がっていき、わずか10分で20%くらいになってしまった。室内の水蒸気があっという間に外に出ていってしまったのだ。実際の実験での出来事である。

過乾燥を防ぐ5つの対策

こうしたことを踏まえ、当社の家では以下に留意して過乾燥

対策：徹底した気密処理
上／天井の防湿層の下に下地を組んでダクトスペースを確保。防湿層は貫通しないようにしている
下／壁も防湿層の上に配線スペース用の胴縁下地を組んでいる

上／実験ハウス外観。日射取得のために南面には大きな窓を設けている。建物はU_A値0.32（HEAT20・G2以上）、Q値0.88の性能をもつ
下／2階から南面の窓を見る。雪が積もる寒い冬でも、昼は無暖房で過ごすことができる

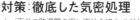

右／基礎立ち上がりに設けられた外気導入管用のスリーブ。左は基礎に取り付ける薄型のフード、右は工事中に仮設置していた蓋
左／基礎の外側から外気を取り入れる外気導入管。グラスウールダクトとポリエチレン管を組み合わせて製作したもの

基礎断面図（S=1:20）

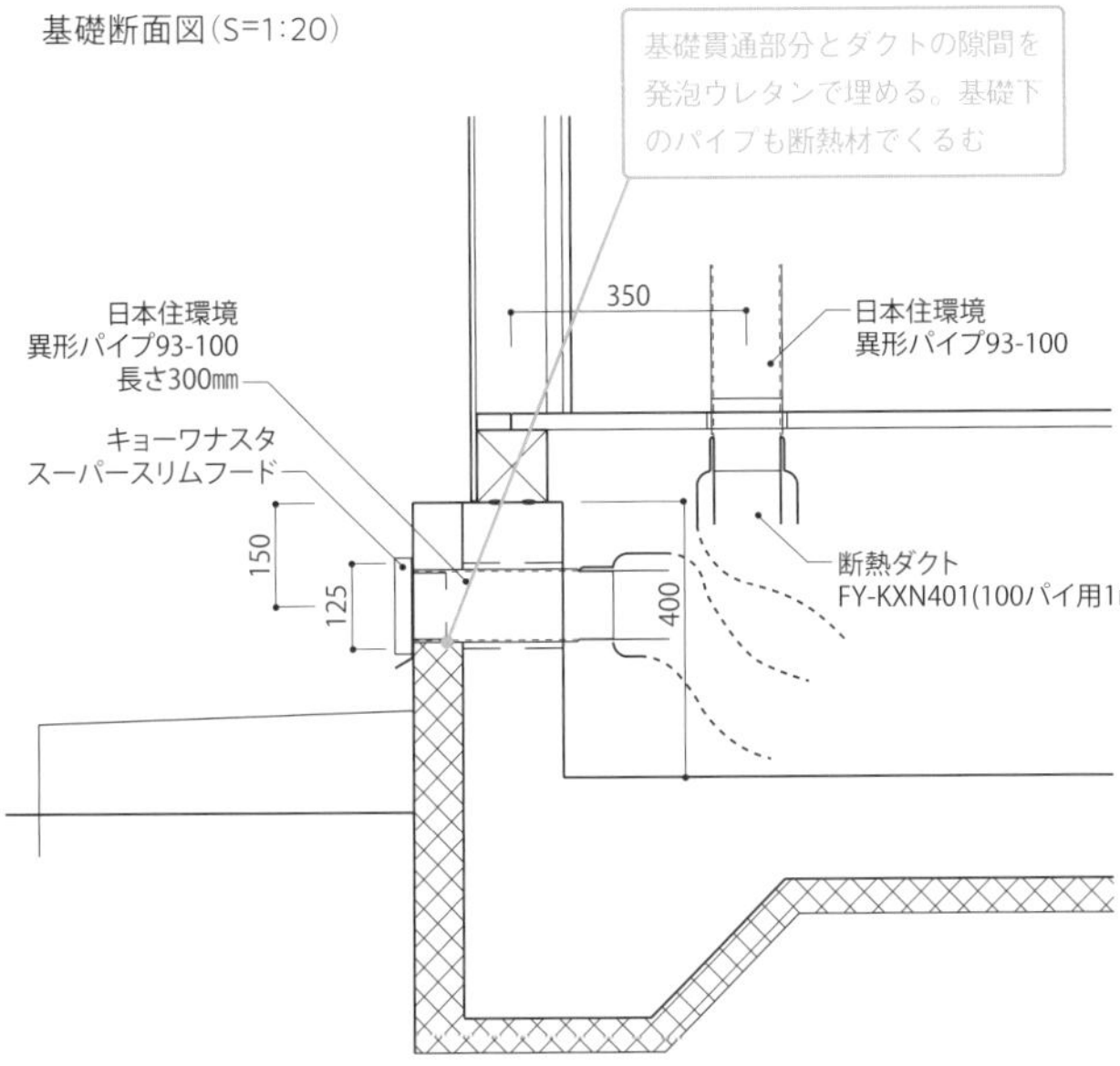
基礎貫通部分とダクトの隙間を発泡ウレタンで埋める。基礎下のパイプも断熱材でくるむ
350
日本住環境
異形パイプ93-100
長さ300㎜
日本住環境
異形パイプ93-100
キョーワナスタ
スーパースリムフード
150
125
400
断熱ダクト
FY-KXN401(100パイ用1m)

対策：外気導入管を床下に設置

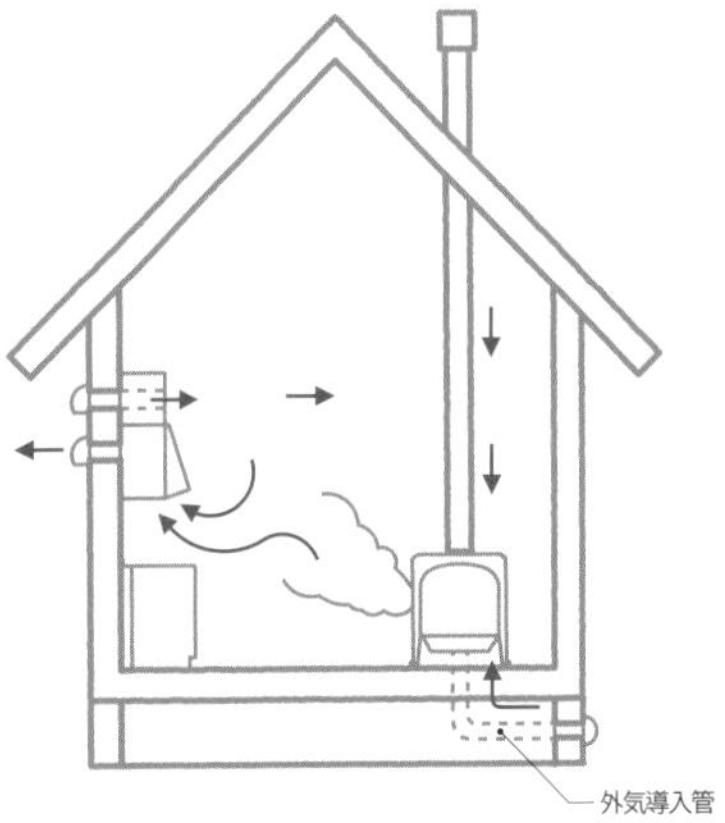
外気導入管

レンジフード強運転

同時吸排型と外気導入管でも、レンジフードを強運転すると煙突からの逆流が起きる。

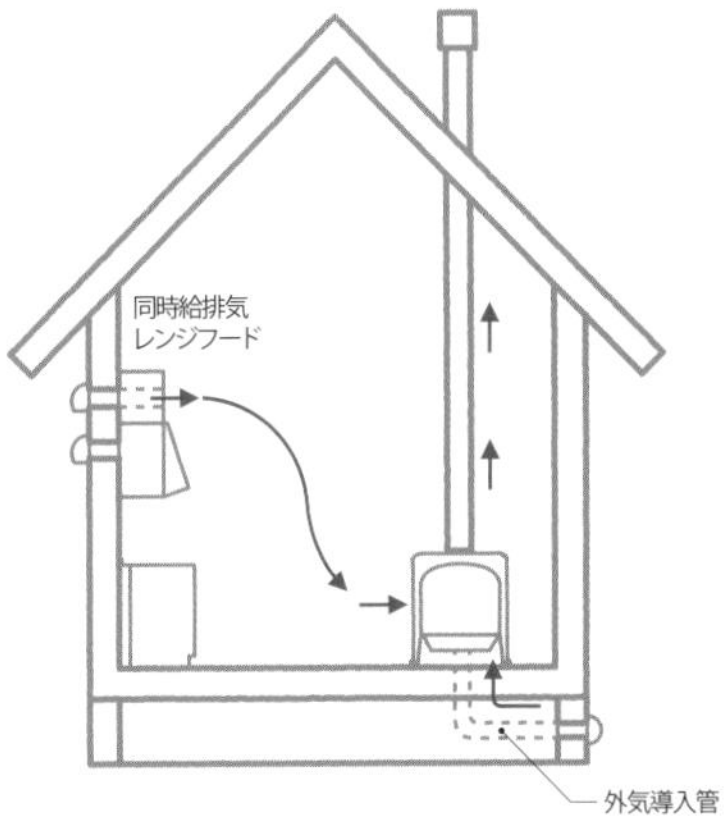
同時給排気
レンジフード
外気導入管

レンジフードOFF状態～弱運転

レンジフード弱運転くらいまでは、煙突からの逆流が起きない。

対策：外気の流入を調節するレンジフード

上／レンジフードに連動して稼働する給気ファン「パスカルダンパー」
下／IHクッキングヒーターを採用した場合に設置する富士工業の循環型レンジフード

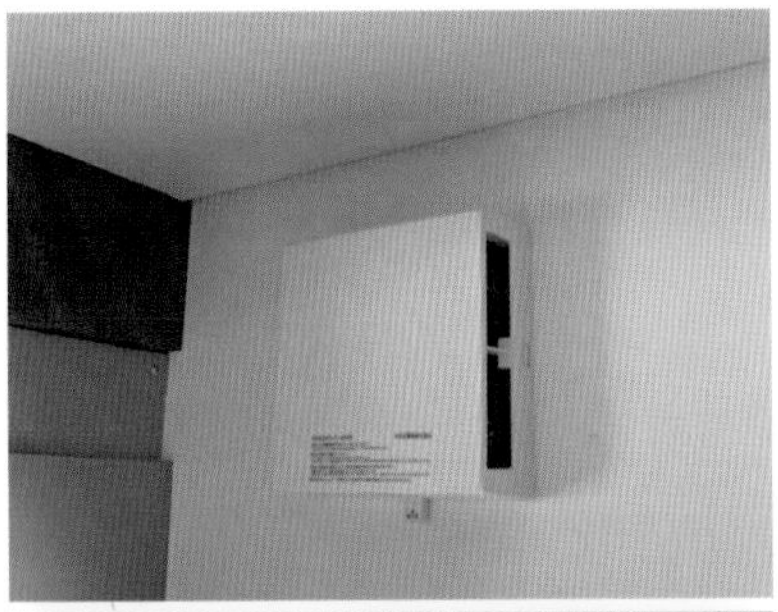

対策を行っている。

①気密性能を十分に確保し（C値は0.5㎠／㎡以下）、できるだけ外気の流入を抑える

②潜熱回収型の第1種熱交換換気システム（ダクト式）を採用する。薪ストーブ採用時のお勧めは「給気」と「排気」の風量を個別に変えられるタイプ。室内をやや正圧にしておきたい

③外気導入管を床下に設置。レンジフードを弱～中運転ぐらいであれば逆流予防に効果が期待できる

④調理機がIHクッキングヒーターであれば、レンジフードは循環型レンジフードを使う。当社では「室内循環フード」（富士工業）を採用

⑤調理機がガスコンロであれば、レンジフードが動くときに連動するように細工した給気ファン（120～150㎥／h程度）もしくはパスカルダンパーを設置する

これらの対策を講じたうえで施工すれば、薪ストーブ生活でも「過乾燥にならない暮らし」が可能だ。ただし、建て主は後述する住まい方を実践する必要がある。

浴室の換気扇を付けない

当社ではこれら5つの対策を施すことで、家の中の過乾燥問題に対応しているが、ある建て主から「過乾燥がひどい」という連絡があった。なんでも、湿度計で測ると湿度25%になっているそうだ。レンジフードは調理時以外止めているし、洗濯は室内干ししているのだが、ユニットバスの換気扇は回しっぱ

なしだったという。
　ユニットバスの換気扇は風量100m^3/hと、キッチンのレンジフードに比較して数分の一という、かなり少ない風量であったが、原因としてはこれくらいしか思い当たらなかったため、ユニットバスの換気扇の使用を控えてもらった。1週間経過すると、室内の温湿度計は50％前後で安定するようになったという。つまり、移流によって移動する水蒸気の量は予想以上に多いのだ。
　したがって、外気が直接流入しないような対策を施すとともに、建て主にも、冬は外気を必要以上に流入させず、室内の水蒸気ができるだけ放出しないように暮らすことを助言するのも大切だ。
　なお、ユニットバスに関しては、換気扇を回さないだけでなく、ユニットバスのドアを開けるように説明している。また、手前の脱衣室はドアを閉じたままでもいいように、ドアの上に欄間を設けて開放し、水蒸気が家全体に拡散するように配慮している。浴室に換気扇を付けないという判断をしてもよいだろう。夏も、浴室の室内側のドアを開けて、浴室の乾燥を促せば問題ない。浴室の壁に付着している程度の水蒸気はエアコンによって外に排出される。

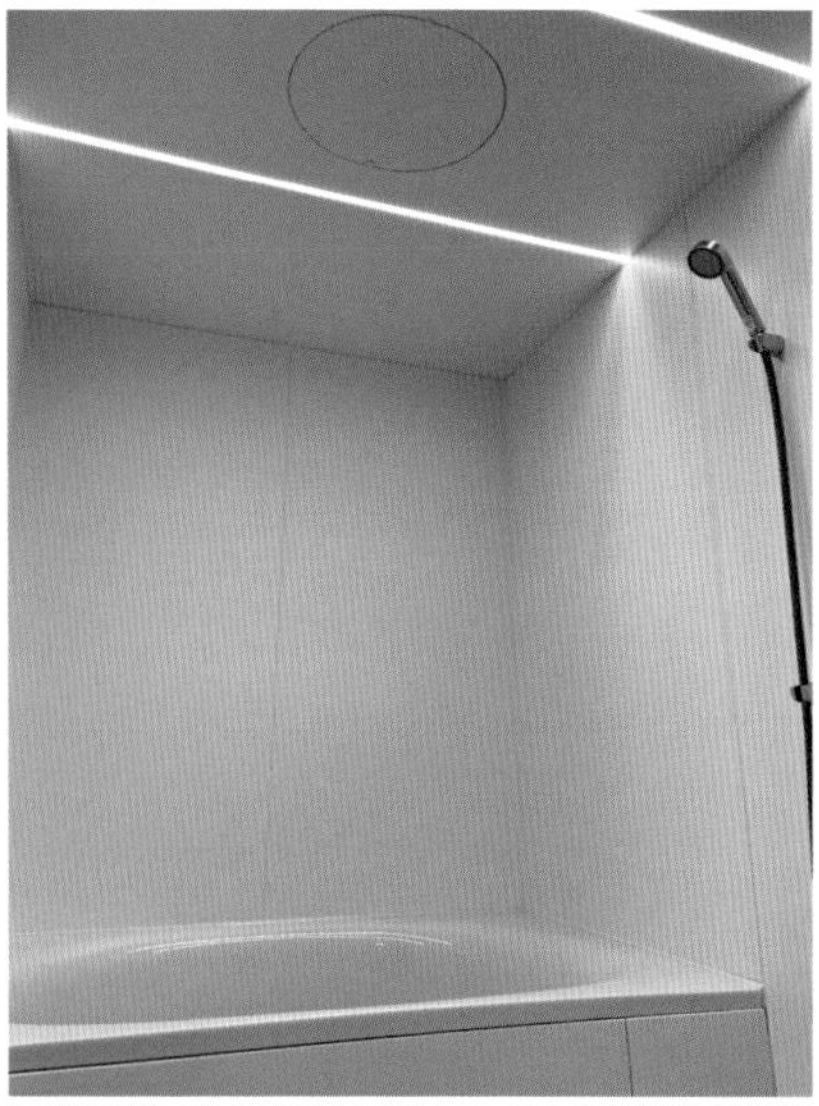
換気扇を設置していないユニットバス。水を抜いておけば残る水蒸気は微々たるものだ

脱衣室のドアと壁の上部に水蒸気拡散用の開口を設けている例。水蒸気の拡散を促す

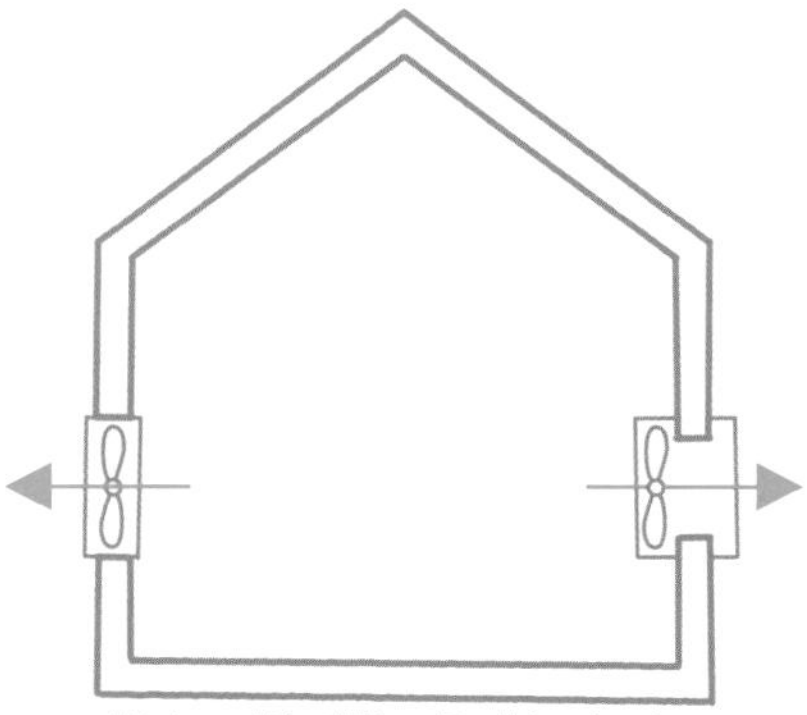
ダクトレス換気が排気に切り替わったとたん、第3種換気の排気ファンと引っ張り合って十分な排気ができない

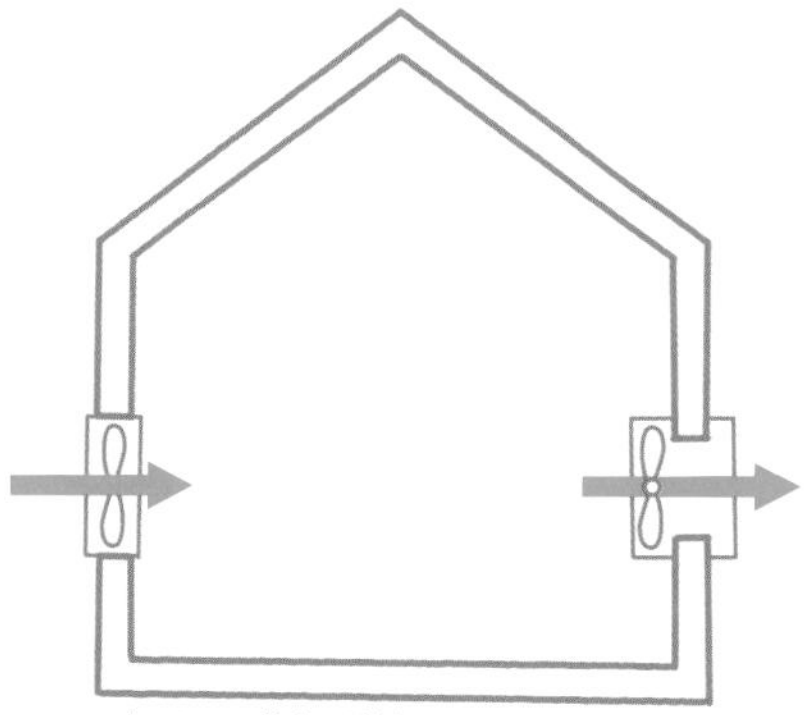
ダクトレス換気が給気のときは、第3種換気の排気ファンによって必要以上に給気が行われてしまう

Column

ダクトレス換気と換気扇の相性の悪さ

　第1種換気のなかでも給気と排気を数十秒ごとに入れ替えるダクトレスタイプの換気設備を選んだ場合は、別の換気扇が動く時の悪影響がさらに大きくなる。たとえば、ダクトレス換気が排気するターンでは換気扇と引っ張り合ってしまい、空気はほとんど流れない。ダクトレス換気が給気するターンでは換気扇によって想定よりも多くの空気が流入してしまう。このような状態だとダクトレス換気の熱交換はまったく機能せず、ただの給気口になってしまう。ダクトレスの第1種熱交換換気では、ほかの換気をセンサー制御にするなど、動く時間を最小限にする工夫が重要になる。（森亨介）

Q 夏や梅雨時期の除湿はどうすればよい？

解説：佐藤喜夫（佐藤工務店）

A 全館冷房であればエアコンだけで除湿可能

aranet4
544

上／二酸化炭素測定器を置いて換気量を調整すれば、外の湿度の高い空気の流入を抑えられる
下／2階のロフトエアコンの給気部分にタオルを掛けているところ。こうすることで簡易にエアコンの風量を抑えている

第3種換気の場合、夏はどうしても高温・高湿度の外気が室内に入ってきてしまうため、室内の湿度が上昇してしまう。

各部屋に除湿器を置いてもよいのだが、当社はロフトに設置した給気口の直下にエアコンを設置し、室内に入ってくる空気をエアコンで除湿しながら冷やし、それを室内に拡散させている。そして、トイレに設置した24時間換気扇とユニットバスの換気扇で、外に排気する。

また、過換気にならないよう、二酸化炭素測定器（CO_2センサー）を使って給気口から入ってくる外気の量を調整したい。夏の時期はできるだけ給気口を絞り、二酸化炭素測定器が1500ppmを超えた場合は警告音が鳴るように設定し、建て主はその都度換気を行う。

梅雨時期も同様に給気口を絞り、同時にエアコンを使って外気の除湿を行う。もし、エアコンの風量を最低にしても温度が下がりすぎる場合は、エアコン給気部にタオルなどを掛けるなどしてさらに風量を減らしながら除湿量を増やすとよい。もしくは、床下エアコンを同時に稼働させ、低下した室温を温めれば、湿度を下げながら快適に過ごすことが可能になる。

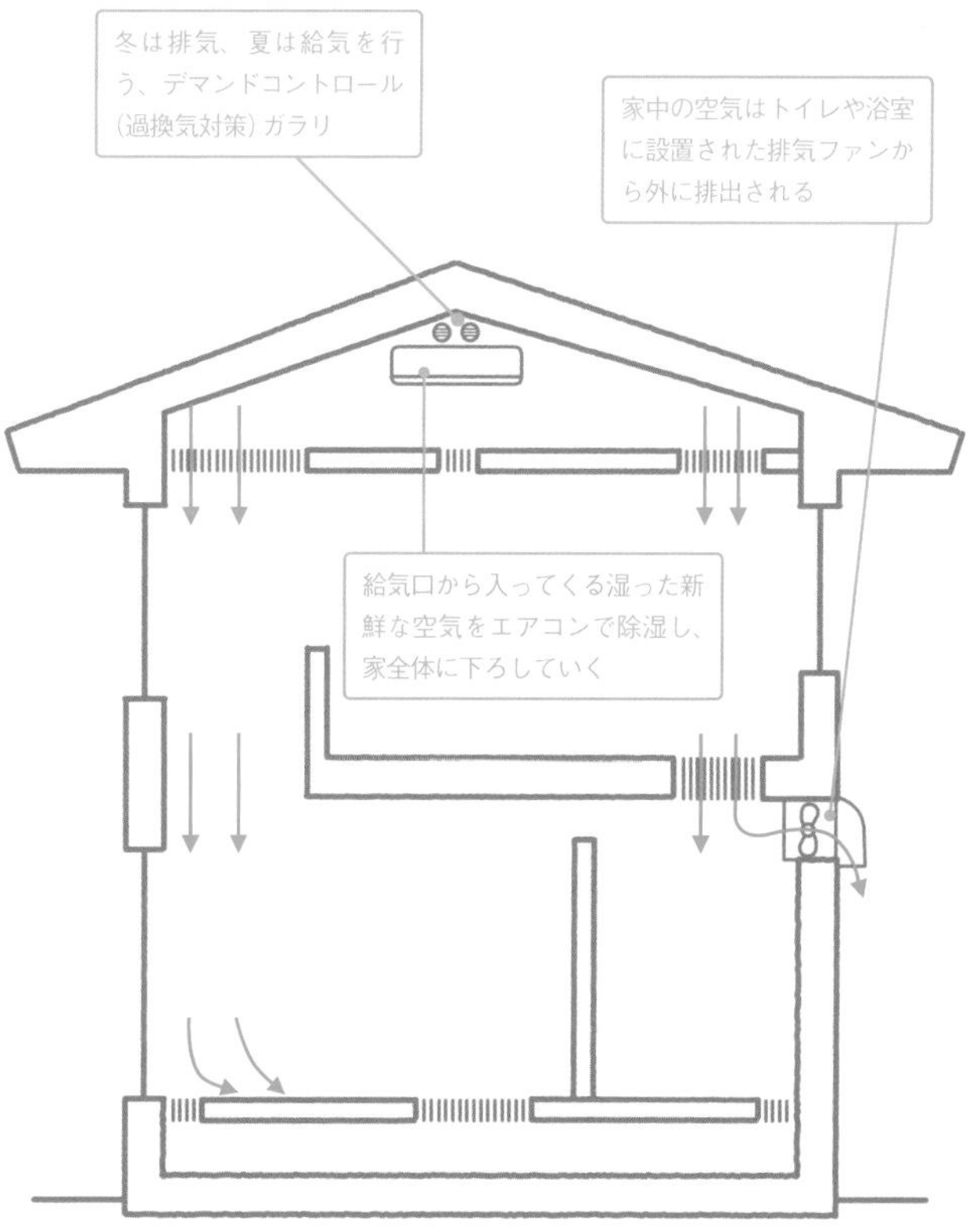
冬は排気、夏は給気を行う、デマンドコントロール（過換気対策）カラリ
家中の空気はトイレや浴室に設置された排気ファンから外に排出される
給気口から入ってくる湿った新鮮な空気をエアコンで除湿し、家全体に下ろしていく

外からの湿った空気をエアコンや給気の量で調整することで、夏や梅雨も快適に過ごすことができる

Q パッシブ換気ってなに？

解説：森亨介（風建設）

A 電気も過剰な設備も要らない コスパのよい換気方式

「パッシブ換気」は、温度差換気や重力換気、第4種換気と呼ばれることもある手法のことだ。空気は温められると密度が低下して上へと上がろうとするが、この特性を生かして換気を行うのが「パッシブ換気」である。北海道で生まれたこの換気方法は、設計法などがすべて無料で公開されており、誰でも自由に使うことができる。

機械換気では、電気を使ってファンを回し、圧力差を生み出して換気を行うのに対して、パッシブ換気の場合は、高断熱高気密の家の冬場に自然と生まれる内外温度差を換気の駆動圧力として用い、換気を行う。

パッシブデザインのイメージ図で、1階から入った風がトップライトやハイサイドライトから抜けていくものを見かけることがあるが、あの空気の流れを真冬に適切にコントロールし、狙った風量だけ取り入れて排出するのがパッシブ換気だ。暖かい家の低い所と高い所に穴があいているだけなので、特別に動力を使うことなく換気を行える。

無料で使えて設備費用もかからない夢のような換気システムだが、本州ではほとんど普及していない。その原因として、設計者や工務店は、空気の物理から勉強しなければならないこと、わずかな部品だけでできてしまうのでメーカー側が、メリットを感じていないこと、の2点が大きいと考えている。

北海道以外ではなかなか日の目を見ることの少ないパッシブ換気だが、本州で採用したとしても、換気空調システムとしてのライフサイクルコストは最も少なくて済むはずだ。設計者が猛勉強せねばならないという唯一にして最大の参入障壁を突破して、多くの方がこれに取り組む日が来ることを楽しみにしている。

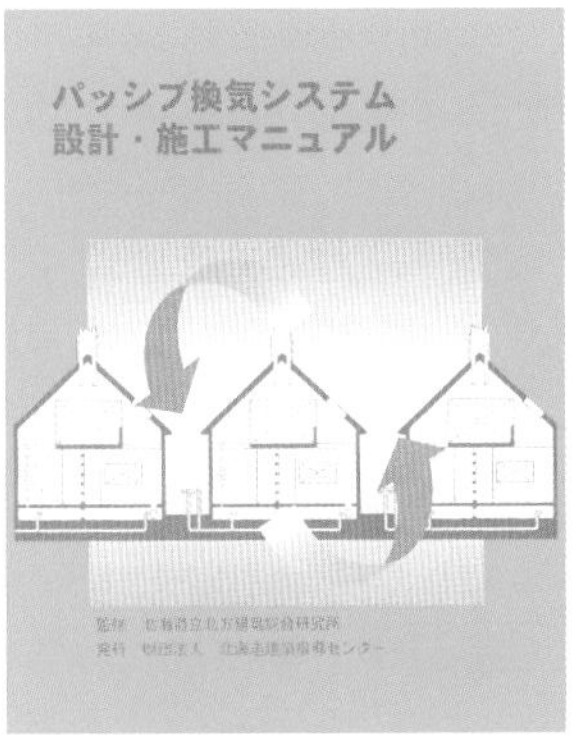

パッシブ換気のマニュアル。地方独立行政法人北海道立総合研究所建築研究所本部のHPから、誰でも無料でダウンロードできる。安易に取り組むと失敗することもあるため、HPでも注意喚起がなされている

パッシブデザインのイメージ

重力換気を利用した自然通風の考え方をより精密に制御したのがパッシブ換気だ。

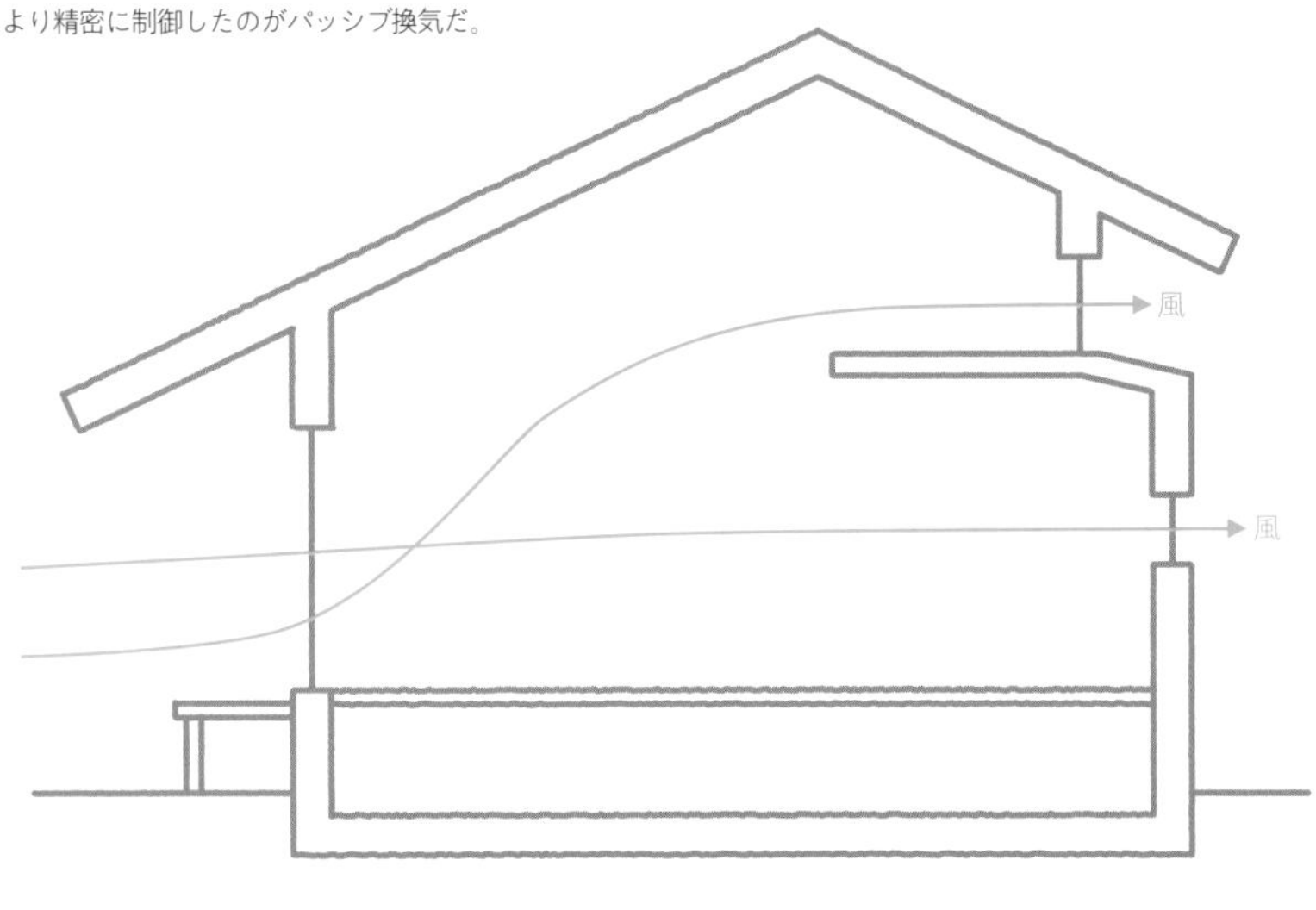

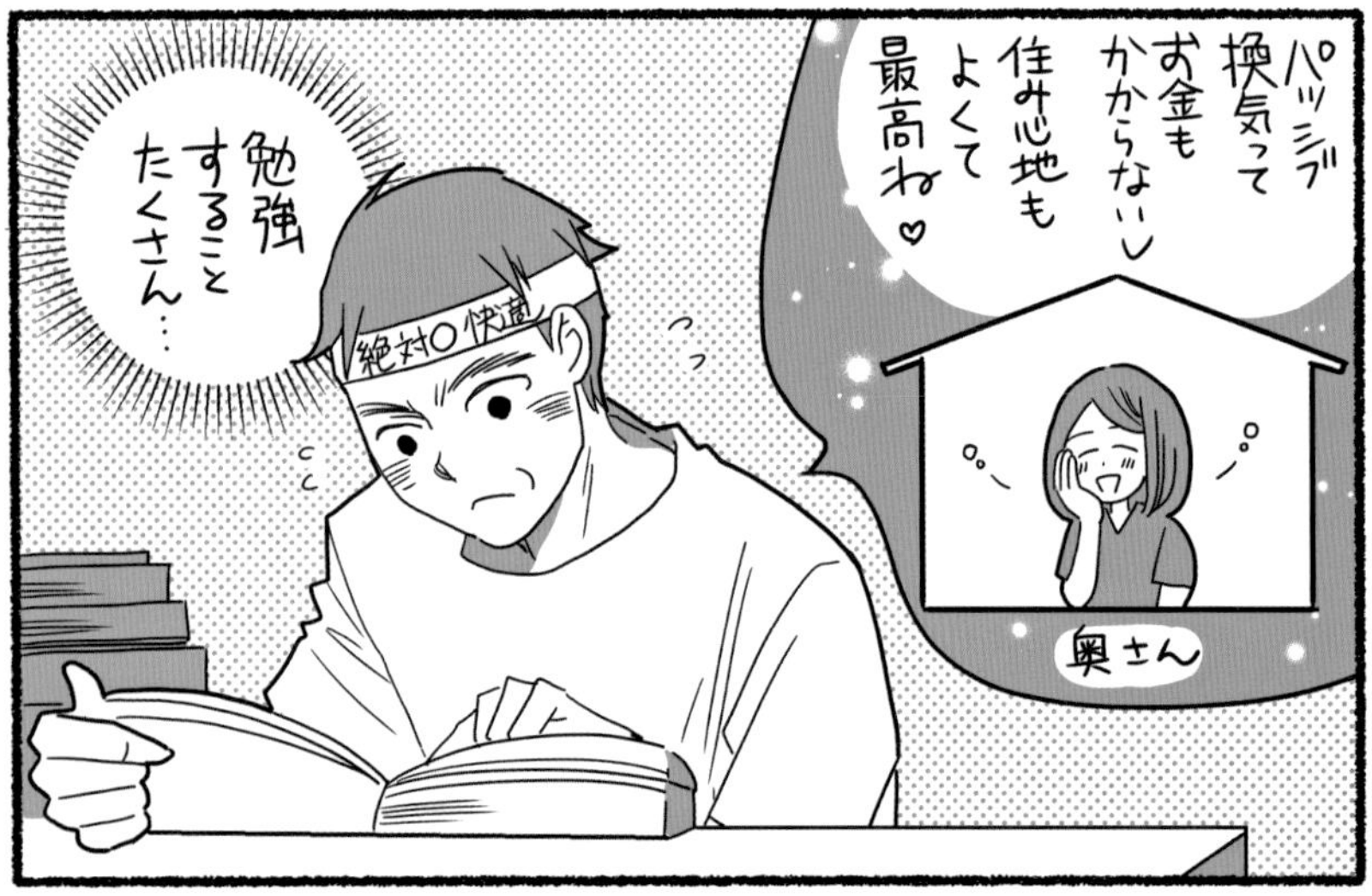

Q パッシブ換気で必要な家の性能は?

解説：森亨介（風建設）

A 断熱・気密はかなり高いレベルで必要

パッシブ換気の仕組み

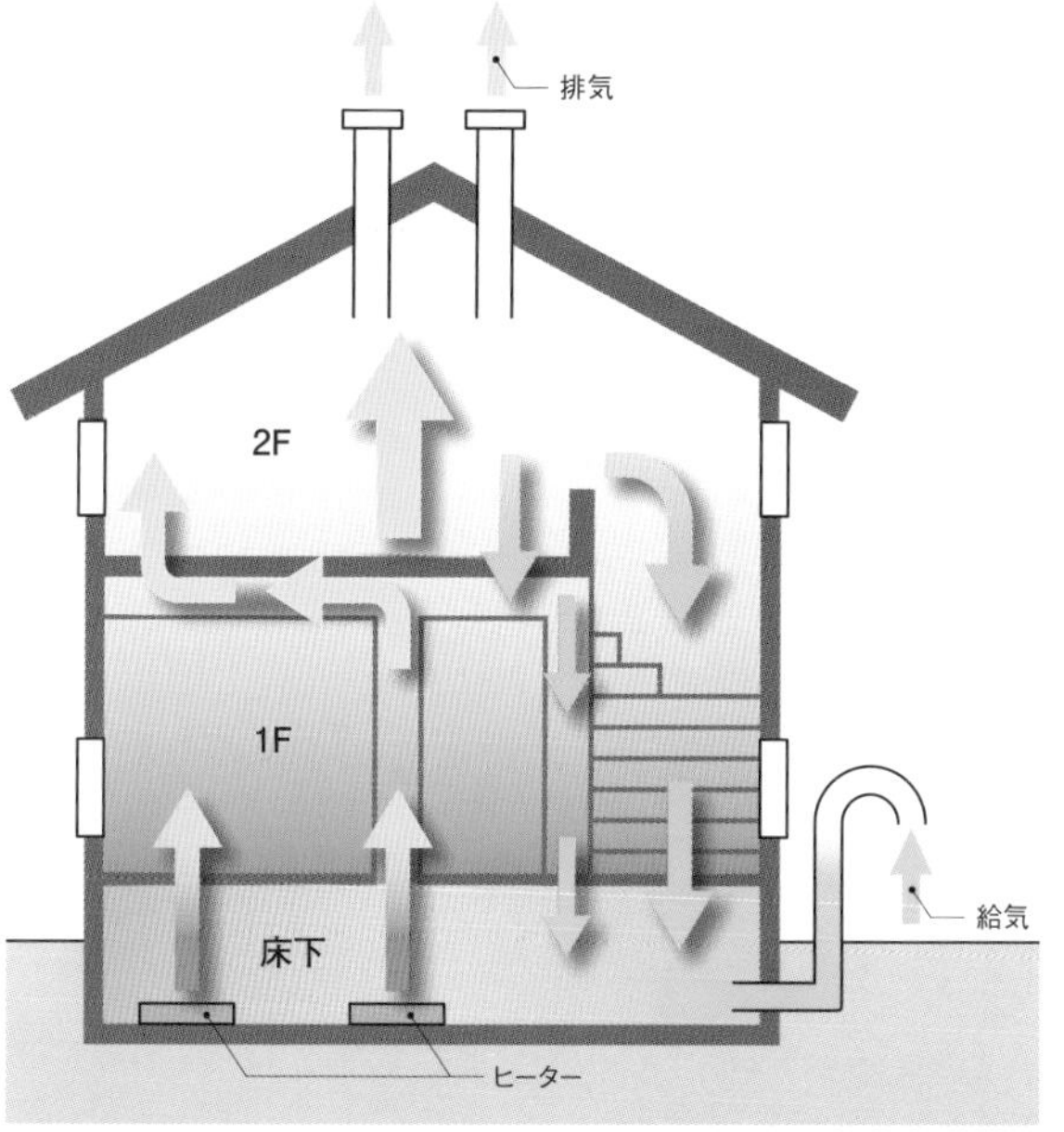

内外温度差と温められた空気の浮力を利用して、下階から入った空気が家中の空気と混ざり合いながら上階に向っていき、外に抜けるというのが基本原理である。空気の移動には、吹抜けだけでなく間仕切壁なども利用される。

パッシブ換気に求められる断熱・気密性能

機械換気の場合は、家の中に10～20Paの圧力を生んで、空気を動かすが、本州におけるパッシブ換気の場合はわずか5Pa程度の圧力差しか生まれない。その微弱な圧力差で適切に換気を行うには非常に高い気密性能が必要になる。第1種換気で1.0㎠／㎡、第3種換気で0.5㎠／㎡以下の気密性能が必要などとよくいわれるが、本州で行うパッシブ換気の場合はそれをさらに超える気密性能（0.3㎠／㎡程度）がなければ、適切な換気が行われない可能性がある。

そもそも、家の中と外の温度差が換気の駆動圧力になるので、冬に家中どこでも暖かくすることは大前提となる。間欠暖房運転やリビングのみ暖房などの暖房方法では換気が働かないということだ。少なくとも冬の晴れた日は日中無暖房で22℃以上をキープできるくらいの性能がなければ、暖房費がかかりすぎて、換気可能な温度差を維持しようという気になれないのではないか思う。おおまかに考えても、断熱等級6（UA値0.4以下＝HEAT20・G2）は必要だろう。

給排気口の高低差が重要

パッシブ換気の換気駆動力をつくるのは、内外温度差（空気密度差）に加え、給気口と排気口の高低差である。温度差が大きく、給気口と排気口の高低差が大きければ、より大きな圧力が建物にかかることになり、換気量は増える。そして、給気口から排気口に至るまでの間に家中の空気が混ざり合うように計画することで、よどみのない換気が実現する。下階から入った空気が上階に向かうため、吹抜けのような縦方向の「抜け」がある家は非常に相性がよい。

平屋よりは2階建てがよく、2階建てでも屋根断熱を行い、排気口の位置をなるべく高い位置に設計するとよい。給気口と排気口の高低差が足りない場合は煙突を設計するなどの工夫も必要だが、それらはいずれも計算に基づき設置される。給気口を1階の低い所に設置するため、床下熱源方式との相性は抜群だ。積雪地域でなければ床下エアコンとの組み合わせを検討してもよいだろう。

内外温度差が開きすぎる北海道では、過換気になる際の換気口を絞る機能が付いた給排気グリルを使うことも多いが、本州では過換気はそう起きる現象ではない。内外温度差が最も開く冬の明け方は、家の中にいる人の数も多いため、換気量を増やしたい状況に合う。一方で家の中に人が居なくなる昼間は外気温が上がり、温度差が少なくなるため、換気量が自然と抑えられ、不要な熱損失や湿気の流出を防いでくれる。

機械換気との併用は必須

パッシブ換気を行うのであれば、室内の温湿度とCO_2濃度データをモニタリングすることはぜひ行いたい。万が一、換気が思うようにうまく行っていなかった場合、住まい手の健康被害などが起きるおそれがあるからだ。また、いくら風量計算を丁寧に行ったとしても、確認申請上有効な換気としては認められないことと、夏場はパッシブ換気は動かないため、当然ながら通常の機械換気も併せて設ける必要がある。

上／パッシブ換気用の給排気口。高所に取り付けるものは冬には排気口、夏には給気口として働く
下／パッシブ換気を導入した住宅に取り付けられた床下エアコン。パッシブ換気との相性は抜群だ

Q 通風と換気はどう違うの？

解説：山田浩幸

A 自然換気と通風はほぼ同じもの

換気と通風はどう違うのか？

換気とはその名のとおり、人の生活する閉鎖空間内の汚れた空気を新鮮な空気（外気）と入れ換えること。臭いやほこりのみならず、少し前であれば、機械換気義務化のきっかけとなったシックハウス症候群の原因であるVOC、現在であればコロナウイルスなどが室内に充満することを、換気によって防ぐことができる。

一方、通風とは、主に窓などを開けることによって室内に風を通すことだ。室内に風を通すことが目的なのだが、実際には換気も同時に行われるため、体感的に風を感じやすいか、感じにくいかという違いを除けばほぼ同じ意味合いと考えてよい。

さらにいえば、自然換気（空間の高低差や温度差、自然風などによって気流をつくりだして換気する方法）と通風はほぼ同じメカニズムと考えてよい。

通風と機械換気の違いは換気量

通風や自然換気の優れている点は、その換気量である。窓を2カ所開けた場合、5～10分程度で部屋全体の空気が入れ替わってしまう。機械換気の基準が0.5回／時（1時間で室内の空気が半分入れ換わる）であることを考えると、かなり違うことが分かる。特にコロナウイルス対策という点では、換気量の大きい通風や自然換気が優れているといえる。

ただし、通風や自然換気は気象条件に左右されやすく、常に安定した効果を期待できない。これといった明確な基準も存在しない。また、雨や雪、花粉、極端な暑さ・寒さなど、外気が不快な要因を帯びる時期には窓を開けにくいという欠点もある。したがって、機械換気をしっかりと機能させたうえで、通風や自然換気を行うことが大前提となる。

通風を効果的に行うには

自然換気には、自然風を取り入れる風力換気と、気温差や高低差を利用する重力換気の2つの考え方がある。通風は一般的

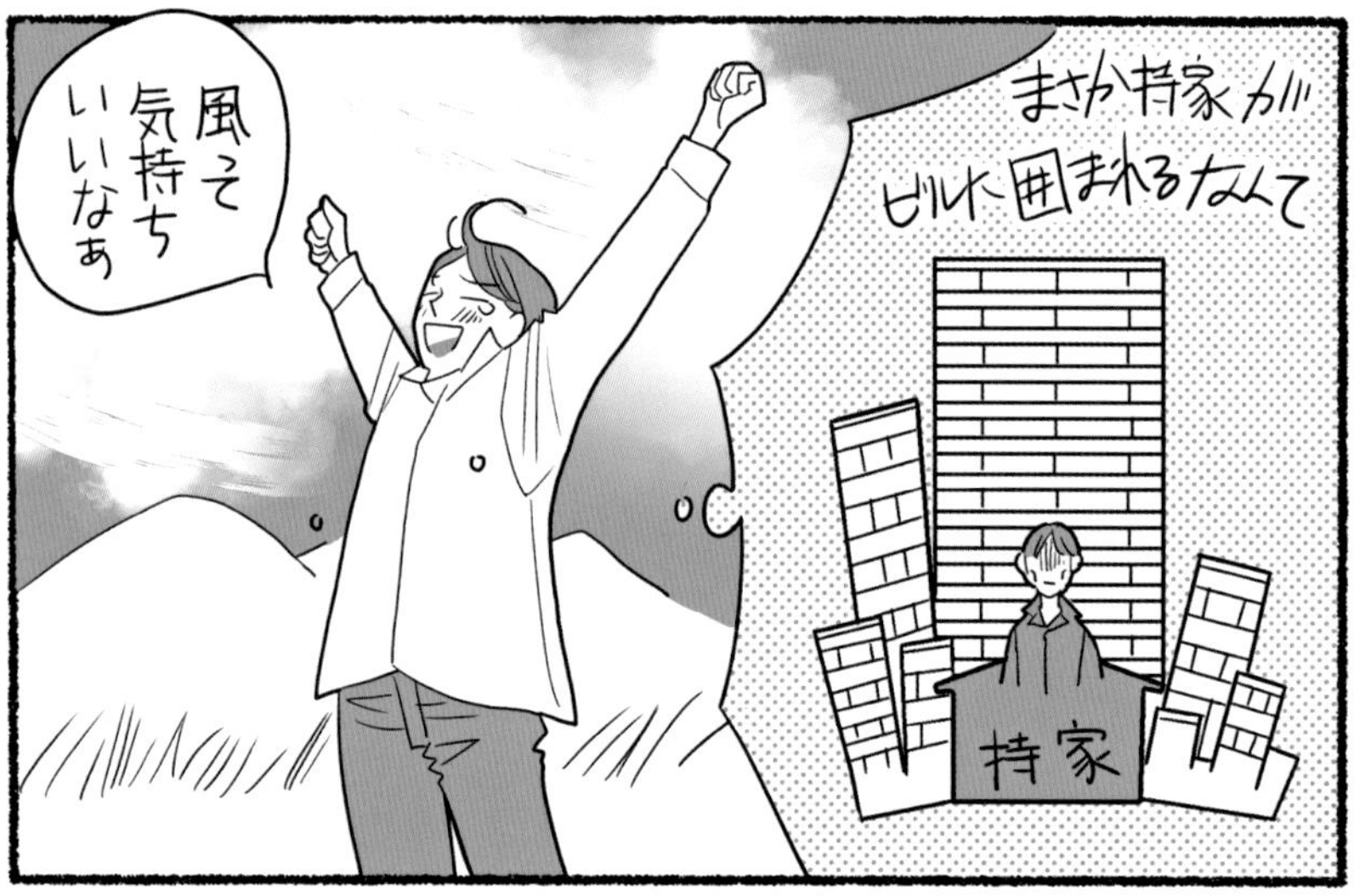

風力換気と重力換気の仕組み

［風力換気］

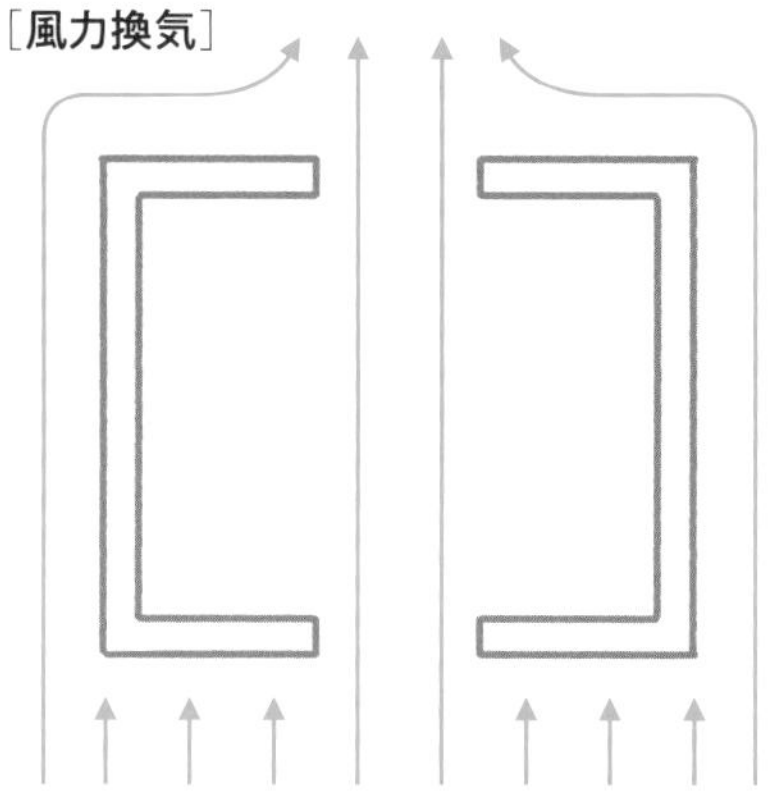

建物に当たる風の圧力によって建物内の通風（換気）が行われること。風上側は正圧によって風が建物内に押し込まれ、風下側は負圧によって建物内の空気が抜き出される。

［重力換気］

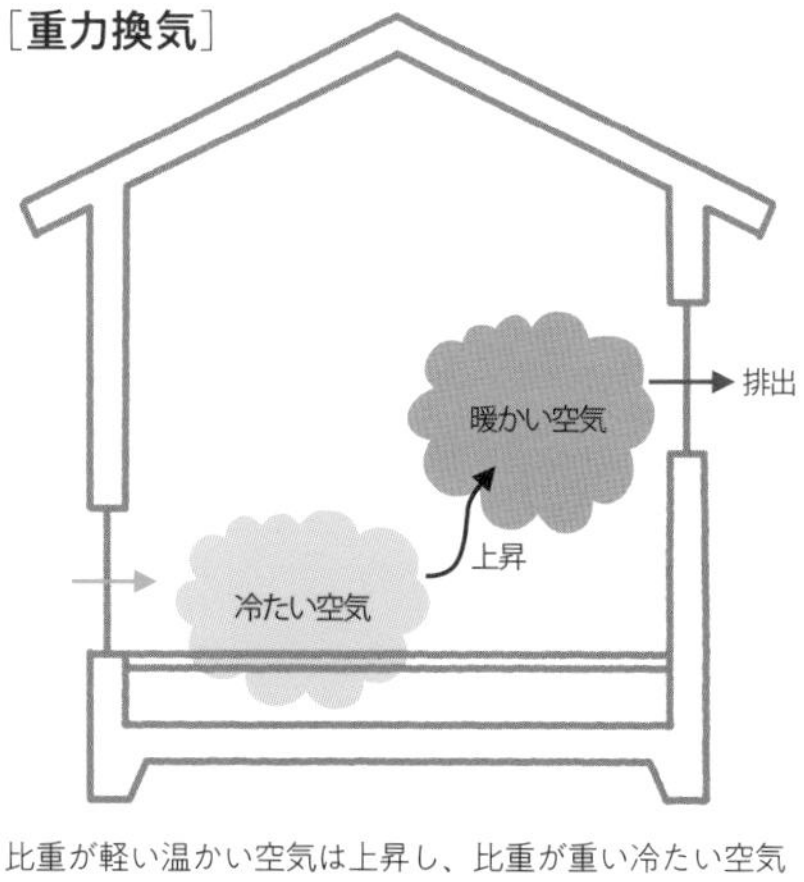

比重が軽い温かい空気は上昇し、比重が重い冷たい空気は下降するという特性を利用した換気手法。それぞれ空気が滞留する部分に空気の出入口を設ければ、上昇気流が発生して自然に空気が入れ替わる。

に前者を指すが、1階の窓から2階の窓に抜ける通風には、重力換気の考え方も含まれる。

　自然換気の方法としてまず取り入れやすいのは、風力換気だ。基本的な考え方は、室内を陰圧にして空気が入り込む状態をつくったうえで、空気の出入口を確保すること。居室の窓やドアができるだけ向かい合うよう配置し、風が抜けるように大きめの部屋や廊下などを設けて適切な自然換気を促したい。

　重力換気（温度差換気）も、うまく活用すれば、家全体の通風を促すことができる。風が上に抜けるように吹抜けや階段室などを設け、さらに1階と2階に窓を設ければそれだけで比較的容易に気流が生まれる。高低差が大きければ大きいほど重力換気は機能するので、地窓や高窓、天窓などを効果的に活用したい。

　窓は、風向きを考慮して南と北に設けることが多く、それでおおよそ問題はないのだが、風の向きには地域性や季節の要素の影響が大きい。気象庁のデータなどで卓越風（ある季節に一定方向に吹く風）などの風向きを確認したうえで、効果的な窓の位置を決定したい。ただし、住宅密集地などでは、データどおりの風が期待できない場合もある。そこで、風が吹いてくる方向に庭などの余地を設ける、路地などからくる風をウィンドキャッチ窓などで効果的に取り込むなどの工夫も併せて行うとよい。

　さまざまなデータを用いて窓を設けても、想定どおりにならないのも通風である。あらゆる方向から入ってくることを想定して、さまざまな出口を開けておくことが失敗しない唯一の方法といえる。

風力換気のさまざまな手法（その地域の風向きを考慮する必要あり）

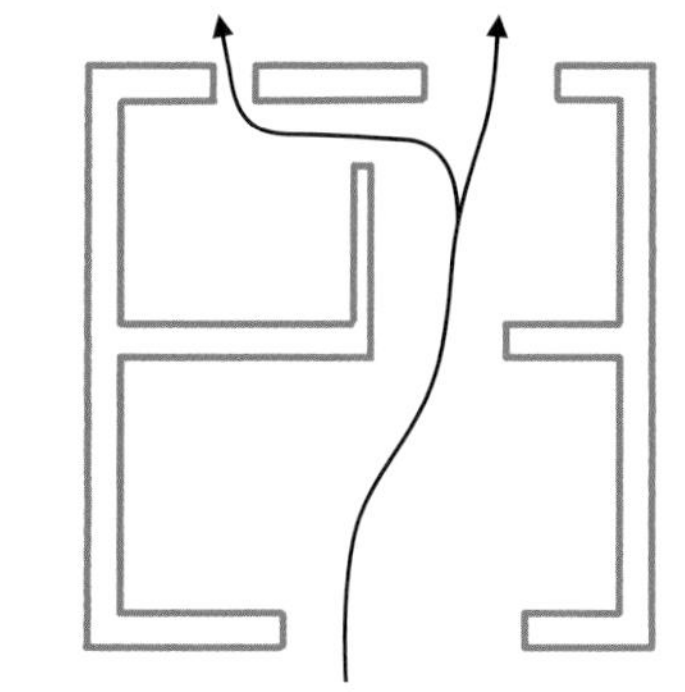
対面する窓を設けて通風（換気）を促す手法。風を遮るような間仕切壁がある場合は、ドアや引戸、欄間、窓などを設け、風が抜けるように配慮する。

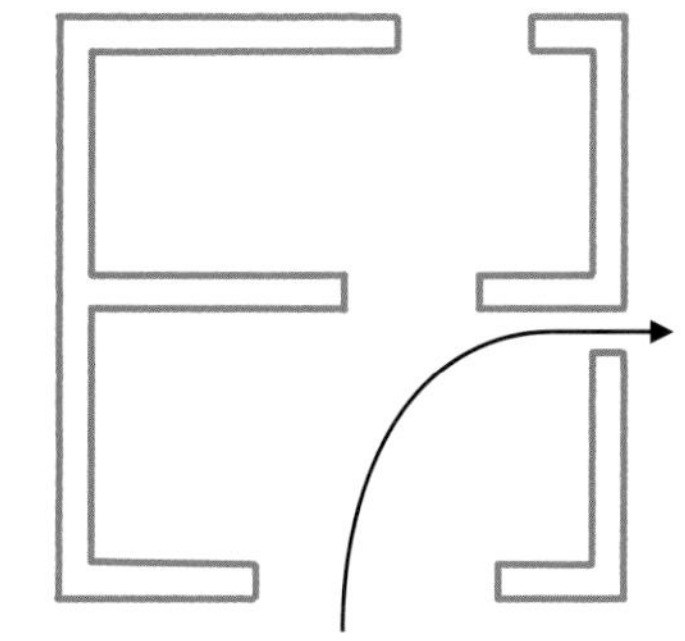
ドアを閉じる機会が多い場合、対面する窓を設けても通風が行われない。ただし、同じ部屋のなかに風が抜ける窓を設ければ風の「出口」として機能するので問題ない。

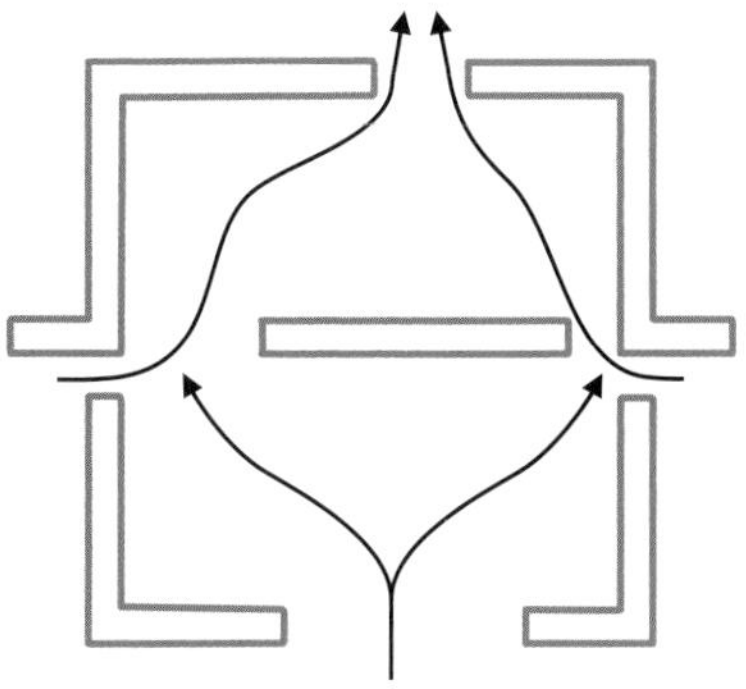
側面にウィンドキャッチ窓を設けることで、外壁の側面を流れる風を効果的に室内に取り込むことができる。住宅密集地などで効果的。

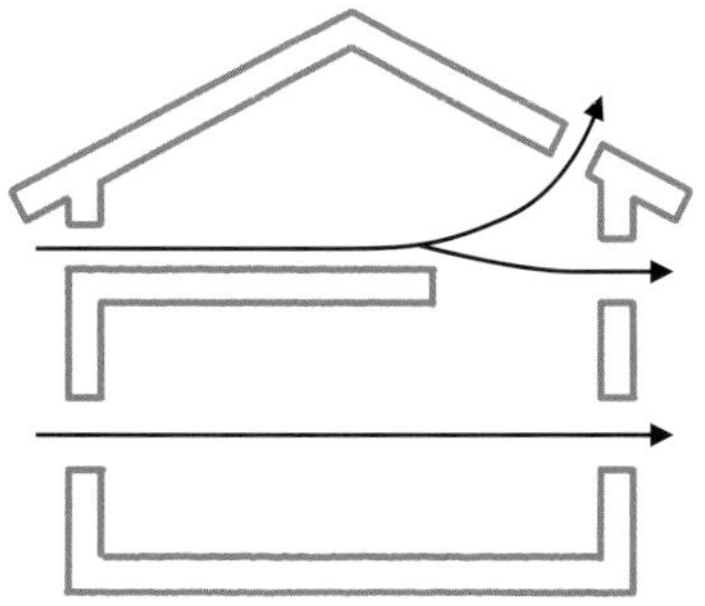
地上から高い位置になればなるほど風は強くなる。屋根を通る風によって天窓の周囲に発生する負圧を利用し、通風を促す方法もある。これも住宅密集地などで使える。

重力換気のさまざまな手法（風向きと同じでなくとも機能する）

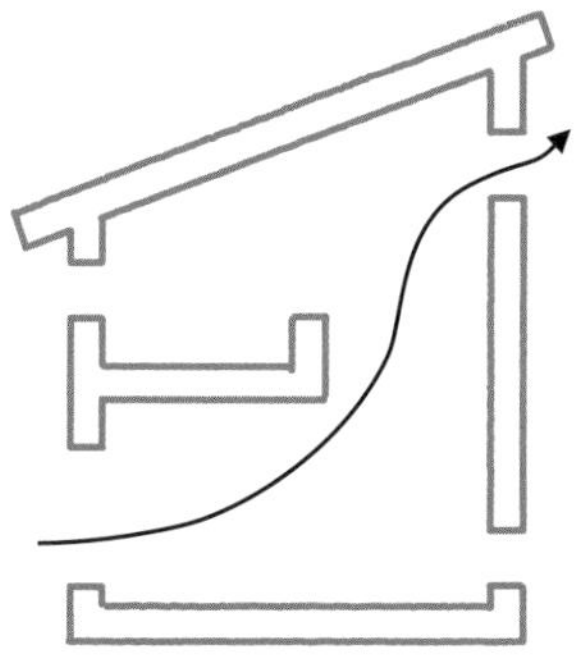
1階の窓から対面の2階の高窓に空気を抜く方法。1階の空気を効果的に2階の高窓に送るには、高窓側に吹抜けや階段室を設けるとよい。

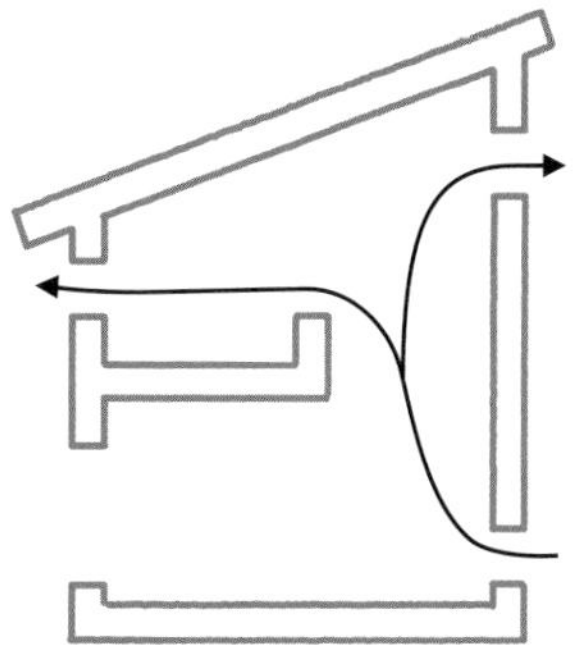
風向きなどによっては、逆向きに上昇する空気の流れが発生したり、対面ではなく真上の窓から抜けたりすることもある。さまざまな空気の流れを想定して窓の配置を考えたい。

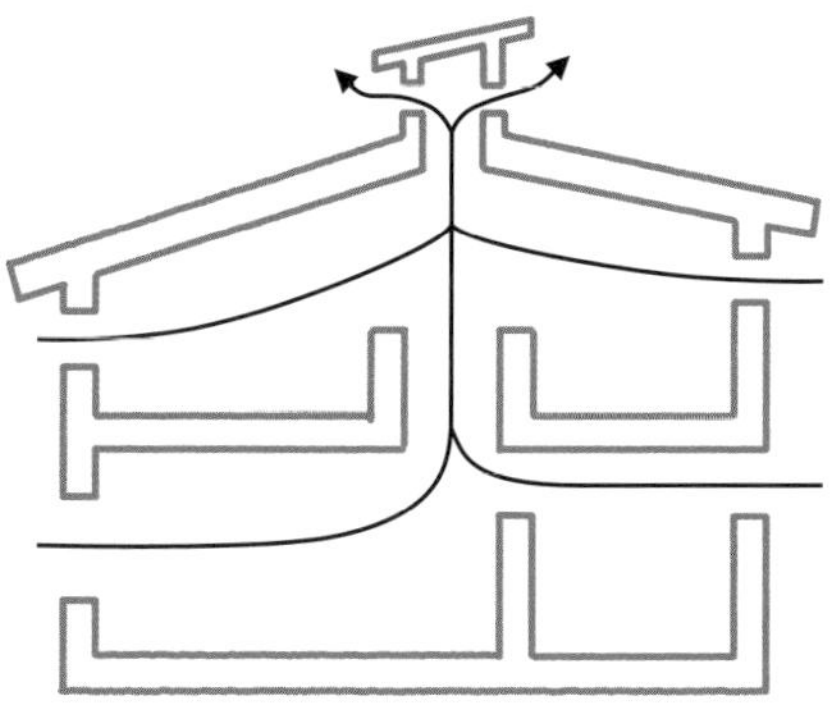
重力換気を最大限生かすには、窓の高低差をできるだけとることが望ましい。塔屋などが設置できるのであれば、重力換気がより効果的に促される。

Q 換気が効く最適な断熱・気密性能は？

解説：森亨介（凰建設）

3種換気にとって最適な断熱・気密レベル

第3種換気の家に最適な断熱レベルは、その家の間取りや空調計画によって大きく変わる。空気が届きにくい部屋があればあるほど、外皮性能を高め、少量の暖気・冷気で快適性が得られるようにしなければならない。また、オープンな間取りにすればするほど、空気の搬送は空気の自然な動きに任せることができるが、そもそもオープンな間取りということは、半強制的に全館空調にならざるを得ないので、低い外皮性能では快適性を維持するための光熱費がかさんでしまう。筆者は普段第3種換気を使うことが多いが、U_A値は0・23〜0・35W/㎡Kで、最低でも断熱等級6（U_A値0・46以下＝HEAT20・G2）は確保したい。その性能の範囲であれば個室が多いほど性能は高くしたほうがよく、オープンな間取りであるほど性能は低くてもよいと考える。

第3種換気ではその特性上、建物は負圧になる。気密が完璧であれば理論上すべての空気が給気口から入ってくることになるが、排気口から出ていく風量と給気口から入ってくる風量を実際に測定すると、排気口から出ていく風量のほうが多い。つまり、給気口以外のどこかからの漏気があるということだ。

C値が1.0㎠/㎡でも、給気口からが50%、残りの50%は予定外の漏気となる。漏気の多くは窓や止まっているレンジフード、局所排気・ガス乾燥機の排気筒などからである。空調計画を綿密にするほど、予定外の漏気による熱損失が住環境的にも経済的にも大きく影響するため、室内が負圧になる第3種換気では第1種換気に比べてさらに高いレベルの気密性能が求められる。筆者は、給気口からの空気流入が70%を超えるC値0.5㎠/㎡を上回る数字を確保するようにしている。

第1種換気に必要な断熱性能は断熱等級6

第1種換気は、ダクトを使って各部屋に暖気・冷気を送ることができるので、原則的には第3種換気よりも断熱・気密性能が悪くてもよいといえるかもしれない。しかし、建物全体の温度湿度が第3種換気と比べて均一になりやすい第1種換気は、必然的に全館空調になるともいえ、貧弱な外皮性能だと光熱費の高い住宅になってしまう。建て主が金銭的な負担を感じずに全館空調を行えるという意味では、断熱等級6（U_A値0・46以下＝HEAT20・G2）は確保したい。また、その性能に達するまでは、第1種換気を採用するよりも第3種換気で導入コストを削減しながら、断熱性能強化を優先したほうが快適性は向上する。また、断熱工事はめったにやり替えたりしないので、30〜50年後の暮らしを考えると、予算をなるべく断熱に割り振ったほうが建て主の負担は少ない。

気密については、屋内が負圧になる第3種換気よりは漏気の影響を受けないため、C値1.0㎠/㎡をクリアできればよいだろう。ただし、だからといって気密の手を抜くと、結果として想定以下の気密性能になるおそれもあるので、第3種換気と同様、十分な気密工事を心がけたい。

構造材廻りの気密

気密工事では軽視されがちだが、壁や屋根、床のすぐ内側にある構造などは、ジョイントの気密が不十分だと漏気が発生するおそれがある。また、無垢材は膨張・収縮したり、長い年月で痩せたりするので、それらにも追従するような気密工事を行いたい。

上／合成梁など木材が面で接合される部分は、木が痩せたときに気密が保てるよう、材と材の隙間にクッション材を張っておく　中／建方で次の工程に進むと処理できない箇所については、それを管理する役を置く　下／建方時、外壁に面する木材の接合部はすべての箇所に気密テープ処理を行う

屋根廻りの気密

屋根廻りは特に気をつけたい。建方時、合板施工時、付加断熱施工時の3段階で気密や熱橋処理が行われているかをチェックする。気密性を考えれば、複雑な屋根形状はできるだけ避けることが好ましい。

屋根の水平構面となる合板を施工する前に、ジョイント部分にクッション材を張る

クッション材の上にジョイントがくるように、屋根の水平構面をつくる合板を施工する

合板のジョイントに気密テープ処理を行う。この後、屋根の付加断熱の際もテープ処理を行い、2重の気密ラインをつくる

外壁の気密シートを貫通する屋根材の周囲も、気密テープで処理する

屋根の水平構面と登り梁廻りの取合いに気密テープ処理を行う

A 換気方式を問わずG2以上の断熱性能、3種換気はC値0.5以下がマスト

外壁·開口部廻りの気密

外壁も、建方時、合板施工時、付加断熱施工時の3段階で気密や熱橋処理aが行われているかをチェックする。窓や玄関ドアの周囲は気密·断熱が不十分になりやすいので、念入りに確認を行いたい。

付加断熱前に構造用合板のジョイントを気密テープ処理する

防火窓はどうしても性能が落ちるため、2重窓にして気密を確保するなど工夫したい

付加断熱施工後も断熱材のジョイントの気密テープ処理が行われているかをチェックする

付加断熱がない場合は、特に金物工法の接合部には気密処理、熱橋処理をしっかりと行いたい。ここでは通し柱が痩せても隙間ができないよう、柱と梁の隙間にクッション材を施工している

設計監理項目として熱橋検査を行っている。玄関ドア廻りに熱橋が生じていないことを確認している

って選べばよい?

A 冷房期の負荷に合わせて選ぶ

解説:森亨介(風建設)

現在、国内で採用される冷暖房機器のうち、最も多く使われているのがエアコンだ。冷房と暖房の両方に使え、サイズや規格がほぼ全メーカーで統一されているため設置や交換も安易、価格競争もあるのでほかの機器に比べて非常に安価に手に入る。また、メーカー間の競争や国の政策により省エネ性も他の機器と比べても高いなど、今後も暖冷房機器の主役として君臨し続けることだろう。ただ、壁掛けエアコンひとつとっても、メーカーの数×グレードの数×容量の数＝数百種類という膨大な商品が毎年発売されるため、どれを選んでよいのか分からないという声もよく聞く。

機種選定で最も重要なのが、冷暖房を行う空間の負荷に合わせることである。空間の負荷は、インターネット上でさまざまなツールが公開されているのでそれらを使ってもよいし、「ホームズ君」や「QPEX」などを用いても比較的簡単に算定できる。

また、暖房は大きめの容量のものを選んでも差し支えないが、冷房に関していえば、大は小を兼ねない。したがって、冷房期間を通じた負荷の状況に合った機種選定を行う必要がある。エアコンには定格能力のほかに、最小能力、最大能力が設定されているが、この最小能力と最大能力の差が大きいエアコンを選ぶと、さまざまな負荷の状況に対応しやすい。

どれくらいの能力のエアコンを選ぶべきかについては、その家、その部屋の負荷状況に合わせて行うというのが基本になる。1台のエアコンで家全体の空間を賄うのであれば、家全体の負荷と同じ容量のエアコン、2階だけを賄うエアコンであれば2階の負荷に合わせたエアコン、1つの部屋だけを賄うのならその部屋の負荷に合ったエアコンを選ぶというわけだ。ただし、家全体で4kWの負荷だったとしても、1階と2階できれいに2kWずつに分かれるとは限らないので、部屋ごとに負荷を丁寧に計算する必要がある。

エアコン選びで重要なサーモオフ対策

エアコンを暖房で使う際には顕熱だけを考えればよいが、冷房として使う際は、顕熱と潜熱の割合が重要になる。なお、家づくりにおいては、顕熱とは温度を下げる働き、潜熱は湿度を下げる働きと理解してもらえばよい。

エアコンが適切に動いている瞬間は、温度を下げる働きが6割程度、湿度を下げる働きが4割程度というバランスで動いている。エアコンは主に温度を感知して運転を制御する機械なので、設定の温度に達すると、運転を止めたり弱めたりする。運転が止まることを「サーモオフ」と呼び、サーモオフを起こすと湿度を下げる働きも止まるどころか、エアコン内部のフィンに付いている結露水を送風によって部屋に還元する湿度戻りが発生し、トータルで湿度を下げる働きの割合はどんどん下がってしまう。住宅の気密・断熱性能がよくなるほどに、外からの熱の流入は少なくなるので、エアコンはサーモオフを起こしやすくなり、結果として湿度が下がりにくいという問題が発生する。

とはいえ、継続的な除湿ができる設備という点において、エアコン以上に便利なものはない。したがって、エアコンが適切に除湿できるような空間設定や容量設定が必要になる。サーモオフを起こさせないためには、実際の負荷よりも少し容量の足りないエアコンを設置するとよいだろう。家の負荷が4kWだった場合、4kWのエアコンを1台で運用するよりも、2.2kWを2台で運用したほうが、梅雨時から秋までの幅広い季節においてサーモオフを起こす頻度を軽減でき

家の性能が悪くても エアコンが高性能ならなんとかなる!
ならない!

Q エアコンはどうや

る。たとえば、パナソニックのFシリーズの場合、2.2kWのエアコンは0.5～2.8kWの範囲で冷房することができ、4.0kWのエアコンは0.6～4.3kWの範囲で動く。2.2kWを2台使うと、冷房の出力範囲は0.5～5.6kWとなり、4.0kW1台で賄える負荷の範囲よりも広くなる。各種のシミュレーションツール（「ホームズ君」など）があるので、エアコンのサーモオフ対策もエアコン選びの検討事項の1つに入れるとよい。

エアコンはどれくらいの価格帯を選べばよいか

エアコンは、ほかの家電と同様「故障」するものであり、おおよそ15～20年程度で交換することになる。1台10万円程度の廉価品から1台40万円程度の高級機までさまざまな機種があるが、1軒に3台のエアコンがあったとして、その家に50年住む場合、20年おきにエアコンを買い替えると10万円のものであれば90万円で済むが、40万円のものだと360万円かかることになる。できるだけ廉価品を組み合わせたほうがよいだろう。

また、エアコンは容量が大きいものほど高くなる傾向になる（加えて多機能なモデルが最も高くなる）。したがって、エアコンの容量を抑えるためには、家の負荷を少なくすることが大切だ。昨今の家は主に夏の冷房負荷で容量が決まるので、断熱・気密性能を高め、日射遮蔽を上手に行い、不要な内部発熱をなくすように設計するとよいだろう。内部発熱については、発熱する家電などで屋外設置でも屋内設置でもどちらでもよいもの（太陽光のパワーコンディショナー、生ごみ処理機など）であれば、夏冬の負荷状況を検討したうえで、あえて屋外設置タイプを選ぶのも1つの手だ。

エアコンの本分は適切に屋内を冷暖房することであり、それが達成できる必要最小限の機能を備えたエアコンを選定することが望ましい。設計や設備の配置が上手であれば、エアコンは機能が少なく容量の小さいもので十分になる。逆に設計が不十分であれば、エアコン側に各種のセンサーや吹出し気流の調整機能、再熱除湿機能など、複雑な機能が必要となる。設計者が空調の設計に強くなれば、建て主が生涯を通してエアコンに使う金額は減らせるのである。

冷房負荷からエアコンを選ぶ

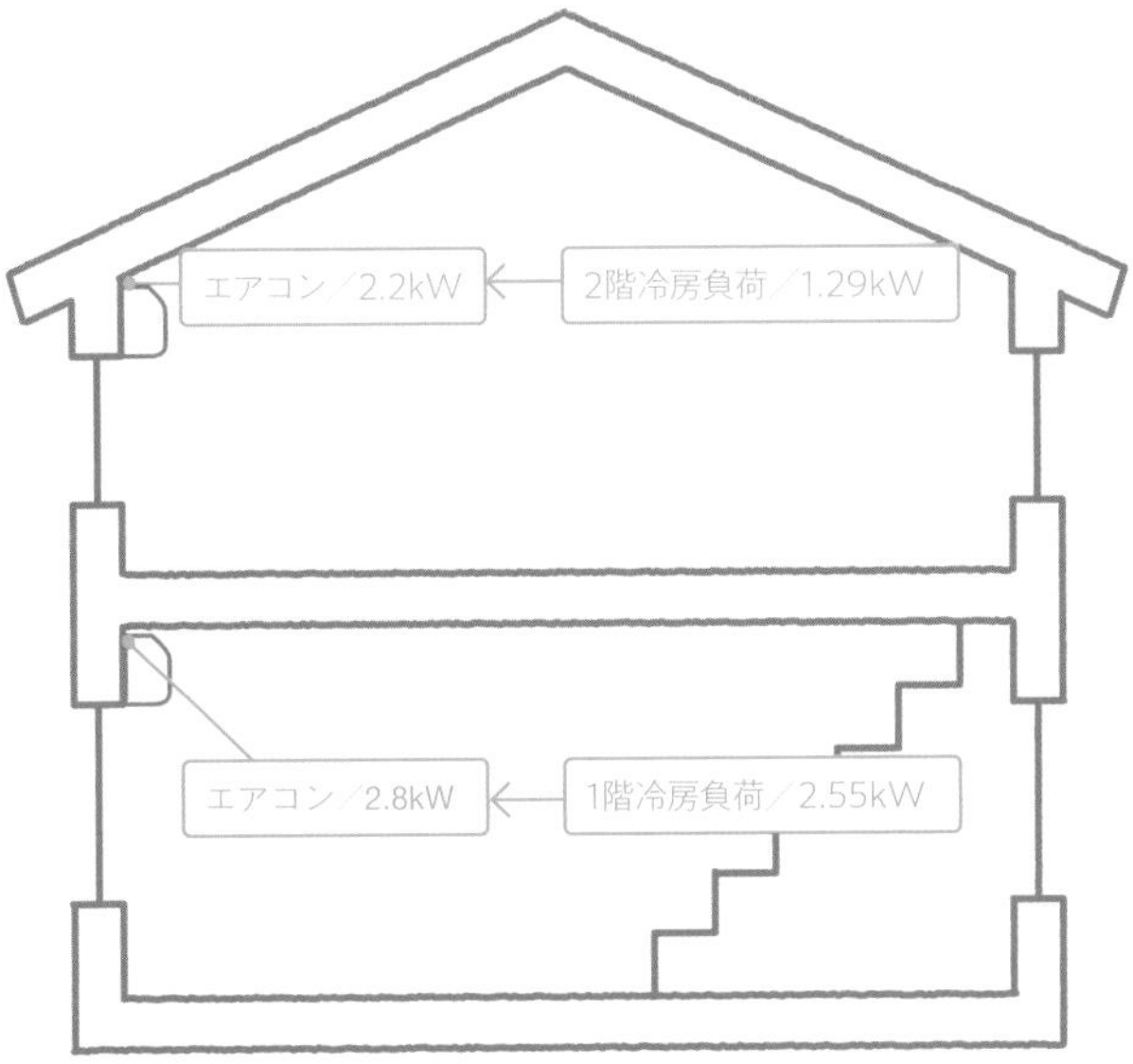
エアコン／2.2kW
2階冷房負荷／1.29kW
エアコン／2.8kW
1階冷房負荷／2.55kW

各部屋や各フロアの冷房負荷が分かれば、それを元にカタログの冷房の「能力」の項目を見て適切な製品を選べばよい。

思いのほか大きい内部発熱による負荷

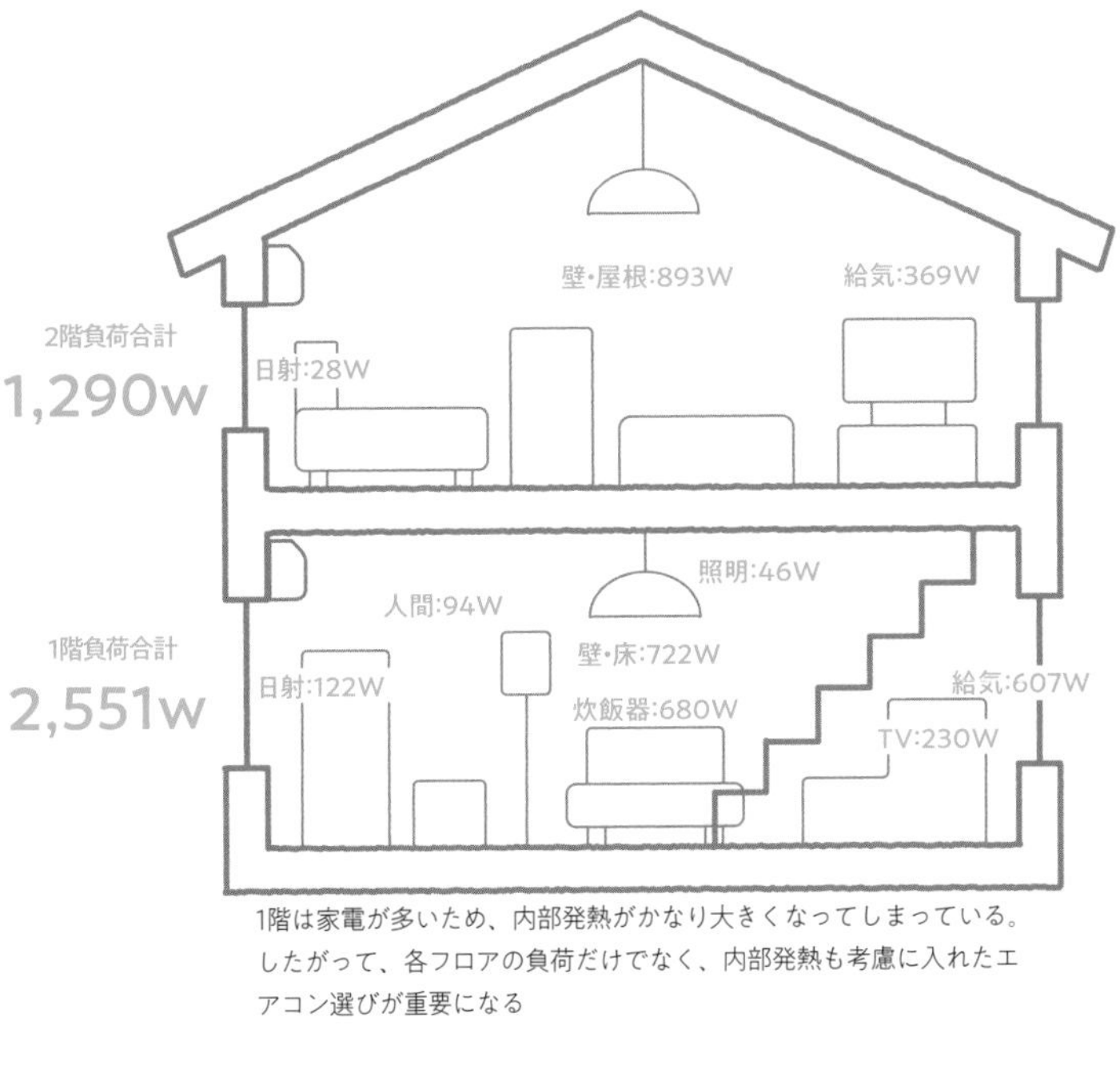
2階負荷合計
1,290w
壁・屋根:893W
給気:369W
日射:28W
1階負荷合計
2,551w
照明:46W
人間:94W
壁・床:722W
日射:122W
炊飯器:680W
給気:607W
TV:230W

1階は家電が多いため、内部発熱がかなり大きくなってしまっている。したがって、各フロアの負荷だけでなく、内部発熱も考慮に入れたエアコン選びが重要になる

栃木県の主要都市の冷暖房必要容量（QPEXより算出）

都市	省エネ地域	第1種換気（熱交換あり）：温度交換効率87%・全熱交換効率（冷房）78%				第3種換気（熱交換なし）			
		UA値0.29、Q値1.04		Q1.0住宅レベル判定	省エネ基準住宅比	UA値0.29、Q値1.35		Q1.0住宅レベル判定	省エネ基準住宅比
		必要暖房容量W	必要冷房容量W			必要暖房容量W	必要冷房容量W		
土呂部市	2	3,033	2,346	レベル2	42.4%	4,119	2,507	省エネ基準	70.9%
那須市	4	2,505	2,296	レベル2	34.7%	3,429	2,473	準Q1.0住宅	58.3%
宇都宮市	5	1,918	2,826	レベル3	17.5%	2,651	3,226	レベル1	36.0%
佐野市	6	2,087	2,864	レベル3	16.5%	2,871	3,259	レベル1	35.2%

畳数別エアコンの必要能力

エアコン	暖房W	冷房W
6畳用	2,200	2,200
8畳用	2,800	2,500
10畳用	3,600	2,800
12畳用	4,200	3,600
14畳用	5,000	4,000
18畳用	6,700	5,600
20畳用	7,100	6,300
23畳用	8,500	7,100

Q
全館冷暖房に必要な断熱性能はどのくらい？

解説：神長宏明（Raphael設計）

A
G2レベル以上がベスト
（5地域でUA値0.34）

高性能住宅では、暖房をどれだけ稼働させずに冬を過ごせるかということを考える必要がある。それには、室内の熱を逃がさない「断熱性能の優劣」（UA値）と「熱交換換気の能力の有無」（Q値）、日中の窓から入ってくる熱である「日射取得熱の優劣」が大きくかかわってくる。夏ならば、外が暑くてもその熱を侵入させない「断熱性能」と、外気の大量の湿度をダイレクトに入れない「熱交換換気」、除湿するための「エアコン」が重要だ。

「全館冷暖房」だが、これは冬と夏でポイントが違ってくる。冬は日射取得熱などの自然の熱収支が多ければ多いほど暖房を使わなくてもよくなるので、断熱性能が上がるほど全館暖房の難易度が下がってくる。夏はエアコンを使っていかに室内の湿り空気を「除湿」させるかがポイントになる。

いずれにしても、外気温に左右されにくい「断熱性能」、熱の損失が少ない「保温性」などがすべて備わった状態ではじめて「全館冷暖房に必要な断熱性能はどのくらいか？」という議論のスタート地点に立てる。

断熱性能とエアコン必要能力の関係

栃木県の主要都市を省エネ地域区分別で抜粋した冷暖房必要容量の根拠となるのが上の表である。この数値は、UA値0・29（HEAT20・G2以上）、Q値1・04、延床面積108・5㎡の家で、エアコンの暖房設定20℃、冷房設定27℃とし、冷暖房エネルギー消費量計算プログラム「QPEX」で計算したもの。

私の住む宇都宮市（5地域）を例に表を見てみると、第1種換気（熱交換あり）の場合に「Q1.0住宅レベル3」となり、必要暖房容量は1918W、必要冷房容量は2826W以上、第3種換気（熱交換なし）の場合は「Q1.0住宅レベル1」となり、必要暖房容量は2651W、必要冷房容量は3226W以上となる。

なお、「Q1.0住宅」とは新住協が設定した住宅性能基準で、宇都宮市であればQ1.0住宅レベル3は省エネ基準住宅の必要暖房エネルギーに対して、80％削減のものが当てはまる。Q1.0住宅レベル1は同60％削減となる。

　また、エアコンの必要能力の表を見てみると、「Q1.0住宅レベル3」「Q1.0住宅レベル1」ともに冷房容量以下3600Wとなり、12畳用で足りるという判断が成立する。なお、いずれも必要冷房容量が高い傾向を示しているが、これは5〜7地域の特徴で、2〜4地域の寒い地域は必要暖房容量が高くなることが多い。このことから、全館冷暖房は、寒冷地なら暖房を、温暖地なら冷房を中心に考えていくことが重要であることが分かる。

省エネ基準では暖房費かかりすぎ

　続いて、どうして省エネ基準では全館空調はできないのかという話をしたい。表は省くが、立地を那須（4地域）に変更して断熱性能を少し落とし、UA値0.6（ZEH基準相当）、Q値2・44となると必要暖房設備容量は6574W、冷房は3229Wとなり、エアコンは18畳用くらいが必要になってくる。またUA値0・74（省エネ基準相当）、Q値2・85となると必要暖房設備容量は7773W、冷房は3656Wとなり、23畳用くらいが必要になる。

　これをもとに「ホームズ君」でシミュレーションしてみる。

　まずは栃木県那須市（4地域）に設定したZEH基準の家で、エアコンの設置位置を2階LDKとし、エアコンの設定温度を20℃でシミュレーションしてみた。1階は16℃台までしか上がらない（①）。18畳エアコンで暖房費は年間95833円となる。

　しかし、16℃ではさすがに寒い。今度は場所を変えずにエアコンの設定温度を24℃にしてみると、1階の温度が19℃台まで回復した（②）。暖房費は年間で141035円となる。

　全館暖房として確かに最低限の室温は確保できたが、そのために年間（実際は10月〜4月の約半年間）14万円の暖房費かかるという意味は大きく、実際に建て主がこの金額をかけて実行に移すのかははなはだ疑問である。ZEH基準でこの金額・数値なので、省エネ基準はいうまでもないことが分かる。

　なお、冒頭のUA値0・29の第3種換気（熱交換なし）でシミュレーションしてみると、1階は18℃、2階は20℃前後となった（③）。年間暖房費は31494円になる。第1種換気（熱交換あり）では14574円まで下がる。後者はかなりハイスペックであるが、前者であっても月で割ると5千円強、十分に支払える金額である。したがって、UA値0・34（5地域のG2レベル）、Q値1.0、C値0.1〜0.3以下程度の性能で全館冷暖房を行うことを推奨している。

断熱性能×エアコン設定温度による室温シミュレーション（2月4日5時）

①ZEH基準（UA値0.6）・設定温度20℃・外気温-9.8℃

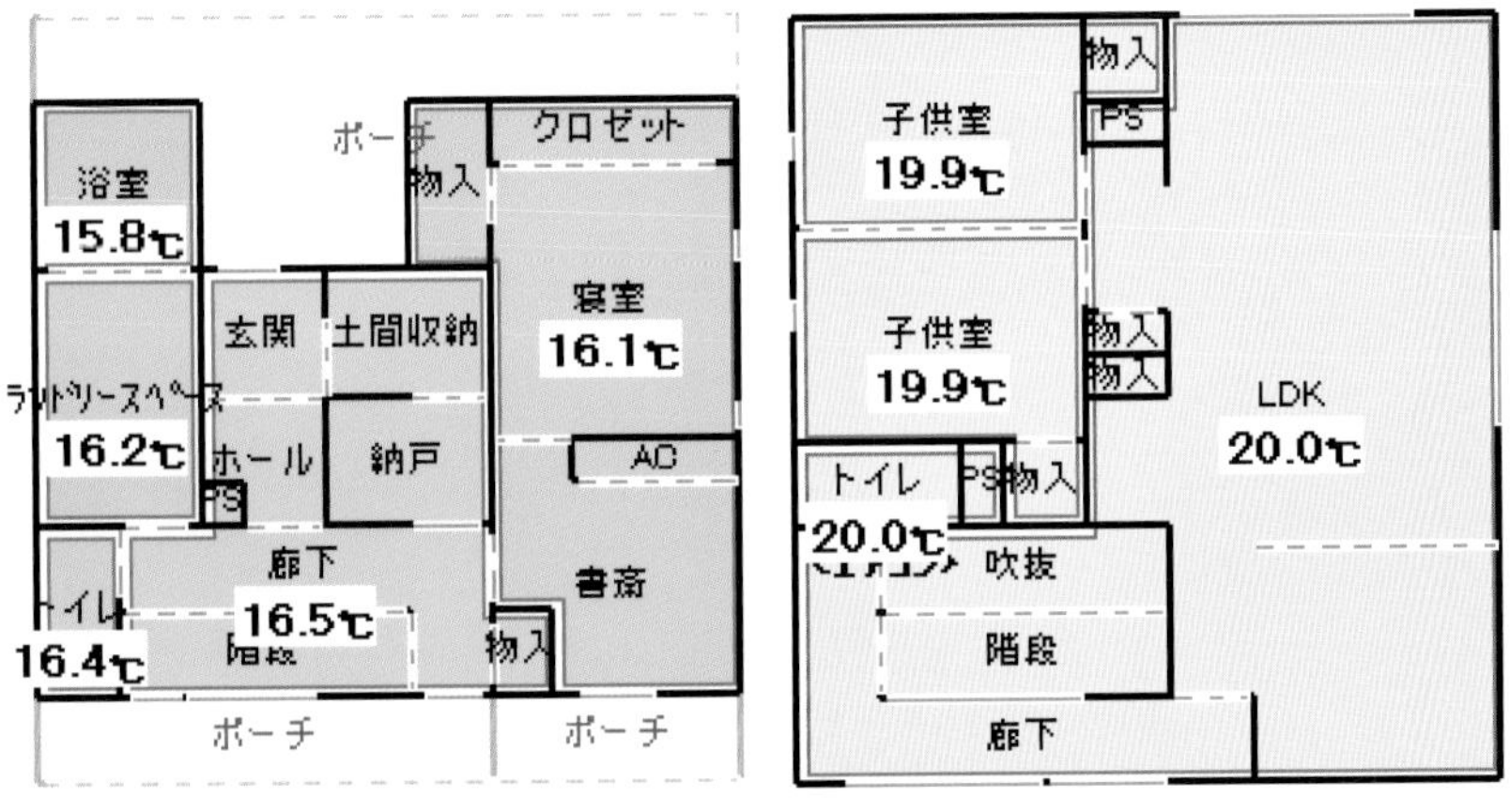

吹抜けがあるものの、1階に暖気が循環できていない。エアコン1台で全館冷暖房できていないといえる。

②ZEH基準（UA値0.6）・設定温度24℃・外気温-9.8℃

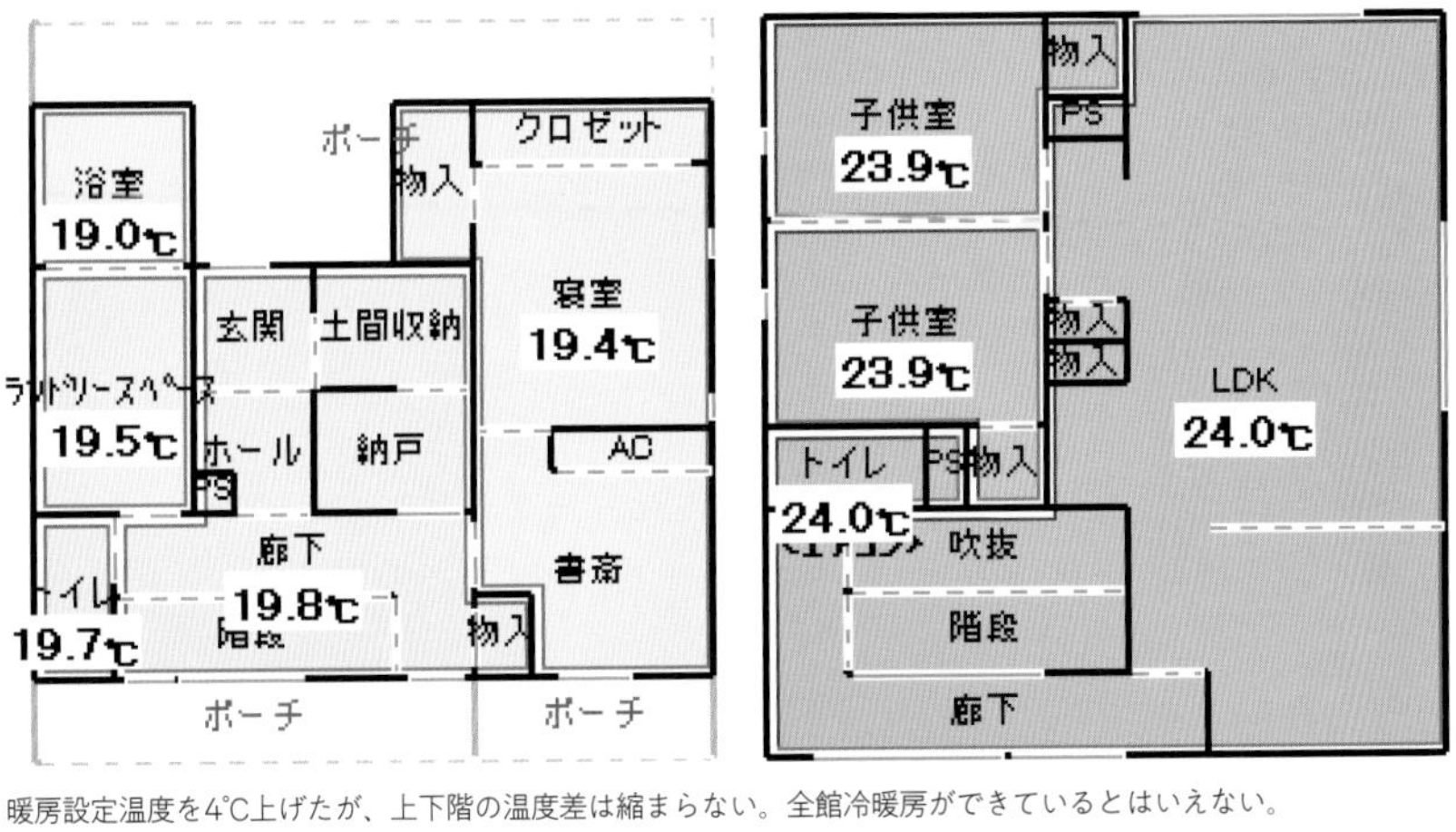

暖房設定温度を4℃上げたが、上下階の温度差は縮まらない。全館冷暖房ができているとはいえない。

③G2基準以上（UA値0.29）・設定温度20℃・外気温-9.8℃

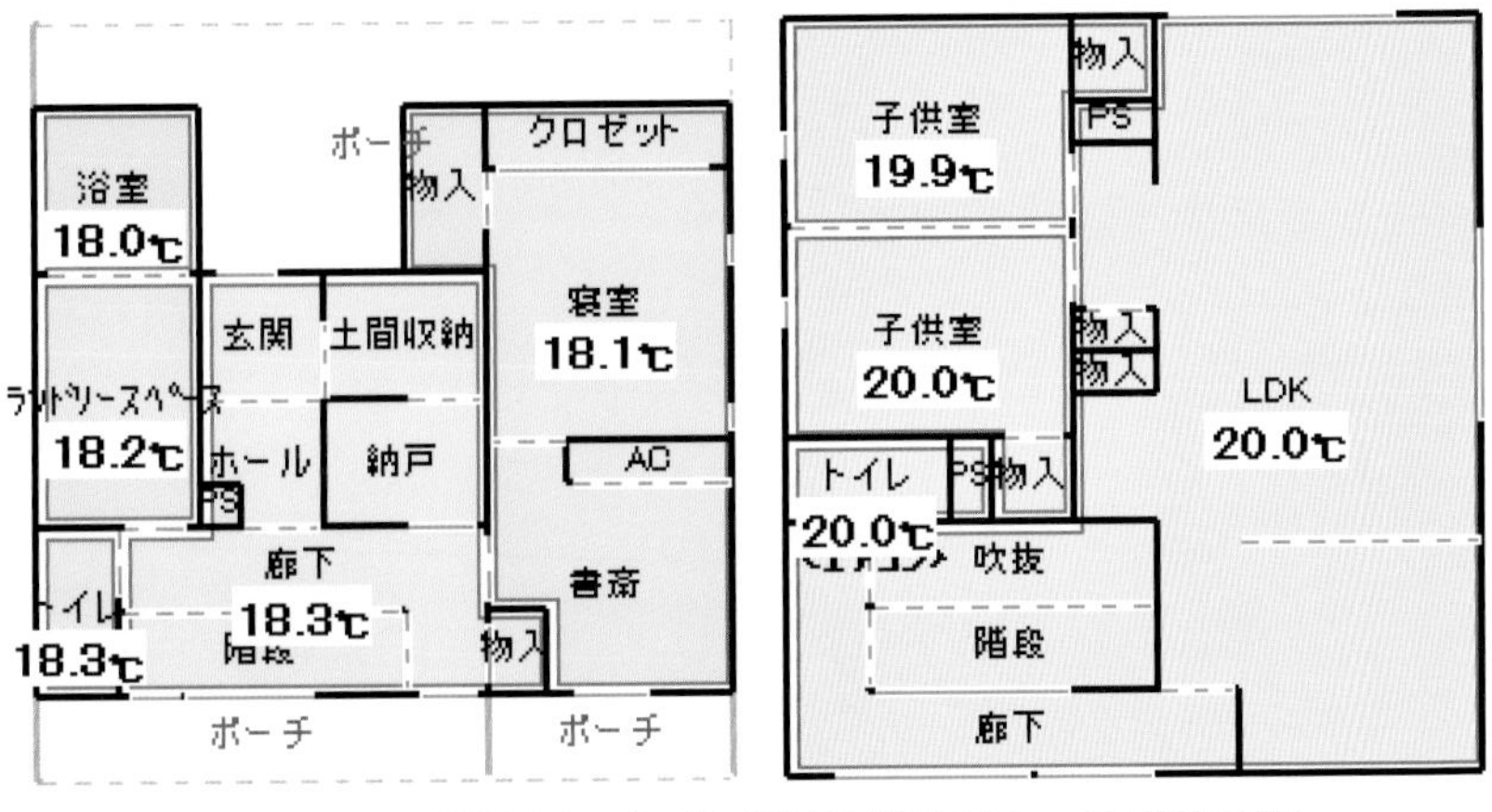

温度差が最も小さく、エアコンの稼働も少ないが、1階の温度上昇が期待できない。熱交換換気の導入や1階の日射量の改善を検討すべきだ。

Q 部屋ごとのエアコンと全館に1台、どっちの光熱費が安い?

解説：神長宏明（Raphael設計）

A 全館冷暖房＋開放的なプランのほうが安くなる

はじめに「エアコンが稼働する条件」を整理したいと思う。たとえば真冬の朝に無暖房で0℃の部屋で、設定温度20℃にしてエアコンをつけたら、室温を20℃にするためにエアコンがめいっぱい頑張るとその分消費電力もアップする。逆に無暖房で20℃ある部屋ならば、設定温度20℃のエアコンは何台であろうと費用は0円である。

全館1台だと冷暖房費は安くなる

ここからは、全館冷暖房を1台のエアコンで行う場合と、部屋ごとに1台のエアコンで行う

そういう開放的なことじゃない
開放的で安いなんてサイコー
海の家

場合それぞれの費用を「ホームズ君」を使ってシミュレーションしてみる。建物はQ1.0住宅佐野市（6地域）で、UA値0.34W／㎡K（HEAT20・G2レベル）、Q値1・11W／㎡Kで、第3種換気の設定とする。エアコン1台の場合はLDKに設置し、建具なしで設定した。部屋ごとのエアコンとした場合は、LDK、子ども室1と2、寝室、和室の5部屋に設置し、部屋の建具はありで設定した。そしてLDKは14畳用、それ以外の部屋は6畳用のエアコンを用い、温度設定したうえで連続運転としている。

エアコン1台と部屋ごとのエアコンともに暖房設定温度20℃でシミュレーションしたが、2階は20℃に届かず、少し寒い。したがって、設定温度を22℃まで上げてシミュレーションし直した（①②）。その結果、エアコン1台、部屋ごとのエアコンともに1階は22℃程度、2階が20℃程度になった。夏も同様に室温を27℃以下にするため、エアコン1台、部屋ごとのエアコンをともに冷房設計温度27℃とした。

エアコン1台は暖房費14949円＋冷房費5253円＝20202円、部屋ごとのエアコンは暖房費35890円＋冷房費11950円＝47840円となり、暖房費で約2万円、冷暖房費併せて約2.8万の差となる。いずれにしてもエアコン1台のほうが光熱費は少なく、エアコンの稼働台数がそのまま金額差になったのではないかと思われる。

ZEH基準だと冷暖房費がかなり増える

同じプランをUA値0.6のZEH基準に変えてシミュレーションしてみる。ただし、エアコンの暖房設定温度20℃だと特に2階の室温が20℃近くまで上がらないので、ここでは24℃に上げている（*③④）。結果、エアコン1台、部屋ごとのエアコンともに、1階は24℃程度、2階が20℃程度になった。ただし、部屋ごとのエアコンとした場合、玄関が14℃とかなり低く、暖房としてやや不完全な状態ではある。夏も同様に室温を27℃以下にするために、エアコン1台、部屋ごとのエアコンともにG2レベルから2℃下げて冷房設計温度25℃とした。

エアコン1台は暖房費59654円＋冷房費12023円＝71677円、部屋ごとのエアコンは暖房費88383円＋冷房費24713円＝113096円となっている。G2レベルに比べて暖房費がかなり高額であり、現実的には連続運転を積極的に行えないのではないかと思われる。

いずれにしても、このシミュレーションからエアコン1台と開放的なプランが最も経済的であり、それを達成するにはG2レベルの断熱性能が欠かせないということが理解できたと思う。

*エアコンの能力を20畳用に上げれば設定温度はそれほど下げなくてもよいが、シミュレーションの条件を統一として行うため、14畳のままで設定温度を下げている

シミュレーションした建物の外観。LKDの上が吹抜けになっており、2階の連窓からの日射がLDKの奥まで落ちてくる

エアコン1台と部屋ごとのエアコンによる室温シミュレーション（1月10日5時・外気温-5.0℃）

①エアコン1台×G2基準以上（UA値0.34）・設定温度22℃　▷年間冷暖房費　20,202円

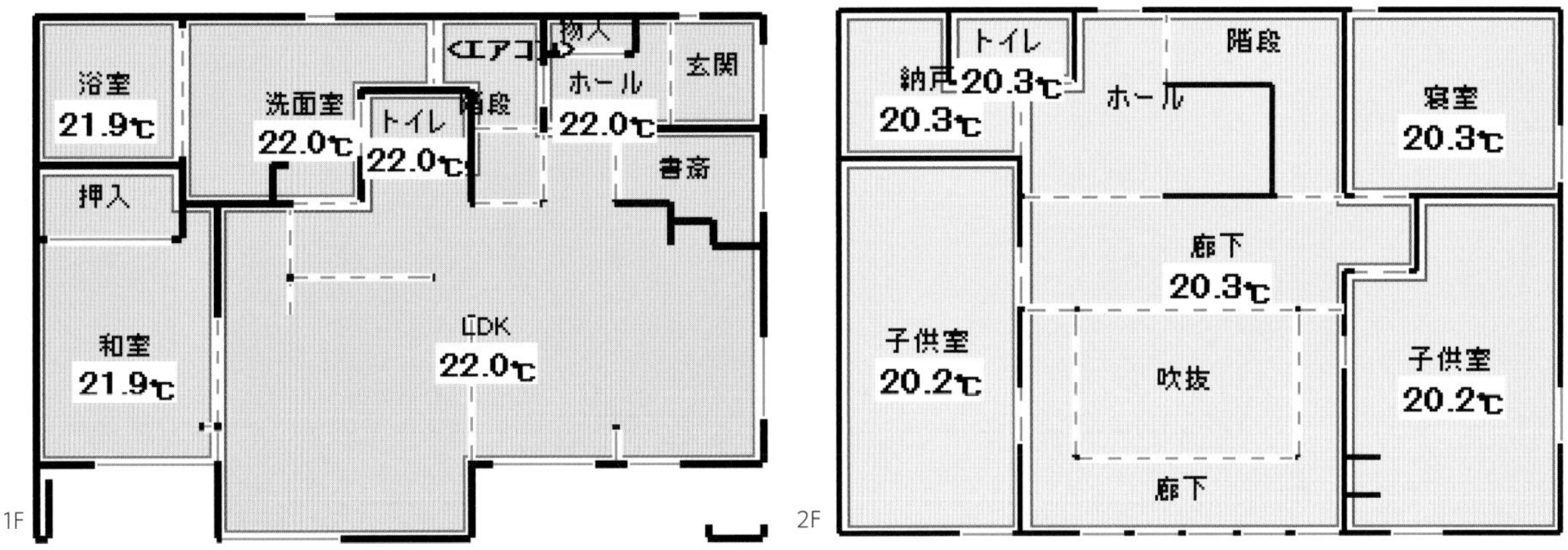

夜中の0時には全室がエアコンの設定温度以上になっていたのだが、朝5時には第3種換気の影響もあり、2階の温度低下が見られる。

②部屋ごとのエアコン5台×G2基準以上（UA値0.34）・設定温度22℃　▷年間冷暖房費　47,840円

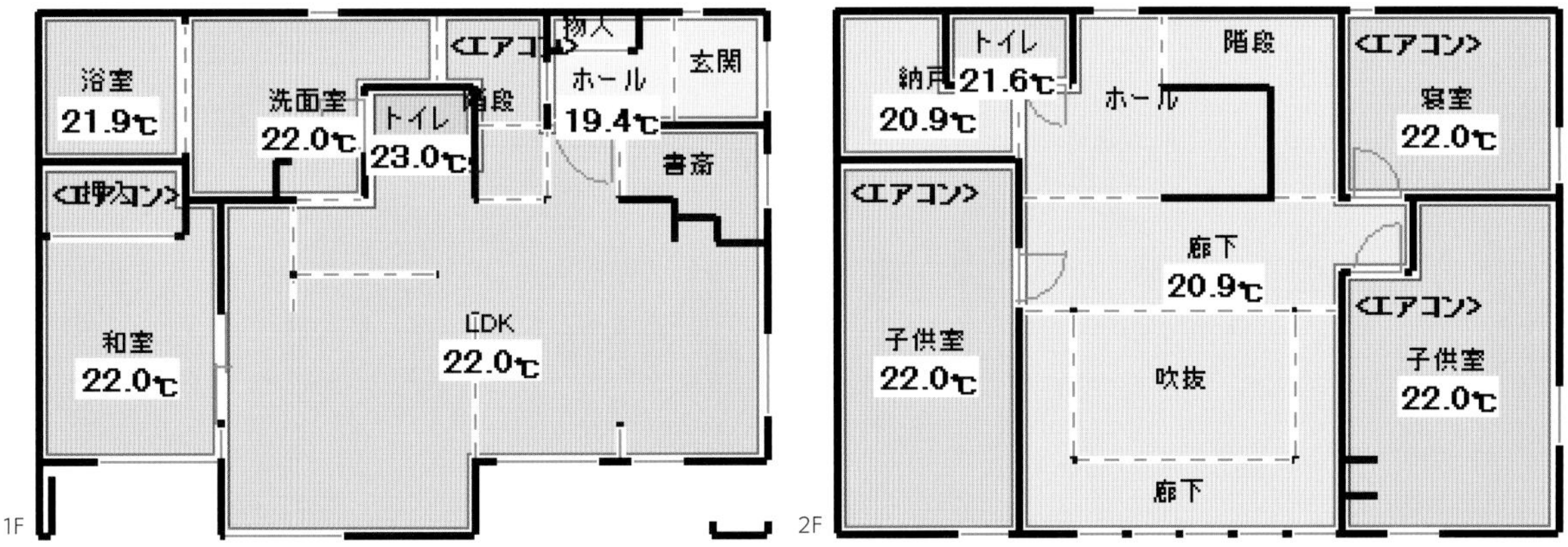

①と同様の傾向が見られるが、各部屋のエアコンを稼働した分だけ暖房費が上がってしまった。

③エアコン1台×ZEH基準（UA値0.6）・設定温度24℃　▷年間冷暖房費　71,677円

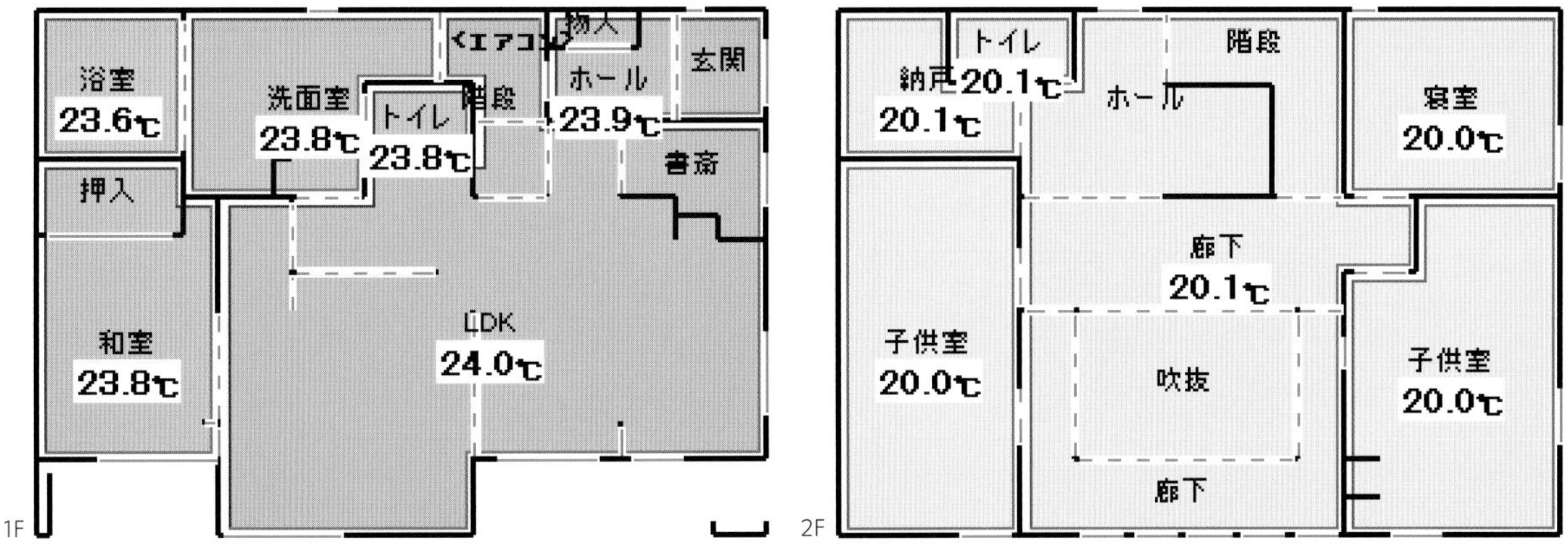

2階の温度低下を防ぐために、LDKのエアコンを24℃まで上げる必要があった。そのため、1階と2階の温度差が①②よりも大きくなっている。

④部屋ごとのエアコン5台×ZEH基準（UA値0.6）・設定温度24℃　▷年間冷暖房費　113,096円

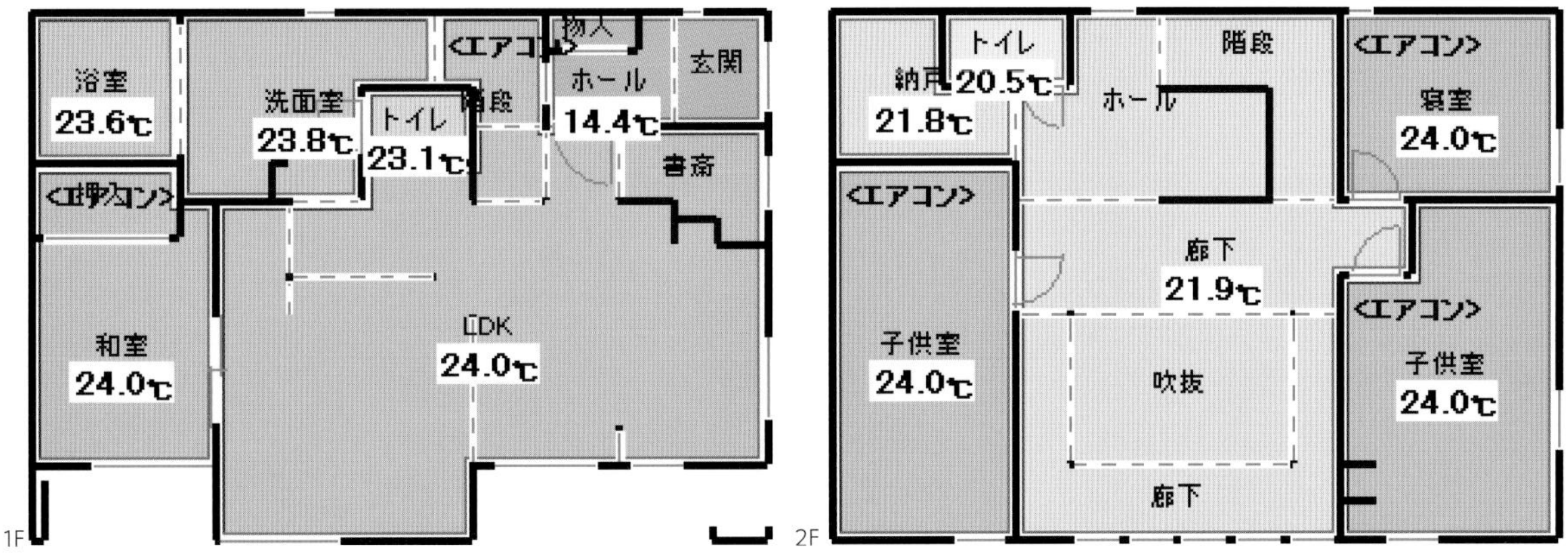

③と同様の傾向が見られるが、玄関に空気が流れないため、極端に温度が下がってしまっている。玄関の温度を上昇させる工夫が必須だ。

Q 全館冷暖房はエアコン1台、2台どちらがよい？

解説：佐藤喜夫（佐藤工務店）

エアコンによる全館冷暖房をどう設計するか。一般的には1〜3台のエアコンを使い分けるケースが多い。当社ではさまざまな要素を勘案したうえで3台設置することが多いが、その理由について解説する。

エアコン1台で全館空調は可能だが、故障が心配

全館冷暖房自体は、エアコン1台で十分に達成可能だ。実際に多くの工務店が1台での全館空調を実践し、その効果は実証されている。エアコン自体が冷暖房双方の機能があり、パイプファンやダクトと組み合わせることで、家全体を温め、冷やすことが可能になる。また、エアコンが1台で完結するため、メンテナンスも1台だけ行えばよいし、室外機も1台で済む。

ただし、パイプファンとダクトは「欠かせない」ともいえる。したがって、ダクトレスの第3種換気やパッシブ換気などでシンプルな換気計画をしても、結局これらの設備計画や工事、メンテナンスが発生してしまう。

何より、エアコンは「故障しやすい」設備であり、1台に家全体の冷暖房を頼り切ってしまうのは、日本の暑い夏を考えると

A エアコン故障時をにらむと2〜3台がベスト

エアコン2台

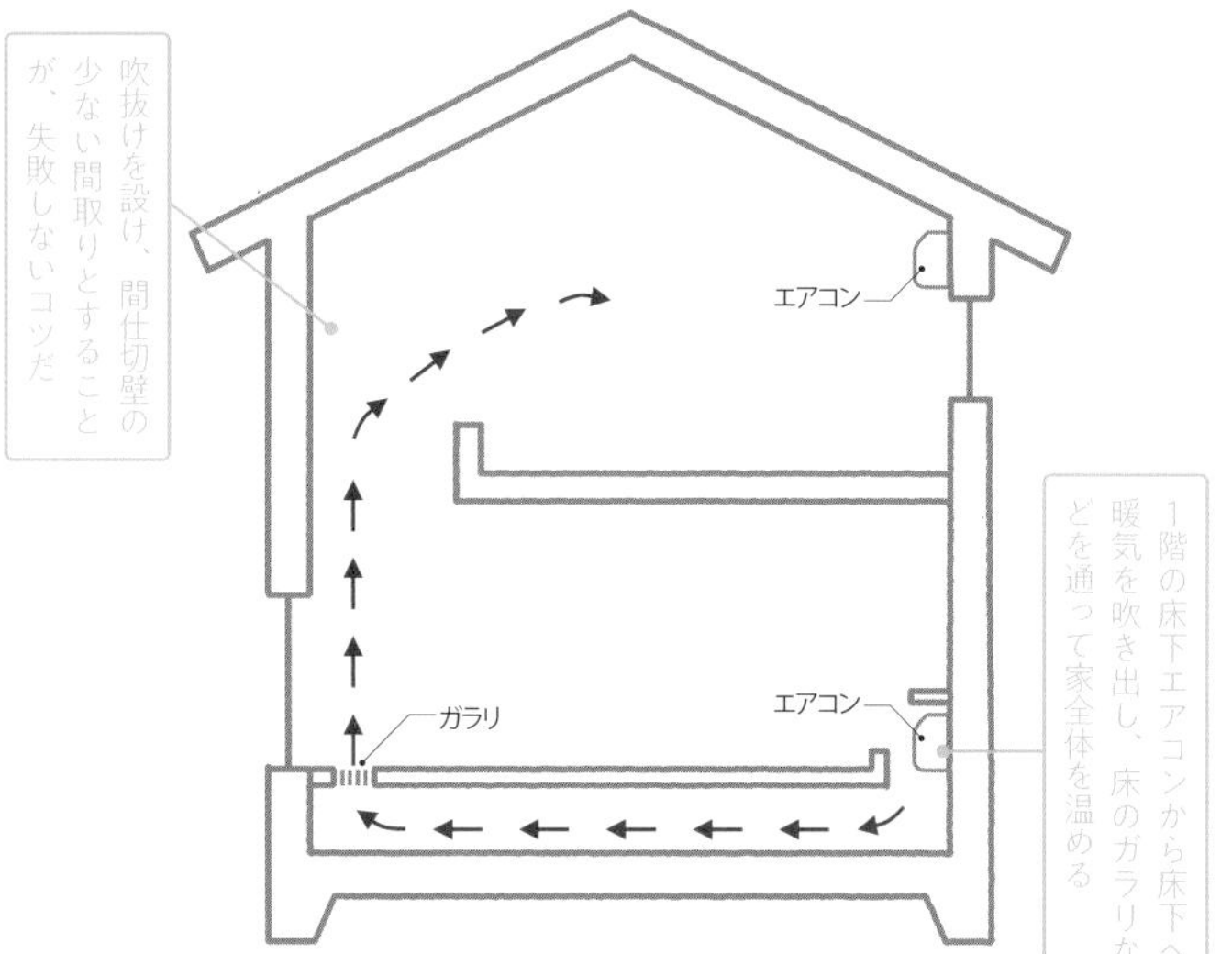

吹抜けを設け、間仕切壁の少ない間取りとすることが、失敗しないコツだ
エアコン
ガラリ
エアコン
1階の床下エアコンから床下へ暖気を吹き出し、床のガラリなどを通って家全体を温める

2台のエアコンで暖房、冷房を分担する方法。日確定平易に全館冷暖房が達成できる

メリット ○

- 間仕切壁を少なくし、個室のドアの上下を空気に通るような工夫を加えれば、比較的簡単に全館空調を実現できる
- 2台のエアコンを同時に稼働することで、酷暑や極寒の日でも暑さ、寒さをある程度解消することが可能
- 1台が故障した場合でも、一定の冷暖房性能を確保できる

デメリット ×

- 個室をきちんと冷やすには、ファンやダクトが必要になる場合もある
- エアコンの費用が3台分かかる（ただし、家電なので価格は比較的安め）

エアコン3台

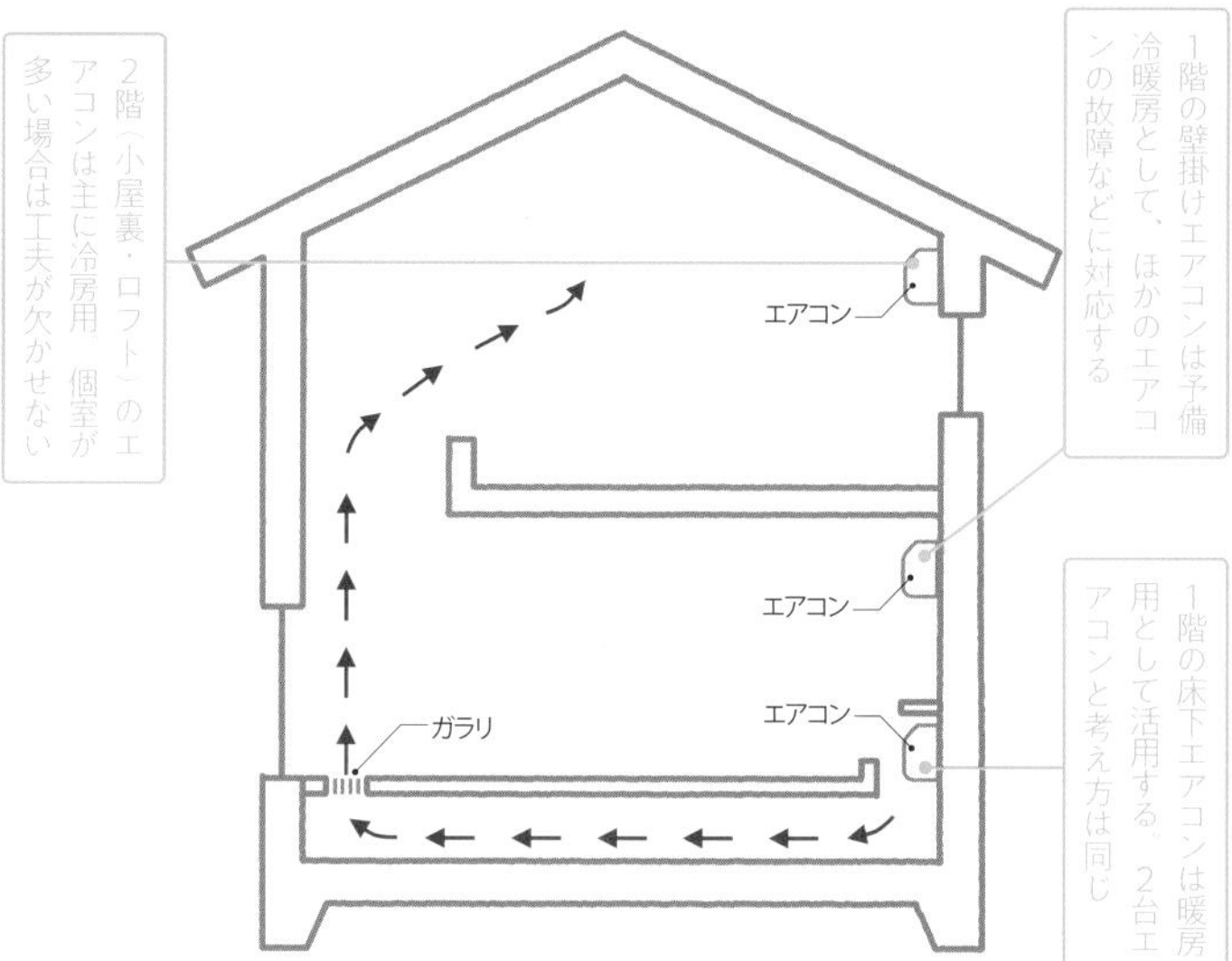

2階（小屋裏・ロフト）のエアコンは主に冷房用。個室が多い場合は工夫が欠かせない
1階の壁掛けエアコンは予備冷暖房として、ほかのエアコンの故障などに対応する
エアコン
エアコン
エアコン
ガラリ
1階の床下エアコンは暖房用として活用する。2台エアコンと考え方は同じ

3台エアコンも基本的には2台エアコンと考え方は一緒。1台は予備冷暖房として活用

メリット ○

- 間仕切壁を少なくし、個室のドアの上下を空気に通るような工夫を加えれば、比較的簡単に全館空調を実現できる
- 酷暑や極寒の季節、来客が多い日でも、寒さ、暑さを解消可能
- 1台が故障した場合でも、一定の冷暖房性能を確保できる

デメリット ×

- 個室をきちんと冷やすには、ファンやダクトが必要になる場合もある
- エアコンの費用が3台分かかる（ただし、家電なので価格は比較的安め）

不安である。

エアコン2台は全館冷暖房の定番で大きな欠点はない

そこで、エアコン2台で全館冷暖房を行う手もある。冷気は降下する、暖気は上昇するという性質を利用し、主に1階を暖房用、2階を冷房用として配置、夏は2階のエアコンを稼働して家全体を冷やし、冬は1階のエアコンを稼働して家全体を温める。間仕切壁を少なくし、個室のドアの上下に空気が通るような工夫を加えれば、ダクトやパイプファンがなくても、比較的簡単に全館冷暖房が実現できる（ただし、個室をきちんと冷やすには別途工夫が必要。詳細は68頁参照）。また、1台のエアコンでは効かないような酷暑の日や極寒の日であれば、2台のエアコンを同時に稼働することで、暑さ、寒さをある程度解消することが可能だ。また、1台が故障しても、もう1台で最低限の冷暖房性能を確保できることにもなる。

エアコンの全館冷暖房を手がける多くの工務店で採用されているその方法は、デメリットというほどのデメリットはなく、バランスのよい方法といえる。

エアコン3台は不測の事態に強い

だが、当社では、エアコン3台による全館冷暖房を推奨している。もちろん、2台のエアコンで問題なく全館冷暖房が行えるのだが、最近の夏の暑さを考慮すると、1台のエアコンで家全体を十分に冷やすのが難しい状況もあり得ることに加え、特に来客で屋内の人数が増えると室温が上がり、家全体がまったく涼しくならないこともある（1階のエアコンを稼働してもよいのだが、床下エアコンとしているため、冷房としての効果はあまり期待できない）。そんな場合の補助冷房として、1階リビングなどに壁掛けエアコンを設置する。これにより、来客時や酷暑の日でも十分に涼しく過ごすことが可能だ。もちろん、床下エアコン故障時のバックアップにもなる。

床下エアコンの上に補助冷暖房用の壁掛けエアコンが設置されているのが分かる

エアコンの台数の違いによるメリット・デメリット

エアコン1台

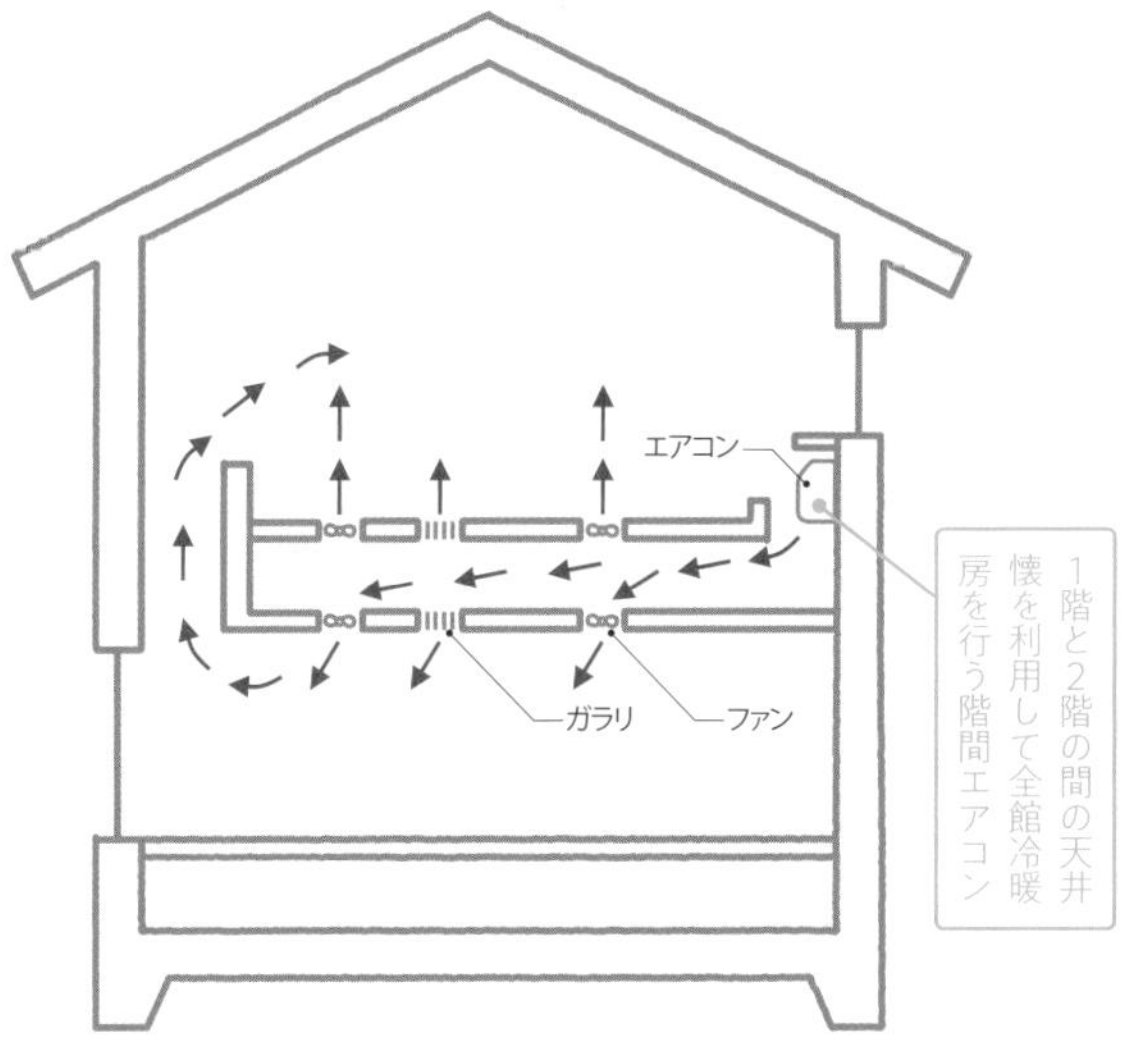

エアコン1台で全館冷暖房を行うには、暖気と冷気を家中に行き渡らせる工夫が必要だ

メリット ○

- エアコン1台で完結するため、エアコンの初期費用・メンテナンスなども少なくなる
- 室外機も1台で済むため、外観上のメリットも大きい

デメリット ✕

- ファンとダクトは必須なので、設備工事にはそれなりの費用がかかる
- エアコンは「故障しやすい」設備であり、故障した場合はエアコンなしで過ごさなくてはならず、不安が大きい

Q 全館冷暖房のエアコンはつけっ放しがよい？

解説：神長宏明（Raphael設計）

A 夏は湿度をコントロールするためにつけっ放しがよい

夏の暑さの話をする前にまず理解しておかなければならないのが「湿度」である。温湿度計で測る「％」とは、その空気が含有できる水分量に対して実際にどれだけの割合で水が含まれているのかを示す「相対湿度」（％）であり、その時の水分量が「絶対湿度」（g／kgかg／㎥）となる。たとえば、室温27℃で相対湿度100％の時の水分量は22・7g／kg（25・8g／㎥）、相対湿度50％なら絶対湿度は11・1g／kg（12・9g／㎥）である。

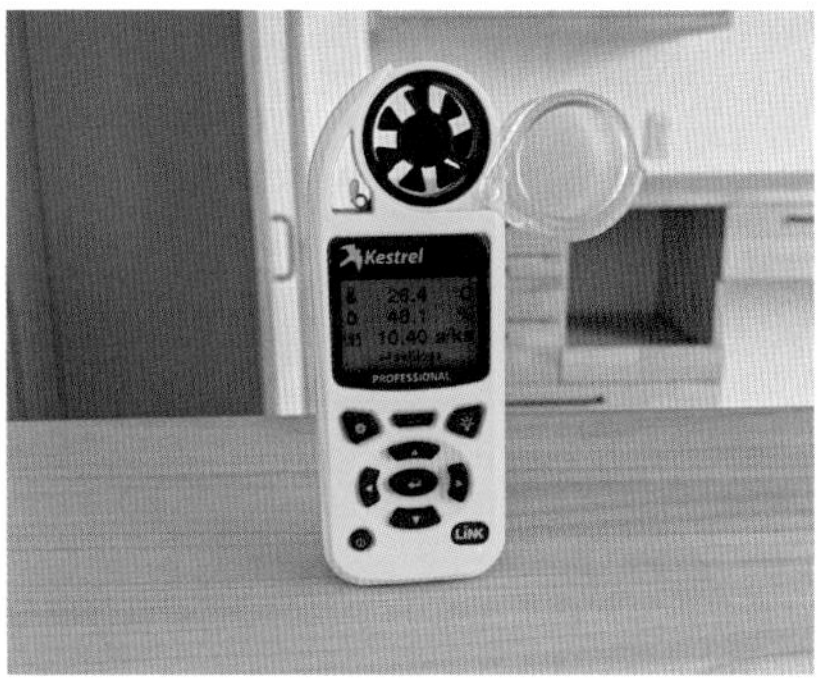
温湿度計による測定の様子。室温は26.4℃にもかかわらず、絶対湿度10.4g／kgと低いため、カラッとしている

湿度は人によって感じ方が違うとよくいわれる。とはいえ、真夏では室温27℃のとき、絶対湿度が10～11g／kg以下ならば、相対湿度は45～50％程度になるが、これで「ジメジメする」と感じる人はいないはずだ。今まで完成見学会のたびに聞き取り調査をしているが、一人もいなかった。絶対湿度が上がるにしたがって、人は蒸し暑さを感じるようになり、19g／kgを超えると、肌にまとわりつくような蒸し暑さを訴える人が大多数となる。

気温や相対湿度だけでは、このような体感の違いは説明しにくい。したがって、蒸し暑さに直結する指標は「絶対湿度」であり、その問題解決のためには空気中の水分量を減らす、つまり「除湿」が必要だということである。

27℃の湿り空気

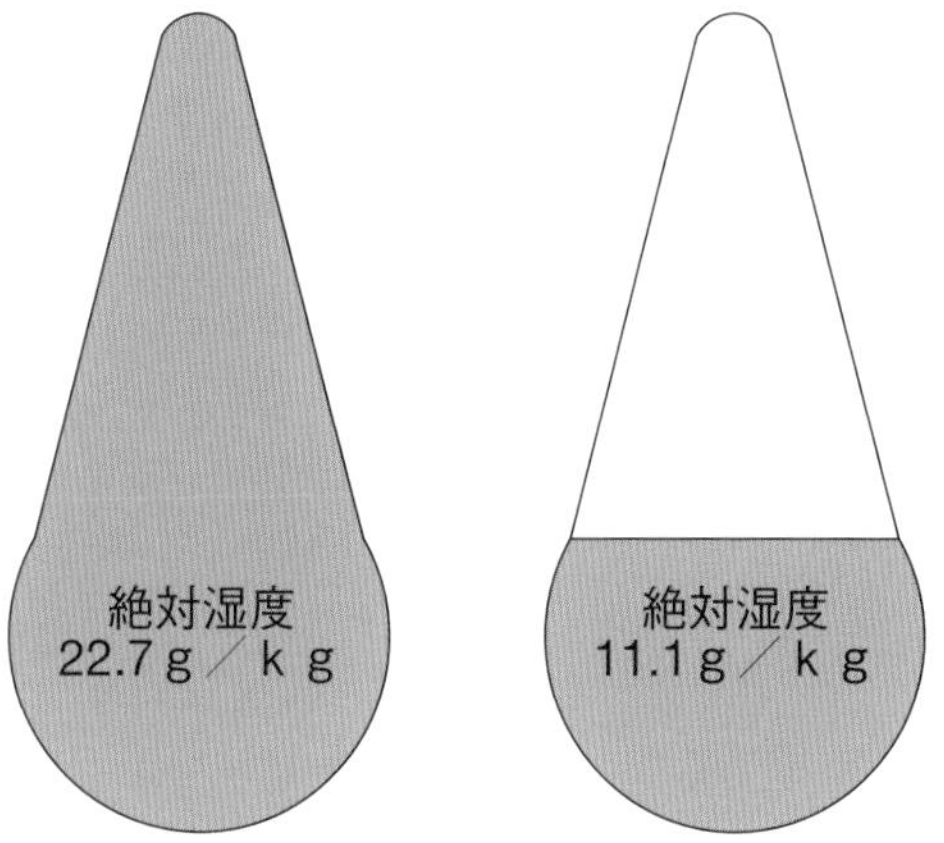

相対湿度100％の状態
27℃の空気が含むことができる最大の水分量22.7g／kgを含んだ状態。汗が引かないほどジメジメしている

相対湿度50％の状態
27℃の空気が含むことができる最大の水分量22.7g／kgの半分の水分量11.1g／kgを含んだ状態。カラッとした状態

28℃前後の時の絶対湿度と体感のイメージ

絶対湿度	体感のイメージ	不快度
10～11g／kg	ジメジメしていると感じる人はほとんどいない	★
12～13g／kg	赤ちゃんを抱いている人や軽度の作業をしている人は若干の蒸し暑さを感じる	★★
15g／kg前後	風がないと蒸し暑く感じる	★★★
17～18g／kg	風があっても蒸し暑く感じる（汗が引きにくい）	★★★★
19g／kg以上	肌にまとわりつくような蒸し暑さ（汗が止まらない）	★★★★★

「建築知識ビルダーズNo.48」の筆者連載で詳しく述べているが、UA値が0・34前後、Q値が1.0前後の性能の場合、窓を閉めても「保冷・保温」ができる。外気の絶対湿度が1日を通じて12g／kg以下という4月～6月上旬の時期、室内が13g／kg以上であれば、「通風」運転がよい。28℃を超えなければ冷房を使う必要はなく、梅雨時期以降になったら24時間冷房運転をして、室温27℃で相対湿度45～50％（絶対湿度10～11g／kg程度）を保つのがよい。連続運転する理由は、除湿には時間がかかるから。エアコンをつけっ放しにしておかないと、絶対湿度を低く維持できないのである。

35坪前後の4物件で調査した冷暖房の使用電力量を見てみよう（左上表）。夏に冷房をフル稼働して電力が最も消費したQ1.0住宅宇都宮市（5地域）の冷房費は、電気単価25円として181・4kWh×25円＝4535円／月。月の後半しか使用せず電気代が最も安く済んだQ1.0住宅栃木市（5地域）の冷房費は、46・2kWh×25円＝1155円／月。HEAT20・G2レベルの性能が前提になるが、最大でも約4千円／月程度、少ない

冷暖房の使用量の調査結果

	2021年7月	2021年8月	2022年1月	2022年2月	2022年6月	備考
Q1.0住宅佐野市（U_A値0.29、Q値1.04、6地域）		−	112.0kWh	122.2kWh	96.1kWh	6月頭から27℃で、エアコンはつけっ放し
Q1.0住宅栃木市（U_A値0.31、Q値1.2、5地域）	99.2kWh	125.1kWh	**140.1kWh**	**100.8kWh**	**46.2kWh**	6月は後半だけ使ったため電気量は少ない
Q1.0住宅宇都宮市（U_A値0.31、Q値1.2、5地域）	142.9kWh	**181.4kWh**	**240.6kWh**	142.7kWh	85.4kWh	冬は朝方だけ稼働。夏27℃でつけっ放し
Q1.0住宅鹿沼市（U_A値0.33、Q値0.94、5地域）	109.6kWh	136.9kWh			57.2kWh	夏冬つけっ放し

夏の最大値

冬の最大値

Column

話題のネッククーラーをサーモカメラで撮影してみた

ネッククーラーは、首に装着して首の周辺を冷やすといういまの流行のアイテム。毎年の酷暑で人気が爆発した。ネッククーラーは、①風だけ、②ペルチェ式冷却だけ、③ペルチェ式冷却＋風、の3方式に分類でき、③が最も高価。冷却箇所も首裏のみ、首両脇のみ、首裏と両脇などに分かれる。

今回は、③のネッククーラーで実験。某ショッピングサイトで購入した9,800円のものと、クラウドファンディングで製造された27,000円の「メタウラ」を、サーモカメラで撮影、分析してみた。

9,800円のものは後頭部に風が当たるようになっているが、本体の発熱があり、風もそれほど涼しくなく、心地よさもまったくない。サーモカメラの画像を見ても、後頭部がわずかに温度が下がっているので、風が当たっていることが分かるが、それ以外の温度低下はまったく見られず、ネッククーラー自体も高温に発熱している（上画像：写真は前真之氏提供）。

一方メタウラは、耳のあたりに涼やかな風を感じることができる。本体の熱もそれほど感じない。サーモカメラの画像を見ても、耳の周辺や後頭部を冷やしているのが分かる。本体も排熱部以外に発熱は見られない（下画像）。

ただし、どちらも炎天下では熱い空気の影響かそれほど涼しい風が吹き出ておらず、装着して歩くだけで冷却されているはずの首回りが汗でびっしょりになる。したがって、ネッククーラーを夏の屋外で使用するなら日傘を使用するか、さもなければ日陰にいる時に限って使うべき商品だといえる。（神長宏明）

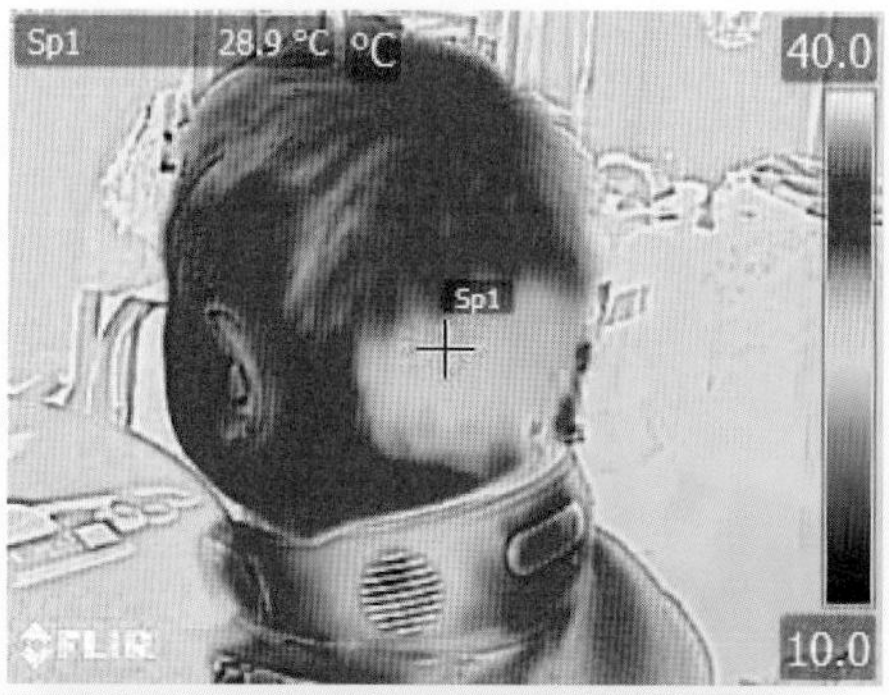

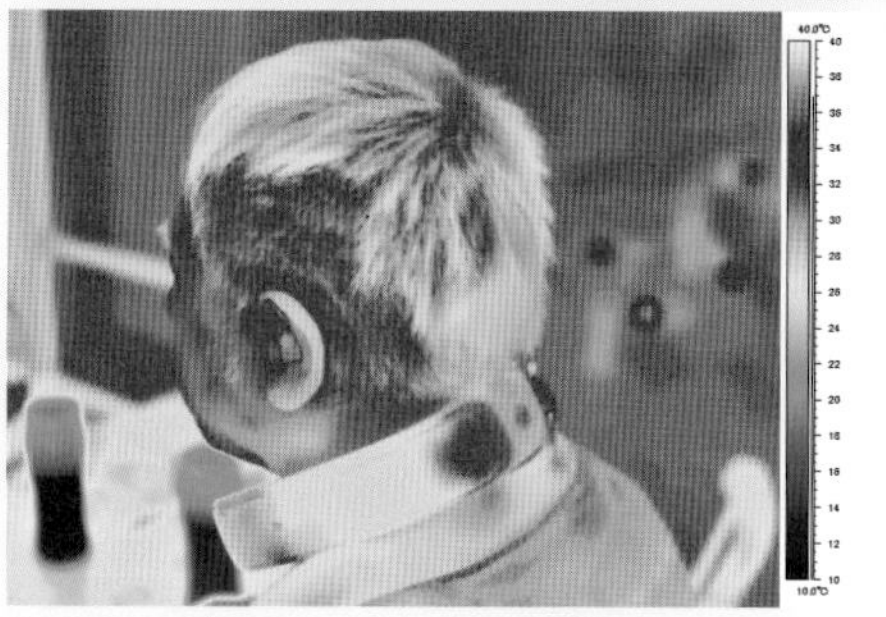

上／9,800のネッククーラーのサーモ画像
下／27,000円「メタウラ」のサーモ画像

ときは約1千～2千円／月であり、冷房に関しては電気代を気にせず使えばよいだろう。

冬は結露対策を重視して湿度を上げすぎない

次に冬について解説する。冬はエアコンを稼働させればさせるほど、また、換気すればするほど、室内は乾燥する。外気の絶対湿度が1～5g／kg前後であることが多いからだ。2月などは、外気が7℃、相対湿度55％ならば、絶対湿度は3.4g／kg（4.3g／㎥）となる。換気や窓開けによって外気の乾燥した空気が室内に入り、加湿された室内の空気が外に逃げていったら、当然、室内は過乾燥になる。

冬にエアコンをつける理由は2つある。1つは室温上昇のため、もう1つは表面結露の対策のためである。結露は温度が低い場所（温度的弱点）で生じるからだ。ただし、空気の温度が高いほど、含有できる水分量は多いので、露点温度は上がり結露が発生する可能性が高まる。

たとえば室温24℃で相対湿度50％の場合、露点温度は12・9℃となり、樹脂窓であっても、表面温度が12・9℃の部分には結露する可能性が高まる。したがって、窓の表面温度を下げないようにエアコンをつけるわけだが、絶対湿度も注意深く確認する必要がある。絶対湿度は5.9g／kg（7g／㎥）が適切だと考える。このくらいであれば、結露も起こさずにひどい乾燥も感じない。そして、8.5g／kg（10g／㎥）を超えてくると、結露*の可能性が高まる。

筆者が住んでいるわが家は低断熱低気密である。冬は、空気を乾燥させるために暖房を24時間つけっ放しにしているので、朝日を浴びるカーテンの裏側の窓ガラス以外は結露はあまり生じない。少し結露したとしても窓の表面温度が朝には上がり、換気空間と同じ環境になれば結露した水も乾く。

次に夏と同じように暖房消費電力量を見てほしい。HEAT20・G2レベルであれば、エアコンをつけっ放しでも最大で240・6kwh×25円＝6015円／月、最低で100・8kwh×25円＝2520円／月であり、夏と大差はない。暖房エネルギーは冷房エネルギーに比べて消費電力量が多いが、断熱性能が高く無暖房時間が長いため、エアコンの稼働時間が短くなり、夏並みの消費電力と電気料金で抑えられたと考えられる。

このようにある程度の性能を確保した家であれば、エアコンを付けっ放しにしてもそれほど電気代を気にしなくてもよい。快適性に影響する「湿度」をコントロールするうえではつけっ放しにしておいたほうがよいということだ。

*国立保険医療科学院によると、インフルエンザが流行しにくいのは温度24℃、相対湿度50％のときに絶対湿度10・9g／㎥（9.3g／kg）とされているが、一方で結露の可能性が高まる湿度といえる。結露はカビの発生を引き起こすため、湿度が高すぎるのも問題だ。

Q
全館暖房では床下エアコンが最適?

解説：佐藤喜夫（佐藤工務店）

A
快適性を考えれば床下エアコンがベスト

エアコンで全館空調を行う場合、暖房用エアコンの設置場所については、工務店の間でも意見が分かれる。一般的には、床下（床高さ）に設置して暖気を床下に送り、床の各所に設けたガラリから家全体を温める「床下エアコン」方式と、通常の「壁掛けエアコン」で家全体を温める方式とに分けられる。当社は床下エアコンに近い方法を採用しているが、それに至った経緯を解説する。

床下エアコン・壁掛けエアコンの長所・短所

床下エアコンは、暖気が上昇するという特性を生かして家全体を温める方法だ。エアコンの暖気を床下に送り込むことで、1階床が床暖房のように室温+2℃程度ほんのり暖かくなるうえに、エアコンの気流が住まい手の身体に直接当たらないので不快感もない。間取りなどを工夫すれば、特別なダクトやパイプファンを必要とせずに家全体を温めることができる。

デメリットとして、床下に設置されるためメンテナンスがしにくい点が挙げられる。これについて当社では、エアコン下部がFL+50㎜の位置になるように設定し、吹出し口の床を立ち上げて、床下に暖気が流れるようにしている。こうすることで、点検や交換はもちろん、フィルターの清掃もしやすくなるほか、冷媒管・ドレイン管を床上で施工できるなどのメリットがある。また、床開口をふさいでフラップを水平にすれば、冷房用エアコンの補助として使うこともできる。さらに、床下エアコンで問題になる「リモコンが使いにくい」というデメリットも解消できる。

壁掛けエアコンでも、1階に設置して家全体を温めることは可能だ。エアコンの暖気がすぐに2階に上がらないように、吹抜けや階段室の近くを避けて設置すれば、高断熱住宅であれば1階→2階とじんわりと温めることができる。

メリットは設置や点検、交換が簡単なこと。また、冷房としても使いやすい。デメリットは、エアコンの気流が直接住まい手の身体に当たることと、吹出し位置が高いため、床下エアコンに比べて暖気がやや回りにくいことだ。後で述べるが、ユニットバスの温かさなど副次的な効果は得られない。

間仕切壁を利用した床下エアコン暖房

当社では床下エアコンをあえて「半床上」に設置しているが、それ以外の工夫もいくつか行っている。

床下エアコンの吹出し口は、床下全体に暖気が広がるように建物の長手方法に向けて配置している。また、暖気のチャンバー（溜まり場）となる床下には、気流を遮る立上りをできるだけ少なくしたい。当社では、耐力壁をできるだけ外周部にまとめるように設計し、耐力壁が内側に発生する場所は、地中梁・ポスト基礎として、床下の暖気が滞らないように配慮している。

1階床はあえて根太組工法などを採用し、1階床下の暖気を間仕切壁を利用して2階床に送っている。具体的にはユニットバスの周囲の間仕切壁などを利用することで、ユニットバスの床、壁、天井は常に暖気が回っている状態となり、浴室独特の寒さを感じないで済む。また、温かくなりにくい2階床面を適度に保温する役割ももつ。

なお、この方法を採用した場合、一部の間仕切壁の上下を石膏ボードなどでふさぐことができないため、省令準耐火仕様は採用しにくい。

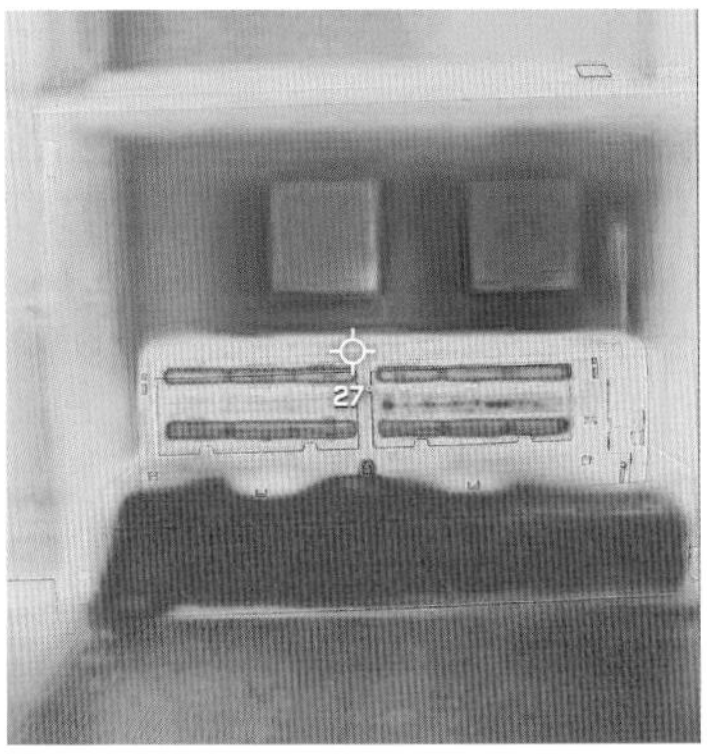

上／床下エアコンは床上5㎝に設置している。エアコン上部には直径150㎜のフィルター付き給気口を2カ所設け、冷気を温めてから床下へ送り込む　中／エアコンのファンの圧力が漏れないように、エアコンの形状に合わせて、取り外し可能な圧力カバーを取り付けている　下／サーモグラフで撮影した床下エアコン。給気口周辺は温度が低いものの、エアコンによって温められ床下に吹き出しているのが分かる

ポスト基礎断面図（S=1:20）

基礎の暖気が全体に拡散するようにポスト基礎とした。上階からの力の流れを考慮し、できるだけ外壁へと力が流れるようにし、1階内部の耐力壁を減らすことも重要。許容応力度設計により可能になる。

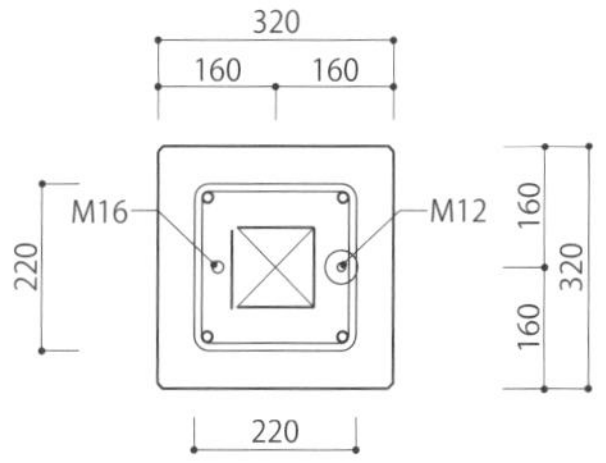

320
160 160
M16
M12
220
160
320
160
220

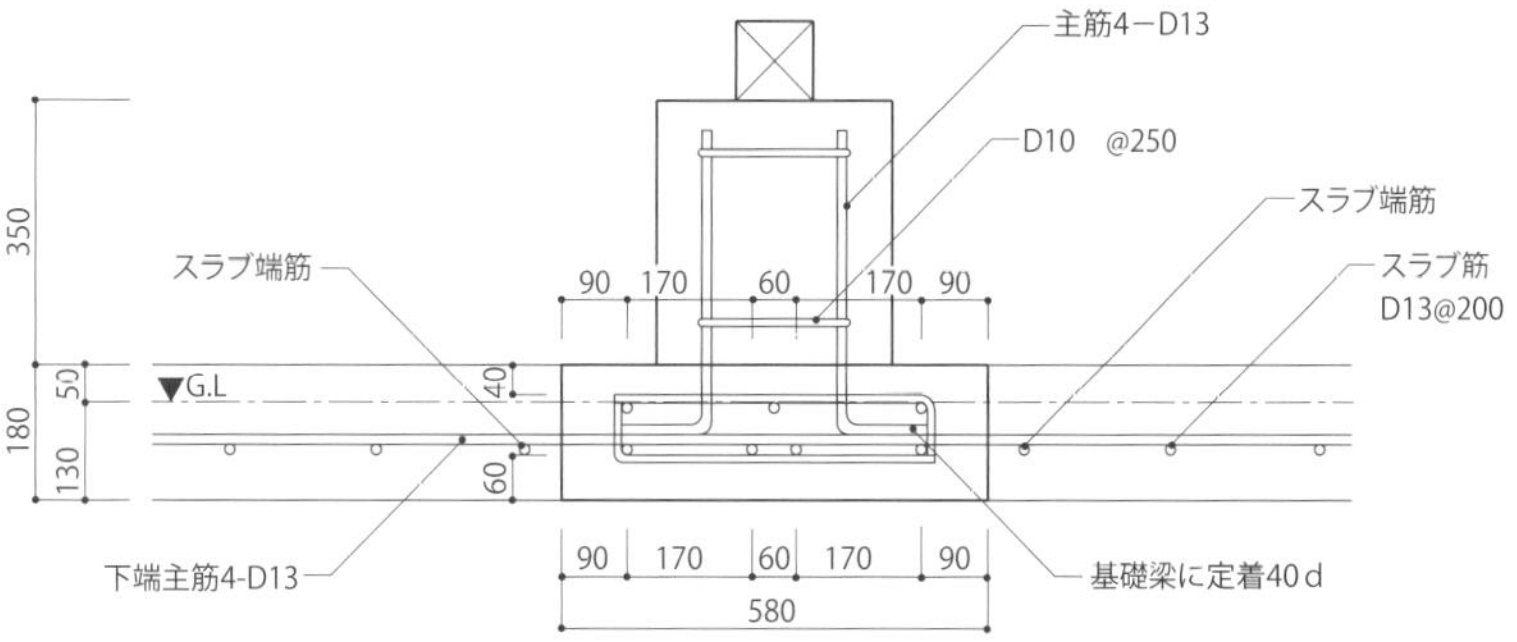

主筋4−D13
D10 @250
スラブ端筋
スラブ端筋
スラブ筋
D13@200
350
90 170 60 170 90
▼G.L
50
40
180
130
60
下端主筋4-D13
90 170 60 170 90
580
基礎梁に定着40d

FLIR

上／型枠を外した後の基礎。基礎内側にポスト基礎が見える　下／サーモグラフで撮影した稼働直後の床下エアコン。床下を温め始め、床下ガラリから暖気が出ているのが分かる

間仕切壁を利用した床下エアコン暖房

1階床下の暖気を間仕切壁を利用して2階床に送る。こうすることで吹抜けがなくても、効率的に暖気を2階に送ることができ、個別の部屋も温まりやすくなる。

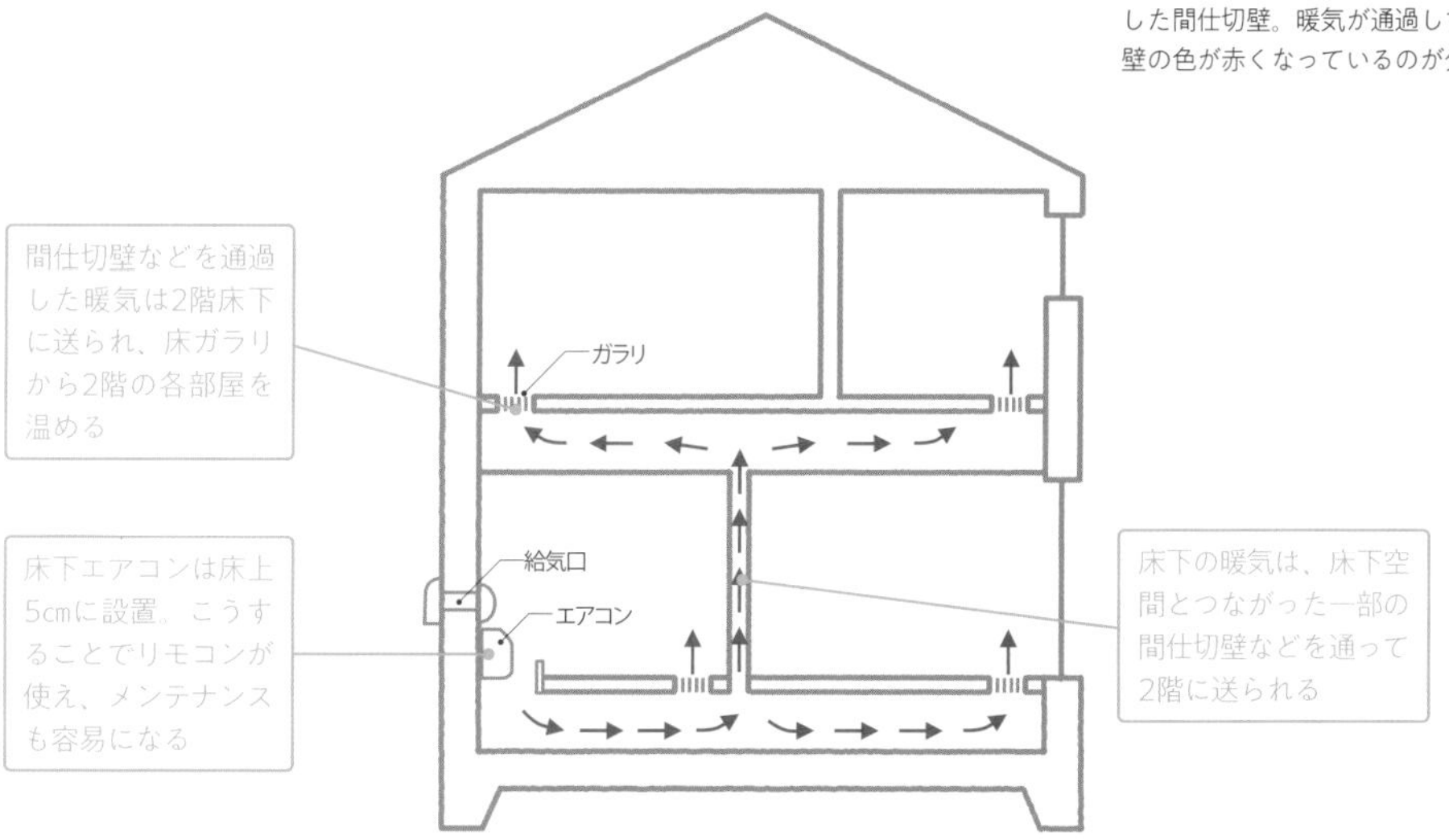

間仕切壁などを通過した暖気は2階床下に送られ、床ガラリから2階の各部屋を温める
ガラリ
給気口
エアコン
床下エアコンは床上5cmに設置。こうすることでリモコンが使え、メンテナンスも容易になる
床下の暖気は、床下空間とつながった一部の間仕切壁などを通って2階に送られる

FLIR

上／暖気を2階床下に送るための間仕切壁の隙間。当社の場合、基礎内側にも断熱材を張るため、床下地は後張りとなる。そのためあえて根太組にして、間仕切壁と空気層をつなげている　下／サーモグラフで撮影した間仕切壁。暖気が通過している壁の色が赤くなっているのが分かる

暖気を通す間仕切壁の配置例

2階床に成の大きい梁がある場合は、2階床下の暖気の移動を遮ってしまうので、別の箇所の間仕切壁（外壁であればふかし壁）も利用して床下の暖気を2階へ送るように設計する。

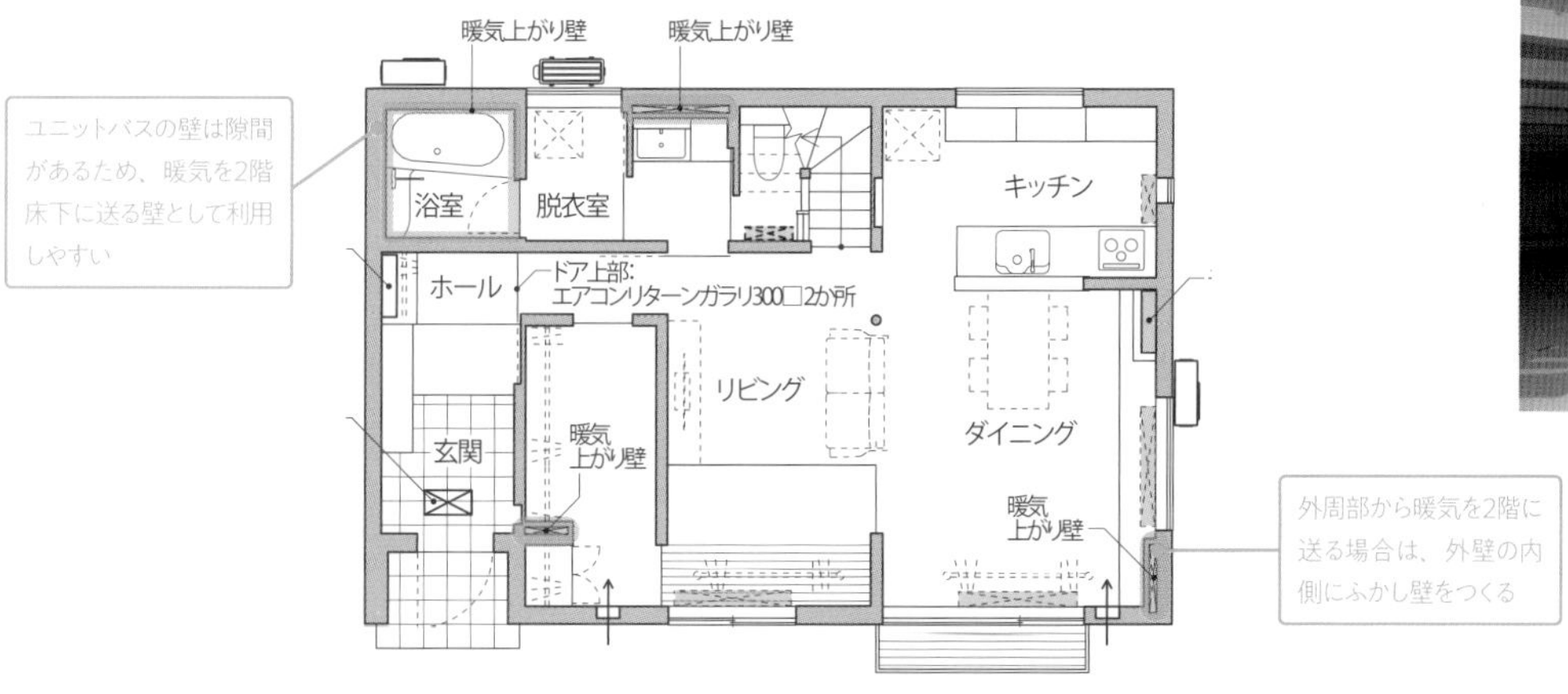

暖気上がり壁
暖気上がり壁
ユニットバスの壁は隙間があるため、暖気を2階床下に送る壁として利用しやすい
浴室
脱衣室
キッチン
ホール
ドア上部：
エアコンリターンガラリ300□2か所
リビング
玄関
暖気上がり壁
ダイニング
暖気上がり壁
外周部から暖気を2階に送る場合は、外壁の内側にふかし壁をつくる

1階の根太組。間仕切壁に暖気を送るため、1階は根太組の下地とした

Q 全館冷暖房で個室を冷やすのにファンは必要?

解説：佐藤喜夫（佐藤工務店）

　個室が少なく、間仕切がほとんどない開放的なプランの場合は、2台のエアコンだけで簡単に全館冷暖房を機能させることができる。反対に、個室が多く閉鎖的なプランの場合は、それだけではうまくいかないことが多い。

　2階の小屋裏やロフトなどに設置したエアコンの冷気は2階ホールに落ちていき、ドアの開いた個室を温度差による対流によって緩やかに冷やす。しかしドアを閉めた状態では、小屋裏やロフトと接する天井の冷輻射のみとなってしまい、あまり冷えない（ただし、それで十分涼しいという建て主も多い）。そこで、各部屋のドアの上下に隙間を設けたり、天井にガラリを設けたりしているのだが、それでもあまり効いている印象はなく、ファンを使って部屋に冷気を送り込む仕組みを導入している。

　そこで当社でも、どのような方法であれば効果的に個室に空気を送れるのか、模型をつくって実験してみた。上の空間（小屋裏）と下の空間（個室）の間にファンを設置し、それを運転したり止めたりしながらさまざまな方法を試してみたが、上の空間（小屋裏）の空気を下の空間（個室）にファンで押し込む方法が各空間の空気の入れ替わりを最も促進した。

　したがって、当社の家では、

右／階段がある場合で、階段よりリターンを取り、小屋裏全体を冷たく、吹抜けより下階へ冷気を下降させる。エアコン上部に設けた給気口は外気を取り入れ、除湿・冷房してからロフト空間へ拡散させる
左／収納式はしごによりエアコンが隠蔽される場合は、エアコンのリターンは2階廊下などから直径150mmのダクト2本程度を設け、そこから取る

ファンを使わずに個室を冷やそうとすると

個室はゆっくりと冷やされるが、夏の暑い時期は温度上昇に冷房がついていけず、室内がやや暑く感じられることもある。

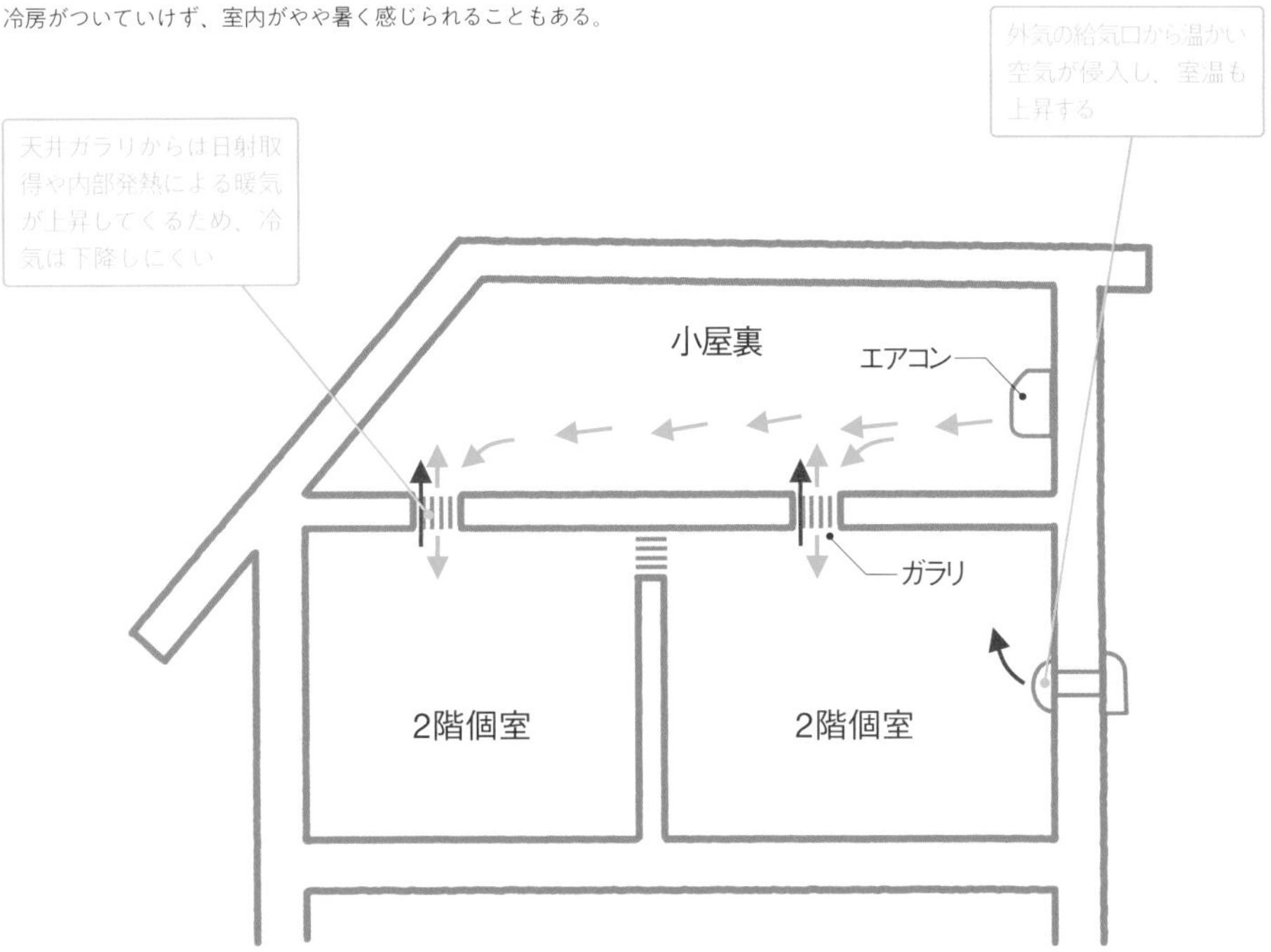
外気の給気口から温かい空気が侵入し、室温も上昇する
天井ガラリからは日射取得や内部発熱による暖気が上昇してくるため、冷気は下降しにくい
小屋裏
エアコン
ガラリ
2階個室
2階個室

吹抜けのある開放的なプランでも、2階を個室化した場合、室内に冷気を回す必要がある。実験では2つの箱を重ね、上の箱から下の箱へ冷気を押し込み、室内の空気を小屋裏へ排出する仕組みを製作した

上の箱から下の箱へ冷気を押し込むために、2つの箱の境目に超小型DCファンとリターン用ガラリを設置した

814

A しっかりと冷やすにはファンが必須

小屋裏の床（2階の天井）にファンもしくはファンによって送風されるダクトを設けて、小屋裏エアコンの冷気を個室に押し込み、天井にリターン用のガラリを別途設けるようにしている。部屋や廊下に向けて開いたつくりのロフトにエアコンを設置する場合でも、同様に各個室の天井や壁の上部に冷気を送り込むファンもしくはファンによって送風されるダクトを設け、個室の天井やドア上にリターン用のガラリを設ければよいだろう。なお、ファンは騒音の原因になりやすいので、第2種換気用の静音性の高い給気用パイプファンを採用している。

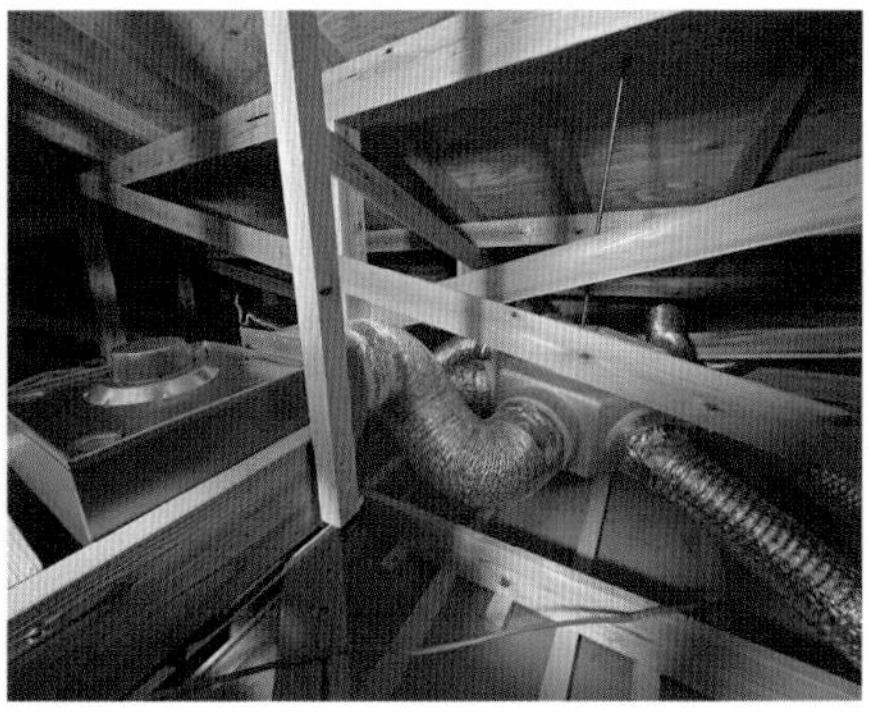

一般的な直径150㎜の換気扇（左写真）を用い、6分配器により直径100㎜のダクトで各部屋に冷気を送り込む（右写真）。各部屋の温度調整は天井に設けた給気口を手動で開閉して行う

ダクトとファンを使って個室を冷やす

エアコンの冷気をファンで吸い込み、ダクトを使って各部屋に送り込む方式。ファンの位置が部屋から離れているため、音はあまり気にならない。

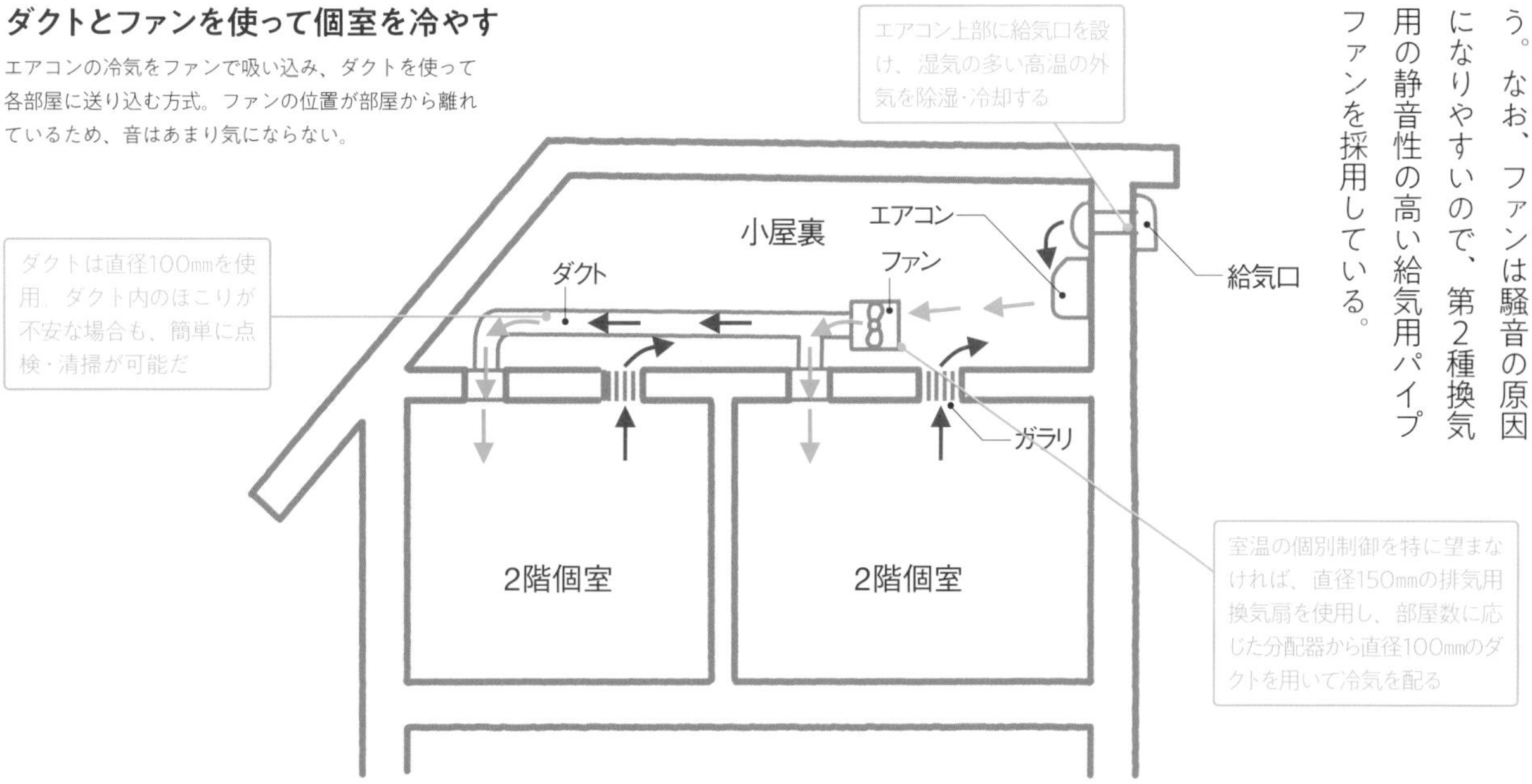

エアコン上部に給気口を設け、湿気の多い高温の外気を除湿・冷却する
小屋裏
エアコン
給気口
ファン
ダクト
ダクトは直径100㎜を使用。ダクト内のほこりが不安な場合も、簡単に点検・清掃が可能だ
ガラリ
室温の個別制御を特に望まなければ、直径150㎜の排気用換気扇を使用し、部屋数に応じた分配器から直径100㎜のダクトを用いて冷気を配る
2階個室
2階個室

個別のファンを使って個室を冷やす

エアコンの冷気をファンで各部屋に直接送り込む方式。ファンの運転・停止が部屋ごとに可能なため、温度調節がしやすい一方で、ファンの音が若干気になる場合もある。

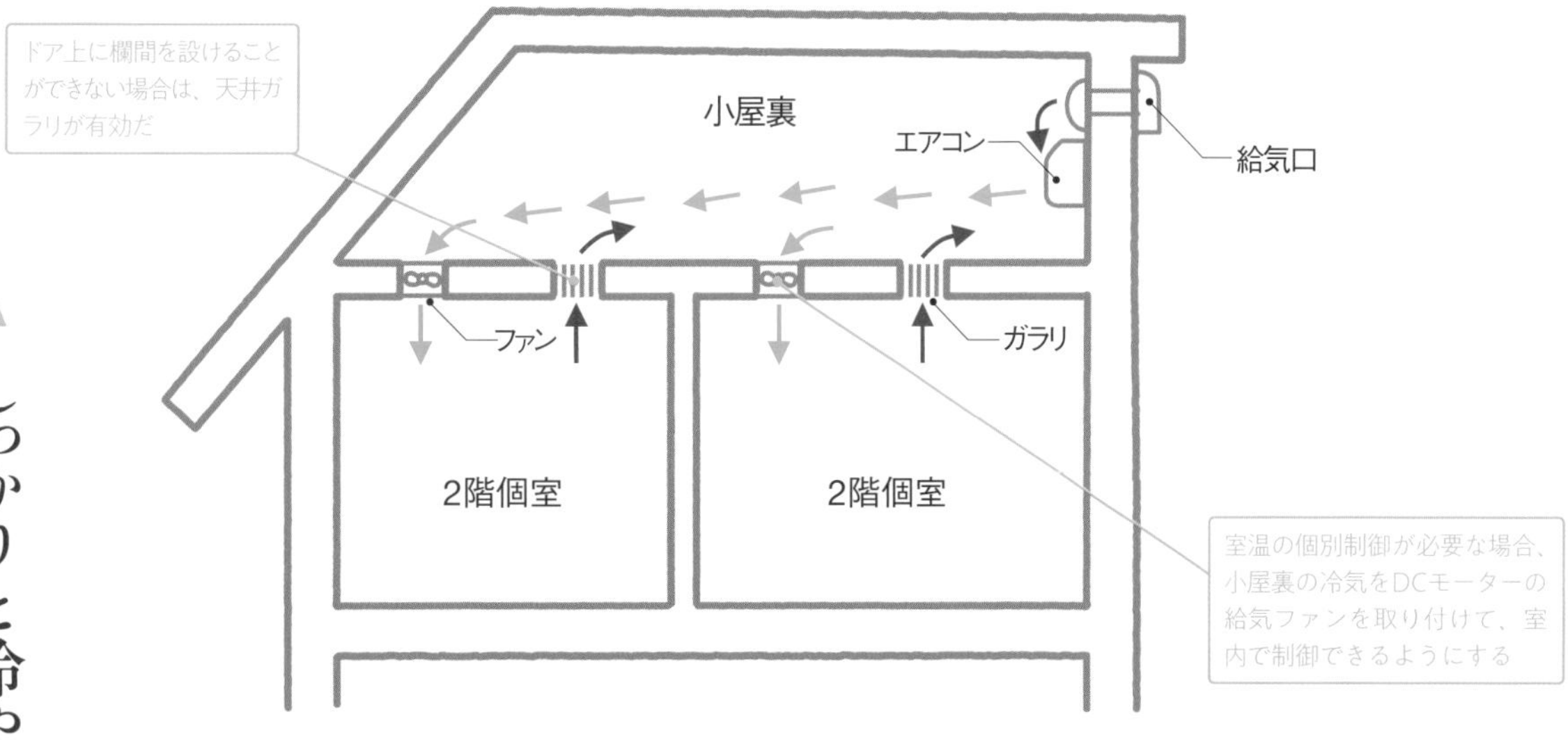

ドア上に欄間を設けることができない場合は、天井ガラリが有効だ
小屋裏
エアコン
給気口
ファン
ガラリ
2階個室
2階個室
室温の個別制御が必要な場合、小屋裏の冷気をDCモーターの給気ファンを取り付けて、室内で制御できるようにする

小屋裏の冷気を部屋に押し込むための第2種換気用のパイプファン。DCモーターが使われており、スライド式で風量を調整できる

小屋裏から見た吹抜け上部のガラリ。1,600×600㎜程度の大きさ

2階吹抜けから見た冷気降下のためのガラリ、シーリングファンの設置により下降気流を発生させ、各階に冷気を搬送する

換気+エアコンのコスト比較

	導入費用	運転費用（1年）	総費用（20年）
3種換気+個別エアコン	換気設備20万円＋個別エアコン30万円 ＝合計50万円 安い	252,588円	555万円 安い
熱交+個別エアコン	換気設備150万円＋個別エアコン20万円 ＝合計170万円	安い 245,853円	662万円
オールインワン設備の全館空調	350万円	307,880円	966万円

総費用は20年分の運転費用（家電含む）と導入費用を合算したもの。運転費用は建築研究所の「自立循環型住宅への省エネルギー効果の推計プログラム」で計算

Q

安い換気・エアコンはどう組み合わせる？

解説：森亨介（凰建設）

換気とエアコンをどう組み合わせるかは、何を重視するかで決まる。大きくは、快適性と経済性を天秤にかけることになる。ここでいう「経済性」とは、イニシャルコスト、ランニングコスト、メンテナンスコストをすべて含んだ換気空調システムとしての生涯コストを指す。ここでは住宅によく使われている、第3種換気+個別エアコン（3種+個別エアコン）、第1種熱交換換気+個別エアコン（熱交+個別エアコン）、換気・空調が組み込まれたオールインワン設備の全館空調の3タイプのイニシャルコストとランニングコストを表にまとめた。なお、第1種熱交換換気は高効率機器を選択、オールインワン設備は、断熱区間内配管・VAV採用・全般換気機能ありのものとした。

表の右端を見ていただきたいが、設備寿命が1サイクルする約20年のイニシャルコスト+ランニングコストを比較すると、生涯コストで最も安く住むのは3種+個別エアコンの555万円、続いて熱交+個別エアコンの662万円、最も高いのが全館空調の966万円となる。熱交+個別エアコンや全館空調は、抵抗軽減などを非常に高いレベルでまとめれば、ランニングコストを下げることが可能だが、3種+個別エアコンのコスパを上回ることは難しい。

写真／家電が多く、人が集まり、大きな窓も設置されることの多いリビングが負荷の大きな部屋の代表だ

Column 3種換気のエアコンは「負荷」の大きい場所に

第3種換気のエアコン配置の基本は、なるべく給気口の近くに設けることだ。断熱・気密性能が向上すればするほど、第3種換気の家の「負荷」の主役は給気口からの熱損失になる。入ってきた熱を素早く空調機器で処理することにより、第3種換気の悩みの種である給気口からの不快な冷気や暖気を軽減することが可能になる。もし、換気よりも大きな負荷が発生する箇所があれば（たとえば窓など）、エアコンの設置位置はそちらに寄せる必要がある。

一般的には冬の負荷は大きな窓のある部屋でピークを迎えやすく、夏の負荷は内部発熱の多い部屋でピークを迎えやすい。具体的には、大きなFIX窓がある廊下などの非暖房空間や、調理家電や人体発熱の多いLDKが該当する。（森亨介）

3種+個別エアコンと全館空調の寝室の温湿度CO_2データ

①3種+個別エアコンの寝室（2022年7月18日～24日）

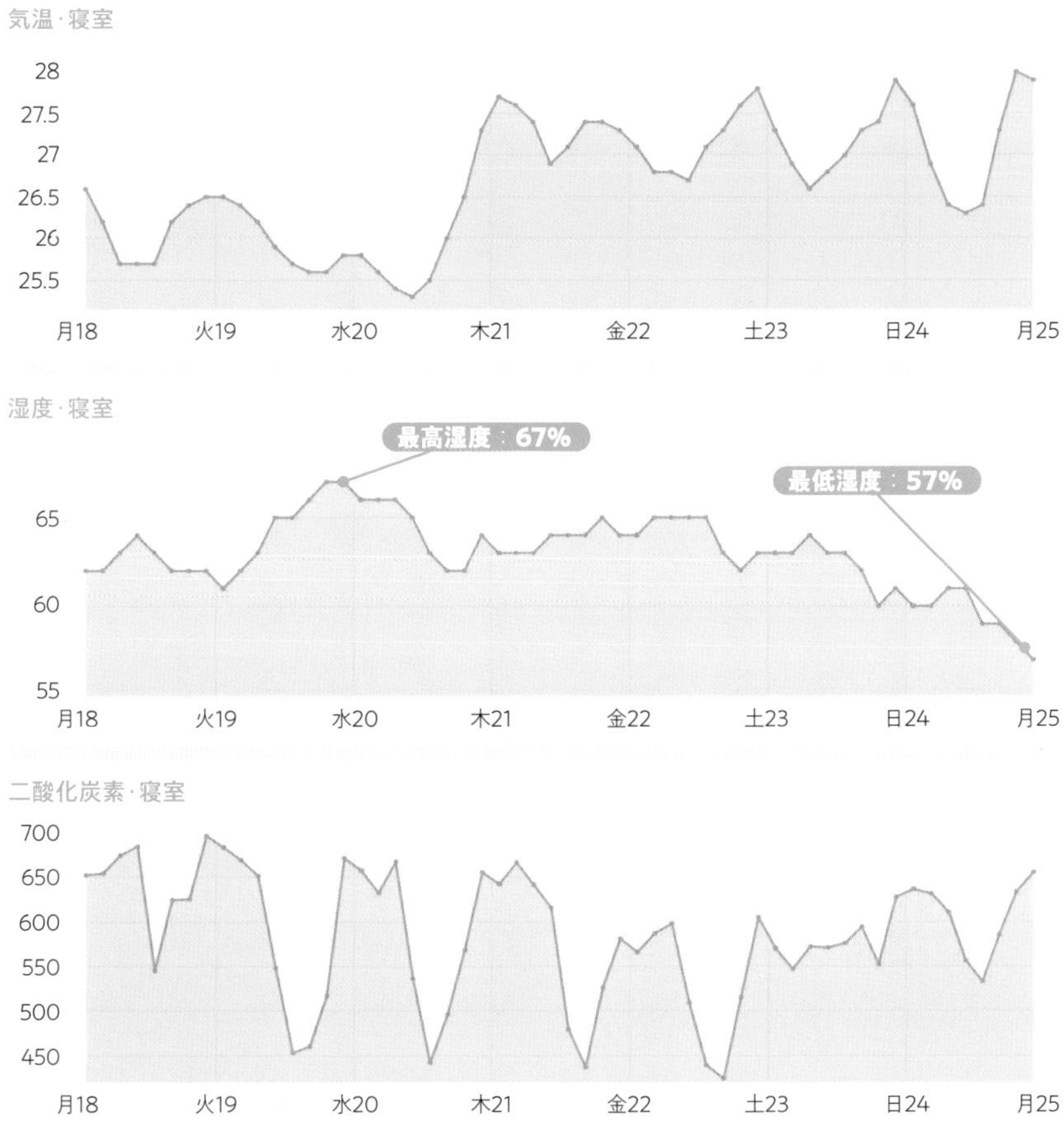
気温・寝室
28
27.5
27
26.5
26
25.5
月18
火19
水20
木21
金22
土23
日24
月25
湿度・寝室
最高湿度：67%
最低湿度：57%
65
60
55
二酸化炭素・寝室
700
650
600
550
500
450

全館空調の寝室（2022年7月18日～24日）

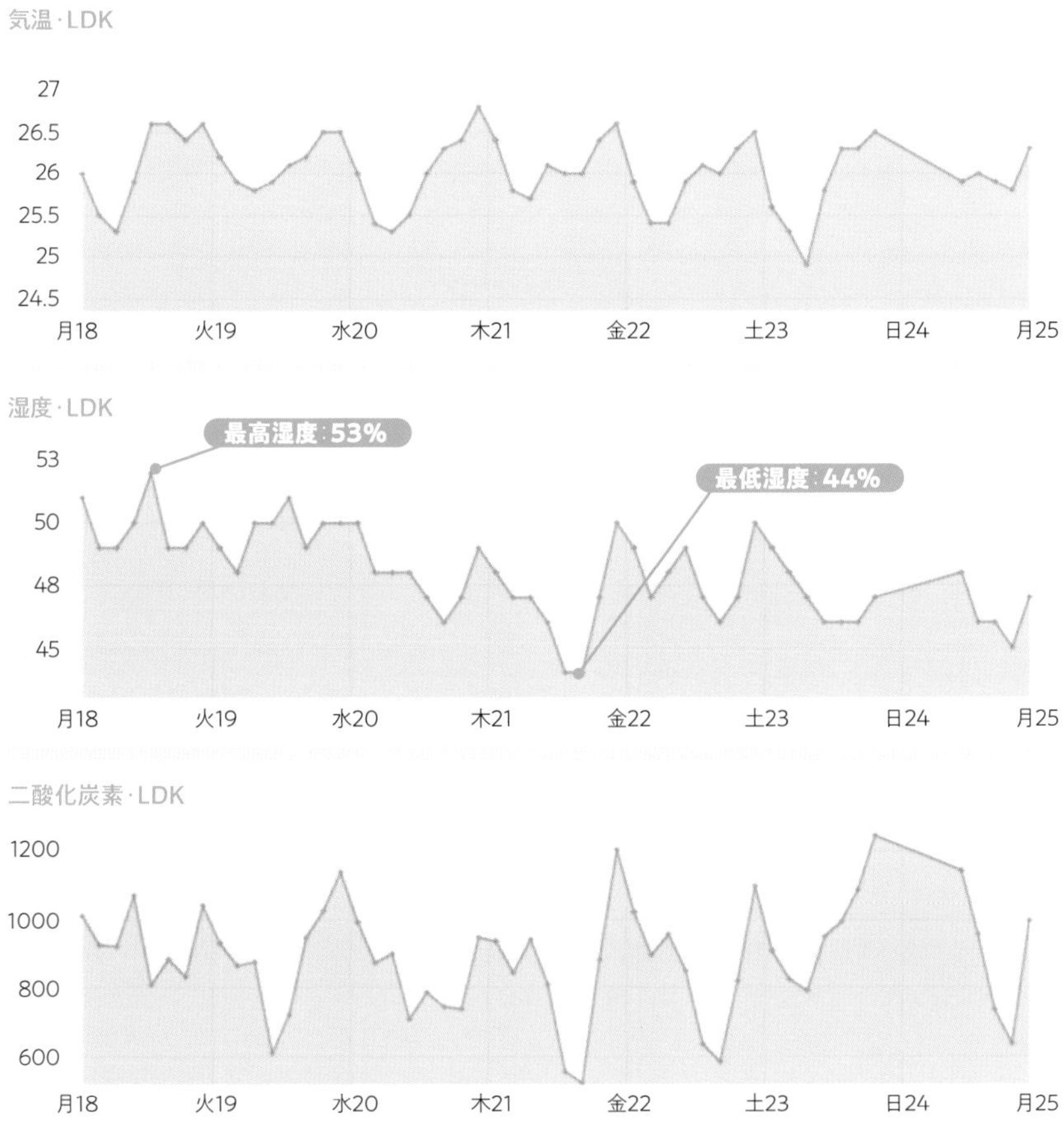
気温・LDK
27
26.5
26
25.5
25
24.5
月18
火19
水20
木21
金22
土23
日24
月25
湿度・LDK
最高湿度：53%
最低湿度：44%
53
50
48
45
二酸化炭素・LDK
1200
1000
800
600

長く住み続けるほど、コストの差が開くことは避けられない。

快適性を確保するには相応の設計力が必要

ただし、熱交+個別エアコンや全館空調のメリットは、経済性よりもその快適性にある。３種+個別エアコンの家と全館空調の家を比べてみよう。

２０２２年７月18日～７月24日までの寝室の温度湿度CO_2データを見てみると分かるが、室温はともに25～28℃で推移しているものの、湿度は３種+個別エアコンの家が57～67%であるのに対して、全館空調の家は44～52%で推移している。この期間は晴れたり雨が降ったりと、夏と梅雨を行ったり来たりしているような天気だったのだが、全館空調の家は外部の天候にほとんど左右されず、ほどよい温湿度の室内環境が維持されている。熱交+個別エアコンの家でも同様の傾向を示すことが予想され、これが最大のメリットといえる。

ただし、気をつけなければならないのは、熱交や全館空調などの高価な設備を採用しても、ここまで顕著な効果が出ないケースもあるという点だ。換気・空調がすべて組み込まれたオールインワン設備の全館空調の場合は比較的うまくいきやすいのだが、熱交+個別エアコンの場合、設備機器の組み合わせ方や住宅の負荷計算、換気・空調設備の容量計算、ダクトの経路設計などがうまくいかないと、温度・湿度が思ったよりも下がらないということはあり得る。

したがって、換気・空調の技術が自分にとってはオーバーテクノロジーであると感じられるのであれば、第３種換気+個別エアコンとするか、オールインワン設備の全館空調を採用し、メーカーの設計に従って施工することをお勧めしたい。

A 3種換気+エアコンが最も安価だが、快適性では劣る

Q 全館冷暖房が効きやすい間取りは？

A 複雑な空調設計を避けるのであれば、オープンな間取りが無難

解説：森亨介（凰建設）

全館冷暖房は、各室の負荷計算を行い、それに合わせた冷暖房設計を行えば効くというシンプルな話ではあるのだが、部屋を細かく割って、各部屋にエアコンの暖気・冷気をダクトで送ればよいかといえば、そんな簡単な話ではない。

エアコンの場合、届ける空気と目的の部屋の空気の「エネルギー差×空気を送り届ける量」で能力が決まる。たとえば、エアコンから離れた部屋であれば、空気が移動する間に熱が拡散してエネルギー差が小さくなり、さらに送り届ける空気が少なければ暖冷房は効きにくくなる。

さらにエアコンから吹き出す空気の風量を直径100㎜のダクトで送ろうとすると、16・3m／秒の風速が必要になるが、この風速の空気をダクトに流すと、ダクトの吹出し口からのドラフトや風切り音が発生する。そもそも直径100㎜のダクトでそんな風量を配ることが空調計画的には無理な話だが、現実的にはそういう設計をして「玉砕」している例も多い。

したがって、複雑な空調設計を避けるのであれば、第3種換気を前提とし、吹抜けを設け壁のないオープンな間取りにすることが最も無難だ。これならば室内温度差によって発生するわずかな上下の気流でもたくさんの空気を動かすことができ、結果として空調が効きやすくなる。

ただし、いくらオープンな間取りにしたとしても、個室の扉を閉め切ってしまえば、部屋の外にある空調機からの熱は届かない。暮らし方について住まい手への入念な説明も不可欠だ。

エクセルを使った負荷計算の例

冷暖房負荷計算シート				季節：夏　場所：家全体　時間：昼			
換気	決定数値		負荷値	潜熱	決定数値		負荷値
換気設定				**換気設定**			
室内環境設定		25℃	60%	想定外気		34.5℃	43%
換気量	126㎥／h			換気量	126㎥／h		
顕熱エンタルピ差（空気線）	9.6KJ／kg＝3.2Wh／㎥			潜熱エンタルピ差（空気線図）	7.6KJ／kg=2.6Wh／㎥		
熱交換率／換気顕熱負荷		71%	117W	熱交換率／換気潜熱負荷		39%	196W
				必要な加湿/除湿量	11.8L／日		0W
人体発熱（40～200W／人）	55W	2人	110W	**人体発熱（30～300W／人）**	30W	2人	60W
内部発熱（顕熱）				**内部発熱（潜熱）**			
TVプロジェクタ（100W～）	250W	1台	250W	ケトル（300～1,000W）			0W
PC（30～600W）			0W	室内干し（50～200W）	132W	1回	132W
DVDプレイヤー（10～50W）			0W	浴室（50～200W）			0W
料理（500～1,000W）			0W	水槽（5～30W）			0W
パワコン（100～600W）	450W	1台	450W				
冷蔵庫（30～100W）	35W	1台	35W				
炊飯器（600～1,200W）			0W				
電子レンジ（300～			0W				
照明器具（10～50W）	25W	4台	100W				
再熱機器（100～4,000W）			0W				
間仕切壁床天井			0W				
日射取得							
窓日射取得							
南面（20～150W／㎡）	20W	12㎡	240W				
東西面（100～300W／㎡）	100W	1㎡	100W				
外皮設定							
気温差		9.5K					
外皮面積		339.84㎡					
UA値		0.29W／㎡K					
外皮合計			936W				
顕熱合計	2,338W			潜熱合計	388W		
合計負荷			2,726W	顕熱比（顕熱/（顕熱＋潜熱））			86%

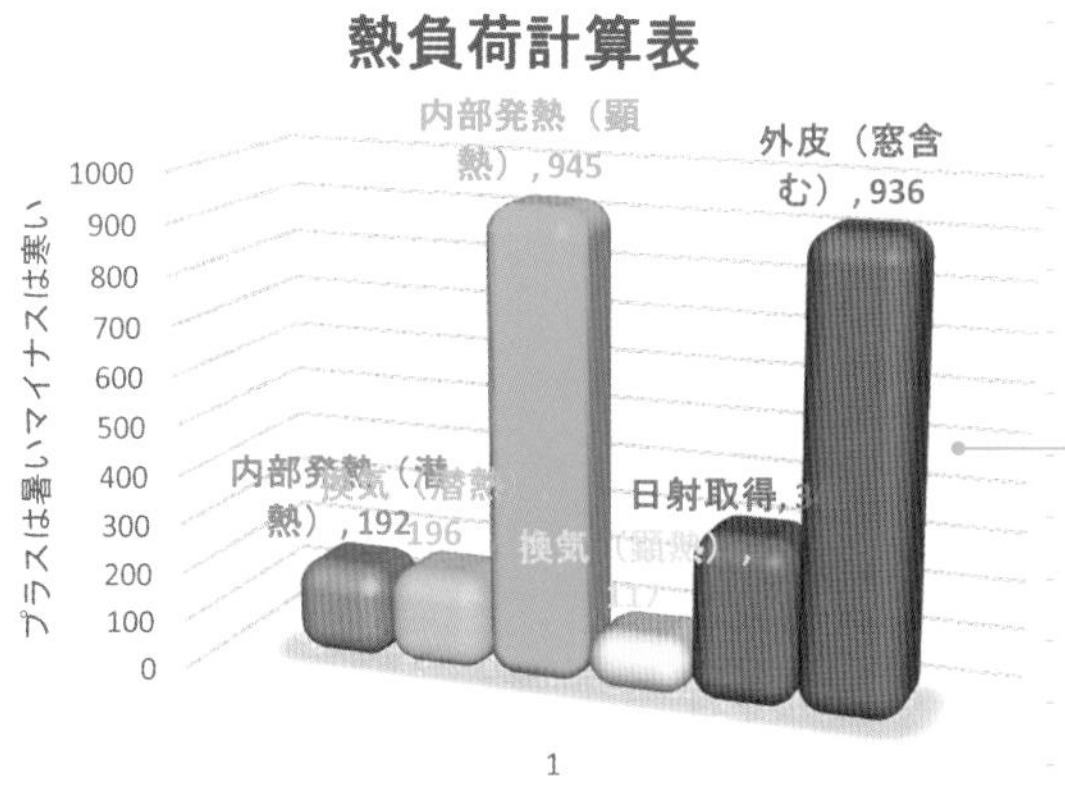
熱負荷計算表
内部発熱（顕熱），945
外皮（窓含む），936
内部発熱（潜熱），192
196
換気
日射取得
プラスは暑いマイナスは寒い
1000
900
800
700
600
500
400
300
200
100
0
1

0.34W　㎡Kという換気による熱損失の係数は顕熱のみの数値であり、潜熱は考慮されていない　特に夏のエアコン容量を選ぶ際、負荷を甘く見積もってしまい、結果的に家が冷えないということも起こり得る　高断熱住宅になるほど、換気の潜熱負荷は丁寧に計算する

冬の室内干しは加湿を助けてくれるが、水が蒸発する際には周りの熱を奪うため空気が冷える　その冷えた空気を温め直す必要があるので、その分の負荷も計算する

その空間の空調負荷の発生源をグラフで可視化できるようにしている　冬は外皮からの熱損失が支配的だが、夏は日射や内部発熱、換気の負荷も無視できない値になるため、その家の暮らしに合わせた丁寧な負荷の拾い出しが重要だ

筆者が作成した冷暖房負荷計算シート。顕熱と潜熱に分けてそれぞれ負荷を拾い出せるのが特徴。換気の潜熱負荷や部屋干しによる潜熱負荷なども計算する。同じ季節でも昼と夜ではまったく違う負荷の状況になる。このシートがエアコンの機種を決める根拠となる。

3章 次世代の標準性能！
断熱等級6Q&A

省エネ基準（断熱等級4）が義務化され、最低基準になったことで、先進的な設計事務所や工務店は、
より上位の断熱基準である「断熱等級6」を標準仕様にしつつある。
この章では、断熱等級6はどういう性能なのか、省エネ基準と何か違うのか、
どれくらい省エネや快適性が向上するのか、設計・施工はどう変わるのかを実践的に解説する。

Q 断熱等級6ってなに？

解説：辻充孝（岐阜県立森林文化アカデミー 木造建築専攻教授） 文：編集部

なぜ等級5・6・7がつくられたのか

2020年省エネ基準の適合義務化が頓挫したことで、住宅の高断熱化の動きが鈍化したかに見えたが、欧米各国で急速に進むカーボンニュートラルへの動きに対して、2020年10月に菅義偉総理大臣（当時）が「2050年までのカーボンニュートラル実現」を宣言。その後、2021年4月の気候変動サミットで2030年度までに温室効果ガス46％削減（2013年度比）を目指すことを表明、さらに同年10月に地球温暖化対策計画が閣議決定され、省エネ基準義務化への道筋が再度つくられた。

また、2021年2月に開かれた「再生可能エネルギー等に関する規制等の総点検タスクフォース」の影響もある。有識者との会合を経て河野太郎規制改革担当大臣（当時）は、「建築物の省エネ化は必須」と明言、それが法制化を後押しした。

その1年後、2022年4月に断熱等級5、2022年10月に断熱等級6・7が新設。また2022年6月には、建築物省エネ法などの改正案が参院本会議で可決され、2025年度以降、原則としてすべての新築建物に同法で定める「省エネ基準」への適合が義務付けられることとなった。

ZEHやHEAT20との違い

断熱等級5はZEH同等、断熱等級6はHEAT20・G2同等、断熱等級7はHEAT20・G3同等といわれる。ただし、断熱等級が建物全体のU_A値のみで判定するのに対して、HEAT20・G2とG3は「外皮水準地域補正ツール」を使って建物全体のU_A値をもとに、外気温だけでなく日射取得量などから、室内の最低温度や省エネ基準と比

予定される住宅の省エネ対策関連スケジュール

2022年	・住宅性能表示制度における上位等級の運用 ・建築物省エネ法に基づく誘導基準の引き上げ（BEI=0.8および断熱等級5） ・エコまち法に基づく低炭素建築物の認定基準の見直し （省エネ性能の引き上げ、再エネ導入によるZEHの要件化） ・フラット35S等の基準の見直し
▼	
2023年	・フラット35における省エネ基準適合要件化（等級2から等級4相当に） ・分譲マンションに係る住宅トップランナー基準の設定 （BEI=0.9程度および省エネ基準の外皮基準→目標2025年度）
▼	
2024年	・新築住宅の販売・賃貸時における省エネ性能表示の施行
▼	
2025年	・住宅の省エネ基準への適合義務化 ・住宅トップランナー基準の見直し（注文住宅トップランナー：BEI=0.75および断熱等級5、注文住宅以外のトップランナー：BEI=0.8程度および断熱等級5→目標2027年度）
▼	
2030年	・誘導基準への適合率が8割を超えた時点で省エネ基準を断熱等級5&一次エネ等級6に引き上げ ・2022年に引き上げた誘導基準等のさらなる引き上げ ・新築戸建住宅の60％に太陽光発電設備を設置

べたエネルギー削減率などで判定を行うため、建物の保温性や省エネ性をより正確に反映する。裏を返せば、断熱等級は建物の保温性や省エネ性を正確に反映していないともいえるわけだが、断熱性能（U_A値）に特化したことで非常に明快で分かりやすく、「幅広く住宅の高断熱化を進める」という点に関しては適している基準ともいえる。

新設された一次エネルギー消費量等級

省エネ性を判断するのに断熱等級だけでは不十分であることは、品確法の省エネ等級として「一次エネルギー消費量等級」も同時に新設されていることからも見てとれる。2022年4月に新設された等級6は、低炭素住宅やフラット35Sプランなど、さまざまな優遇措置の基準として運用されており、実質は等級5がデフォルト的な位置づけになっている。一方で、要求される一次エネルギー消費量が省エネ基準の20％削減（ZEH基準同様）とかなり低く、断熱等級6（省エネ基準比30％削減）、7（省エネ基準比40％削減）などと比べるとやや物足りなさが残る。ちなみに、一次エネルギー消費量等級6は省エネ基準の建築物に高効率エコキュートを導入すれば容易に達成できる。

逆にいえば、断熱等級6を達成すれば一次エネルギー消費量等級6も達成したことになる。特にエコキュートなどの設備を導入せずに一次エネルギー消費量等級6を達成するには、断熱等級6を目指すのがよいだろう。

断熱等級との付き合い方

断熱等級7はヨーロッパの新築住宅で義務化されつつあるパッシブハウスに近しい性能をもつ「世界標準」の断熱性能といえ、省エネ性や快適性、健康面でかなり高水準の住空間を達成できる。ただし、省エネ基準すら義務化されていない日本の現状では、身近な目標とはいえない。等級7は寒冷地から温暖地まで性能差が小さくトリプルガラス樹脂窓や付加断熱などが必須であり、まだまだハードルが高いものといえるだろう。

したがって、まずは断熱等級6を目指してもらいたい。詳しくは84頁以降で解説するが、6地域であればグラスウールであっても付加断熱を行わず、Low-E複層ガラスアルミ樹脂複合窓や樹脂窓を使い、屋根の

断熱等性能等級

		地域区分							
		1	2	3	4	5	6	7	8
等級7	U_A	0.20	0.20	0.20	0.23	0.26	0.26	0.26	—
	η_{AC}	—	—	—	—	3.0	2.8	2.7	—
等級6	U_A	0.28	0.28	0.28	0.34	0.46	0.46	0.46	—
	η_{AC}	—	—	—	—	3.0	2.8	2.7	5.1
等級5	U_A	0.40	0.40	0.50	0.60	0.60	0.60	0.60	—
	η_{AC}	—	—	—	—	3.0	2.8	2.7	6.7
等級4（H28省エネ基準）	U_A	0.46	0.46	0.56	0.75	0.87	0.87	0.87	—
	η_{AC}	—	—	—	—	3.0	2.8	2.7	6.7
等級3（H4省エネ基準）	U_A	0.54	0.54	1.04	1.25	1.54	1.54	1.81	—
	η_{AC}	—	—	—	—	4.0	3.8	4.0	—
等級2（S55省エネ基準）	U_A	0.72	0.72	1.21	1.47	1.67	1.67	2.35	—
	η_{AC}	—	—	—	—	—	—	—	—

その他性能基準

		地域区分の目安							
		1	2	3	4	5	6	7	8
HEAT20・G3	U_A	0.20	0.20	0.20	0.23	0.23	0.26	0.26	—
HEAT20・G2	U_A	0.28	0.28	0.28	0.34	0.34	0.46	0.46	—
HEAT20・G1	U_A	0.34	0.34	0.38	0.46	0.46	0.56	0.56	—
ZEH強化外皮基準	U_A	0.40	0.40	0.50	0.60	0.60	0.60	0.60	—

A 等級6はコスパのよい断熱性能。まずは目指してみる

断熱材の厚みをある程度確保すれば達成することができる。省エネ基準から50万円～１００万円程度のコストアップくらいであろうか。これで特別な工事もなくエネルギー消費量が半減できるのであれば、コストメリットも高く、計画の工夫で1坪程度床面積を減らせれば実現可能である。まずは、断熱等級6以上を導入したうえで、建材の価格動向や消費者のニーズをにらみながら、断熱等級7へとシフトしていくのがベストだと思う。

また、断熱等級6だけでは温熱性能と省エネ性を判断できないので、HEAT20の「外皮水準地域補正ツール」を活用して日射も含めた温熱性能を判断し、一次消費エネルギーが算定できるソフトを使って、十分な省エネ性を確保できているかを確認しながら設計を進めていただきたい。

気密性能をもう一度考える

なお、断熱等級や省エネ基準から「気密」に関する記述が削除されて久しい。構造用面材による耐力壁や床下地が普及し、木造住宅でも気密性能が高くなる傾向にあるが、コンセントボックスや換気口など外壁を貫通する部材も少なくなく、気密性能を意識しながら工事を行わないと、十分な気密性能（最低でも1㎠／㎡以下）が確保できない。気密性能が足りないと、天井付近から暖かい空気が逃げ、足元から冷気が入るため上下温度差ができ、計画換気も行えない。改めて気密性能の確保には十分注意したい。

一次エネルギー消費量等級

	BEI	参考
等級6	0.8以下（＊1）	ZEH基準
等級5	0.9以下	誘導基準
等級4	1.0以下	省エネ基準

＊1：太陽光発電設備によるエネルギー消費量の削減は見込まない
＊2：事務機器等／家電等エネルギー消費量(通称：「その他の一次エネルギー消費量」)は除く

$$\mathrm{BEI}=\frac{\text{設計一次エネルギー消費量（＊2）}}{\text{基準一次エネルギー消費量（＊2）}}$$

建築物省エネ法では、住宅・建築物の一次エネルギー消費量の基準の水準として、「BEI」という指標を用いるが、一次エネルギー消費量等級においてもこの指標を用いている。
BEIとは、エネルギー消費性能計算プログラムに基づく、基準建築物と比較した時の設計建築物の一次エネルギー消費量の比率のこと。基準一次エネルギー消費量は、地域や建物用途、室使用条件などにより定められている。

フラット35S等の技術基準

	省エネルギー性	耐震性	バリアフリー性	耐久性・可変性
ZEH	ZEH等住宅	設定なし		
金利Aプラン	断熱等級5かつ 一次エネ等級6	耐震等級3	高齢者配慮等級4以上 （共同建ての専用物分は 等級3以上）	長期優良住宅
金利Bプラン	断熱等級5かつ 一次エネ等級6 または 断熱等級5かつ 一次エネ等級4または5	耐震等級2	高齢者配慮等級3	劣化対策等級3かつ 維持管理等級2以上等

フラット35S（ZEH）：3ポイント、同S（金利Aプラン）2ポイント、同S（金利Bプラン）1ポイントに、維持保全に応じたメニュー（長期優良住宅など）1ポイント、地域連携に応じたメニュー（地域活性化など）1～2ポイントを追加して最大10年マイナス0.50％の金利優遇を受けられる。

特別寄稿

鈴木大隆
（北海道立総合研究機構 理事）

HEAT20の生みの親が語る
新設された断熱等級5・6・7の経緯と位置づけ

断熱等級の新設の目的と経緯

次世代省エネ基準といわれた平成11年基準が生まれてから20年強、省エネ基準のなかで規定される外皮性能基準に関してレベルは据え置かれ、この国には補助金にリンクする誘導水準（後述するHEAT20 G1・2を参考に設定）以外は存在してこなかった。この状況は、よく高断熱な戸建住宅を推進する住宅生産者などから“後ろ向き”と指摘される点でもあるが、日本の賃貸・共同住宅が新築住宅全体の6割をはるかに超えるなかで、やがてくる全住宅を対象とした省エネ基準の適合義務化を念頭に置けば、建築分野で繰り返し起きる“性能偽装による負の作用”が起きないように、確実な技術の普及、建築主の意識改革、そして社会的負担の少ない評価・審査システムの構築などを同時に進めなくてはならない。少なくとも個人の負担で行う環境対策だからこそ、確実さが必要であることはいうまでもない。

省エネ基準が制定されて数十年経過し、それらの基盤がようやく整いつつあることで、数年・十年先の目標だけでは到達できない脱炭素社会の実現のため、2050年までも見据えた中長期目標を考えることができるようになったともいえる。今般の短期間での上位等級の設定への動きは、これらに加えこれまで多くの住宅研究会・団体がさまざまな地域で着実に進めてきた「高みへの実践的取り組みとそれを体験したつくり手・住まい手」が大きな原動力であり、HEAT20、さらには冷静さを欠いた一部の声がそれを動かしたわけではない。

断熱等級6はHEAT・G2と何が違うのか

断熱等級5～7の検討において、HEAT20・G1～G3を参考にしたことは間違いなく、HEAT20設立時の思いが案外早く実現できたというのが正直なところではある。上位等級公開後、両者における5地域U_A値の違いに関する問いかけがかなりあったが、この違いは実は本質的な考え方の違いによるものである。つまり省エネ基準・上位等級は、地域区分ごとの基準指標はU_A値・ηA値であるのに対し、HEAT20の基準指標は「住宅シナリオ」と呼んでいるノンエナジーベネフィット（冬期間の最低室温などの環境の質）とエナジーベネフィット（H28基準からの負荷削減率など）である。そしてHEAT20で示しているU_A値は地域区分ごとの代表都市においてこれらの住宅シナリオを実現するための一例にすぎず、同一地域区分においてほかの場所で設計建設する際にはU_A値の地域補正を求めている。換言すれば、外皮性能強化の“手段を基準にしている”のが省エネ基準・上位等級であり、外皮性能強化の“本質的な目的を基準にしている”のがHEAT20といえる。

賢明な読者の方々はすでにお分かりのとおり、住宅断熱化を施策・基準・制度側から進めるか、住まい手の理解から進めるか、そこに本質的違いがあり、5地域のU_Aの違いはその結果にすぎない。どちらが正しいのかという問いかけに対してはどちらも必要、そしてつくり手は住まい手のためにどちらも考慮・検討して住まいづくりを進めてほしいと願う次第である。

断熱等級7の位置づけ

住宅省エネ基準の体系のなかで真の誘導基準と呼べるものが初めて打ち出されたのは1999年（平成11年）に制定された次世代省エネ基準であろう。そしてこの基準が“誘導基準”として機能した期間は、持ち家・賃貸含めて俯瞰すると戸建住宅ではおおむね10年、共同住宅では20年程度（あるいは今も）というところだろうか。検討時の考え方として、大きな工法・材料の改良なく実現できる“現実的な高みの目標”とした割には、案外、寿命は長かったというのが率直な印象である。ここまで延べてきたような経緯のなかで追加された3つの上位等級5・6・7は、等級5に関しては今後さまざまなインセンティブにより普及促進される誘導基準であり、住宅性能表示制度のなかに位置づけられる等級6・7は“ものさし”である。

制度上の位置づけはともかく、今般、追加された上位等級群は、等級4との比較のなかで「エネルギーや環境の質」の観点からその違いを説明できる点がこれまでのそれとは大きく異なる点であろう。そして、短期的誘導基準として機能しながらやがて適合義務の対象となるのが等級5、「中期的な誘導目標」として長く機能するのが等級6、そして2050年においても誘導目標になり得、今後の住宅生産・断熱建材・開口部材の技術革新を誘発・作用するのが等級7と考えている。さらにいえば「多段階的な目標」が住まい手やつくり手の意識改革を促し、暮らしの質を向上させ、今後の民生分野の対策の本丸である既存住宅にも適用できる新たな工法・建材が登場し、わが国の脱炭素化と良質な住まいづくりに貢献することを強く期待している。

Q
等級6にすると どのくらい 室温が変わる?

解説：大橋利紀（リヴアース）

省エネ基準（断熱等級4・UA値0.87）から断熱等級6にするということは、断熱性能（保温性）が上がることを意味するので、冬の室温が上昇する。しかし、断熱等級を上げると実際にどれくらい冬の室温が上がるのか、正しく理解せずに断熱等級を決めている人も少なくないのではないだろうか。ここでは、実際の建物を例に「住宅性能診断士 ホームズ君」でシミュレーションを行い、断熱性能ごとの室温を明らかにしてみたい。

ギリギリ断熱等級6だと少し寒い

シミュレーションを行ったのは日当りのよい敷地に建つ2階建て住宅（省エネ区分6地域、延床面積121.50㎡）。南面に大きな窓をもち、かなりの日射取得が期待できる。ここでは最も寒い日の朝5時、暖房を付けていない状態での室温を算定した。

断熱等級4の室温は10℃前後。体感としてはかなり寒い。この日は最高気温も7℃ほどと低く、室温も17℃くらいまでしか上がらなかったため、朝にはかなり室温が下がってしまった。

断熱等級5については、玄関を除いて室温が10℃を下回ることはなかったが、全体的に低い印象だ。体感としては断熱等級4とあまり変わらない。

断熱等級6からは、玄関を除いて室温が11℃を超え、12℃前後になったが、体感としてはまだ寒い。断熱等級6だからといっても、温熱環境が劇的に向上するわけでもないようだ。

「畑空の家」外観。妻側が東向き、写真左の平面が南向きになる。南面だけでなく、南東面にも大きな窓が設けられている

UA0.87
▼
UA0.46

平面図（S=1:200）

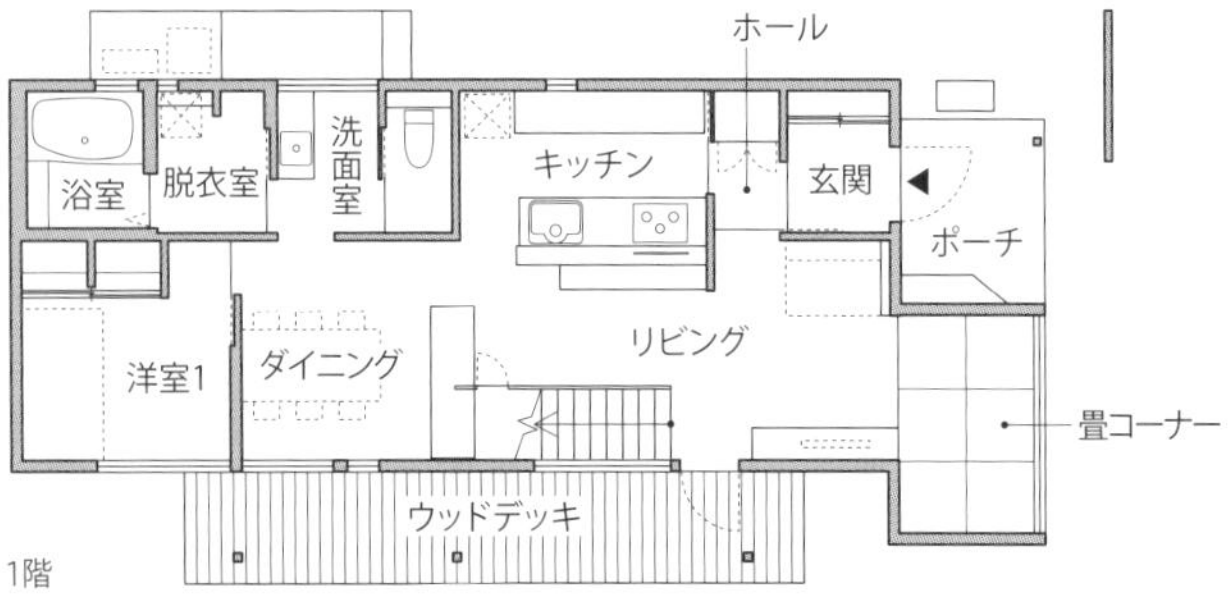

長方形の総2階で、1階の隅に下屋を付け足したシンプルな間取り。南面の窓には吹抜けが設けられており、昼間の日射で温められた空気が上下階に均一に伝わるようになっている。

① 断熱等級4（UA0.87程度）の最寒日5時の室温（無暖房）
家全体が10℃前後まで低下

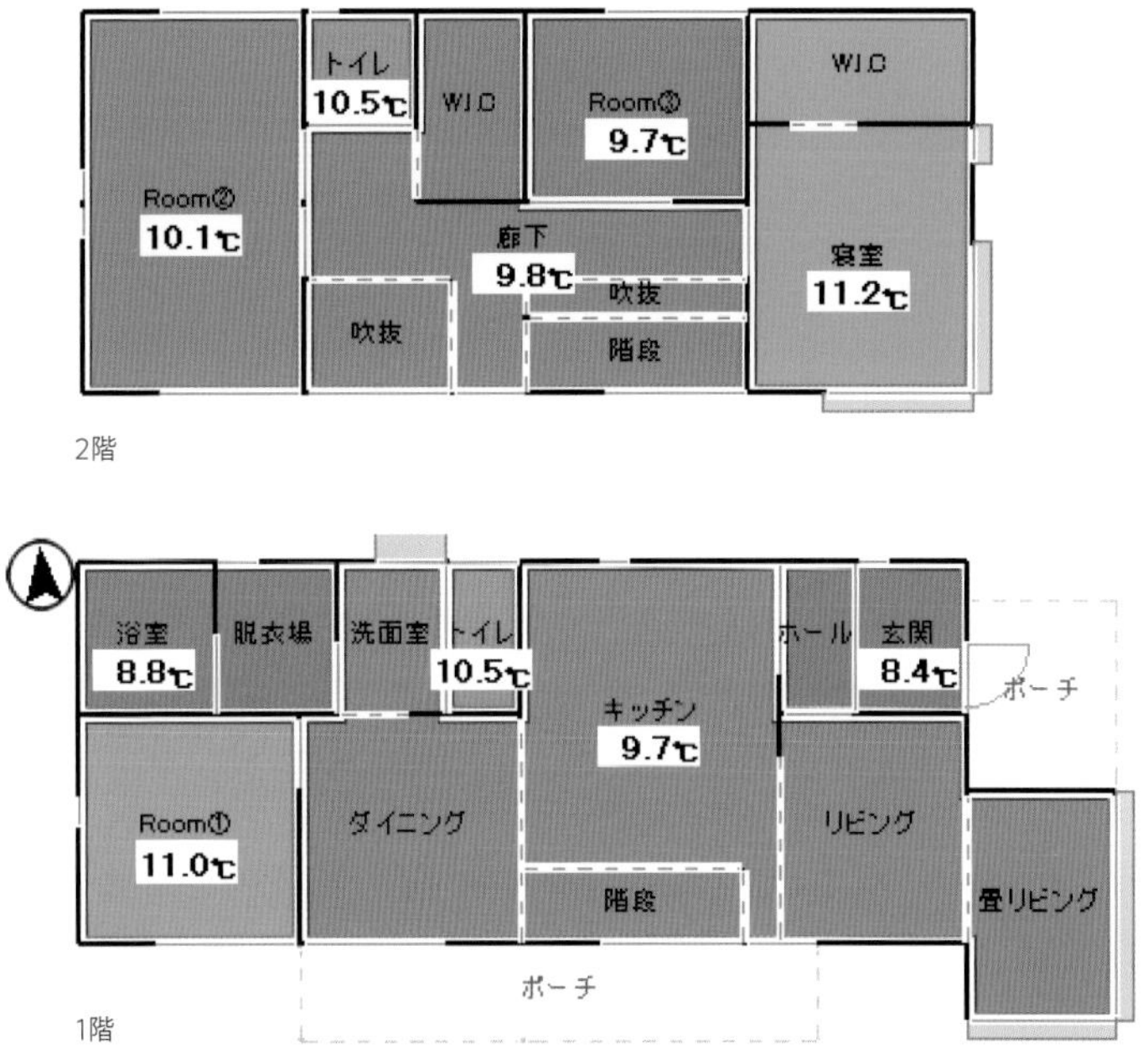

室温は10℃前後。この日は最高気温も7℃ほどと低く、室温も最高で17℃くらいまでしか上がらなかったが、室温を維持できていないようだ。日射熱取得率はηAC2.2、ηAH3.4

② 断熱等級5（UA0.6程度）の最寒日5時の室温（無暖房）
家全体が11℃前後まで低下

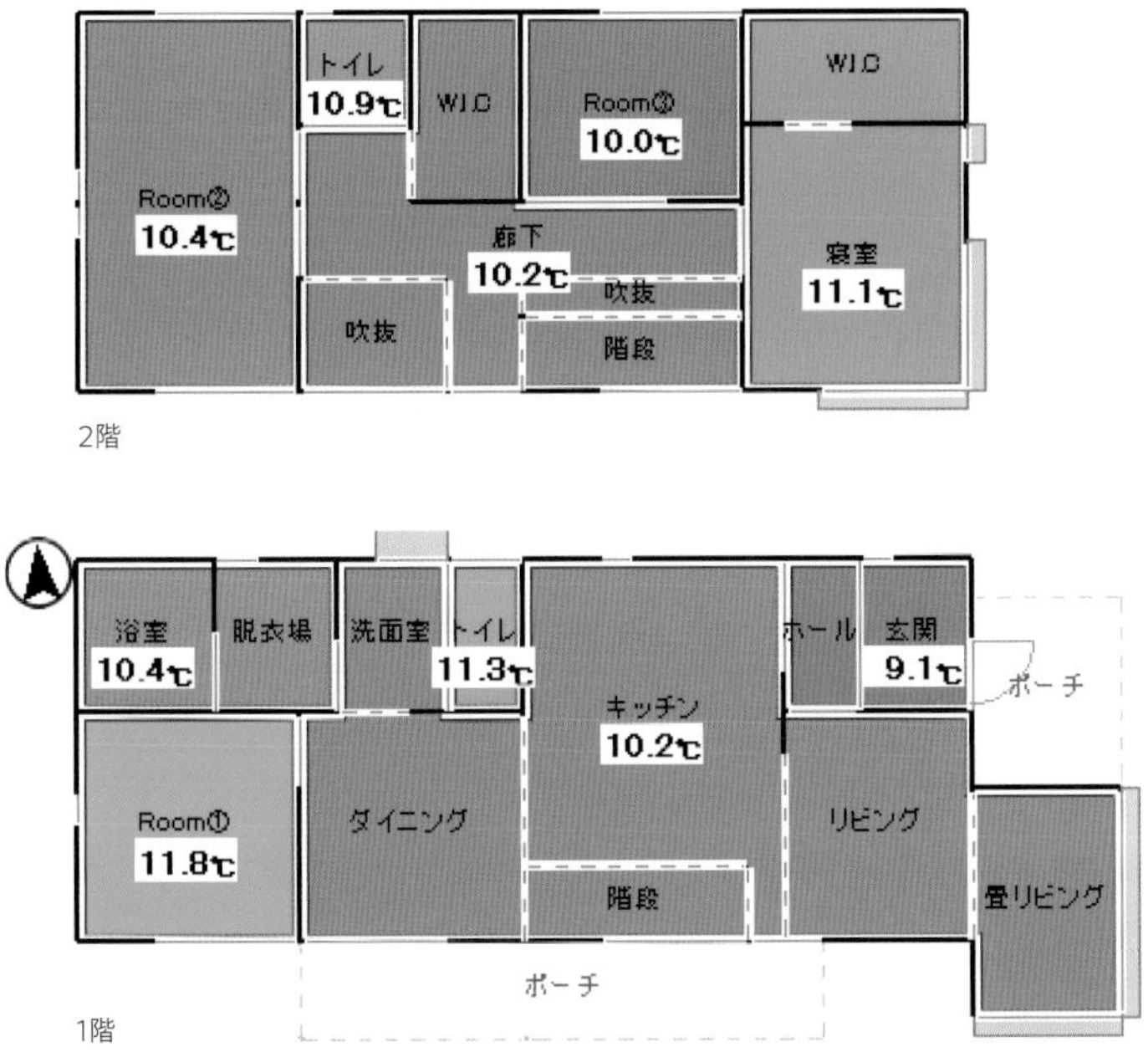

玄関を除いて室温が10℃を下回ることはなかったが、全体的に低い印象だ。等級が上がった割には断熱等級4とあまり変わっていない。日射熱取得率はηAC1.9、ηAH3.0

③ 断熱等級6（UA0.46）
家全体が12℃前後まで低下

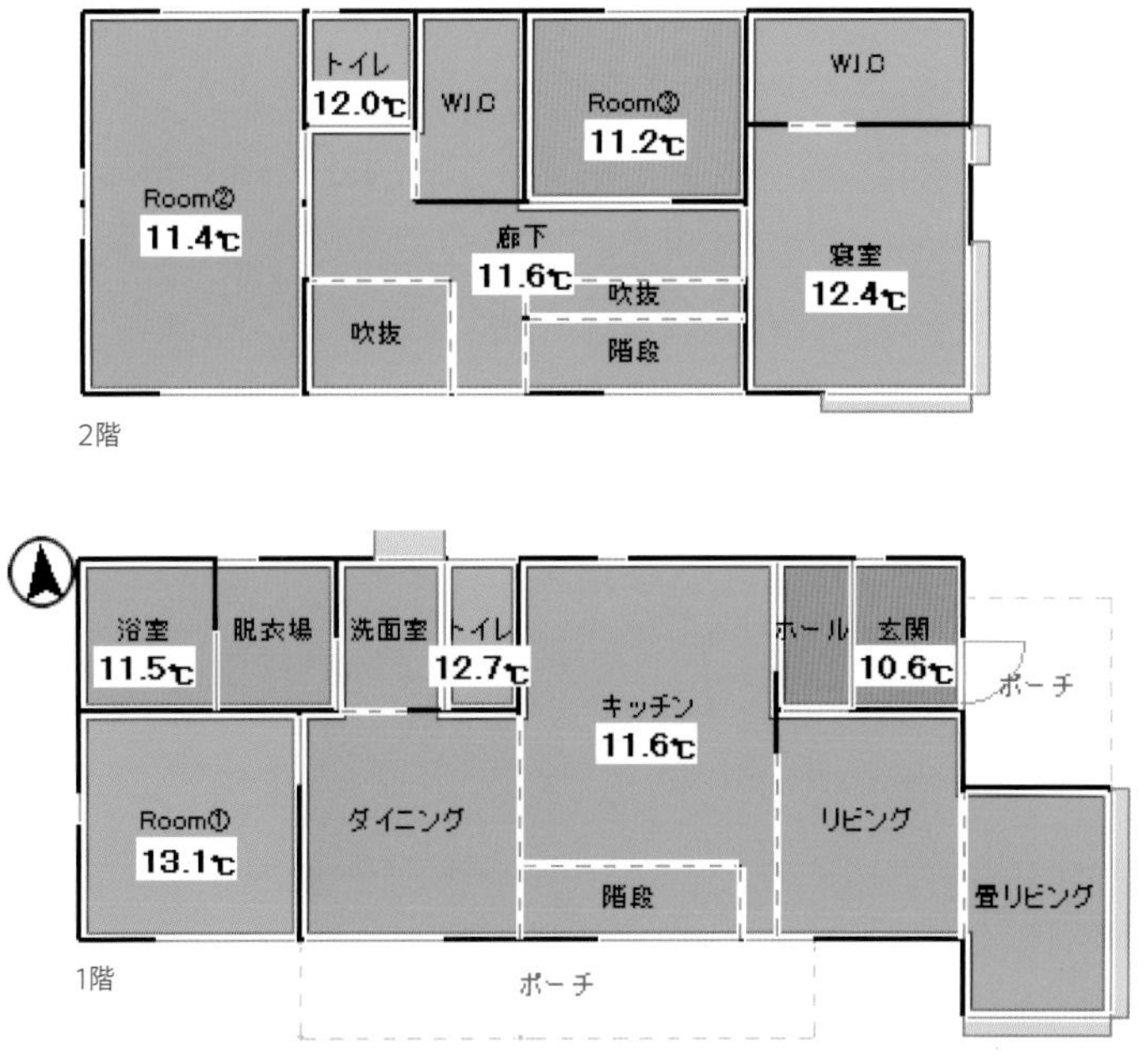

玄関を除いて室温が11℃を超え、12℃前後になった。断熱等級6になったものの、室温はまだまだ低いといえる。日射熱取得率はηAC2.1、ηAH3.3

④ 断熱等級6+（UA0.36-0.46）
家全体が14℃前後を維持

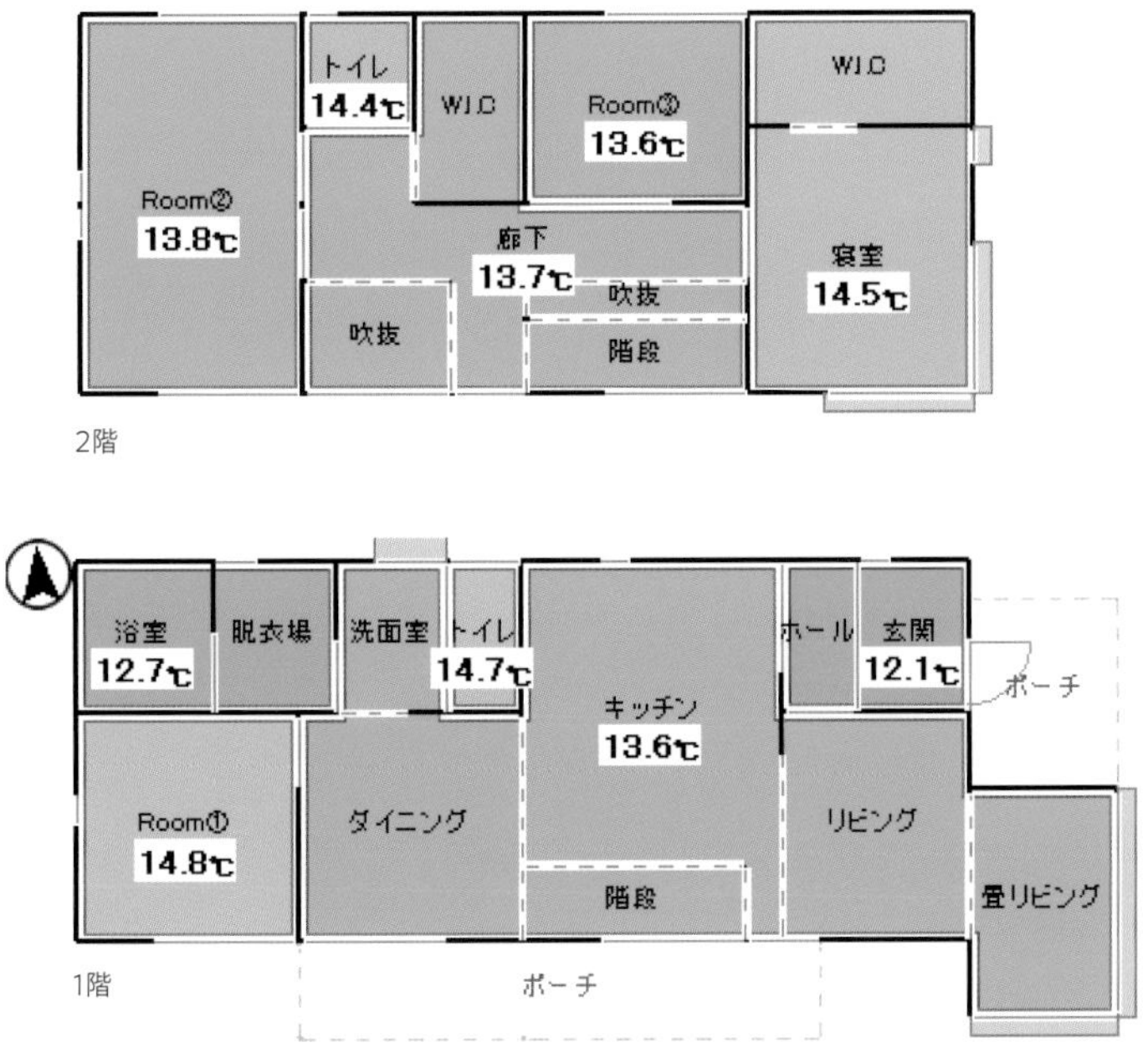

居室の多くが14℃前後となり、かなりの室温上昇が見られた。このくらいであれば体感上は寒さをかなり抑えられるのではないか。日射熱取得率はηAC1.7、ηAH2.9

断熱等級6といってもU_A値の幅は0・26〜0・46と、ほかの断熱等級と比較してもかなり大きい。そこで、U_A値を0.1ずつ上げてみる。

断熱等級6＋（U_A値0・36〜0・46）とした場合、居室の多くが14℃前後となり、かなり室温上昇が見られた。体感上はかなり寒さが抑えられるのではないか。

断熱等級6＋＋（U_A値0・26〜0・36）とした場合、居室の多くが16℃前後となった。暖房が要らないわけではないが、比較的寒さを感じずに過ごせる。

トップランナーの工務店でよくいわれる、「（HEAT20）G2.5」はこのあたりの断熱性能を指す。この場合は壁の付加断熱が必要になることが多いが、温熱環境のメリットが多く、このくらいの性能を標準としている工務店が多いのも理解できる。

全館空調を効かせるには断熱等級6強はほしい

最後に暖房をつけた状態でも比較してみたい。断熱等級4の場合は、最も寒い日の朝、各居室を体感上暖かいとされる22℃に全館空調で達成するのは難しい。したがって、各部屋にエアコンを設置して、家全体を温めるかたちでシミュレーションを行っている。居室以外のトイレや玄関などは温度が上がらなかったが、そのほかの部屋は22℃を維持できている。もちろん、暖房費はそこそこかかってしまうのだが、詳細については82頁を参照してほしい。

断熱等級6からU_A値を0.2ほど上げた断熱等級6＋は、基本的に1台の全館空調で居室を22℃にすることが可能になる。全館空調を十分に機能させるには、これくらいの断熱性能が必要であることが分かる。

南面の2層の窓と吹抜けをもつダイニング。冬はここが最も暖かい場所になる

リビングからダイニングを見る。暖房時はこの空間から各部屋に暖気が伝わる

⑤ **断熱等級6++**（U_A0.26-0.36）
家全体が16℃前後を維持

トイレ
17.4℃
WIC
Room③
16.4℃
WIC
Room②
16.9℃
廊下
16.5℃
吹抜
寝室
17.5℃
吹抜
階段
2階
浴室
15.4℃
脱衣場
洗面室
トイレ
17.4℃
キッチン
16.4℃
ホール
玄関
14.5℃
ポーチ
Room①
17.5℃
ダイニング
リビング
階段
畳リビング
1階
ポーチ

居室の多くが16℃前後となった。比較的、寒さを感じずに過ごすことができる温度といえる。日射熱取得率はηAC1.6、ηAH2.8

⑦ 断熱等級6（U_A0.46-0.7）の最寒日5時の室温
（全館空調1台連続運転+部分間歇暖房）
居室は22℃を維持、その他の部屋の温度差も小さい

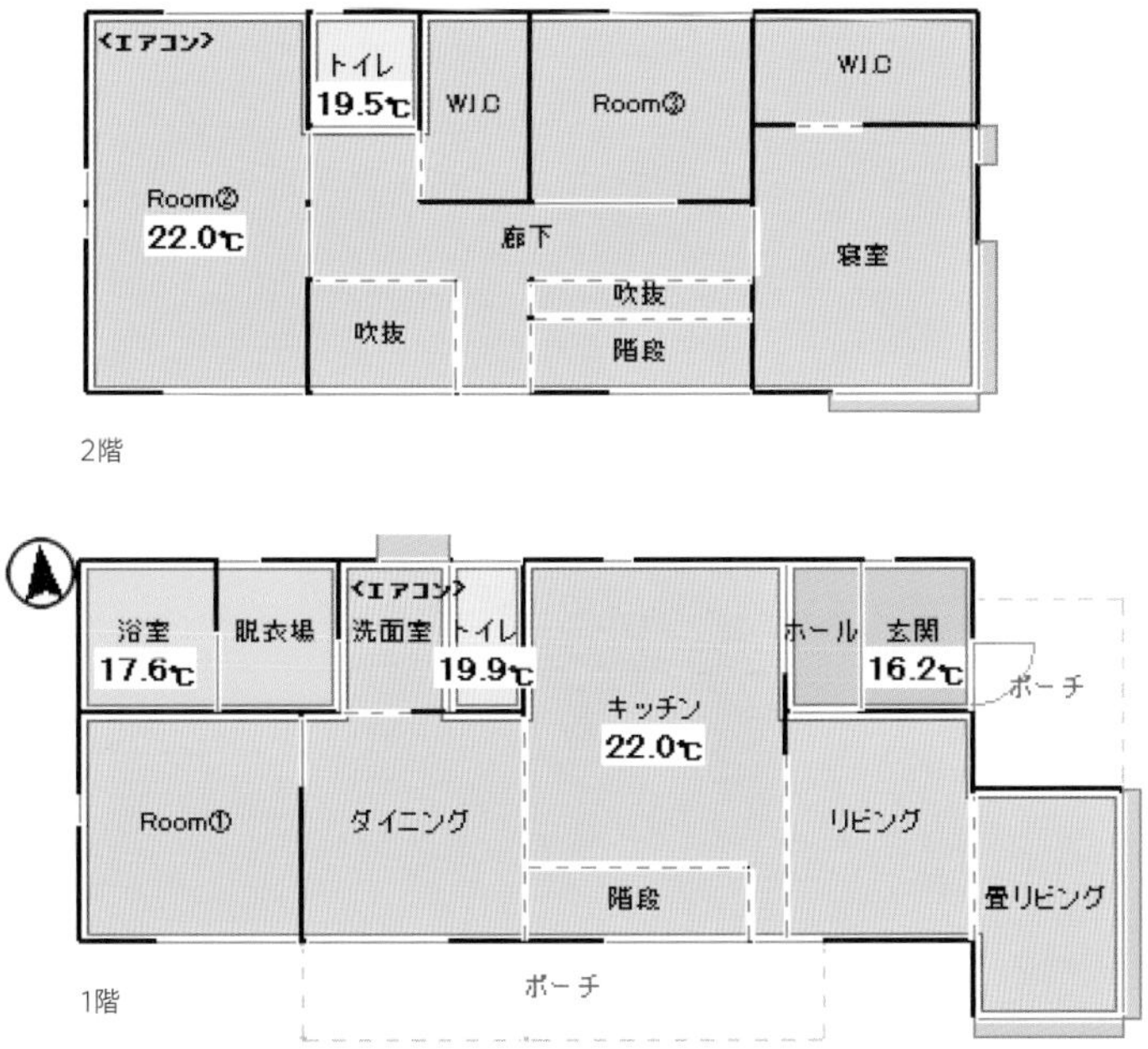

基本的に1台の全館空調で居室を22℃にできている。また、個別空調の等級4に比べてトイレや浴室の室温低下の比較的抑えられている

⑥ 断熱等級4（U_A0.87程度）の最寒日5時の室温（各居室間歇暖房）
居室は22℃を維持するも、その他の部屋の室温低下が目立つ

各部屋にエアコンを設置することで、居室は22℃を維持できている。ただし、トイレや浴室、玄関などは建物の保温性の低さから極端に室温が低くなっている

A 等級6の温室環境はカンペキではない。6と7の間を目指したい。

総2階から突き出した和室。南東面の窓は午前から長時間日差しを室内に採り込んでくれる

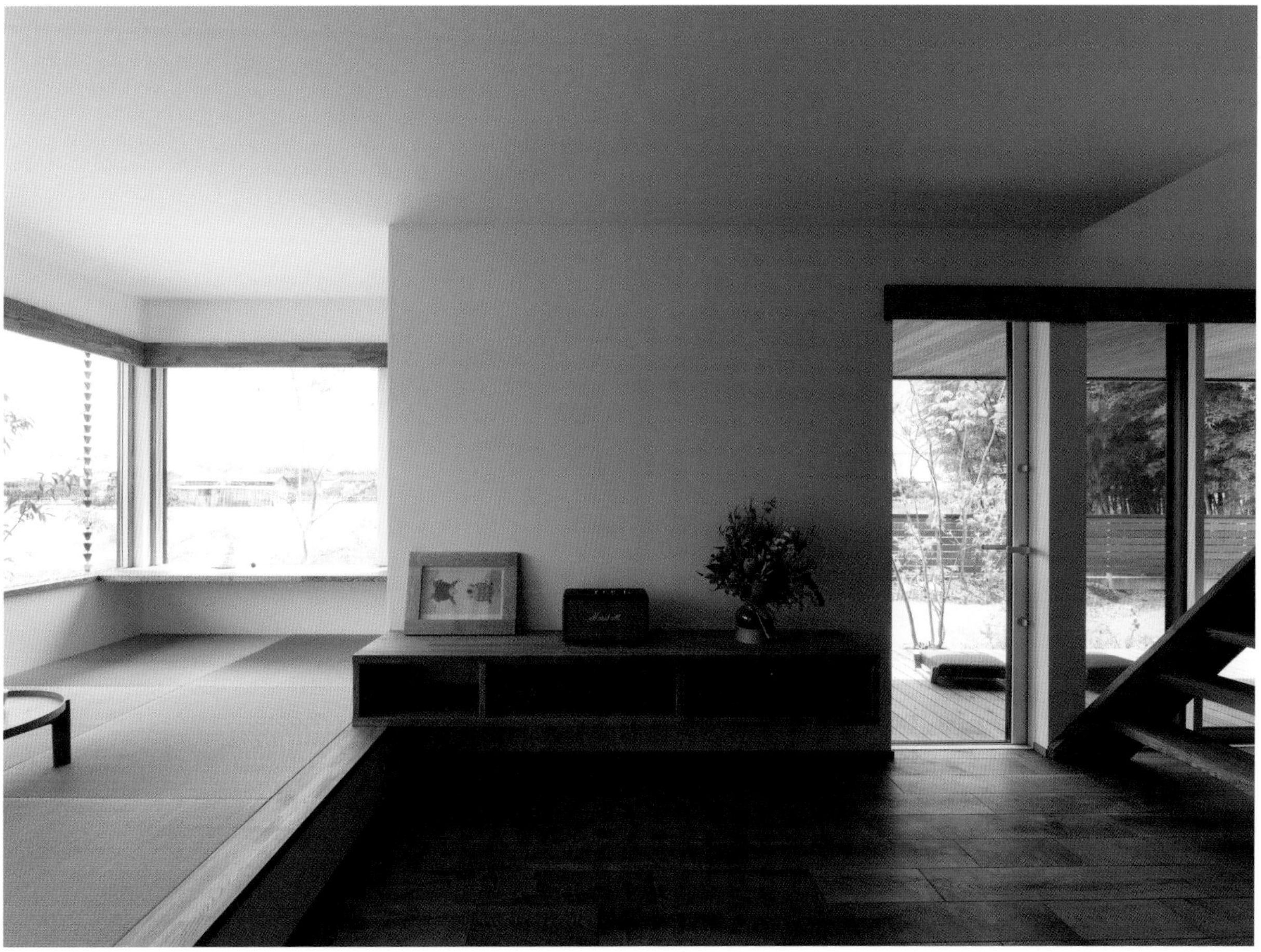

Q 等級6にすると暖冷房費はどう変わる?

解説：大橋利紀（リヴアース）　文：編集部

省エネ基準レベルから断熱等級6や7を目指す理由は、2つある。1つ目は省エネ（暖冷房費の削減）、2つ目は快適性の向上（建物の表面温度と室温との差、上下温度差ともに少なくなる）である。

一方で、断熱性能の向上に比例して、家全体の保温性が高まり、温度が均一化する。これを生かした暖冷房方式が、1～2台程度の暖冷房設備で家全体を温める「全館暖冷房」（全館空調）だ。ただし、全館空調は快適性や健康面で最も優れている反面、人がいない場所も暖冷房するため、省エネとはいえない。また、家全体の保温性が低いと熱がどんどん外に逃げてしまい、

窓仕様	玄関ドア
熱貫流率2.5前後サッシ＋複層ガラス	アルミ製
熱貫流率2.0前後サッシ+ガス入りLow-E複層ガラス	アルミ製
熱貫流率1.5前後サッシ+ガス入りLow-Eトリプルガラス	断熱アルミ製
熱貫流率1.0前後サッシ+ガス入りLow-Eトリプルガラス	木製
熱貫流率1.0前後サッシ+ガス入りダブルLow-Eトリプルガラス	木製
熱貫流率1.0前後サッシ+ガス入りダブルLow-Eトリプルガラス	木製
熱貫流率1.0前後サッシ+ガス入りダブルLow-Eトリプルガラス	木製
熱貫流率1.0前後サッシ+ガス入りダブルLow-Eトリプルガラス	木製

等級6　断熱材の厚みを増やさずに、窓の性能を上げて対応した

等級6+　当社標準仕様。付加断熱をしない代わりに屋根の厚みを確保

等級6++　当社標準仕様に付加断熱を追加したもの

等級6++南側窓面積半分　等級6++と同じ仕様で、南面の日射取得量を半分とした場合（パッシブ設計を考慮しない例）

等級6++超都市型立地　等級6++と同じ仕様で、周辺建物が隣接していため、冬の日射取得が70%減少している

等級7　壁の付加断熱、屋根の断熱厚、窓の仕様のすべてが高い水準

等級4を基準にした場合の暖冷房費のみでの断熱関連の初期費用回収年	暖冷房運転状況
0年	5台各居室間欠運転
1.9～5.6年	5台各居室間欠運転
5.1～7.3年	夏冬2～3台運転
7.4～9.7年	夏冬1台運転+部分的に間欠運転
11.7～16.5年	夏冬1台運転可
13.9～19.7年	夏冬1台運転+部分的に間欠運転
16.8～22.1年	夏冬1台運転+部分的に間欠運転
21～25.9年	夏冬1台運転可

等級4　各部屋にエアコンがある一般的な空調計画。暖房費は月平均で約1.3万円と最も高い

等級6　断熱性能の向上により、夏と冬は連続運転による全室冷暖房が可能になる一方、冷暖房費も削減傾向に

等級6++　当社標準仕様。同じ等級6でもエアコン1台の稼働で全室冷暖房が可能に。冷暖房費は等級6の1/3

等級6++南側窓面積半分　等級6++と同じ仕様で、南面の日射取得量が半分となったため、暖冷房費が増加

等級6++超都市型立地　等級6++と同じ仕様で、冬の日射取得が70%減少しているため、暖冷房費がさらに増加した

等級7　冷暖房費が最も少なくなるが、初期費用がかなりかかるため、回収には最も年数がかかる

1〜2台程度の暖冷房設備で「全館暖冷房」することはできない。

したがって、居室を中心に22℃以上の室温を保てるかをシミュレーションしたうえで、断熱性能（断熱等級）や日照条件で最適な冷暖房方式を選定し、実際の断熱仕様やコスト、暖冷房費エネルギー消費量、暖冷房費、さらに断熱仕様の費用をどれくらいの年数で回収できるかを算出してみた（下表）。算出結果の表からも明らかだが、暖冷房方式が違っているにもかかわらず、断熱性能が高くなればなるほど、冷暖房費が下がっている。ただし、南面の窓面積が半分になった場合と都市型立地では冷暖房費が高くなっており、日射熱の影響がかなり大きい。また、断熱等級が上がるにしたがって冷暖房費が下がっていくのだが、断熱等級6であってもU_A値によってかなり差があることも分かる。断熱仕様の費用をどのくらいの年数で回収できるかについても、断熱仕様の費用の高さがそのまま年数の長さに直結したため、断熱性能が高いほど回収に時間がかかっている。これは電気代などの値上げや資材価格によって変動する。

A 等級を上げるほど暖冷房費は下がる反面、初期費用の回収に時間がかかる

断熱等級別の初期費用と暖冷房費、初期費用回収年の比較

① 断熱等級別仕様例

断熱等級	U_A値の目安	初期費用	断熱仕様（高性能グラスウール16K）
等級4	0.7〜0.8	60〜75万円	壁：100㎜・天井：100㎜（グラスウール10K）
等級5	0.6〜0.7	80〜105万円	壁：105㎜・天井：105㎜
等級6	0.5〜0.6	110〜140万円	壁：105㎜・天井：105㎜
等級6+	0.4〜0.5	155〜195万円	壁：105㎜・天井：300㎜
等級6++	0.3〜0.4	220〜295万円	壁：105㎜・天井：300㎜+付加断熱45㎜
等級6++南側窓面積半分	0.33	220〜295万円	壁：105㎜・天井：300㎜+付加断熱45㎜
等級6++超都市型立地	0.36	220〜295万円	壁：105㎜・天井：300㎜+付加断熱45㎜
等級7	0.26	360〜435万円	壁：105㎜+付加断熱90㎜・天井：400㎜

6地域、121.50㎡の住宅で、5人家族が住んでいることを想定し、間取りや窓の位置を変えずに断熱仕様のみを変更して算出。換気は第3種換気とした。断熱材は安価なグラスウールをベースとし、サッシ、玄関ドアも国産の市販品を想定した。なお、超都市型立地は周囲を建物に囲まれ、日射取得率が70%程度低下することを想定している。

② 断熱等級各種コスト

断熱等級	U_A値の目安	初期費用	初期費用	暖冷房費（万円/年）	等級4との暖冷房費差額（万円/年）
等級4	0.7〜0.8	60〜75万円	60〜75万円	15.9万円/年	0万円/年
等級5	0.6〜0.7	80〜105万円	80〜105万円	13.2万円/年	−2.7万円/年
等級6	0.5〜0.6	110〜140万円	110〜140万円	9万円/年	−6.8万円/年
等級6+	0.4〜0.5	155〜195万円	155〜195万円	5.1万円/年	−10.8万円/年
等級6++	0.3〜0.4	220〜295万円	220〜295万円	3.5万円/年	−12.4万円/年
等級6++南側窓面積半分	0.33	220〜295万円	220〜295万円	5.5万円/年	−10.4万円/年
等級6++超都市型立地	0.36	220〜295万円	220〜295万円	7.3万円/年	−8.6万円/年
等級7	0.26	360〜435万円	360〜435万円	2.5万円/年	−13.3万円/年

冷暖房費は電気料金38円／kWh(25〜38円＋5.36円＋3.45円)で計算。差額などは等級4を基準に金額や年数の増減で表示している。冷暖房運転は居室の温度が21℃前後で均一になることを前提に断熱仕様ごとに設定。断熱仕様ごとの無暖房または暖房時の室温上シミュレーションなどは78〜81頁を参照いただきたい。

グラスウール 等級6の断熱仕様

取材協力：硝子繊維協会

等級4 仕様例

断面図(S=1:25)

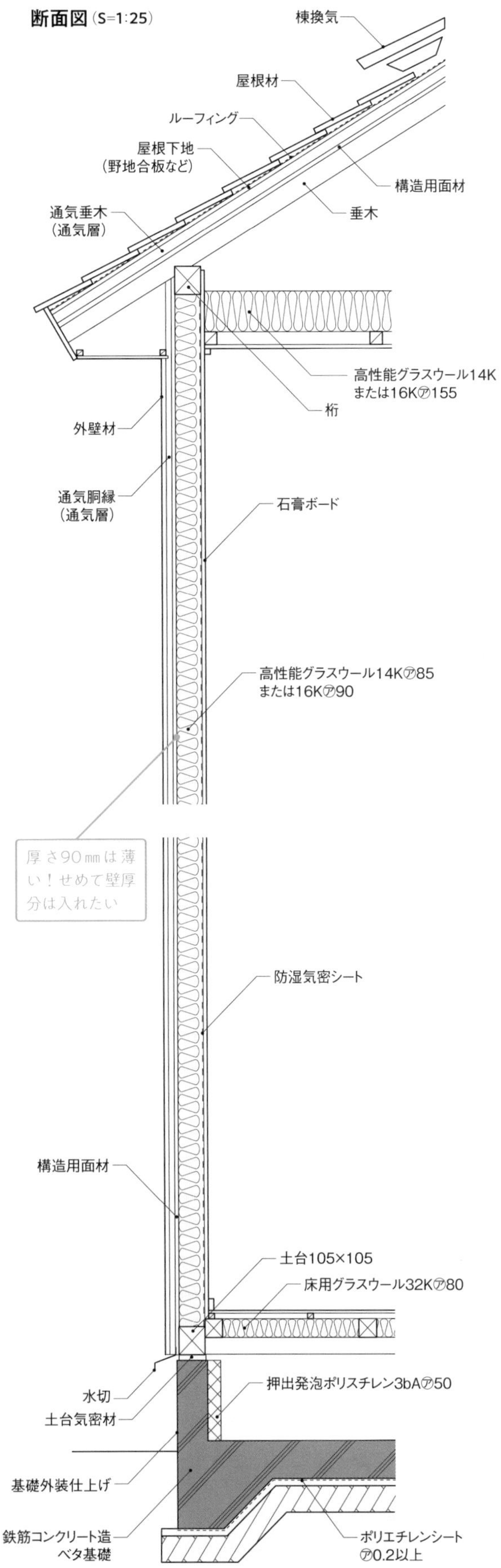

棟換気
屋根材
ルーフィング
屋根下地
(野地合板など)
構造用面材
垂木
通気垂木
(通気層)
高性能グラスウール14K
または16K⑦155
桁
外壁材
通気胴縁
(通気層)
石膏ボード
高性能グラスウール14K⑦85
または16K⑦90
厚さ90㎜は薄い！せめて壁厚分は入れたい
防湿気密シート
構造用面材
土台105×105
床用グラスウール32K⑦80
水切
土台気密材
押出発泡ポリスチレン3bA⑦50
基礎外装仕上げ
鉄筋コンクリート造
ベタ基礎
ポリエチレンシート
⑦0.2以上

厚さ90㎜は卒業すべし！

2025年に義務化されると最低基準となる断熱等級4(U_A値0.87)。ここで示す仕様よりも断熱性能が低い場合は、今すぐ仕様の見直しをしておきたい。外壁の断熱材の厚みを105㎜にし、窓をLow-E複層ガラスアルミ樹脂複合窓にしたり、土間床に断熱材を敷設したりして等級5(U_A値0.60)はクリアしておこう。

屋根

高性能グラスウール14Kまたは16K 155㎜

外壁

高性能グラスウール14K 85㎜または16K 90㎜

床

床用グラスウール32K 80㎜

基礎

立上り:押出法ポリスチレンフォーム3bA 50㎜

窓

U値4.07 W/㎡·K
(複層アルミ窓)

玄関ドア

U値3.49W/㎡·K
(アルミフラッシュドア)

住宅断熱の定番グラスウールで等級6をクリアするためには、付加断熱が必要だと思っている人は少なくないだろう。大幅に等級6を超える性能を目指すのであれば、付加断熱が必要になるが、密度が高い高性能グラスウールを使うことで付加断熱にしないでもU_A値0・46をクリアすることはできる。付加断熱は手間もコストもかかるため、敷地条件や予算、工期などによっては選択できないこともある。そんなときには、高性能グラスウールのハイグレード品の充填断熱で計算してみよう。これまでと同じ施工方法で性能を上げることができる、現時点で最もコスパのよい断熱方法といってよいだろう。

等級6 仕様例

断面図(S=1:25)

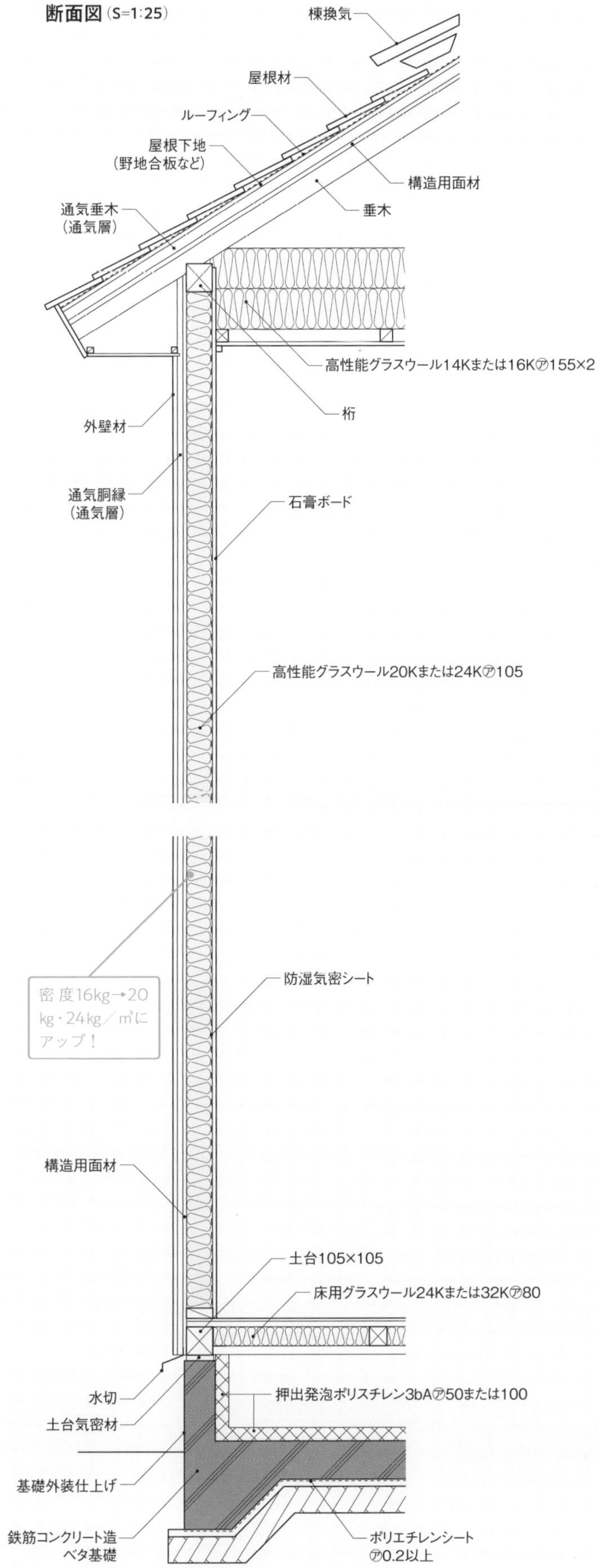

棟換気
屋根材
ルーフィング
屋根下地
(野地合板など)
構造用面材
垂木
通気垂木
(通気層)
高性能グラスウール14Kまたは16K㋐155×2
桁
外壁材
通気胴縁
(通気層)
石膏ボード
高性能グラスウール20Kまたは24K㋐105
密度16kg→20kg・24kg／㎥にアップ！
防湿気密シート
構造用面材
土台105×105
床用グラスウール24Kまたは32K㋐80
水切
土台気密材
押出発泡ポリスチレン3bA㋐50または100
基礎外装仕上げ
鉄筋コンクリート造
ベタ基礎
ポリエチレンシート
㋐0.2以上

出典:硝子繊維協会の資料をもとに作成

密度&厚さアップで 外壁の付加断熱は不要

高性能グラスウールは、密度によって断熱性能が変わる。外壁の付加断熱をせずに充填断熱で等級6(UA値0.46)をクリアしたいなら、密度と厚さを上げて壁の熱抵抗値を上げるとよい。同時に開口部や基礎・床まわりの断熱を強化する必要がある。

屋根

高性能グラスウール14Kまたは16K 310㎜
(155㎜×2層)

外壁

高性能グラスウール20Kまたは24K 105㎜

床

大引間:床用グラスウール24K
または32K80㎜

基礎

立上り:押出法ポリスチレンフォーム3bA
50㎜または100㎜ 土間床:同45㎜

窓

U値1.6 W/㎡・K
(Low-E複層ガラス樹脂窓など)

玄関ドア

U値1.6 W/㎡・K
(断熱ドア)

等級6 剛床構造

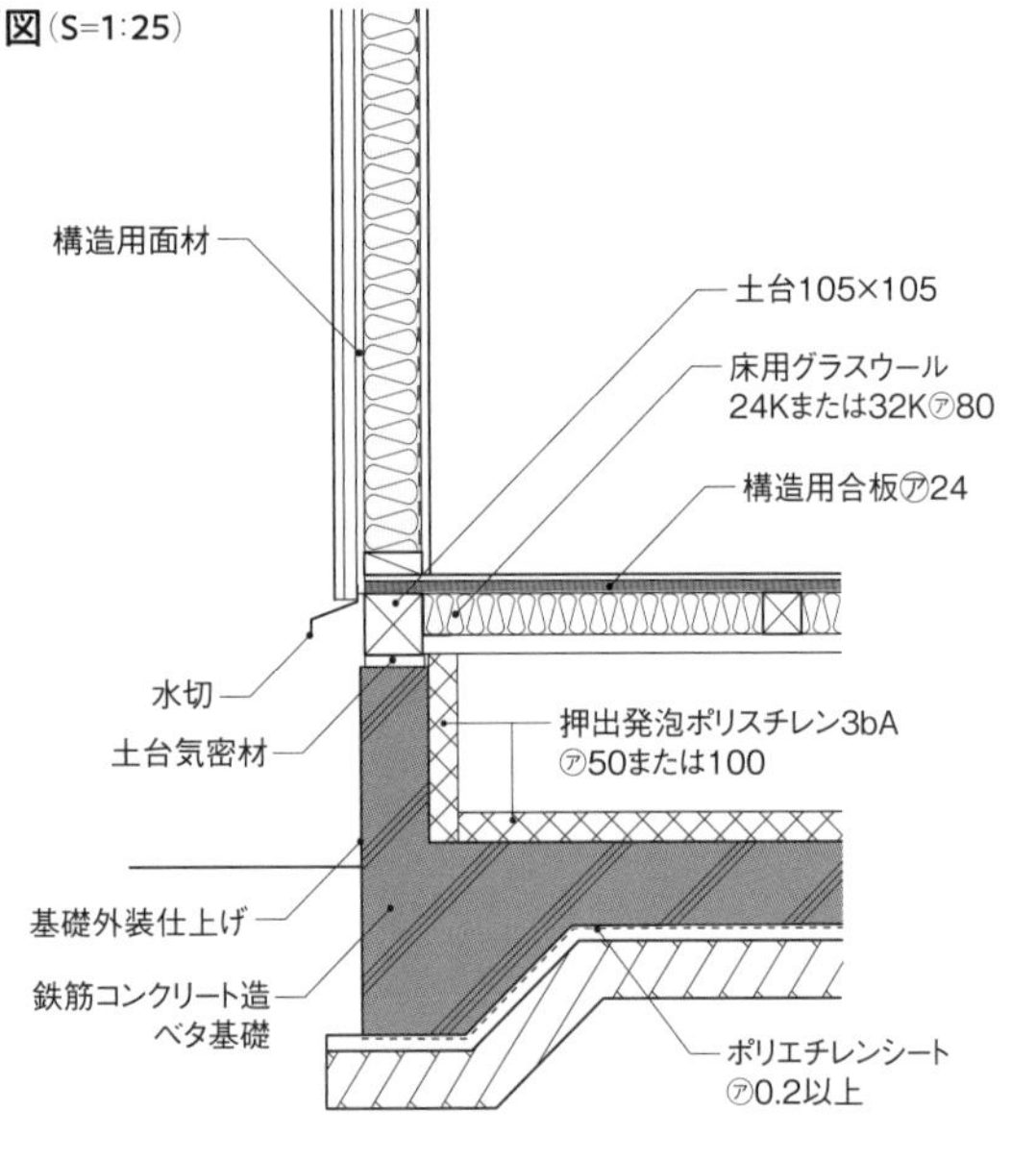

断面図(S=1:25)
構造用面材
土台105×105
床用グラスウール
24Kまたは32K⑦80
構造用合板⑦24
水切
土台気密材
押出発泡ポリスチレン3bA
⑦50または100
基礎外装仕上げ
鉄筋コンクリート造
ベタ基礎
ポリエチレンシート
⑦0.2以上

土台・大引間に床用グラスウールを充填後、厚さ24㎜の合板を張る。これにより壁内に冷気や暖気が入りにくく、気流止め材の施工が不要になり、気密性が上がる

等級6 石膏ボードの張り上げ施工

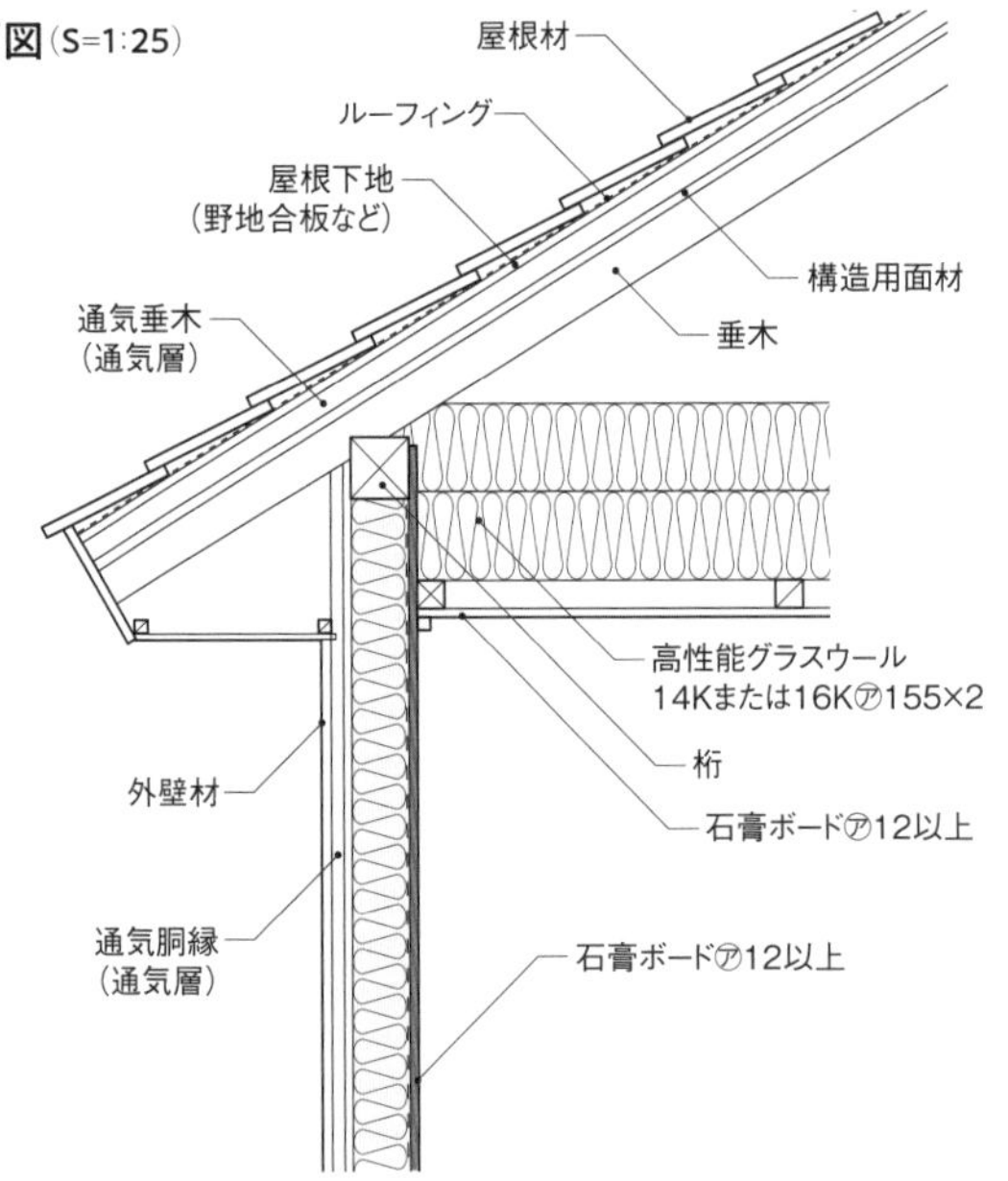

断面図(S=1:25)
屋根材
ルーフィング
屋根下地
(野地合板など)
構造用面材
通気垂木
(通気層)
垂木
高性能グラスウール
14Kまたは16K⑦155×2
桁
外壁材
石膏ボード⑦12以上
通気胴縁
(通気層)
石膏ボード⑦12以上

外壁と天井の取り合い部分は、室内側の石膏ボードを胴差や軒桁まで張り上げ、天井野縁を取り付ける。こうすることで壁の気流止め材の施工が不要になるうえ、気密性、防火性、耐震性が高まる

等級7 桁上断熱の仕様

資料提供:アキレス、パラマウント硝子工業

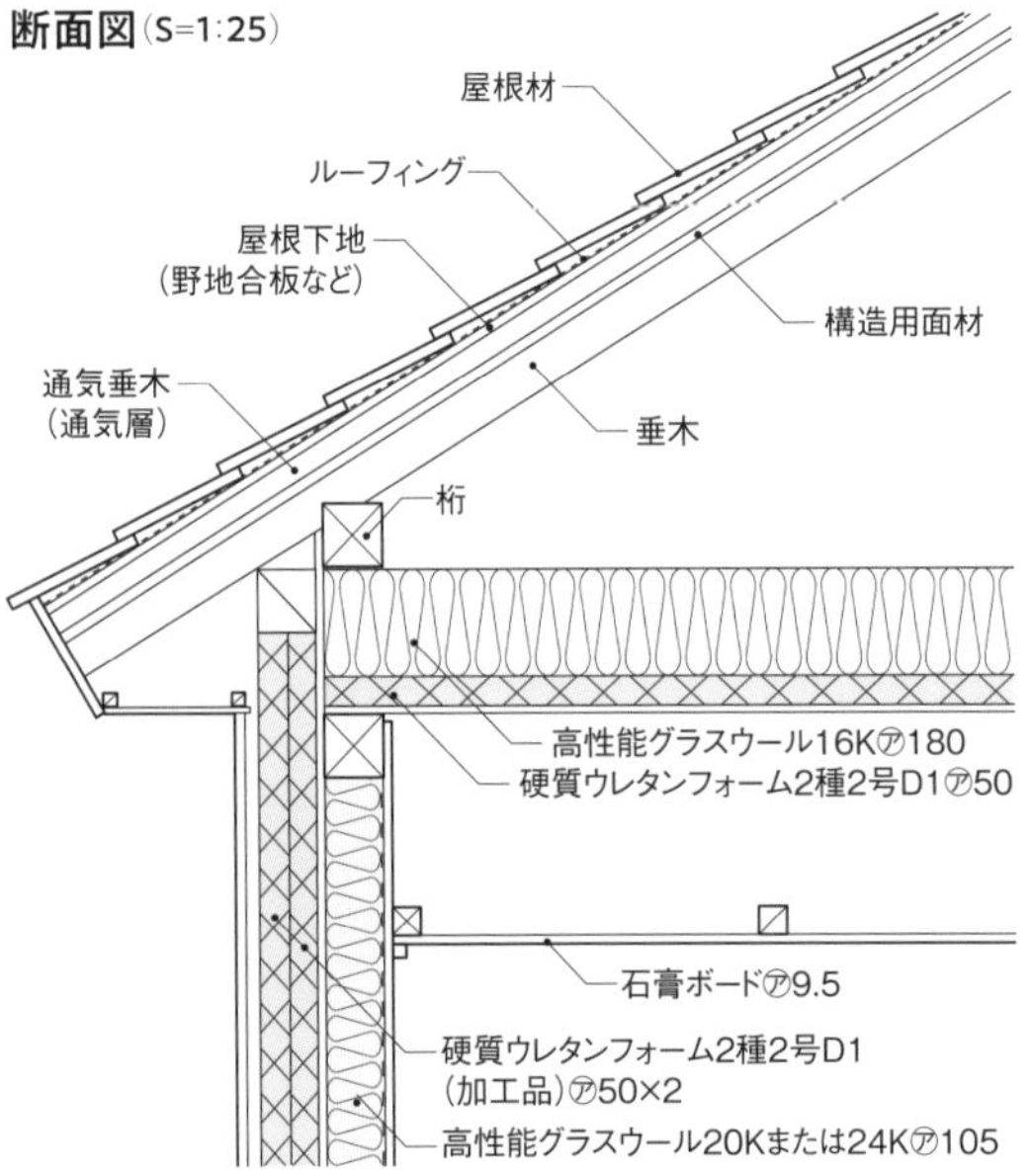

断面図(S=1:25)
屋根材
ルーフィング
屋根下地
(野地合板など)
構造用面材
通気垂木
(通気層)
垂木
桁
高性能グラスウール16K⑦180
硬質ウレタンフォーム2種2号D1⑦50
石膏ボード⑦9.5
硬質ウレタンフォーム2種2号D1
(加工品)⑦50×2
高性能グラスウール20Kまたは24K⑦105

小屋梁などの上に断熱層を設ける桁上断熱は、ダウンライトや電気配線などと気密層が緩衝しないため、気密がとりやすくなる。また、天井断熱では必須となる天井と間仕切壁の取り合い部の気流止めが不要となる。

小屋梁を施工後、桁・小屋梁の上部に合板を張り、合板の上に高性能硬質ウレタンフォームを敷く

断熱材の接手目地などを防水気密テープで気密処理したうえに、高性能グラスウールを敷き込んだ後、屋根を施工する

等級7 仕様例

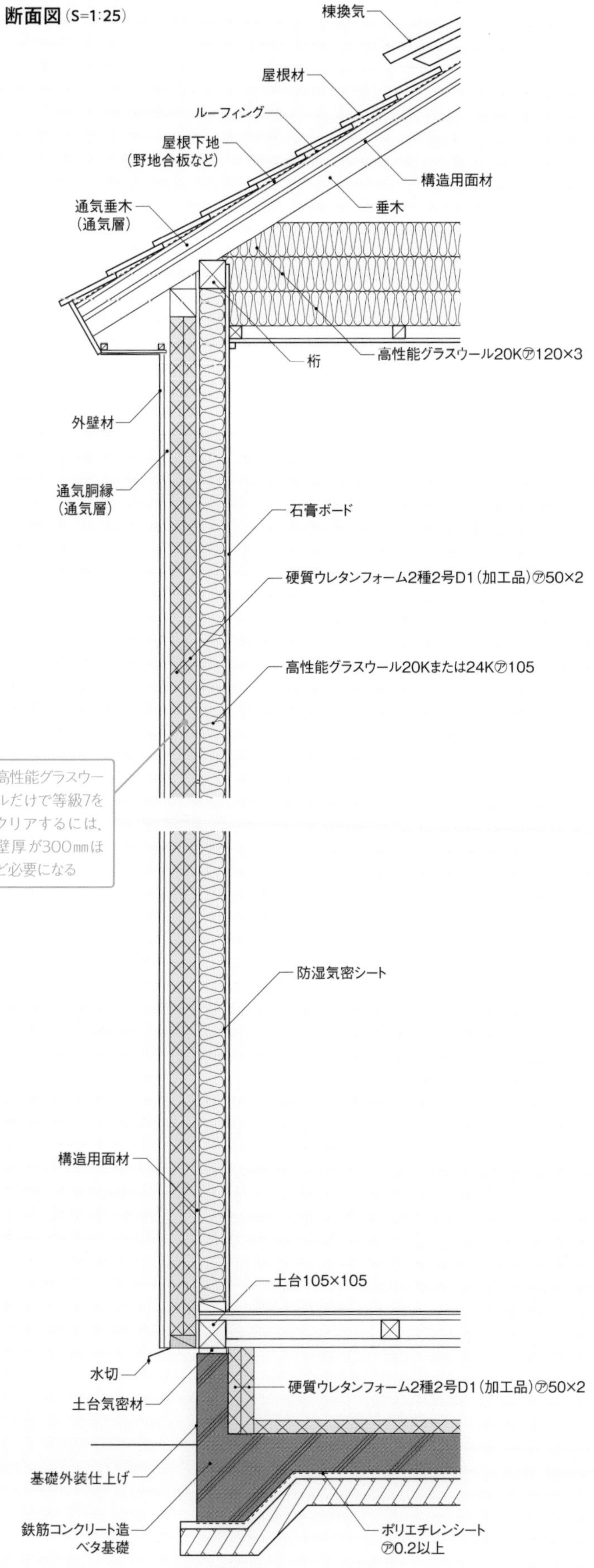

断面図（S=1:25）
棟換気
屋根材
ルーフィング
屋根下地（野地合板など）
構造用面材
垂木
通気垂木（通気層）
桁
高性能グラスウール20K⑦120×3
外壁材
通気胴縁（通気層）
石膏ボード
硬質ウレタンフォーム2種2号D1（加工品）⑦50×2
高性能グラスウール20Kまたは24K⑦105
高性能グラスウールだけで等級7をクリアするには、壁厚が300㎜ほど必要になる
防湿気密シート
構造用面材
土台105×105
水切
土台気密材
硬質ウレタンフォーム2種2号D1（加工品）⑦50×2
基礎外装仕上げ
鉄筋コンクリート造ベタ基礎
ポリエチレンシート⑦0.2以上

参考資料：『HEAT20 G3に挑戦する地域区分別の断熱推奨仕様』（パラマウント硝子工業作成）

発泡プラスチック断熱材と組み合わせる

6・7地域においてグラスウールだけで等級7をクリアすることは不可能ではない。ただし、外壁や床などの断熱層はかなり厚くなるため、狭小地などでは面積を圧迫しかねないし、施工手間も増える。そのため、外壁の外側の付加断熱にはフェノールフォームや硬質ウレタンフォームと組み合わせた仕様にするのが現実的である。

屋根

高性能グラスウール20K・360㎜

外壁

充填：高性能グラスウール20K・105㎜
付加：硬質ウレタンフォーム2種2号D1（加工品）100㎜

基礎

立上り：硬質ウレタンフォーム2種2号D1（加工品）100㎜

窓

U値1.3W/㎡・K以下
（ガス入りLow-E複層ガラス樹脂窓など）

玄関ドア

U値1.6W/㎡・K以下

フェノールフォーム 等級6の断熱仕様

取材協力：旭化成建材

フェノールフォームで等級6を達成するには、窓は樹脂サッシ複層ガラスとし、玄関・浴室の基礎にも断熱材を施せば付加断熱なしで達成できる。しかし充填だけで達成しようとすると屋根が120㎜と分厚くなってしまうため、納まりをシンプルにするのであれば90㎜のフェノールフォーム外張りをして確保するのがおすすめだ。

等級4 仕様例

断面図（S=1:25）

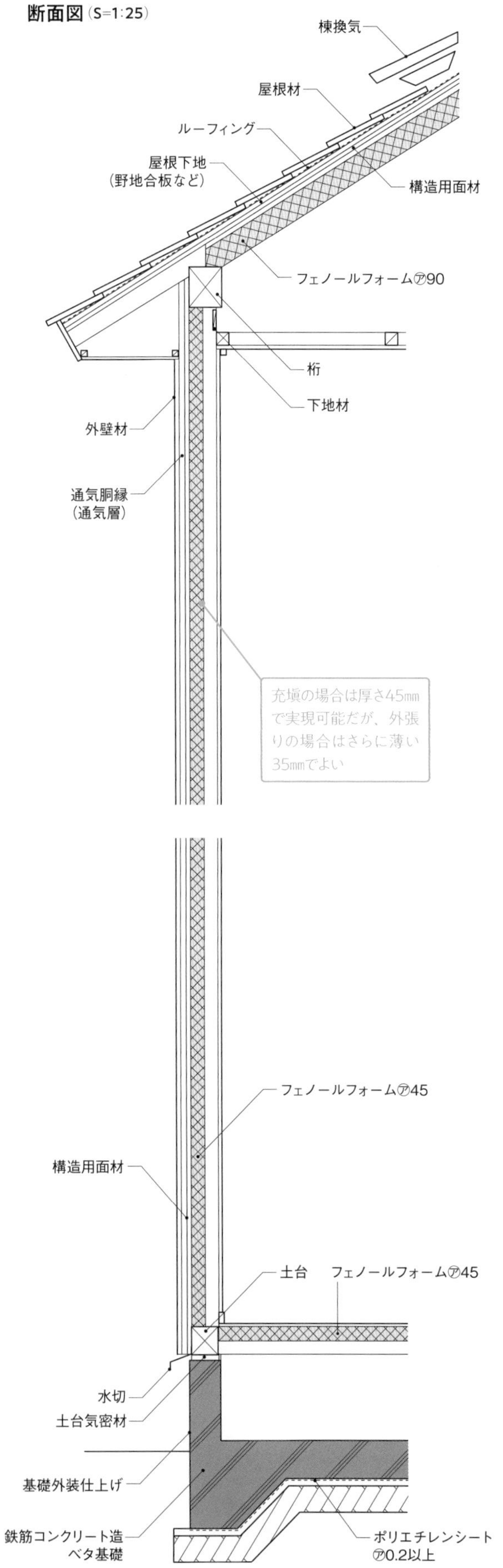

棟換気
屋根材
ルーフィング
屋根下地
（野地合板など）
構造用面材
フェノールフォーム㋐90
桁
下地材
外壁材
通気胴縁
（通気層）
充填の場合は厚さ45㎜で実現可能だが、外張りの場合はさらに薄い35㎜でよい
フェノールフォーム㋐45
構造用面材
土台
フェノールフォーム㋐45
水切
土台気密材
基礎外装仕上げ
鉄筋コンクリート造
ベタ基礎
ポリエチレンシート
㋐0.2以上

すっきり薄い納まりで達成可能

断熱等級4は屋根95㎜、壁45㎜、床45㎜を充填すれば適合できる。なお外張りの場合は、屋根80㎜、壁35㎜、床45㎜で達成可能だ（仕様基準）

屋根

フェノールフォーム 90㎜

外壁

フェノールフォーム 45㎜

床

フェノールフォーム 45㎜

基礎

玄関：断熱なし
浴室立上り：フェノールフォーム 35㎜

窓

U値3.49W/㎡・K
（複層ガラスアルミ樹脂複合窓）

＊各仕様は下記条件において算出した断熱仕様例であり、個別の住宅に必ずしも当てはまるとは限らない。
モデルプラン：自立循環型住宅設計ガイドライン設定モデル住宅（木造軸組み構造2階建て）
床面積：120.08 ㎡／外皮合計面積：328.14 ㎡／開口部面積合計：32.20 ㎡
なお、部位の熱貫流率については、面積比率法によって計算しており、木造軸組構法の値を用いている。
特に、真壁パネル構法として採用する場合、面積比率が異なる場合がある。
また基礎の熱損失の計算は旧計算式（土間床等の外周部の熱損失及び基礎壁の熱損失を一体として評価する方法）を使用

等級6 仕様例

断面図（S=1:25）

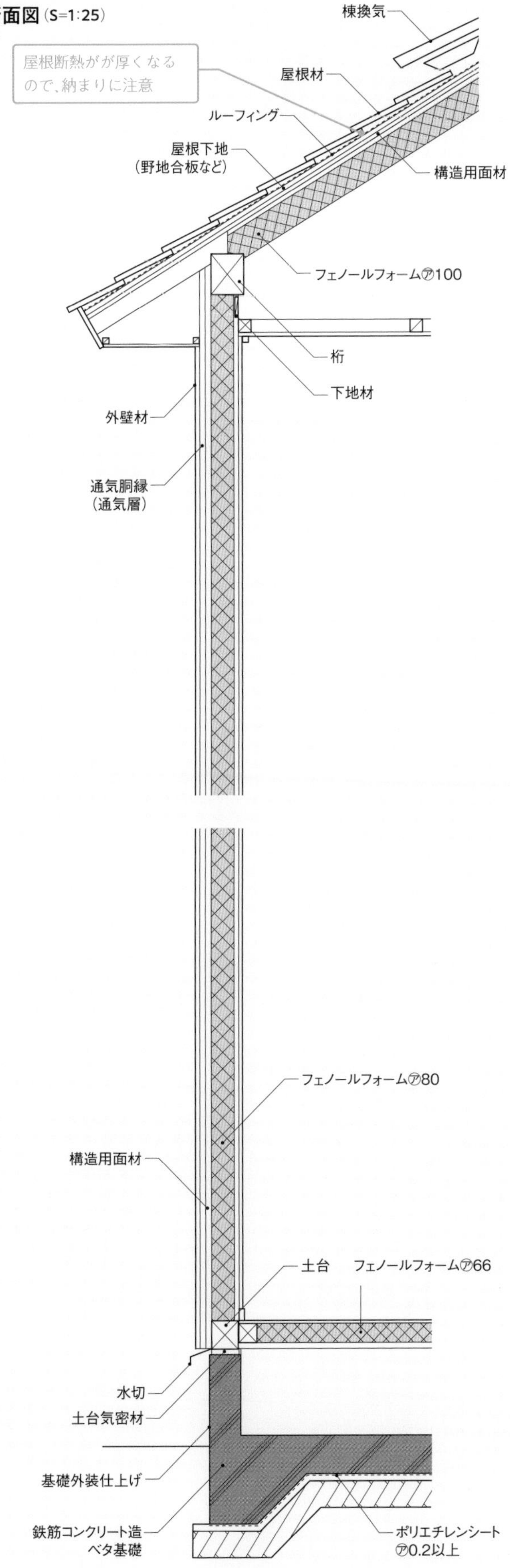

屋根断熱がが厚くなるので、納まりに注意
棟換気
屋根材
ルーフィング
屋根下地
（野地合板など）
構造用面材
フェノールフォーム⑦100
桁
下地材
外壁材
通気胴縁
（通気層）
フェノールフォーム⑦80
構造用面材
土台
フェノールフォーム⑦66
水切
土台気密材
基礎外装仕上げ
鉄筋コンクリート造
ベタ基礎
ポリエチレンシート
⑦0.2以上

厚くするだけで付加断熱は不要

等級6の仕様にする際も、付加せずに充填断熱のみで達成可能だが屋根は120㎜を充填する必要がある。納めにくい場合には外張りとするのがおすすめ。その場合は、屋根は90㎜、壁は60㎜、床は充填66㎜とする。

屋根

フェノールフォーム 120㎜

外壁

フェノールフォーム 80㎜

床

フェノールフォーム 90㎜

基礎

玄関立上り：フェノールフォーム 45㎜
浴室立上り：フェノールフォーム 45㎜

窓

U値1.6W/㎡·K
（複層ガラス樹脂窓）

玄関ドア

U値1.61.6W/㎡·K
（断熱ドアなど）

等級5 仕様例

断面図（S=1:25）

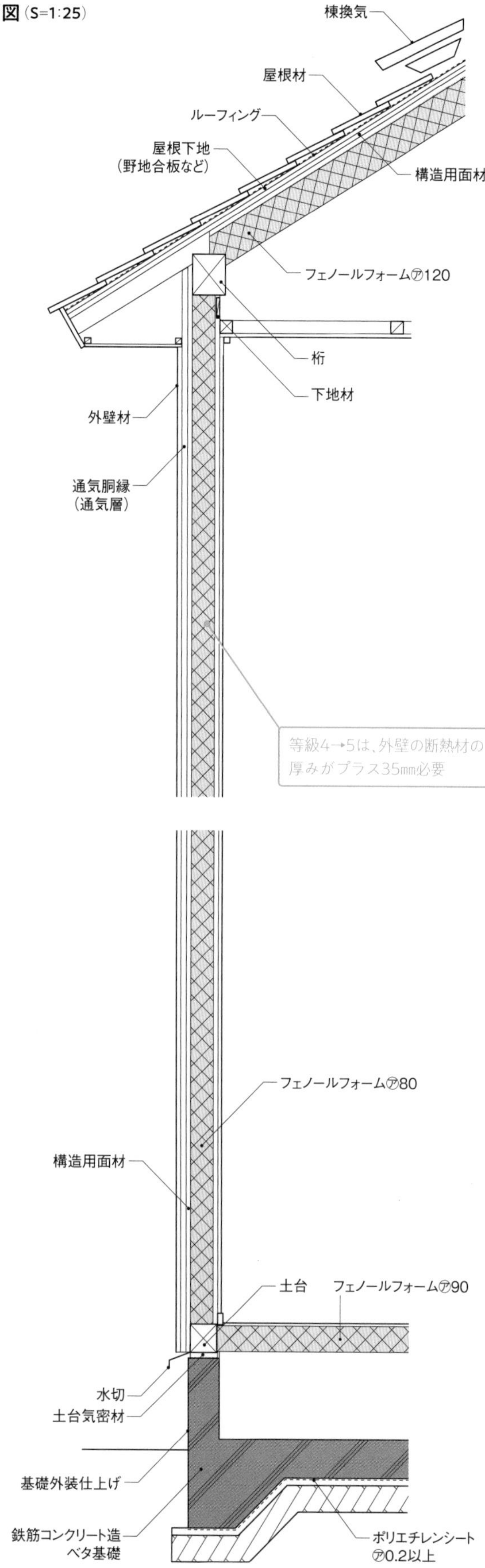

棟換気
屋根材
ルーフィング
屋根下地
（野地合板など）
構造用面材
フェノールフォーム㋐120
桁
下地材
外壁材
通気胴縁
（通気層）
等級4→5は、外壁の断熱材の厚みがプラス35㎜必要
フェノールフォーム㋐80
構造用面材
土台
フェノールフォーム㋐90
水切
土台気密材
基礎外装仕上げ
鉄筋コンクリート造
ベタ基礎
ポリエチレンシート
㋐0.2以上

浴室の基礎は立上り45㎜をプラス

等級5も充填のみで達成できる。玄関の基礎も無断熱でよいが、浴室の基礎は立上りが必要となる。外張りの場合は屋根90㎜、壁45㎜、床を充填66㎜とする。

屋根

フェノールフォーム 100㎜

外壁

フェノールフォーム 80㎜

床

フェノールフォーム 66㎜

基礎

玄関：なし
浴室立上り：フェノールフォーム45㎜

窓

U値2.33W/㎡・K
（Low-E複層ガラスアルミ樹脂複合窓）

玄関ドア

U値2.33W/㎡・K
（断熱ドアなど）

等級7 仕様例

断面図（S=1:25）

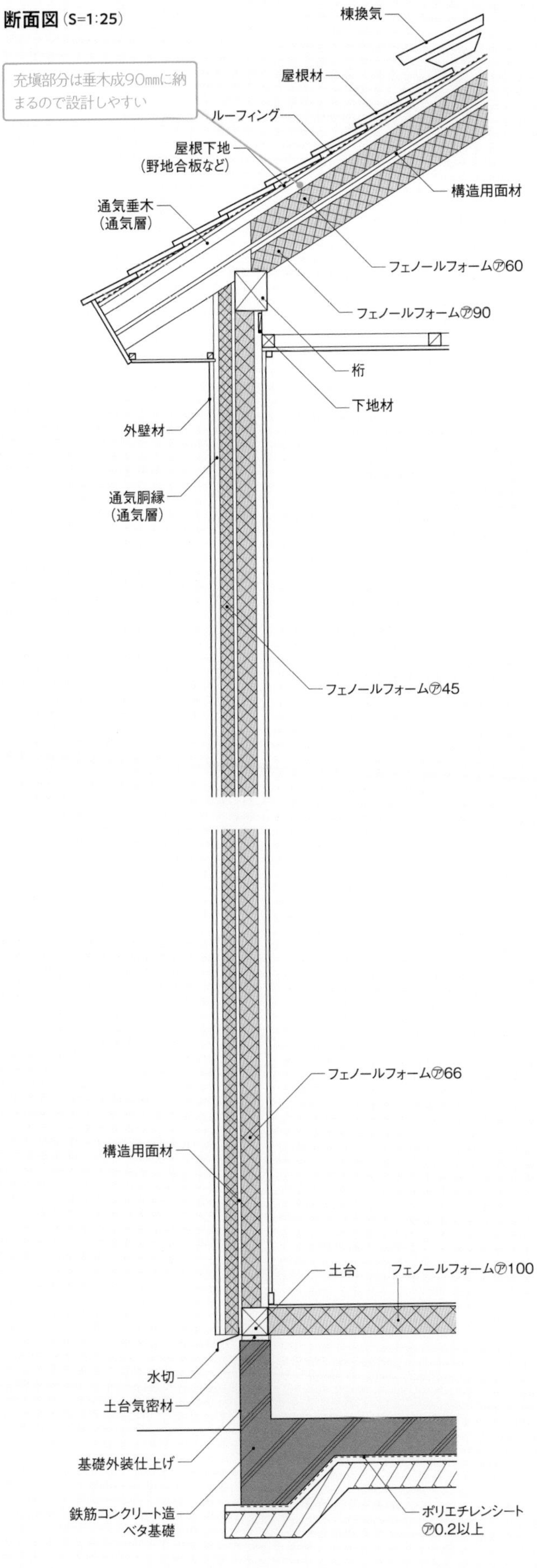

充填部分は垂木成90㎜に納まるので設計しやすい
棟換気
屋根材
ルーフィング
屋根下地
（野地合板など）
通気垂木
（通気層）
構造用面材
フェノールフォーム㋐60
フェノールフォーム㋐90
桁
下地材
外壁材
通気胴縁
（通気層）
フェノールフォーム㋐45
フェノールフォーム㋐66
構造用面材
土台
フェノールフォーム㋐100
水切
土台気密材
基礎外装仕上げ
鉄筋コンクリート造
ベタ基礎
ポリエチレンシート
㋐0.2以上

等級7からは付加断熱が必要に

等級7を目指す場合は、付加断熱が必要となる。フェノールフォーム90㎜を充填し、さらに同部材60㎜を外張りで付加する。屋根充填90㎜＋付加45㎜、壁充填80㎜＋付加45㎜、床充填90㎜でも達成できる。

屋根

充填：フェノールフォーム90㎜
付加：フェノールフォーム60㎜

外壁

充填：フェノールフォーム66㎜
付加：フェノールフォーム 45㎜

床

フェノールフォーム100㎜

基礎

［玄関］立上り：フェノールフォーム 45㎜
［浴室］立上り：フェノールフォーム 60㎜

窓

U値1.0W/㎡・K
（アルゴンガス入りLow-E三層ガラス樹脂窓）

玄関ドア

U値1.0W/㎡・K
（断熱ドアなど）

セルロースファイバー 等級6の断熱仕様

取材協力：デコス

セルロースファイバーを使用して断熱等級6を目指すのはそんなに難しくはない。セルロースファイバーはどのメーカーのものも概ね性能値は同じなので、厚さを変更することが高性能化への最短ルートである。断熱材の性能を発揮させるために、メーカーが推奨する施工手順に従って行おう。また、新聞紙などの木質繊維からつくられるセルロースファイバーを天井や壁などに採用することで、調湿効果が期待できる。その特徴を生かすために、防湿シートを張らない施工手法がある。ただし、地域によっては内部結露が発生するおそれがあるので、防湿層を省く際には内部結露計算による確認が必要だ。

等級4 仕様例

断面図（S=1:25）

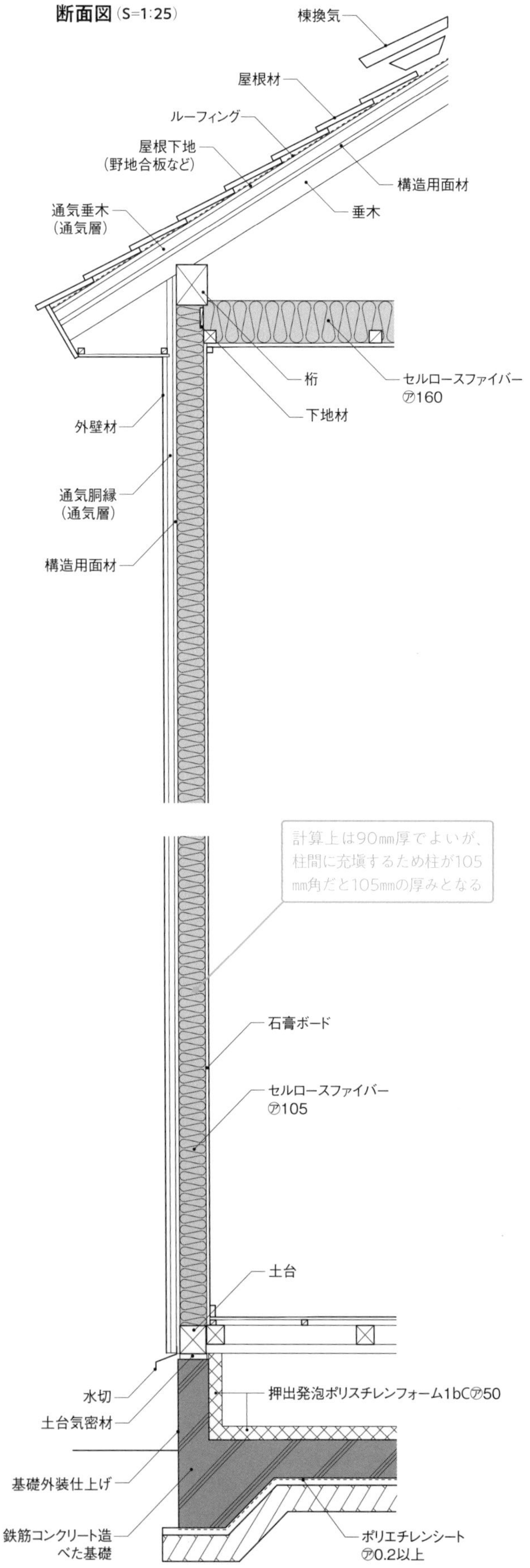

棟換気
屋根材
ルーフィング
屋根下地
（野地合板など）
構造用面材
垂木
通気垂木
（通気層）
桁
セルロースファイバー
㋐160
下地材
外壁材
通気胴縁
（通気層）
構造用面材
計算上は90mm厚でよいが、柱間に充填するため柱が105mm角だと105mmの厚みとなる
石膏ボード
セルロースファイバー
㋐105
土台
水切
土台気密材
押出発泡ポリスチレンフォーム1bC㋐50
基礎外装仕上げ
鉄筋コンクリート造べた基礎
ポリエチレンシート
㋐0.2以上

天井160mm厚で楽々達成！

断熱等級4を達成するには、天井または屋根を厚くすればOK。基準値以上の厚みの確保がコスト面でも技術面でも最適である。ちなみに、セルロースファイバーの熱伝導率は約0.04W／m・Kなので、グラスウール16Kとほとんど同じ仕様となる。施工時にセルロースファイバーの沈下防止と性能確保のために、55kg／㎥以上を目安に吹き込むとよい。

屋根

セルロースファイバー25K 160mm
※屋根の場合はセルロースファイバー185mm

外壁

セルロースファイバー55K 105mm

基礎

立上り+底盤:押出発泡ポリスチレンフォーム1bC 50mm

窓

U値1.6W/㎡・K
（Low-E複層ガラス樹脂窓など）

玄関ドア

U値4.65W/㎡・K以下

等級6 仕様例

断面図（S=1:25）

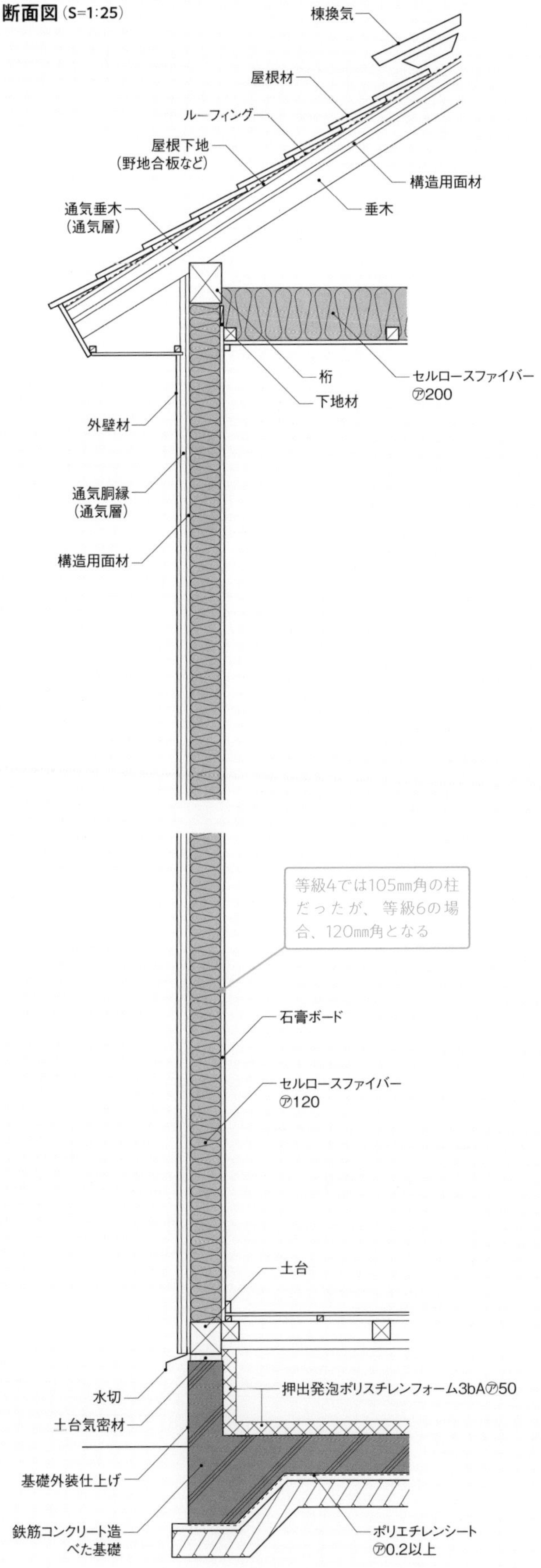

棟換気
屋根材
ルーフィング
屋根下地（野地合板など）
構造用面材
垂木
通気垂木（通気層）
桁
下地材
セルロースファイバー ㋐200
外壁材
通気胴縁（通気層）
構造用面材
等級4では105mm角の柱だったが、等級6の場合、120mm角となる
石膏ボード
セルロースファイバー ㋐120
土台
押出発泡ポリスチレンフォーム3bA㋐50
水切
土台気密材
基礎外装仕上げ
鉄筋コンクリート造べた基礎
ポリエチレンシート ㋐0.2以上

窓の性能を最優先せよ

セルロースファイバーの厚みを増やす方法もあるが、技術的にもコスト面でもあまりお勧めできない。最もコストパフォーマンスが高いのは熱が逃げやすい開口部の性能を高めるとともに、天井または屋根の断熱材を厚くする方法だ。特別な施工は不要なので、等級4から等級6へのグレードアップは比較的目指しやすい。

屋根

セルロースファイバー25K 200mm

外壁

セルロースファイバー55K 120mm

基礎

立上り+底盤：押出発泡ポリスチレン フォーム3bA 50mm

窓

U値1.31W/㎡・K
（ガス入りLow-E複層ガラス樹脂窓）

玄関ドア

U値2.33W／㎡・K以下（※）（断熱ドア）

＊玄関を高断熱仕様にすれば窓の性能値を下げたり、大開口を用いたりすることができる

等級6 内付加断熱の仕様例

断面図（S=1:25）

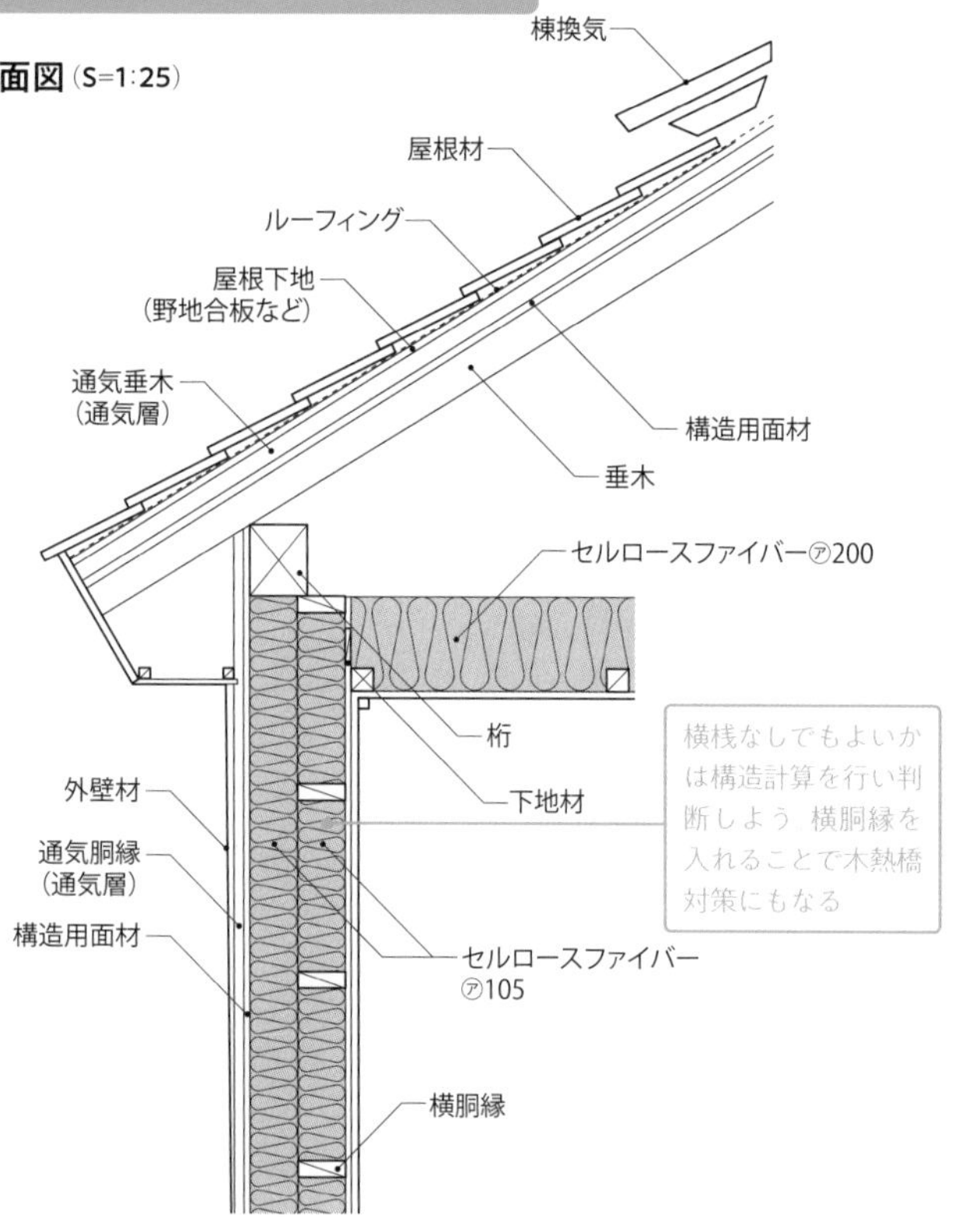
棟換気
屋根材
ルーフィング
屋根下地
（野地合板など）
通気垂木
（通気層）
構造用面材
垂木
セルロースファイバー㋐200
桁
下地材
横桟なしでもよいかは構造計算を行い判断しよう。横胴縁を入れることで木熱橋対策にもなる
外壁材
通気胴縁
（通気層）
構造用面材
セルロースファイバー
㋐105
横胴縁

ガス入りLow -E複層ガラスアルミ樹脂窓（U値2.33相当）を使いながら等級6を目指すこともできる。窓の性能値を補うために、充填＋内付加断熱で壁の厚みを増やせばよい。ただし、施工手間とコストはかかる。

等級6 屋根断熱の仕様例

断面図（S=1:25）

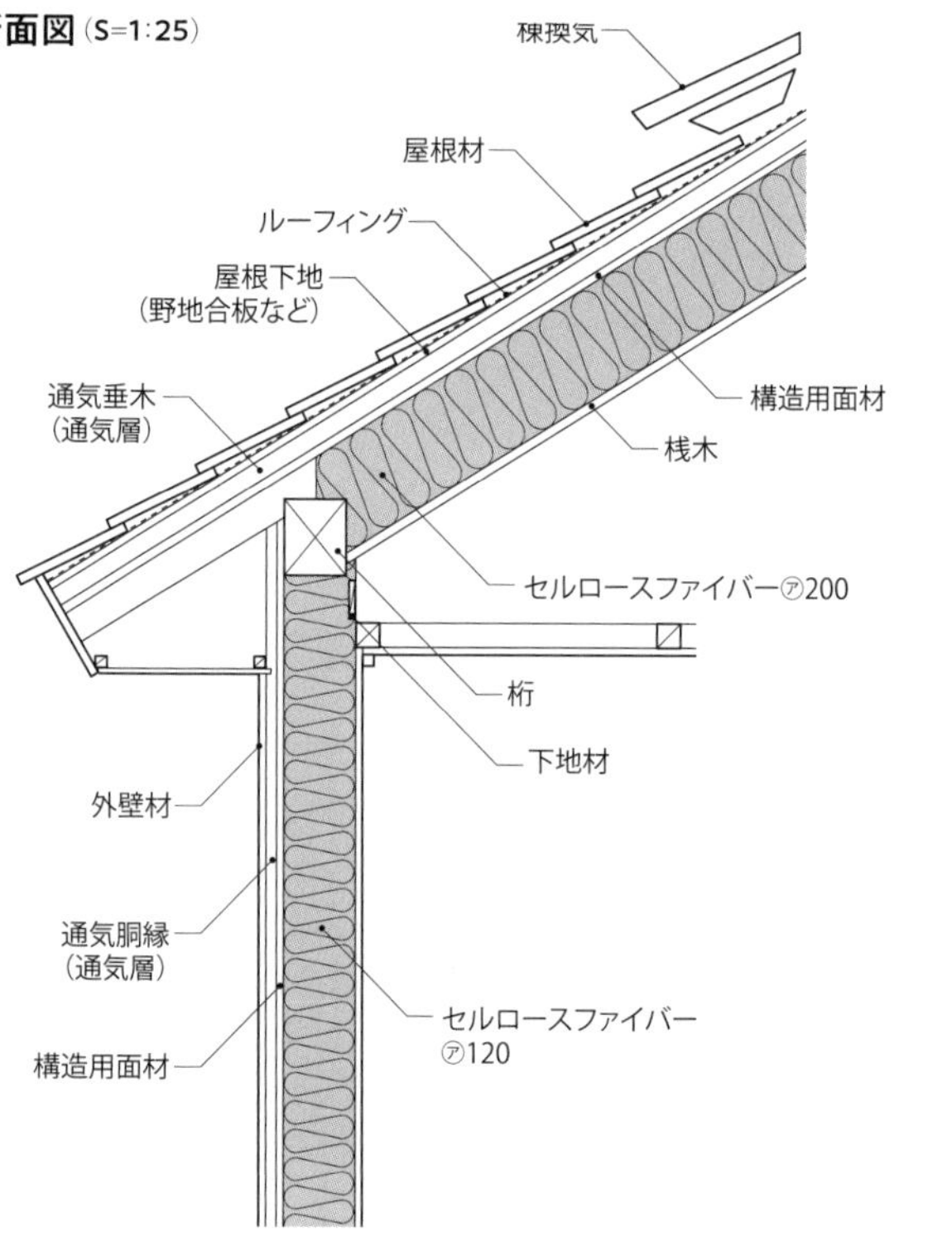
棟換気
屋根材
ルーフィング
屋根下地
（野地合板など）
通気垂木
（通気層）
構造用面材
桟木
セルロースファイバー㋐200
桁
下地材
外壁材
通気胴縁
（通気層）
構造用面材
セルロースファイバー
㋐120

屋根にセルロースファイバーを吹き込む場合は、経年による落下防止のため、シートの木下地を約500㎜ピッチに取り付ける。また、荷重による落下防止のため桟木で補強する必要がある。

等級7 平屋の仕様例

断面図（S=1:25）

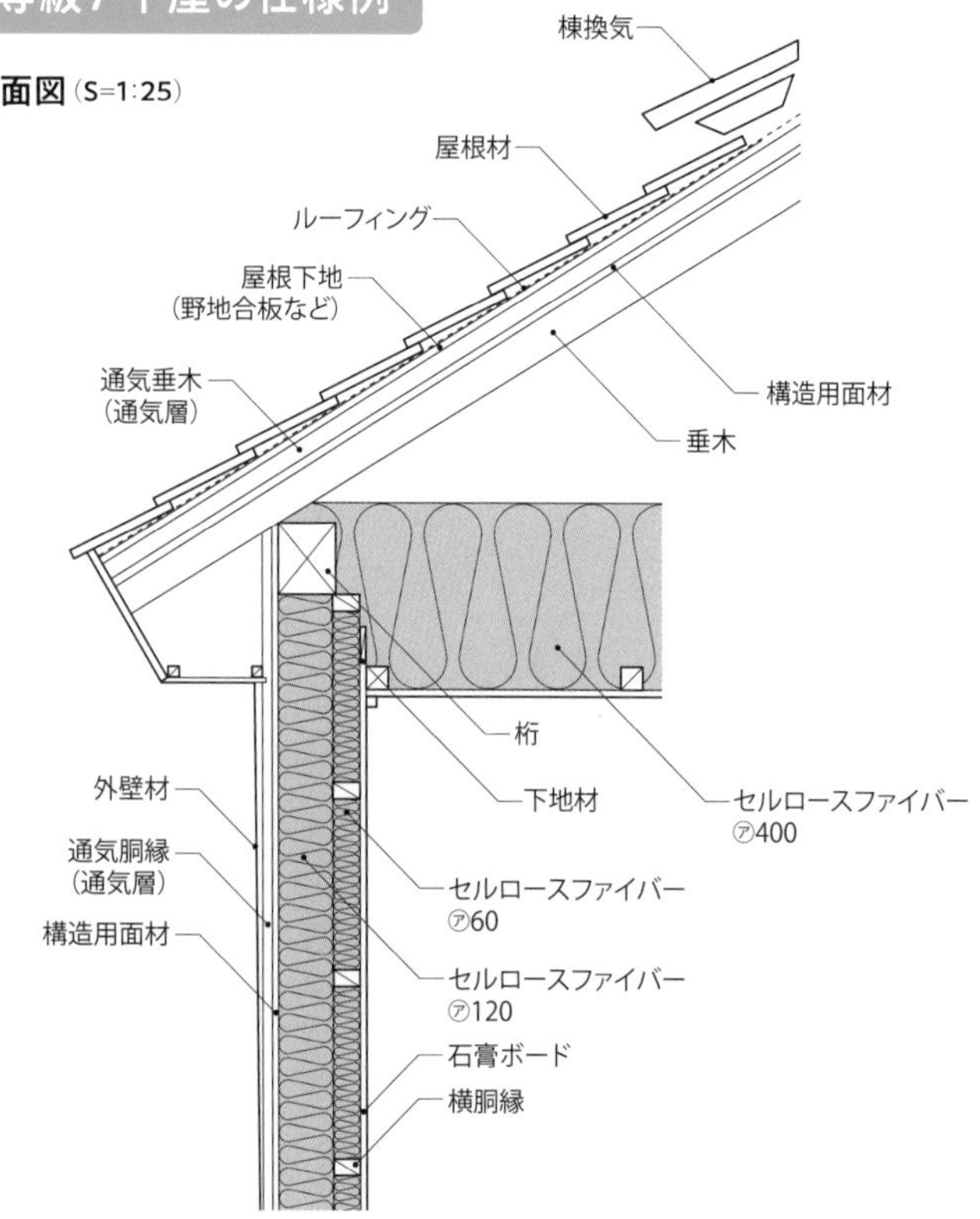
棟換気
屋根材
ルーフィング
屋根下地
（野地合板など）
通気垂木
（通気層）
構造用面材
垂木
桁
下地材
セルロースファイバー
㋐400
外壁材
通気胴縁
（通気層）
構造用面材
セルロースファイバー
㋐60
セルロースファイバー
㋐120
石膏ボード
横胴縁

平屋は壁面積が減るので、付加断熱なしで等級7を達成できる。天井400㎜厚*、充填120㎜厚＋内付加断熱60㎜、基礎フェノールフォーム90㎜厚（立ち上がり＋底盤）、ガス入りダブルLow-Eトリプルガラス樹脂窓（U値0.9）、玄関ドアU値0.82以下とする。

等級6 床断熱の仕様例

断面図（S=1:25）

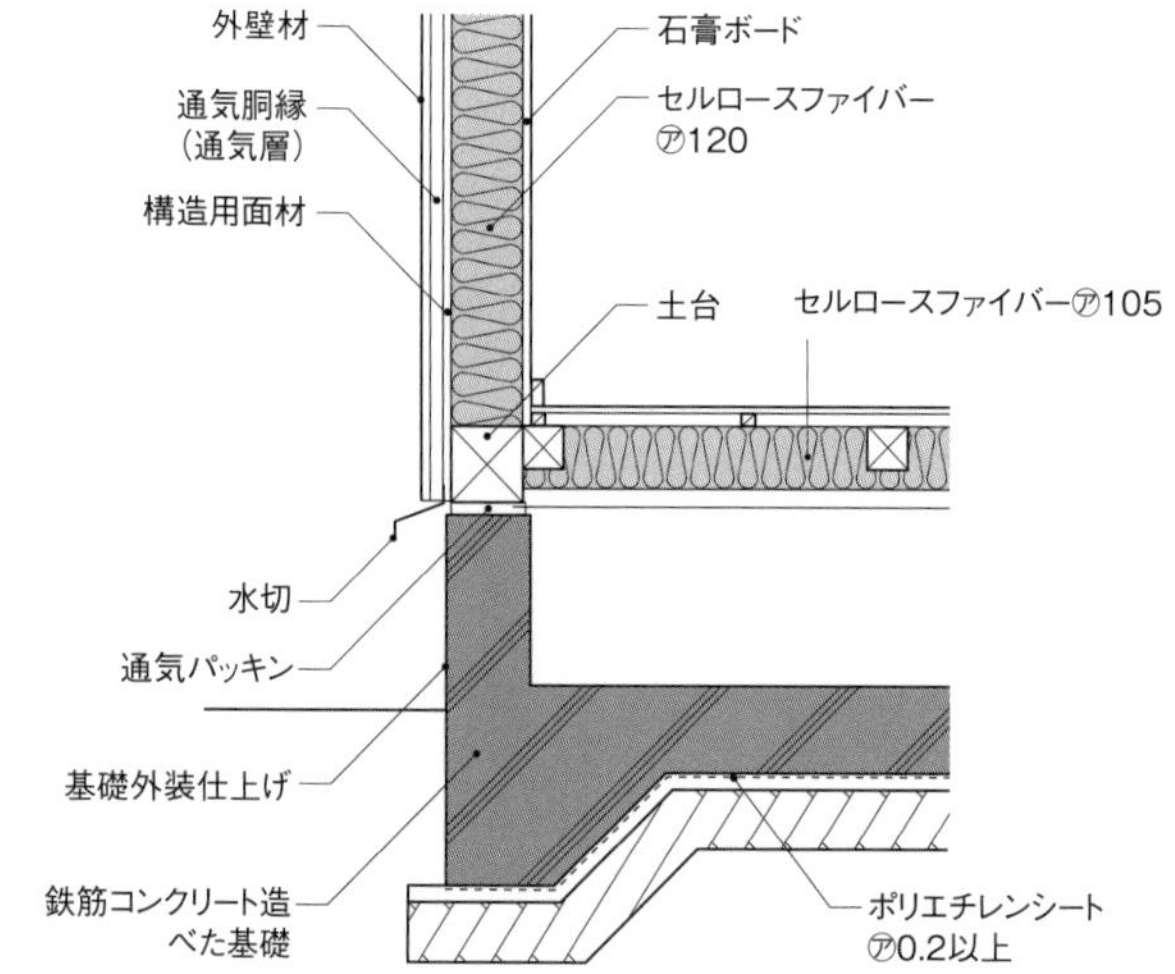
外壁材
通気胴縁
（通気層）
構造用面材
石膏ボード
セルロースファイバー
㋐120
土台
セルロースファイバー㋐105
水切
通気パッキン
基礎外装仕上げ
鉄筋コンクリート造
べた基礎
ポリエチレンシート
㋐0.2以上

天井・壁・床にセルロースファイバーを用いる場合は、天井または屋根に200㎜厚、壁120㎜厚、床105㎜厚、ガス入りLow -E複層ガラス樹脂窓（U値1.31）、玄関ドアU値2.33以下を使う。玄関土間・浴室部分の基礎断熱は、押出発泡ポリスチレンフォーム3bA50㎜厚（立ち上がり＋底盤）とする。

*屋根断熱はコスト高になるので天井断熱のほうがお勧め

等級7 仕様例

断面図（S=1:25）

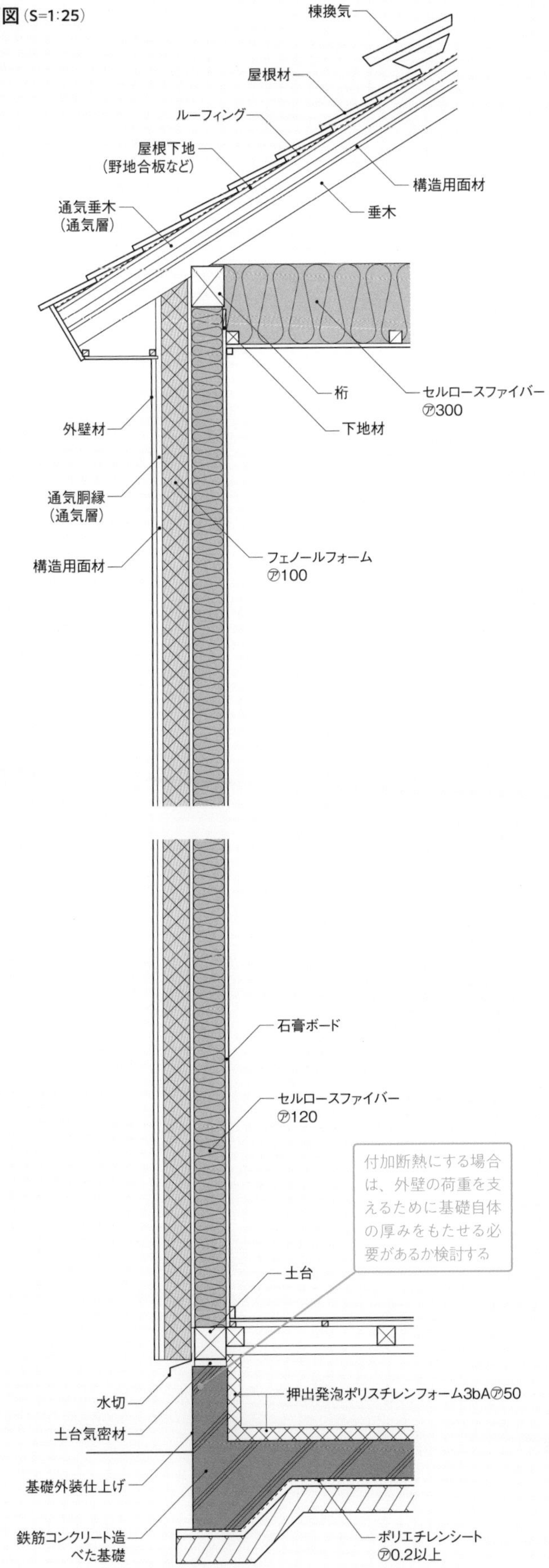

棟換気
屋根材
ルーフィング
屋根下地
（野地合板など）
構造用面材
通気垂木
（通気層）
垂木
桁
セルロースファイバー
㋐300
下地材
外壁材
通気胴縁
（通気層）
構造用面材
フェノールフォーム
㋐100
石膏ボード
セルロースファイバー
㋐120
付加断熱にする場合は、外壁の荷重を支えるために基礎自体の厚みをもたせる必要があるか検討する
土台
押出発泡ポリスチレンフォーム3bA㋐50
水切
土台気密材
基礎外装仕上げ
鉄筋コンクリート造
べた基礎
ポリエチレンシート
㋐0.2以上

付加断熱が最もコスパよし

UA値が0.26以下となる等級7をクリアするには、セルロースファイバーの厚みを増やすだけでは難しい。最も現実的なのは、天井・屋根の厚みを増し、壁の断熱仕様をフェノールフォームで付加断熱する方法である。そのほか、基礎・窓・玄関はより高性能なものを選択する必要がある。

屋根

セルロースファイバー25K 300㎜

外壁

充填：セルロースファイバー55K 120㎜
付加：フェノールフォーム 100㎜

基礎

立上り＋底盤：フェノールフォーム 100㎜

窓

U値0.9W/㎡・K
（ガス入りダブルLow-Eトリプルガラス樹脂窓）

玄関ドア

U値0.82W/㎡・K以下
（断熱ドア）

ウレタンフォーム 等級6の断熱仕様

資料提供：ウレタンフォーム工業会

ウレタンフォームは、現場で専門業者が施工を行う現場発泡による吹付けタイプのものと成形されたボード状のものがあり、前者は主に柱や垂木の間に吹き付けられ（充填断熱）、後者は柱の外側や内側に下地材をガイドに取り付けられる（外張り・内張り断熱）ことが多い。

基本的にはボード状の製品のほうが性能は高く、吹付けタイプをベースに断熱等級6のような高断熱仕様を達成するには、ボード状の製品を壁や屋根の外側や内側に付加する必要がある。

また、等級7の場合は、かなりハードルが高くなり、付加断熱も十分な厚みを要し、屋根も相応の厚みが必要になる。窓や玄関ドアも国内品では最上位の仕様が欠かせない。

等級4 仕様例

断面図（S=1:25）

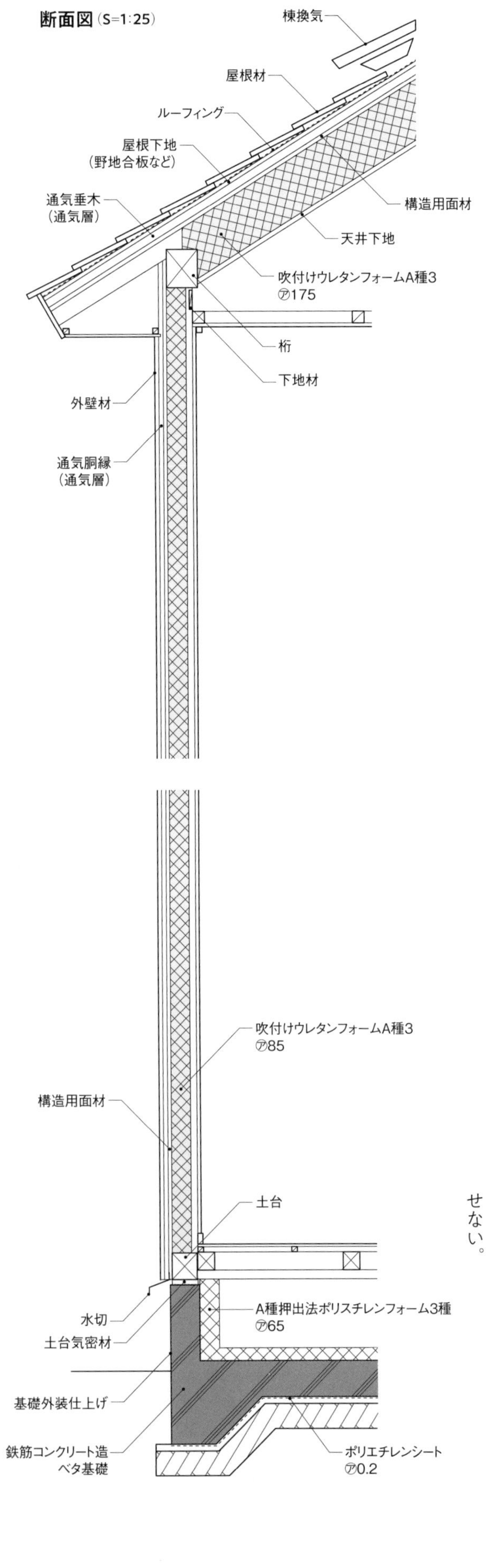

棟換気
屋根材
ルーフィング
屋根下地
（野地合板など）
通気垂木
（通気層）
構造用面材
天井下地
吹付けウレタンフォームA種3
㋐175
桁
下地材
外壁材
通気胴縁
（通気層）
吹付けウレタンフォームA種3
㋐85
構造用面材
土台
水切
土台気密材
A種押出法ポリスチレンフォーム3種
㋐65
基礎外装仕上げ
鉄筋コンクリート造
ベタ基礎
ポリエチレンシート
㋐0.2

特別な技術は何もいらない

等級4の場合は、一般的に普及している専門業者による現場発泡ウレタン（吹付けウレタンフォームA種3）の壁や屋根内側への吹付けで完結するため、特別なことを行う必要はない。外張り断熱とした場合も厚さ35〜45㎜程度のボード状のウレタンフォームを柱の外側に張り付ければよい。窓やドアも普及しているペアガラスアルミ樹脂複合窓程度のグレードで足りることが多い。

屋根

吹付けウレタンフォームA種3 175㎜

外壁

吹付けウレタンフォームA種3 85㎜

基礎

立上り：A種押出法ポリスチレンフォーム3種 65㎜
UB基礎：A種押出法ポリスチレンフォーム3種 50㎜

窓

U値2.33W/㎡・K
（複層ガラスアルミ樹脂複合窓など）

玄関ドア

U値2.33W/㎡・K
（断熱ドア）

等級6 仕様例

断面図(S=1:25)

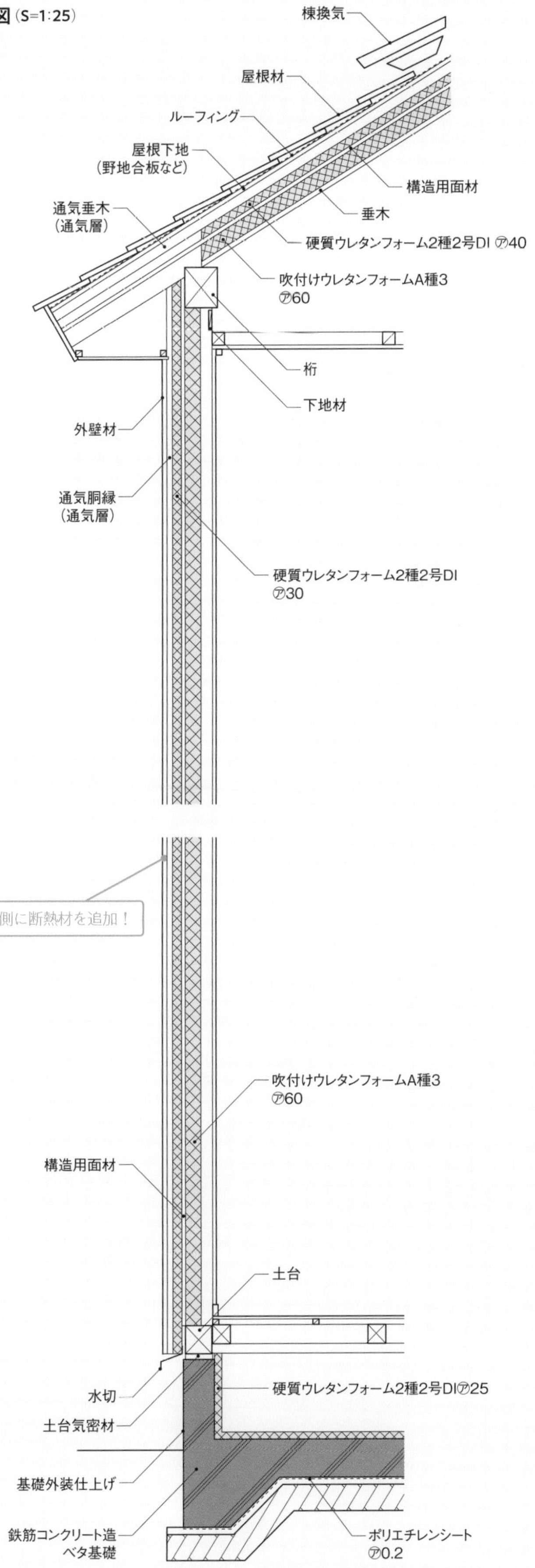

棟換気
屋根材
ルーフィング
屋根下地
(野地合板など)
通気垂木
(通気層)
構造用面材
垂木
硬質ウレタンフォーム2種2号DI ㋐40
吹付けウレタンフォームA種3
㋐60
桁
下地材
外壁材
通気胴縁
(通気層)
硬質ウレタンフォーム2種2号DI
㋐30
外側に断熱材を追加！
吹付けウレタンフォームA種3
㋐60
構造用面材
土台
水切
土台気密材
硬質ウレタンフォーム2種2号DI㋐25
基礎外装仕上げ
鉄筋コンクリート造
ベタ基礎
ポリエチレンシート
㋐0.2

付加断熱が必須に

現場発泡ウレタン(吹付けウレタンフォームA種3)による壁内側への吹付けでは性能が若干足りず、壁の外側などに付加断熱をするのが望ましい。付加断熱には断熱性能の高いボード状のウレタンフォーム(硬質ウレタンフォーム2種2号D1)を使用。屋根も垂木間の外側に付加断熱を行っている。窓もLow-Eペアガラス樹脂窓などの採用が基本となる。

屋根

充填:吹付けウレタンフォームA種3 60㎜
付加:硬質ウレタンフォーム2種2号DI 40㎜

外壁

充填:吹付けウレタンフォームA種3 60㎜
付加:硬質ウレタンフォーム2種2号DI 30㎜

基礎

立上り:硬質ウレタンフォーム2種2号DI 25㎜
土間:硬質ウレタンフォーム2種2号DI 25㎜幅900㎜以上

窓

U値1.6W/㎡·K
(Low-E複層ガラス樹脂窓など)

玄関ドア

U値1.6W/㎡·K
(断熱ドア)

等級7 仕様例

断面図（S=1:25）

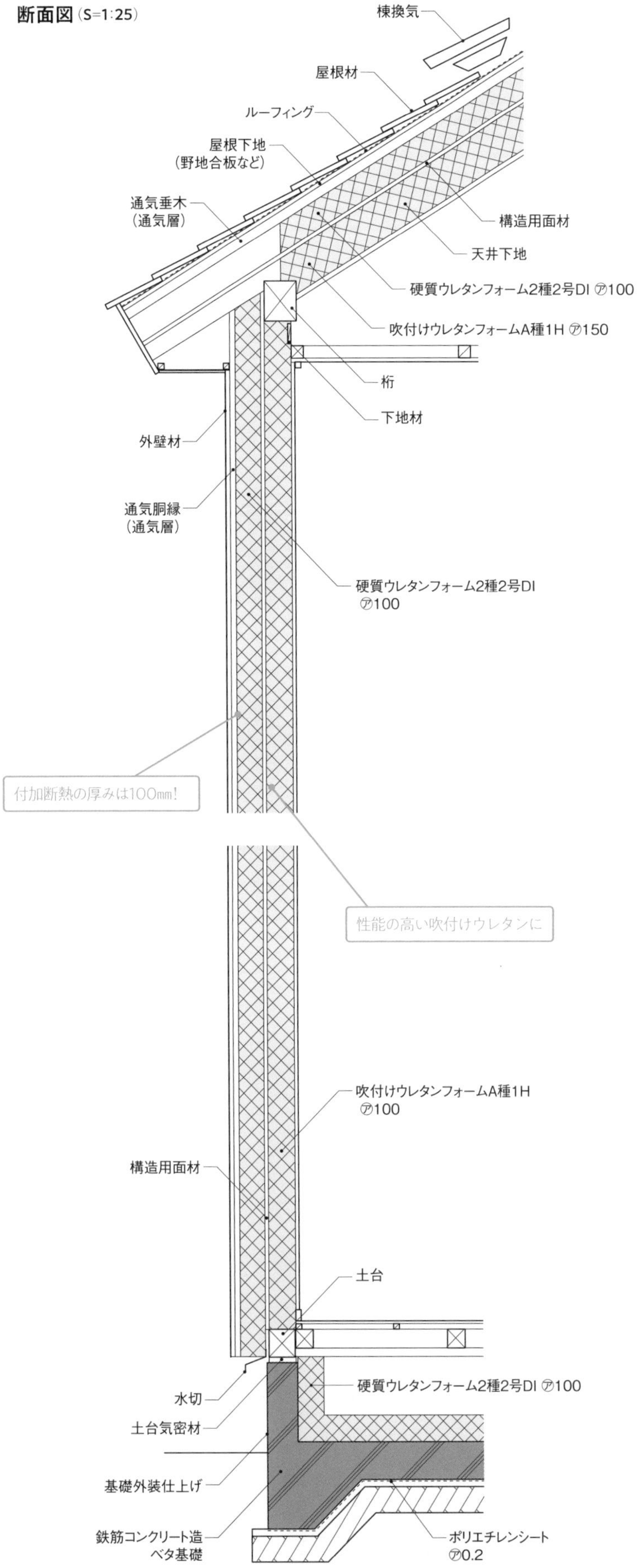

棟換気
屋根材
ルーフィング
屋根下地
（野地合板など）
通気垂木
（通気層）
構造用面材
天井下地
硬質ウレタンフォーム2種2号DI ㋐100
吹付けウレタンフォームA種1H ㋐150
桁
下地材
外壁材
通気胴縁
（通気層）
硬質ウレタンフォーム2種2号DI
㋐100
付加断熱の厚みは100㎜!
性能の高い吹付けウレタンに
吹付けウレタンフォームA種1H
㋐100
構造用面材
土台
硬質ウレタンフォーム2種2号DI ㋐100
水切
土台気密材
基礎外装仕上げ
鉄筋コンクリート造
ベタ基礎
ポリエチレンシート
㋐0.2

付加断熱100㎜が基準に

等級7になるとかなりハードルが高くなる。一般的に普及している現場発泡ウレタン（吹付けウレタンフォームA種3）では性能が足りず、性能がやや高い吹付けウレタンフォームA種3に仕様変更。付加断熱も100㎜（50㎜×2）となる。屋根も同様に充填断熱は使用権変更し、付加断熱も100㎜追加される。窓も最上位のLow-Eトリプルガラス樹脂窓がよいだろう。

屋根

充填・内張り：吹付けウレタンフォームA種1H 150㎜
付加：硬質ウレタンフォーム2種2号DI 100㎜

外壁

充填：吹付けウレタンフォームA種1H 100㎜
付加：硬質ウレタンフォーム2種2号DI 100㎜

基礎

立上り：硬質ウレタンフォーム2種2号DI 100㎜
土間：硬質ウレタンフォーム2種2号DI 100㎜幅900㎜以上

窓

U値1.3W/㎡・K
（ガス入りLow-Eトリプルガラス樹脂窓など）

玄関ドア

U値1.3W/㎡・K
（断熱ドア）

住宅における省エネ関連の法律の流れ

1980年	省エネ法	S55省エネ基準	Q値5.2以下（V地域）
1992年	省エネ法	H4省エネ基準（新省エネ基準）	Q値4.2以下（V地域） μ値0.10以下
1999年	省エネ法	H11省エネ基準（次世代省エネ基準）	Q値2.7以下（V地域） μ値0.07以下
2000年	品確法	住宅性能表示制度·長期優良住宅スタート	等級4:Q値2.7以下（V地域）
2012年	エコまち法	低炭素住宅認定制度スタート	一次省エネルギーは省エネ基準より10%以上削減
2013年	省エネ法	H25省エネ基準	UA値0.87以下（V地域） ηA値2.80以下
2016年	建築物省エネ法	H28省エネ基準	UA値0.87以下（6地域） ηAC値2.80以下
2017年	建築物省エネ法	住宅トップランナー基準	一次省エネルギーは省エネ基準より20%以上削減（戸建て注文住宅）
2022年	品確法	断熱等性能等級の上位等級の創設	等級7:UA値0.26以下（6地域）

Q
断熱等級6で何が変わる?

A
コスパよく性能を向上させることが可能

断熱等級6であれば比較的断熱工事のコストを抑えつつも、省エネ性能や室内環境は格段に向上する。また、やや特殊な工事が増えるが、部分的には外注できるし、工事自体も慣れてしまえばそれほど難しくない。パッシブ設計や空調計画を工夫すれば、さらなる省エネや室内環境の改善が期待できる。

ただし「断熱等級7」は強くお勧めしない。世界基準の性能ではあるが、断熱等級6とのコスト差は大きく、建材・資材価格が高騰している昨今、まだ積極的に推奨しにくい。長い目で見ればメリットは十分にあるといえるが、つくり手側や建て主が強く望まなければ、高性能窓の普及を待ってからでもよいのではと思う。ただし、本書で紹介する記事や技術は断熱等級7の家を設計するうえでも参考になるだろう。

断熱等級6･7とパッシブ設計の有無による一次エネ消費量･室温の違い

部分間欠冷暖房においての外皮の違いによる一次消費エネルギー比較

等級6+パッシブ設計と等級7でほぼ同じに

	外皮平均熱貫流率(U_A値)	冷房期平均日射熱取得率(ηAC)	暖房期平均日射熱取得率(ηAH)	一次消費エネルギー	BEI	特徴
等級6	0.46W／㎡K	1	2.5	55,991MJ	0.59	等級6パッシブ設計型
等級6	0.46W／㎡K	1.3	1.6	58,230MJ	0.63	等級6断熱型
等級7	0.26W／㎡K	0.7	2	53,435MJ	0.55	等級7パッシブデ設計型
等級7	0.26W／㎡K	1.3	1.6	55,321MJ	0.58	等級7高断熱型
等級6.5	0.38W／㎡K	0.8	2.2	55,144MJ	0.58	等級6･5パッシブ設計型

外皮の断熱性能や日射取得率の違いによる一次消費エネルギー量を比較した表。断熱等級6.5（U_A値0.35前後）でηAH＝2.5が断熱性能の面でも日射取得率の面でも達成しやすいバランスのとれた仕様だと考えており、実際の設計でもこれくらいの数値を目指している。

断熱等級6モデル（パッシブ設計型）の性能値

外皮平均熱貫流率(U_A値)	0.46W／㎡K
冷房期平均日射熱取得率(ηAC値)	0.9
暖房期平均日射熱取得率(ηAH値)	2.6
熱損失係数(Q値)	1.21W／㎡K
夏期日射取得係数(η値)	0.022

断熱等級6モデル（パッシブ設計型）の冬の晴れた日の温度変化

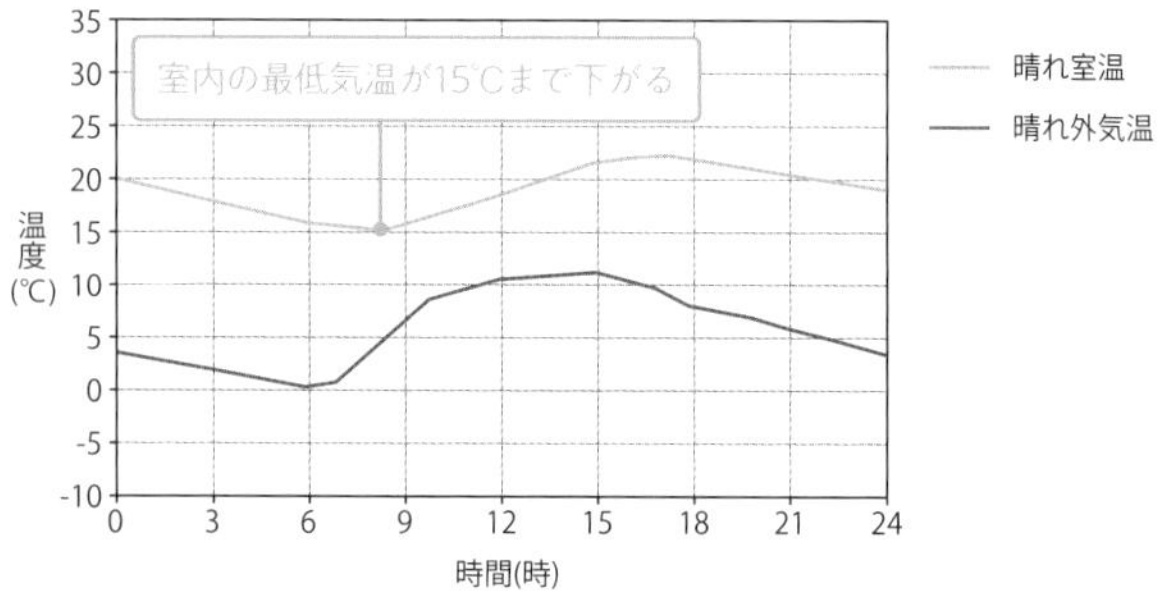

断熱等級6のほうは日射取得率の高さによって日中22℃くらいまで上がるが、保温性が低い分、早朝には15℃くらいまで下がる。

断熱等級7モデル（高断熱型）の性能値

外皮平均熱貫流率(U_A値)	0.26W／㎡K
冷房期平均日射熱取得率(ηAC値)	0.8
暖房期平均日射熱取得率(ηAH値)	1.1
熱損失係数(Q値)	0.70W／㎡K
夏期日射取得係数(η値)	0.02

断熱等級7モデル（高断熱型）の冬の晴れた日の温度変化

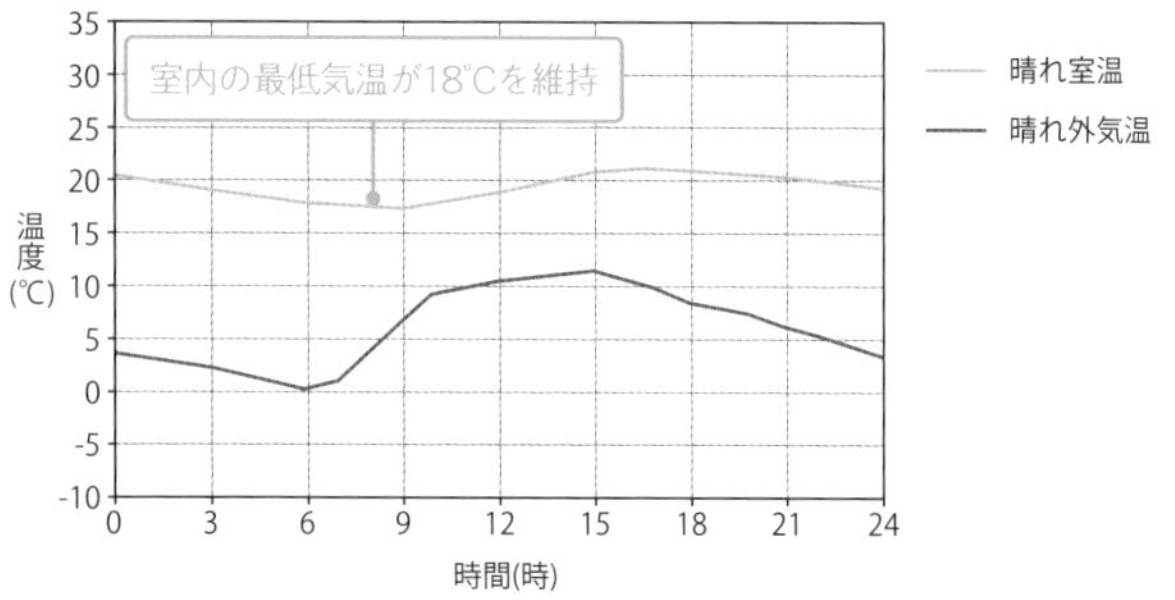

断熱等級7のほうは日射取得率の低さから日中21℃くらいまでしか上がらないものの、保温性が高い分、早朝にも18℃くらいを維持している。

Q

解説：木村真二（PASSIVE DESIGN COME HOME）
文：編集部

等級6でパッシブ設計を行うにはどうすればよい？

冬の日射量の多い地域では、冬の日射取得が断熱性能と同じくらい重要である。日射取得量が多ければ、日中の室温を上げることができ、場合によっては暖房をせずに過ごすこともできる。さらに断熱等級6を超えるような高断熱住宅であれば、日射熱を逃がさずに夜遅くまで暖房なしで過ごすことも可能だ。

ただし、日射取得に全振りすると夏の日射取得量も増えてしまい、エアコンの負荷が増えてしまう。したがって、夏は日射を入れないような窓の配置や日射遮蔽を行う必要がある。

日射については、平均日射熱取得率という数値がある。冷房期には「ηAC《イータエーシー》」、暖房期は「ηAH《イータエーエイチ》」が使われ、η値は省エネ基準に盛り込まれているため、知っている人が多いだろう。この指標は一般的には一次消費エネルギーの算定に用いられ、基本的には、ηACは小さいほうが、ηAHは大きい方が省エネになる。

上表は断熱等級6・7の外皮の断熱性能や日射取得率の違いによる一次消費エネルギー量を比較したもの。断熱性能（断熱等級）の高低にかかわらず、ηAHが高い、つまりパッシブ設計が行われたものは一次消費エネルギーが低くなる。そして断熱等級6でηAH＝2.5の場合と、断熱等級7でηAH＝1.6の場合では、一次消費エネルギーがほぼ同じになってしまう。断熱等級6と7の性能差がU_A0.2とかなり大きいことを考えると、パッシブ設計の重要性が理解できるだろう。

日射取得の落とし穴

高断熱住宅において省エネと同じくらい重要なのが、快適な室温である。パッシブ設計によって日射取得を十分に行っても、その室温を長時間維持するには断熱性能が欠かせないが、大きな窓を設ければ、その分高価な窓を導入する必要があるなど実現のハードルは低くない。

そもそもガラスの枚数やLow-E膜を重ねていくと日射取得率は下がっていくという矛盾が生じる。

ここでは、断熱等級6ながらηAH=2.6の住宅と、断熱等級7でηAH=1.1の住宅の室温を比較してみた。（右頁下表とグラフ）

室温に関しては断熱等級7が優れている。一方、断熱等級6は日射取得を生かして早朝でもある程度の室温を維持している。冬の日射量がある程度期待できるのであれば、手間やコストをかけて等級7にするよりも断熱等級6以上を確保したうえで、パッシブ設計を行うのが最良といえる。

重要なのは目標となる室温

パッシブ設計の手順については101～103頁を見ていただきたいが、重要なのは「無暖房時にどれくらいの室温にすべきかを決めてから設計する」ということだ。これによって、快適性、省エネ性、コストなどが予想でき、必要な断熱性能や日射取得率も決まってくるので、十分に検討して決定すべきである。目安として、一般的な冬の日の朝の無暖房時のLDKの室温が15～18℃程度がよいだろう。

目標となる室温が決まったら、日照シミュレーションを行いながら窓の位置を考えていく。住宅密集地であれば、かなり厳密に行わないと室温や省エネ性に大きく影響するので注意が必要だ。そして、日射取得が期待できないのであれば、断熱性能を上げて少ないエネルギーで室温を維持できるようにするべきだ。

パッシブ設計の手順

1 無暖冷房時の温目標を立てる

冬は等級6なら朝6時で15℃以上を目指したい（等級7なら朝6時で18℃以上）。夏は35℃以下になるようにする。

2 U_A値とηAC、ηAHの目標数値を決める

等級6ならηAC1以下、ηAH2.5以上。U_A値は標準の断熱仕様が決まっていれば、後は窓面積で決まるが、私自身は床面積に対する窓面積割合を20%程度としている。

3 周囲の環境を考慮した日照シミュレーションを行う

GoogleマップとSketchUpを組み合わせて日照シミュレーションを行う。最も寒く、暖房の中間期である1月15日くらいで行うとよいだろう。南側に空き地がある場合でも、将来家が建つことを想定して日照シミュレーションを行うことが大切である。

4 おおまかな間取りを考える

日照シミュレーションを元にLDKを中心に太陽熱が入るように南の外壁と窓位置、吹抜けの有無を決めながらおおまかな間取り考える。

日照シミュレーション

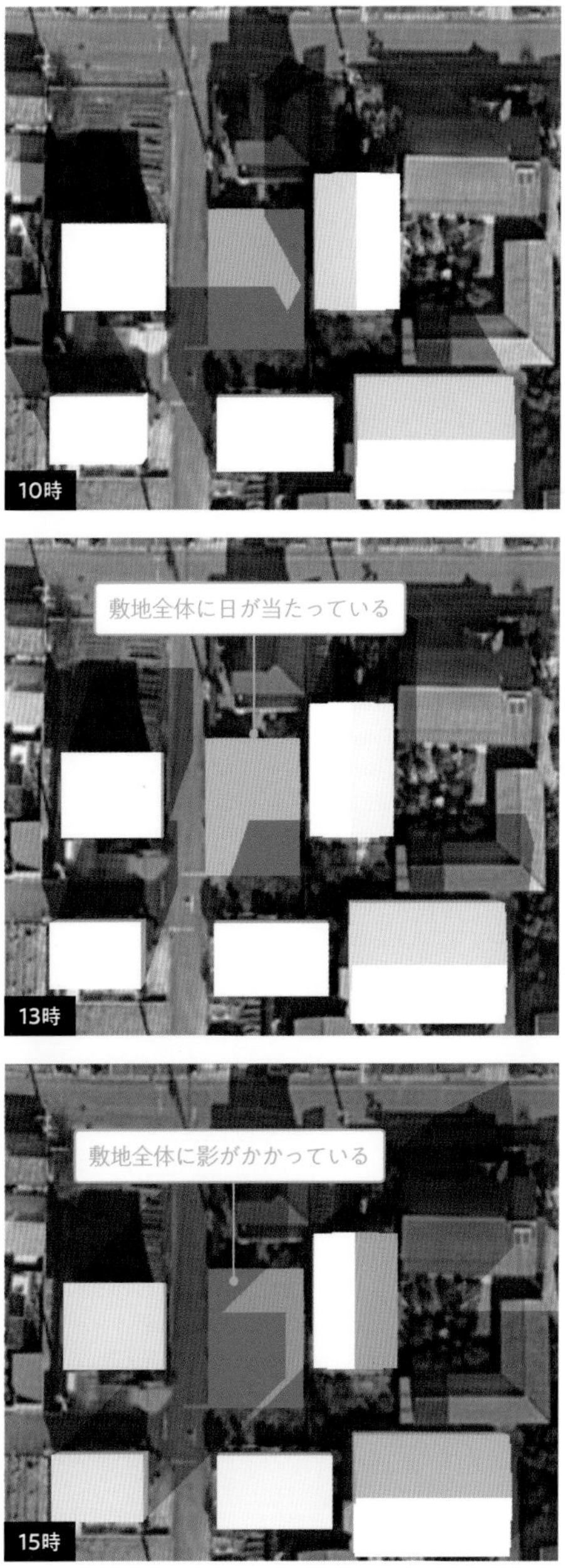
10時
敷地全体に日が当たっている
13時
敷地全体に影がかかっている
15時

Googleマップの航空写真の画像をSketchUpに取り込んで周囲の建物を簡単にモデリングしたものを日影シミュレーションしたもの。午前中は敷地の南側半分に日が当たらない一方で、13時には日が当たり、15時にはまた日が差していることが分かる

5 プランを作成する

主たる居室（LDKと吹抜けなど熱的に一体になる室）の床面積の20％以上を南の窓面積とする。ただし、日射取得が十分期待できない場合は、断熱性能を強化し、熱が逃げないことを最優先する。

日照シミュレーションからのプラン作成例（S=1:200）

部屋割りを決めながら、日影シミュレーションの結果を踏まえて窓の位置を決めていく。まずは南面の窓でできるだけ多くの日射取得を目指し、足りない分は東西の窓で補う。詳しくは後で述べるが、蓄熱体などの配置も同時に考える。

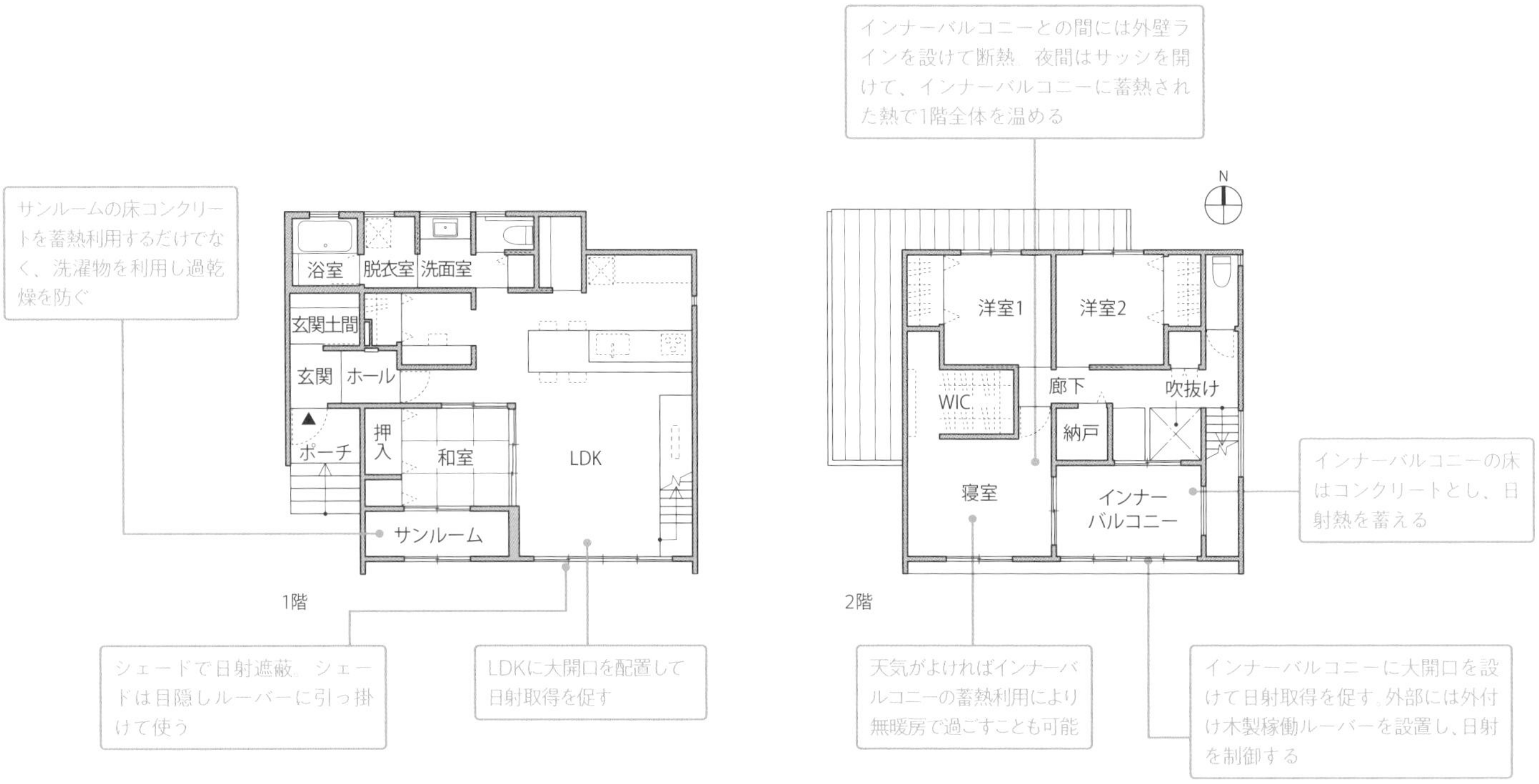

インナーバルコニーとの間には外壁ラインを設けて断熱。夜間はサッシを開けて、インナーバルコニーに蓄熱された熱で1階全体を温める
サンルームの床コンクリートを蓄熱利用するだけでなく、洗濯物を利用し過乾燥を防ぐ
浴室
脱衣室
洗面室
玄関土間
玄関
ホール
押入
ポーチ
和室
LDK
サンルーム
1階
N
洋室1
洋室2
WIC
廊下
吹抜け
納戸
寝室
インナーバルコニー
2階
インナーバルコニーの床はコンクリートとし、日射熱を蓄える
シェードで日射遮蔽。シェードは目隠しルーバーに引っ掛けて使う
LDKに大開口を配置して日射取得を促す
天気がよければインナーバルコニーの蓄熱利用により無暖房で過ごすことも可能
インナーバルコニーに大開口を設けて日射取得を促す。外部には外付け木製稼働ルーバーを設置し、日射を制御する

事例外観。右側が南の方角で、建物を北側に寄せて、1・2階の南面に大きな窓を設けているのが分かる

6 窓の仕様を決める

基本的には、南の窓ガラスは日射取得型、東西北は日射遮蔽型とする。ただし、景色を見るための窓ガラスは、東西北でも透明に近い日射取得型を選定する。サッシは、断熱性能と日射量、予算により樹脂かアルミ樹脂複合を選択する。

7 プランを元に再度日照シミュレーション

プランを元にモデリングした建物を再度SketchUp上に配置して、日照シミュレーションを行う。主たる居室の南の窓には10時～15時の5時間以上全面に日射が当たることを目指すが、足りない場合は窓面積を22%、25%と増やしていく。庇、バルコニーなどの寸法や日射遮蔽設備の有無もこの時に検討する。

実際のプランで窓にどのように日が当たるのかを検証する。下の日照シミュレーションではほぼ1日中南面窓の日照が確保できていることが確認できた

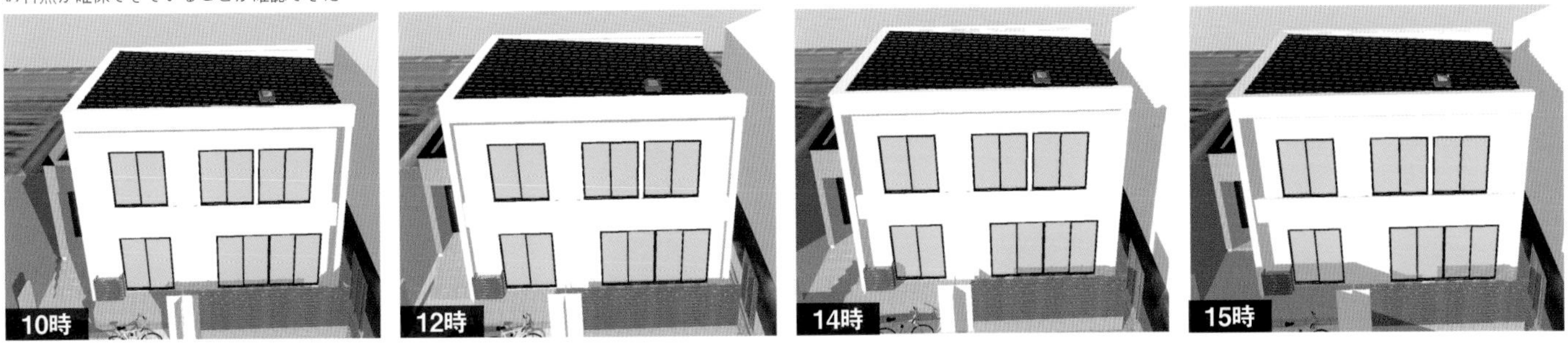

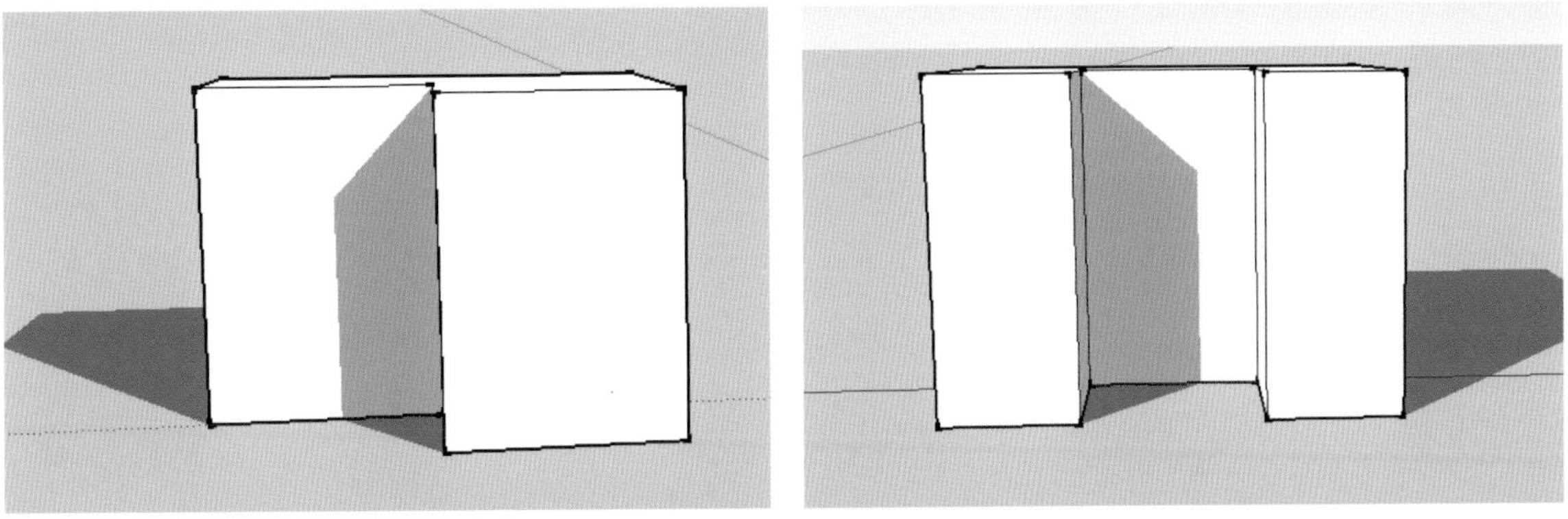

設計した建物がL型やコの字型の場合には、設計した建物の壁や屋根の影響で日影をつくっていないかの日照シミュレーションを行う

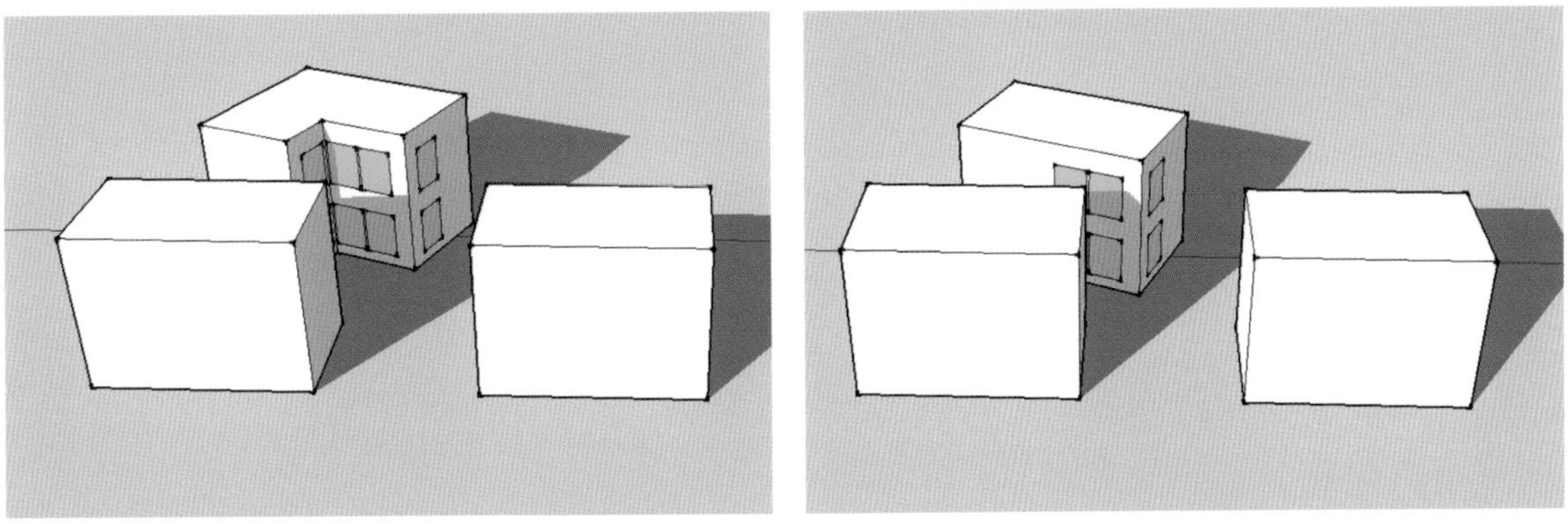

方位が45度南東か南西に振っている場合（22.5度以上）は、出隅壁か入隅壁にバランスよく通常の1.5倍程度の南東・南西窓を配置する

8 通風計画を考える

夏は通風しにくいが、春や秋の中間期には風を通したい日もある。立地の風の特性を検討し、風を入れる窓、抜く窓を配置したい。

日射だけではなく、通風についても十分検討したい。通風の計画では、風の入る窓の反対側に別の窓を設置するのが基本。特に、北側に設置することが多いトイレや洗面所、浴室などの高窓は風が抜ける窓として活用できる。その場合は間取りや建具の配置などにも気を配る

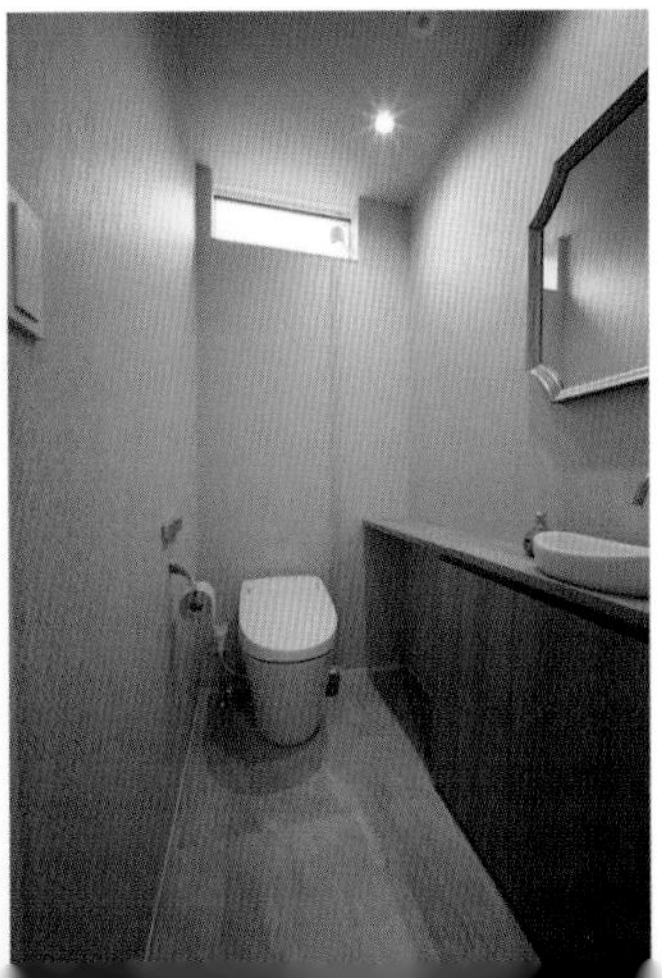

蓄熱体があるだけで夏も冬も室温が安定する

コンクリートなどの蓄熱体を設けると室内の熱を溜め、室温が下がるにしたがって緩やかに放熱してくれるので、室温の低下を抑えられる。同様に、下がった室温も蓄冷されるので、昼の室温上昇を抑え、1日の温度変化が小さくなる。

蓄熱で暖房エネルギー削減

いくら日射取得をしても日射によって温められた空気を外壁や屋根などの外皮の断熱性能だけで維持できるかとなると、心もとない。そこで大事になってくるのが蓄熱である。ただし、かつて「外断熱」が話題になったときに一時的に盛り上がったものの、最近は蓄熱を積極的に取り入れている実例をあまり聞かなくなってしまった。

だが、国交省の「エネルギー消費性能計算プログラム」にも蓄熱の項目があるうえに、現在でもさまざまな専門家が蓄熱の重要性を主張している。実際に、同じ断熱性能、日射取得率で「蓄熱なし（70kJ／㎡K）」「蓄熱あり（120kJ／㎡K）」をシミュレーションして比較すると、「蓄熱あり」のほうが冬の室温変化が小さく、最低室温も2℃ほど高い。夏も「蓄熱あり」のほうは朝の蓄冷が効いていて、また日中室内に入り込んだ熱を吸い込むので室温が上がらない。

蓄熱体は、日射が直接当たる床や、南面の大きな窓が設けられたリビング・寝室の隣などに設けるとよい。ただし、夏や春、秋は日射による蓄熱を避けられるように、日射を完全に遮る日射遮蔽設備を設置するか、それが難しい場合は直射日光の当たらない場所に設けるなどの工夫を行いたい。

同じ断熱性能、同じ日射取得率で比較した場合、蓄熱の有無で最も違ってくるのが暖房エネルギー消費量。その差は1,300MJと約15%もの差になっている

蓄熱なしの場合の冷暖房エネルギー消費量とBEI

外皮平均熱還流率（UA値）	0.38W／㎡K
冷房期平均日射熱取得率（ηAC値）	0.8
暖房期平均日射熱取得率（ηAH値）	2.6
暖房エネルギー消費量	8,264MJ
冷房エネルギー消費量	4,019MJ
BEI	0.54

蓄熱の有無で15%の差

蓄熱ありの場合の冷暖房エネルギー消費量とBEI

外皮平均熱還流率（UA値）	0.38W／㎡K
冷房期平均日射熱取得率（ηAC値）	0.8
暖房期平均日射熱取得率（ηAH値）	2.6
暖房エネルギー消費量	6,975MJ
冷房エネルギー消費量	4,019MJ
BEI	0.52

［冬］蓄熱なしの場合の晴れた日の温度変化

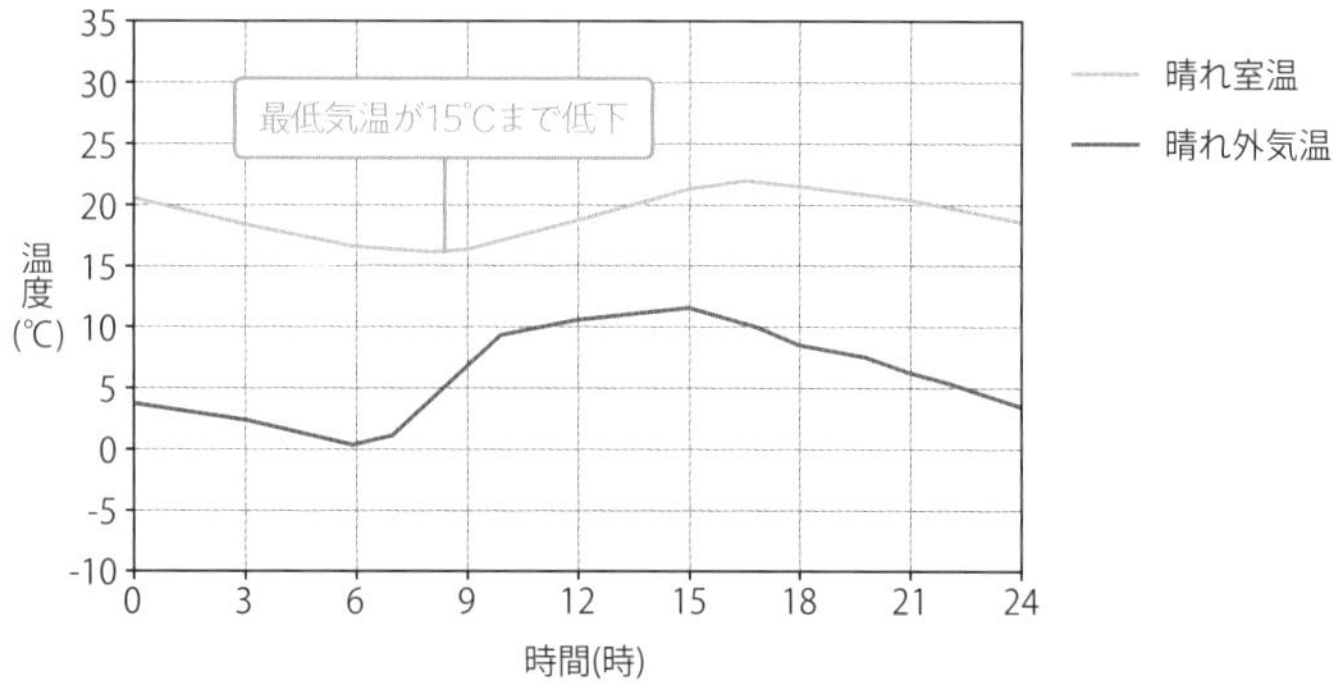

最低気温が15℃まで低下
晴れ室温
晴れ外気温
温度(℃)
時間(時)

冬の「蓄熱なし」の場合、最高気温は22℃、最低室温は15℃と、「蓄熱あり」に比べて変化が大きい。蓄熱があまりされない分、室温が外気温の影響を受けやすくなっている

［冬］蓄熱ありの場合の晴れた日の温度変化

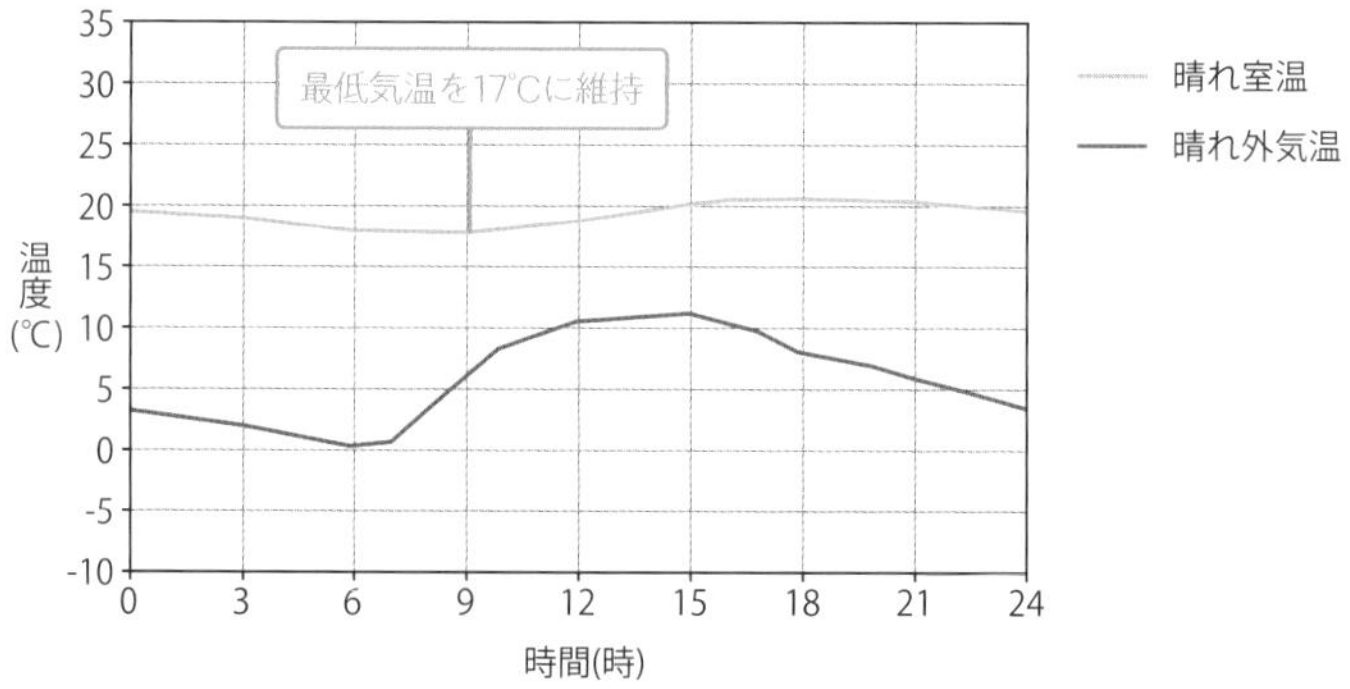

最低気温を17℃に維持
晴れ室温
晴れ外気温
温度(℃)
時間(時)

冬の「蓄熱あり」の場合、最高気温は21℃、最低室温は17℃と、「蓄熱なし」に比べて変化が小さい。昼間は蓄熱層に熱を蓄熱し、夜間に緩やかに放出して室温低下を防いでいる

［夏］蓄熱なしの場合の晴れた日の温度変化

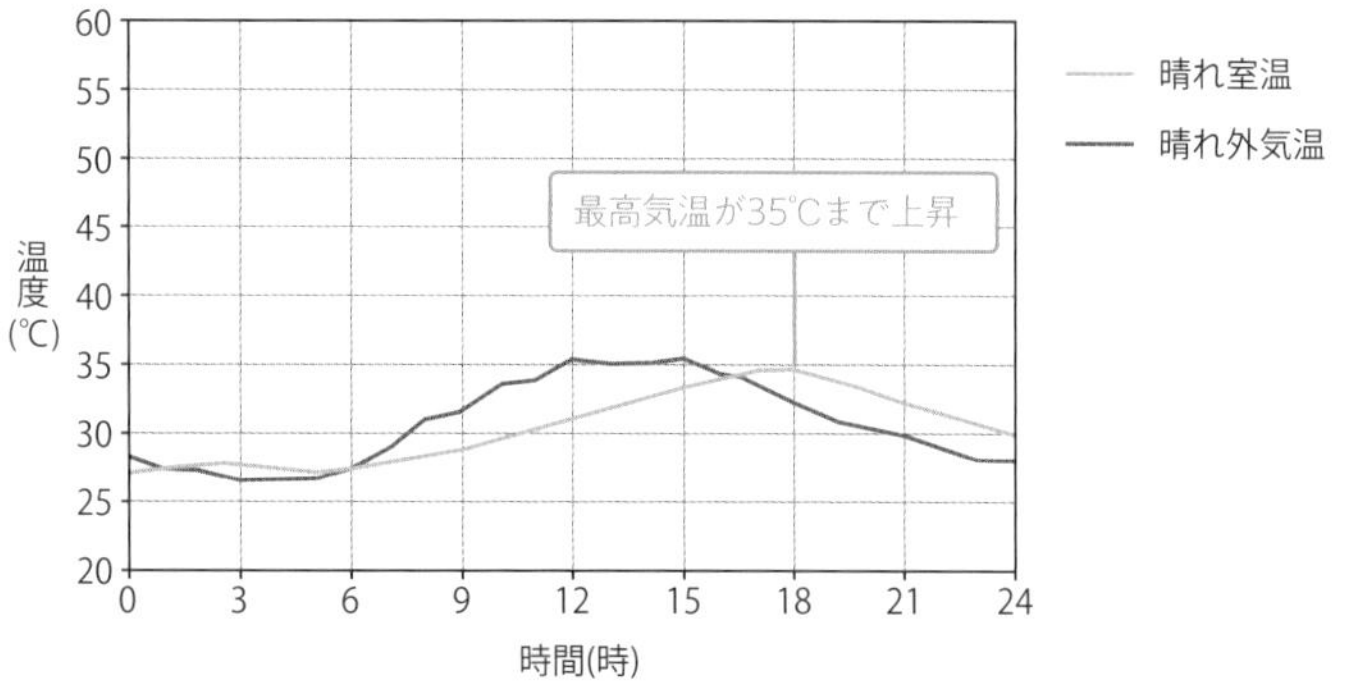

最高気温が35℃まで上昇
晴れ室温
晴れ外気温
温度(℃)
時間(時)

夏の「蓄熱なし」の場合、最高気温は35℃、最低室温は27℃と、「蓄熱あり」に比べての変化が大きい。室温が外気温の影響を受けて最高気温が高くなり、夜も温度が下がらなかった

［夏］蓄熱ありの場合の晴れた日の温度変化

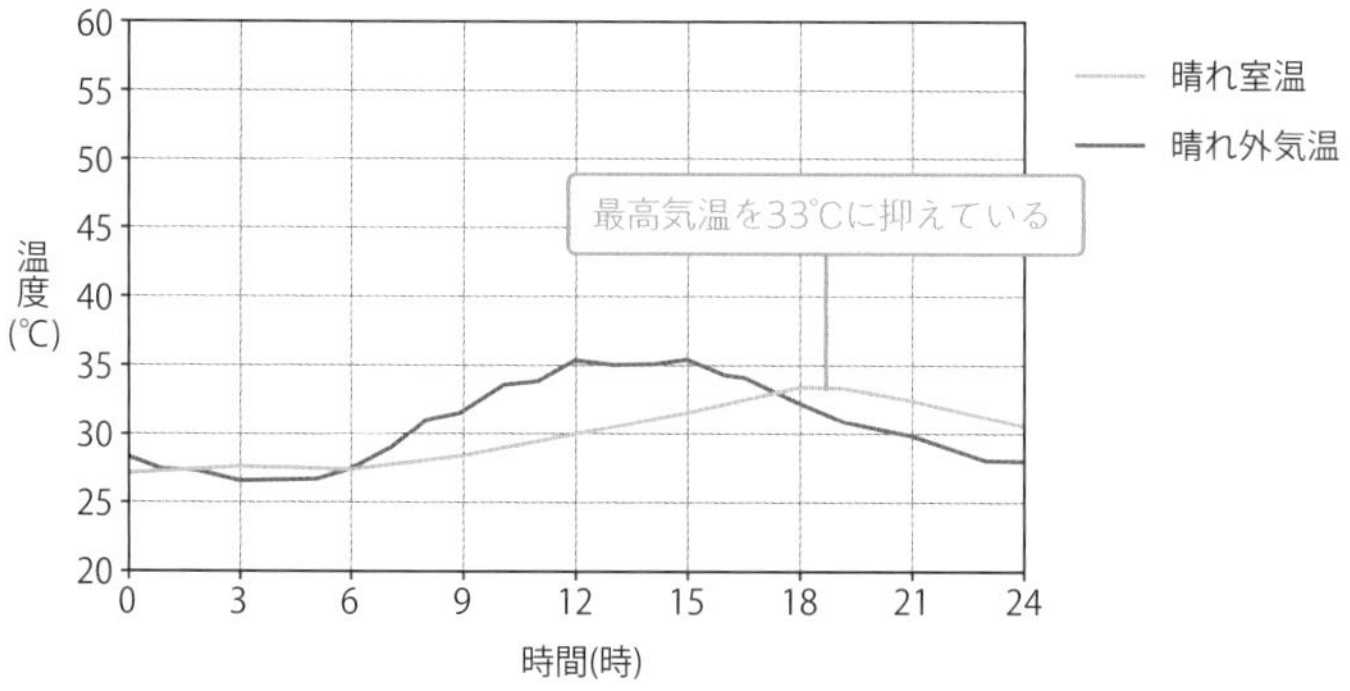

最高気温を33℃に抑えている
晴れ室温
晴れ外気温
温度(℃)
時間(時)

夏の「蓄熱あり」の場合、最高気温は33℃、最低室温は27℃と、「蓄熱なし」に比べて変化が小さい。朝の蓄冷が効いていて、日中の温度上昇を防いでいると思われる

蓄熱体の配置例（S=1:200）

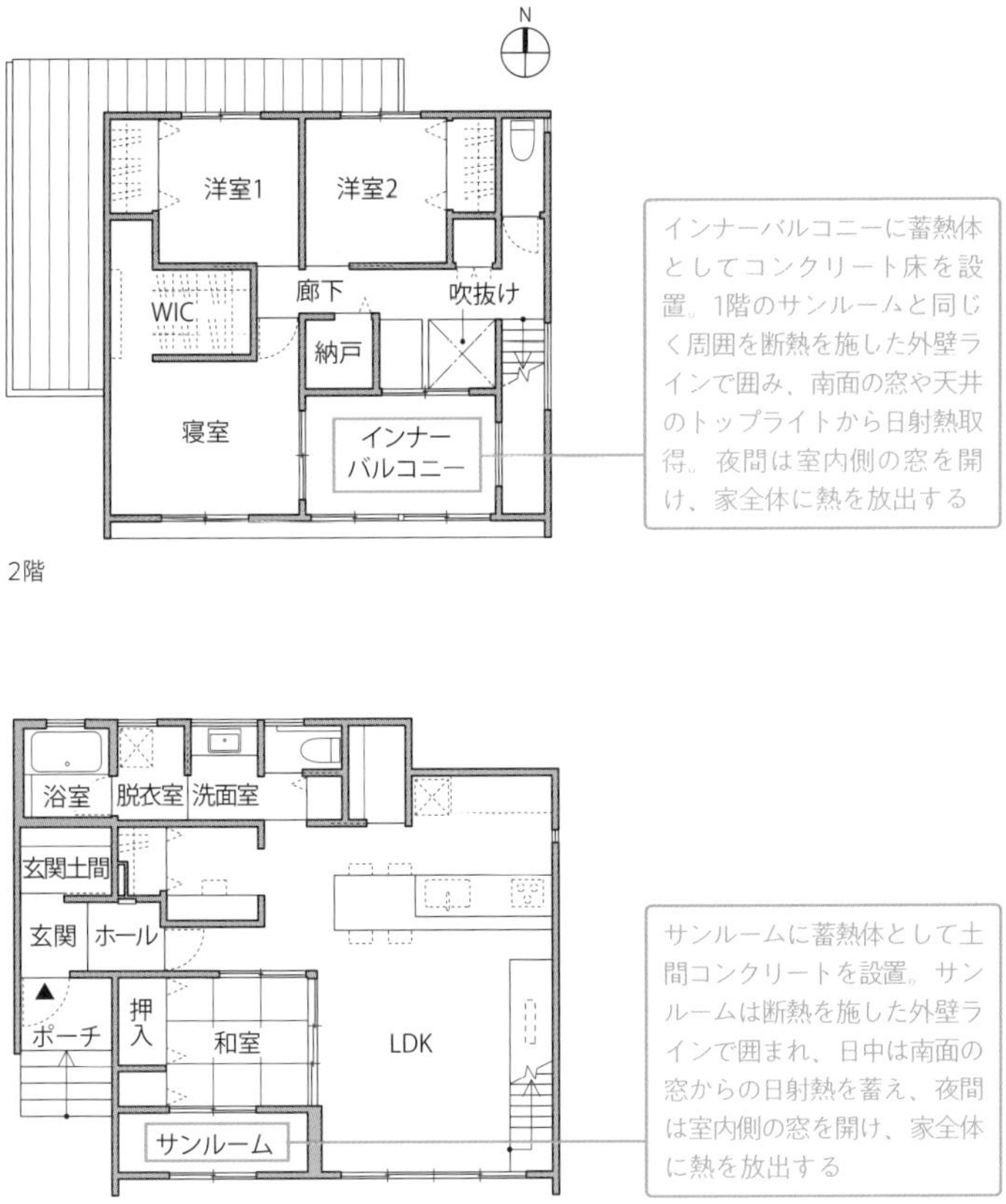
N
洋室1
洋室2
WIC
廊下
吹抜け
納戸
寝室
インナーバルコニー
インナーバルコニーに蓄熱体としてコンクリート床を設置。1階のサンルームと同じく周囲を断熱を施した外壁ラインで囲み、南面の窓や天井のトップライトから日射熱取得。夜間は室内側の窓を開け、家全体に熱を放出する
2階
浴室
脱衣室
洗面室
玄関土間
玄関
ホール
ポーチ
押入
和室
LDK
サンルーム
サンルームに蓄熱体として土間コンクリートを設置。サンルームは断熱を施した外壁ラインで囲まれ、日中は南面の窓からの日射熱を蓄え、夜間は室内側の窓を開け、家全体に熱を放出する
1階

上／2階のインナーバルコニー。床はコンクリート仕上げとなっており、窓からの日射熱を蓄える
下／1階のサンルーム。こちらも床はコンクリート仕上げ。日射熱だけでなく、洗濯からの湿気も蓄える

右の家の外観。窓のない東面の壁の裏側にテレビ台の蓄熱コンクリートが配置されている

壁や階段も蓄熱体に活用する

日の当たる床が最も蓄熱効果が高いが、その分、夏の日射遮蔽がシビアになる。夏と冬にバランスよく蓄熱効果を得るのであれば、日が直接当たらない壁や階段に蓄熱体を設置するのもよい。

別の事例のリビング。蓄熱効果を期待し、テレビ台背面の壁、階段と側面の壁を鉄筋コンクリート造とした

Q 日射遮蔽で注意すべきポイントは？

適切な日射遮蔽を探る

パッシブ設計では、できるだけ日射を室内に入れず、冷房負荷を抑えたい。日照シミュレーションを行い、夏に日射を遮ることができ、冬は日射を採り入れる適切な軒の長さを決める。

南面の窓については屋根や庇だけでは日射を50％ほどしか遮ることができないが、外付けシェードなら85％程度遮ることができる。庇と外付けシェードを併用すればかなり涼しくなる。

また、6月〜9月くらい期間は暑い日が続くので、中間期（春・秋）の日射の入り方にも十分考慮したい。高度の低い日射を遮ることができる外付けシェードなどの併用も検討する。

東西北面は周囲に建物があれば特に対策は要らないだろう。建物がない場合は、窓を小さくするかηACが1を超えていれば、外付けブラインドなどの設置を考えたい。

1 軒庇・跳ね出しバルコニーで日射を遮る

最もベーシックな日射遮蔽の手法が庇やバルコニーである。特に太陽高度が高い南面の窓であれば、軒の出の寸法を間違えなければ日射遮蔽と日射取得をほどよく両立できる。

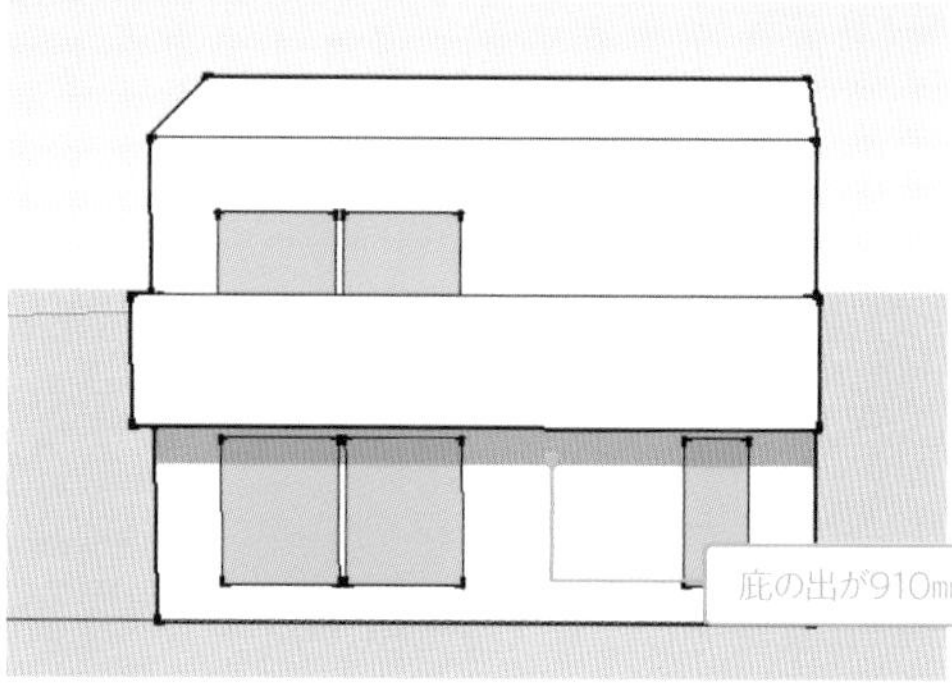

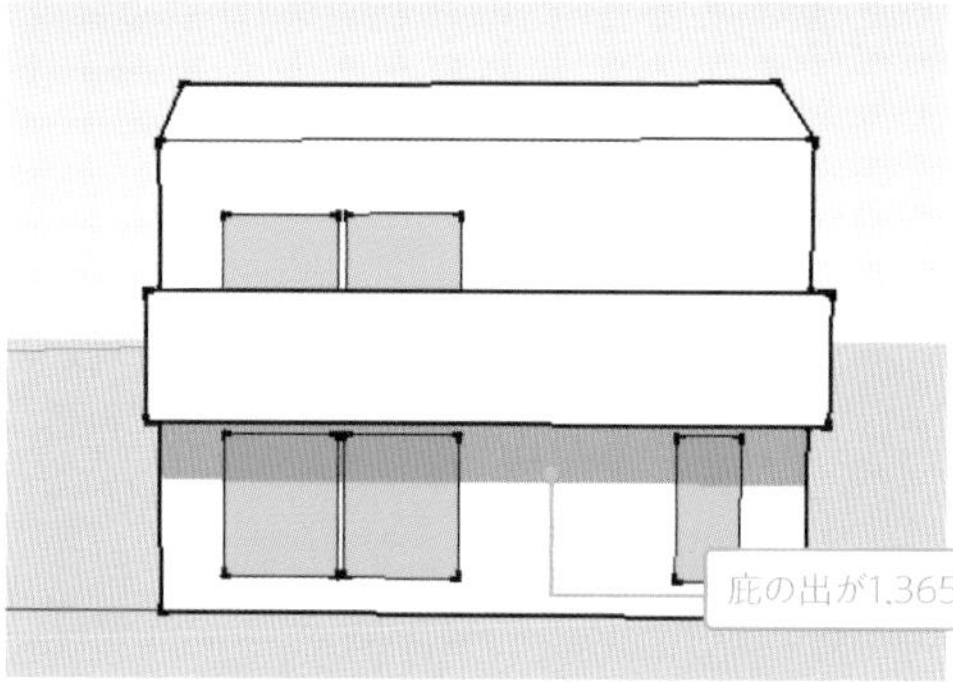

バルコニーは出寸法によって日射遮蔽効果が変わるため、日照シミュレーションの検討が必要。出寸法が910mm程度の場合、方位にもよるが50％程度しか日射を遮れない

2 外付けシェード・外付けブラインドで日射を遮る

低い太陽高度からの日射が当たる場合は、外付けシェードや外付けブラインドなどで窓を覆うように日射を遮るのが望ましい。遮蔽率も庇などより格段に高い。

右／バルコニー全体を覆うようにシェードを掛けることで、バルコニーの日除けと雨除けを兼ねさせている
左／ファサードの窓すべてに外付けブラインドを設置した例。意匠上、陸屋根との相性がよい

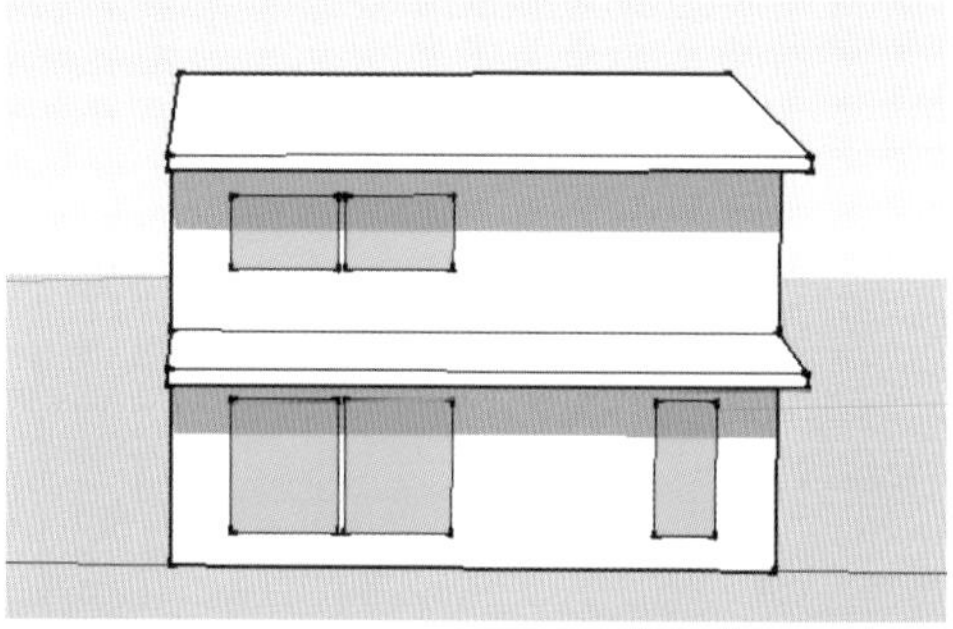

屋根や庇も、日照シミュレーションで日射遮蔽効果を確認したい

3 障子・ハニカムブラインドで日射を遮る

障子やブラインドも日射を遮るのに有効だ。日射熱の侵入はある程度許容せざるを得ないものの外観上の影響が少なくコストもかからない。庇などと併用するのもよい。

リビングの窓にハニカムブラインドを設置した例。外からの光をほどよく透過してくれる

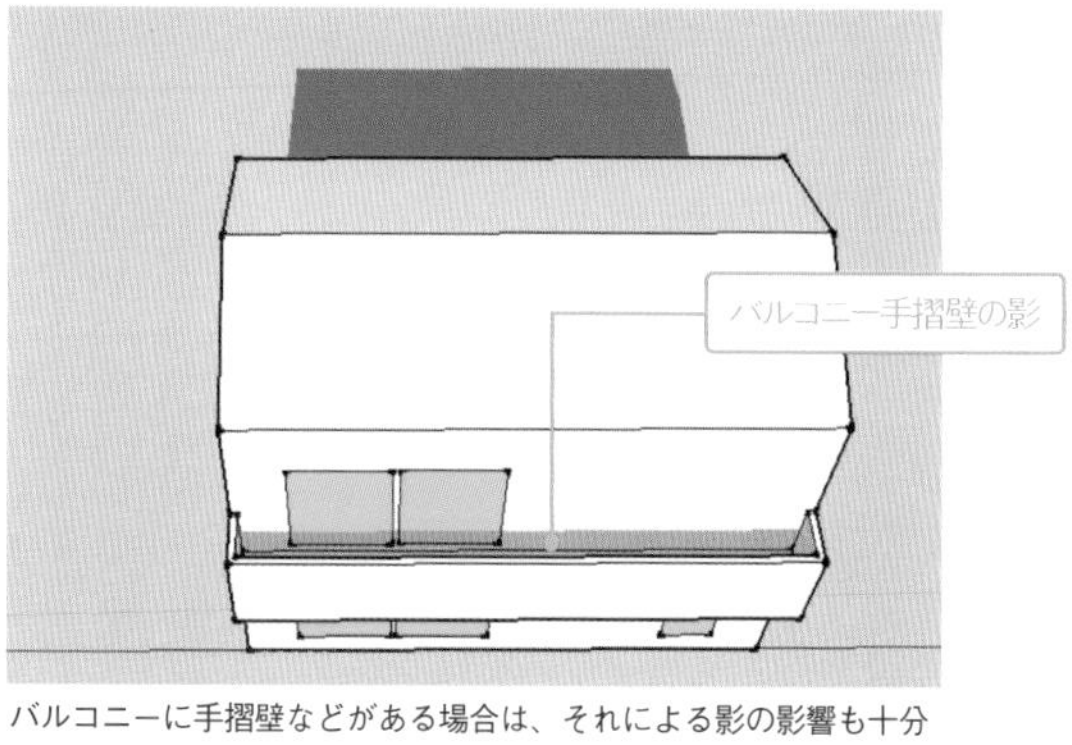

バルコニーに手摺壁などがある場合は、それによる影の影響も十分に検討したい

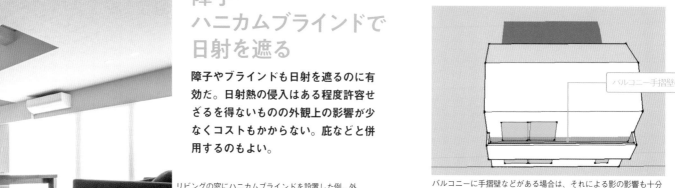

日射遮蔽の省エネ効果は絶大

外付け付属部材ありの冷暖房エネルギー消費量とBEI

外皮平均熱還流率（UA値）	0.38W／㎡K
冷房期平均日射熱取得率（ηAC値）	0.8
暖房期平均日射熱取得率（ηAH値）	2.6
暖房エネルギー消費量	6,975MJ
冷房エネルギー消費量	4,019MJ
BEI	0.52

外付け付属部材なしの冷暖房エネルギー消費量とBEI

外皮平均熱還流率（UA値）	0.38W／㎡K
冷房期平均日射熱取得率（ηAC値）	1.4
暖房期平均日射熱取得率（ηAH値）	2.6
暖房エネルギー消費量	6,975MJ
冷房エネルギー消費量	5,437MJ
BEI	0.54

冷房エネルギーで1,400MJの差が出た

省エネ基準では考慮されない日射遮蔽部材だが、同じ断熱性能で日射遮蔽部材の有無を比較すると、冷房エネルギー消費量でかなりの差があることが分かる

日射遮蔽の配置例（S=1:200）

2階

2階南面の窓に木製の可動式ルーバーを設置。庇を設けない外観デザインとしたい場合は必須の設備といえる

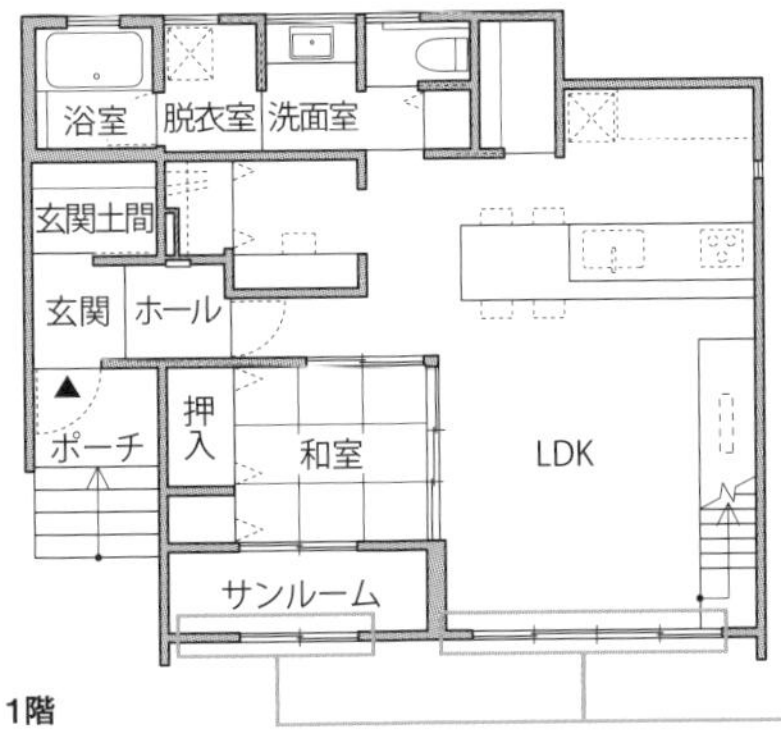

1階

1階南面の窓に外付けシェードを設置。日射を長時間遮ることが可能なうえ、安価な費用で導入できる

外付け付属部材ありの場合の夏の晴れた日の温度変化

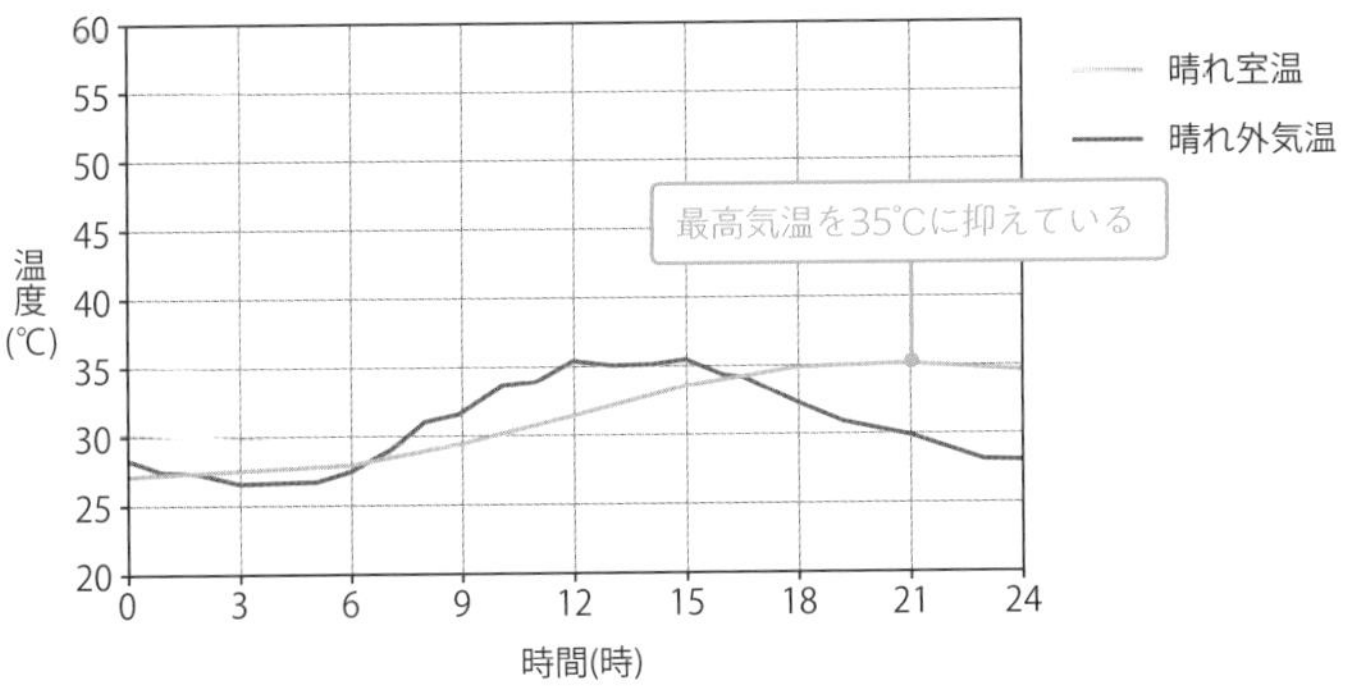

外付け日射遮蔽部材がある場合は、最高気温を35℃までに抑えている

外付け付属部材なしの場合の夏の晴れた日の温度変化

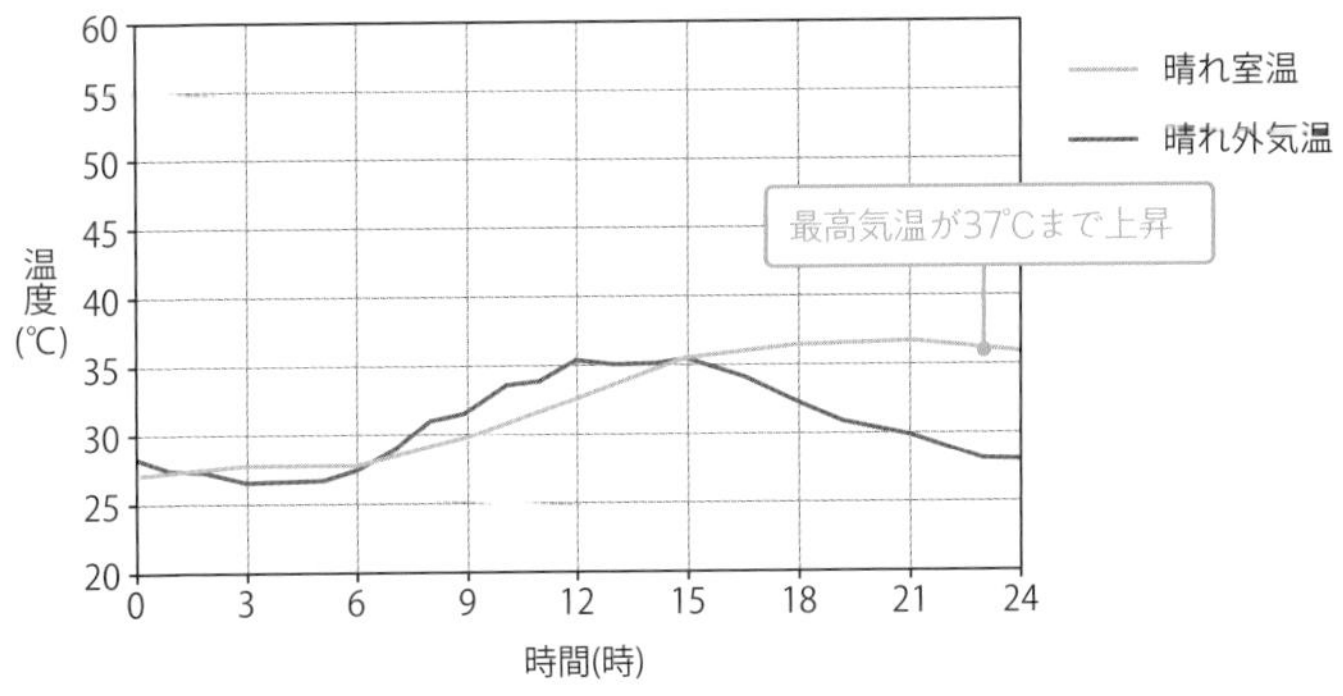

外付け日射遮蔽部材がない場合は、最高気温が37℃に達している

A
日照シミュレーションを行いながら、日射熱の出入りを細かく設計する

庭に設置された外付けシェード。太陽高度の低い日射も効率的に遮ることができる

Q 等級6で最も省エネな冷暖房方式は？

解説：木村真二（PASSIVE DESIGN COME HOME）

「断熱等級6ほどの断熱性能があれば全館空調で省エネだ」という風潮がある。確かに、このくらいの性能であれば、間仕切壁を少なめにプランするだけで全館空調は比較的容易に達成できる。また、各部屋で温度差が少ないほど、快適さと健康面で利点がある。

しかし、省エネという点ではどうだろうか。「全館空調」はその名のとおり、家中つまり人のいない部屋まで温めているので、無駄が多いともいえる。断熱等級をつくった大きな理由が「省エネ」なのだから、無条件に「全館空調」を勧めてよいのだろうか。せっかく断熱等級を上げて省エネしたつもりが、かえって増エネになってしまうとすれば、大きな問題だ。

シミュレーションモデルの性能値

外皮平均熱貫流率（UA値）	0.39W／㎡K
冷房期平均日射熱取得率（ηAC値）	0.9
暖房期平均日射熱取得率（ηAH値）	2.3
熱損失係数（Q値）	1.38W／㎡K
夏期日射取得係数（η値）	0.026

等級6というより6.5に近い断熱性能の家。日射取得を重視したパッシブ型の家をモデルに冷暖房方式別の省エネ効果を考えてみる

モデルの冬の晴れた日の室温変化

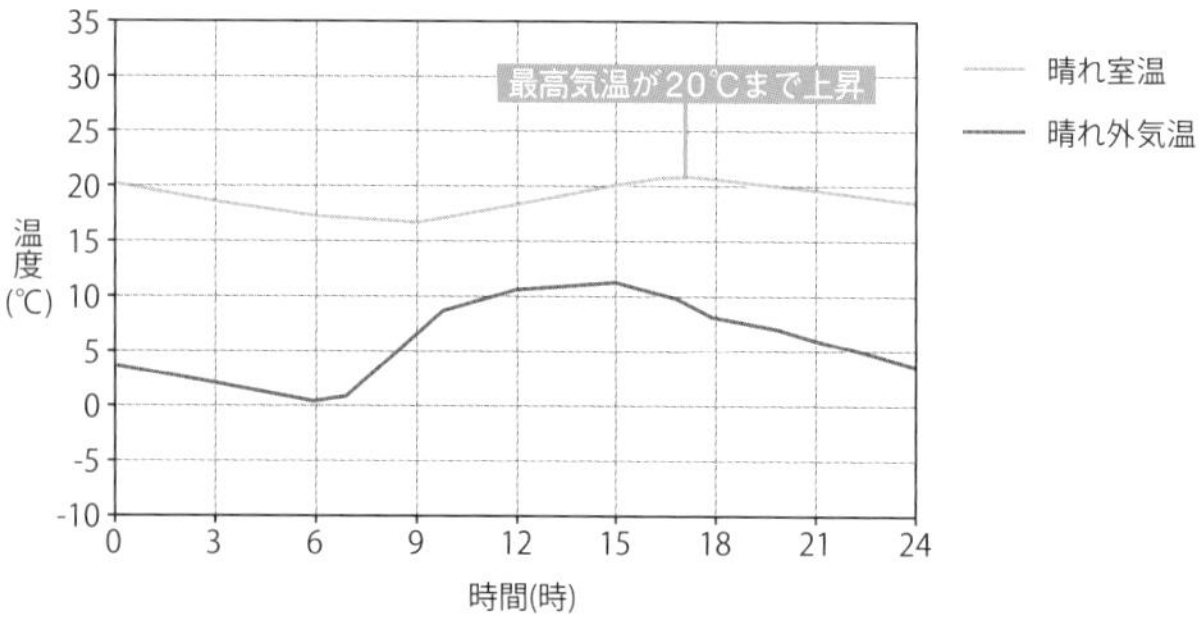

最低気温が0℃まで下がった冬の晴れた日、無暖房時の室温は最低でも16℃ほど。最高室温は20℃まで上昇している。パッシブ設計の効果が十分出ている

モデルの夏の晴れた日の室温変化

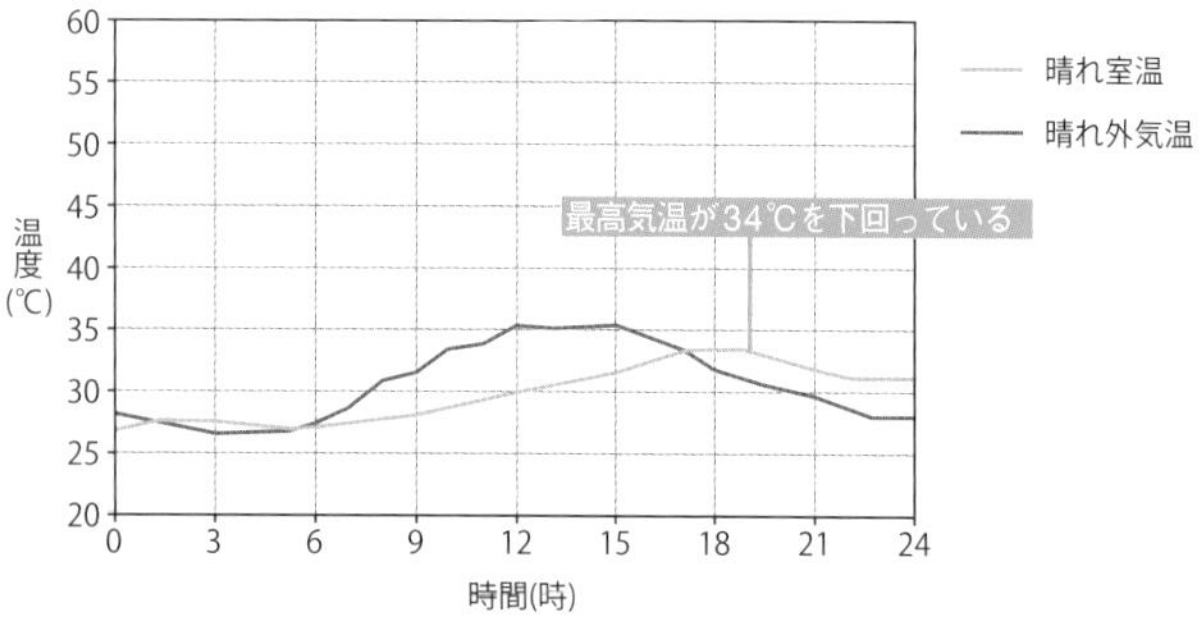

最高気温が35℃まで上昇する夏の晴れた日、無冷房時の室温は最高でも34℃を下回っている。η AC＝0.9という夏の日射遮蔽が効果を発揮しているといえそうだ

断熱等級6では全館空調がマストでない？

シミュレーションを行ったのは、断熱等級6よりやや性能の高いUA値0・39の住宅である（左頁参照）。ηAH＝2.3とパッシブ設計を的確に行っている。

最低気温が0℃まで下がった冬の晴れた日の無暖房時の室温は、最低でも16℃ほど。最高室温は20℃まで上昇している。また、最高気温が35℃まで上昇する夏の晴れた日の無冷房時の室温は、最高でも34℃を下回っている。

このように、断熱等級6の住宅であれば、特に冬については無暖房でもある程度の室温を確保しており、全館空調をしなくてもヒートショックになるほどの温度差が起こらないのではないかと思う。つまり、必要な時に必要なだけ冷暖房を使用したほうが省エネで、必ずしも全館空調である必要はない。

冷暖房方式で省エネ性が劇的に変わる

では、断熱等級6の場合の全館空調と人がいる場所だけ暖冷房を行う部分間欠暖冷房で、どれだけ省エネや燃費に違いがあるか見てみたい。全館空調と条件を近づけるために、部分間欠暖冷房では日中はリビングを暖冷房し、夜は2階の各居室を暖冷房するようにしている。

結果は、暖房では約1万6千MJ、冷房では8千MJほどのエネルギー消費量の差があった。燃費にすると暖房では約5万円／年、冷房で約2万5千円／年もの差になる。ただし、等級6の全館空調の年間暖房費約7万3千円／年は、暖房運転した5カ月で割ると1万4千円／月ほどであり、そこそこに妥当な金額ではある。それでも、部分間欠暖冷房にすれば暖房費2万3千円／年（4600円／月）と、かなりのコスト減が可能だ。

断熱等級7の場合も全館空調と部分間歇暖冷房のシミュレーションを行い、それぞれのエネルギー消費量や燃費を算出した。冷暖房方式の違いによらず、どちらもエネルギー消費量・燃費ともに削減できたが、特に全館空調の削減幅が大きかった。諸条件によるが、省エネの点で考えれば部分間歇暖房が優位であり、全館空調を採用するのであればできるだけ断熱性能を高くすべきだ。

また、省エネの点で考えれば部分間歇暖房が優位であり、全館空調を採用するのであればできるだけ断熱性能を高くすべきである。

A 等級6なら部分間欠暖冷房は全館空調に比べて省エネ

モデルの部分間歇暖冷房の配置（S=1:200）

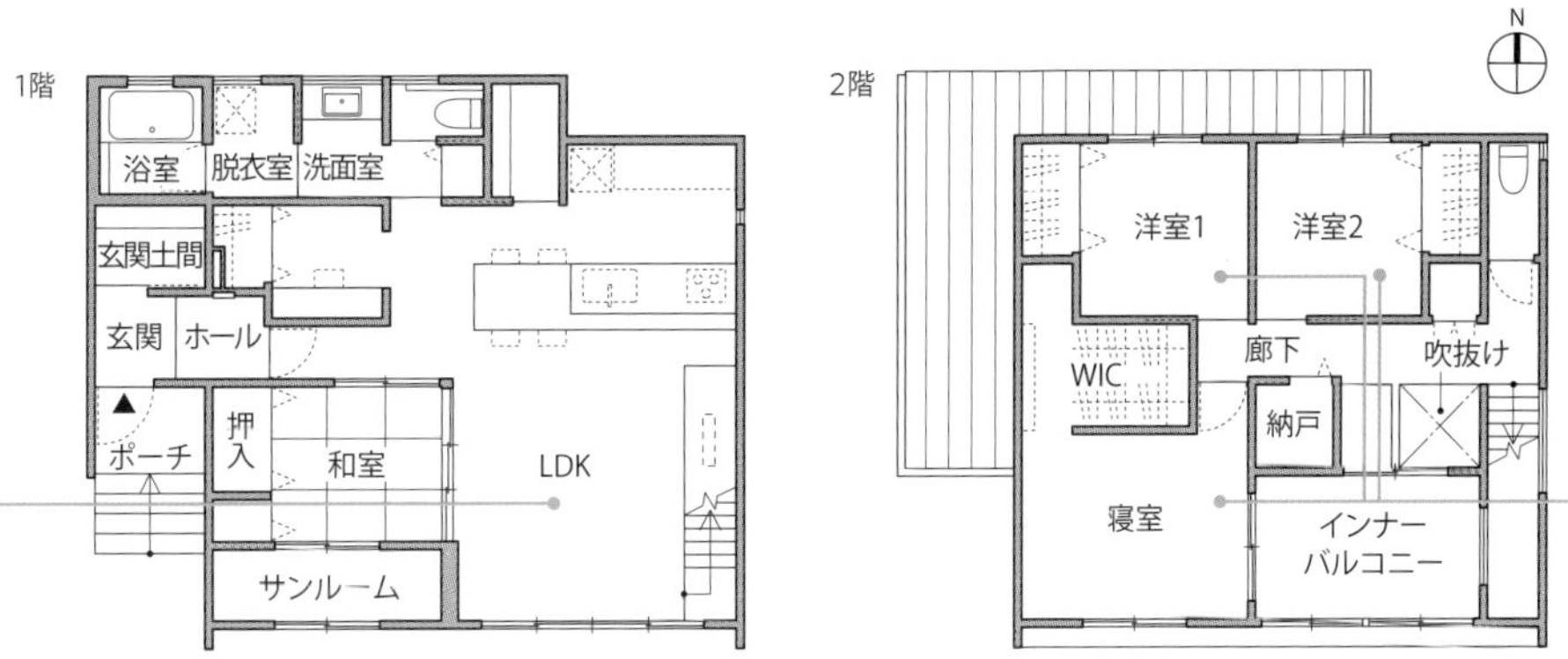
1階はリビングのエアコンのみ。日中（7～22時）はエアコンを運転しているが、夜間は停止している
2階は各部屋にエアコンを設置。就寝時（21～6時）のみエアコンを運転した

部分間歇暖冷房のエネルギー消費量と年間暖冷房費

	等級6のエネルギー消費量（MJ）	等級7のエネルギー消費量（MJ）	エネルギー消費量の差（MJ）	等級6の費用（円）	等級7の費用（円）	費用差（円）
暖房	7,532	5,409	2,123	23,152	16,626	6,526
冷房	3,804	3,273	531	11,693	10,060	1,632
換気	3,770	3,770	0	11,588	11,588	0
給湯	15,737	15,737	0	48,372	48,372	0
照明	4,414	4,414	0	13,568	13,568	0
その他	21,241	21,241	0	65,290	65,290	0
合計	56,498	53,844	2,654	173,662	165,504	8,158

等級6・7いずれも、冷暖房エネルギー、費用ともに圧倒的に圧縮できている。暖房費に限っては、等級6で5カ月運転したとして、1カ月当たり5千円弱である。

モデルの全館空調の配置（S=1:200）

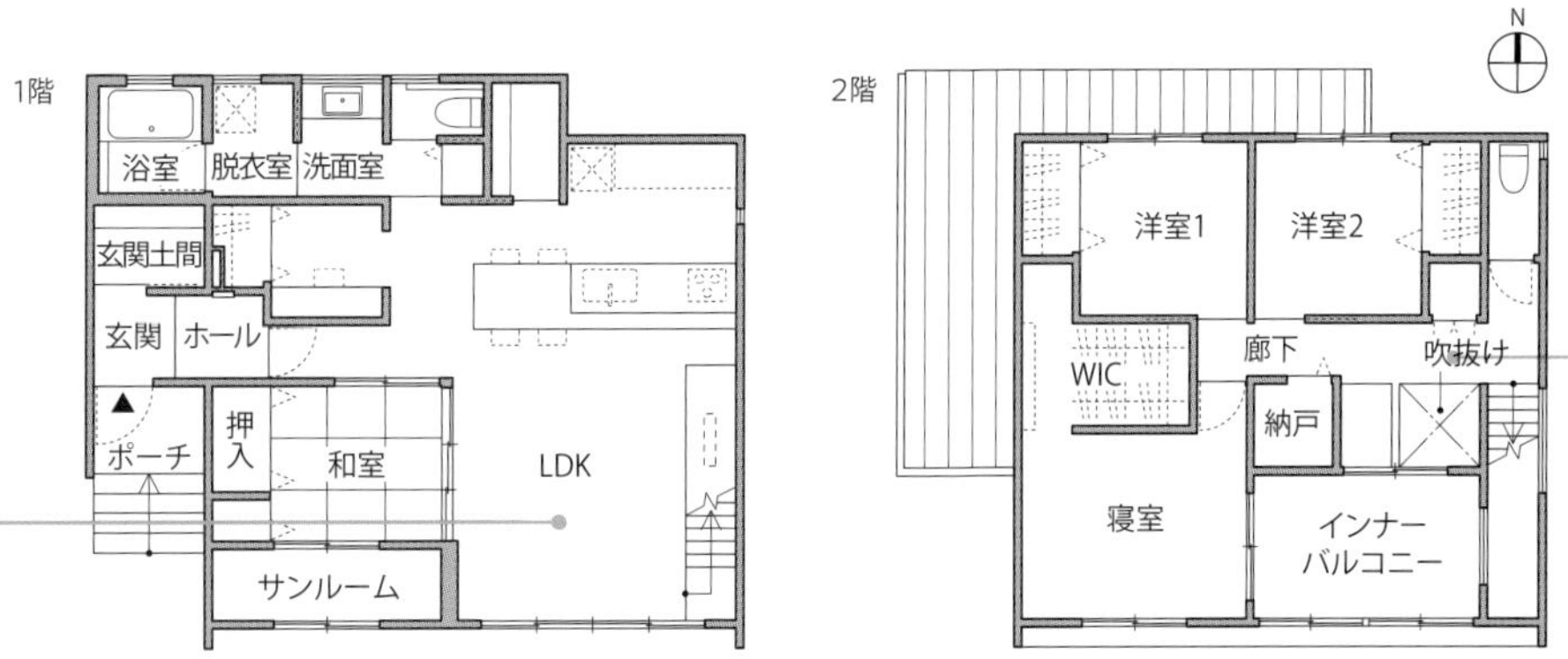
1階はリビングにエアコンを設置。冬・夏には連続運転し、1台で家全体を温める
2階は廊下の壁にエアコンを設置。夏には連続運転し、1台で家全体を冷やす
2階は廊下の壁にエアコンを設置。夏には連続運転し、1台で家全体を冷やす

全館空調のエネルギー消費量と年間暖冷房費

	等級6のエネルギー消費量（MJ）	等級7のエネルギー消費量（MJ）	エネルギー消費量の差（MJ）	等級6の費用（円）	等級7の費用（円）	費用差（円）
暖房	23,940	18,567	5,373	73,586	57,071	16,515
冷房	12,120	11,849	271	37254	36,421	833
換気	3,770	3,770	0	11,588	11,588	0
給湯	15,737	15,737	0	48,372	48,372	0
照明	4,414	4,414	0	13,568	13,568	0
その他	21,241	21,241	0	65,290	65,290	0
合計	81,222	75,578	5,644	249,658	232,309	17,348

等級6・7いずれも、冷暖房エネルギー、費用ともにかなり高額になった。ただし、等級6の暖房費約7万3千円／年は、5カ月運転したとすれば1万4千円／月ほどであり、妥当な金額ではある

Q

等級6の家を美しくみせるにはどうすべき?

解説：大橋利紀（リヴアース）　文：編集部

織姫の家。左側の出隅の窓は、2階では木製窓、1階では樹脂窓が使われている。2階の窓と外観寸法が合うように1階の窓を特寸で製作し、さらに3方枠を回して見た目の印象を整えた

断熱等級にかかわらず家は美しくみせたいものだが、断熱性能が高い住宅に限って、内外観が今ひとつないものが多い。最大の理由は、窓廻りや設備関係がうまく処理できていないからだ。

窓は内外観、特に外観に大きく影響する。窓をどうやって切り取るかで、デザインの良し悪しが決まるといってよいだろう。断熱性能を高くするのであれば窓が少ないほうが有利なのだが、断熱性能と同じくらい日射取得が大事といわれる昨今、日射が得られる場所にはできるだけ窓を設けたい。ただし、日照シミュレーションをして長時間日射が得られる場所にそのまま窓を開けただけでは、美しい家にはならない。日照シミュレーションを重視しながらも、複数の窓の位置や高さを揃える、複数の窓をまとめる、引違い窓をできるだけ避けるなどして、デザイン上の規則にもとづいて窓を配置したい。

また、内観上は木製窓が最適だ。木製建具のような印象は、仕上げにおける木の面積が大きい住宅の内観に合う。引込み戸があるなど開閉方式も多様だ。ただし、コストは通常の既製窓に比べてかなり高い。したがって、リビングの掃出し窓など見せ場となる場所だけ木製サッシを活用し、そのほかの小窓にはアルミ樹脂複合窓や樹脂窓を使

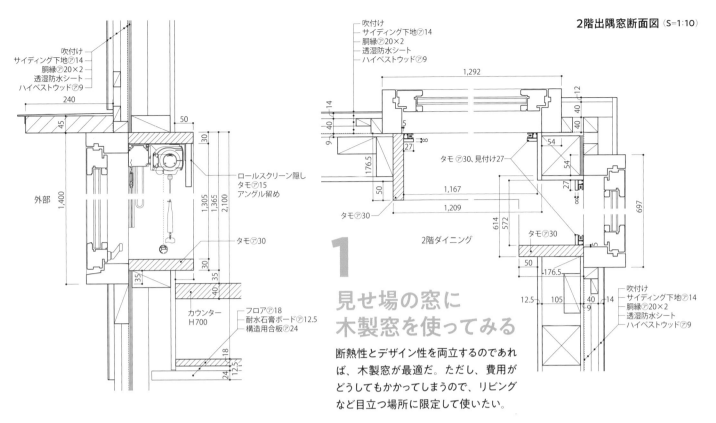

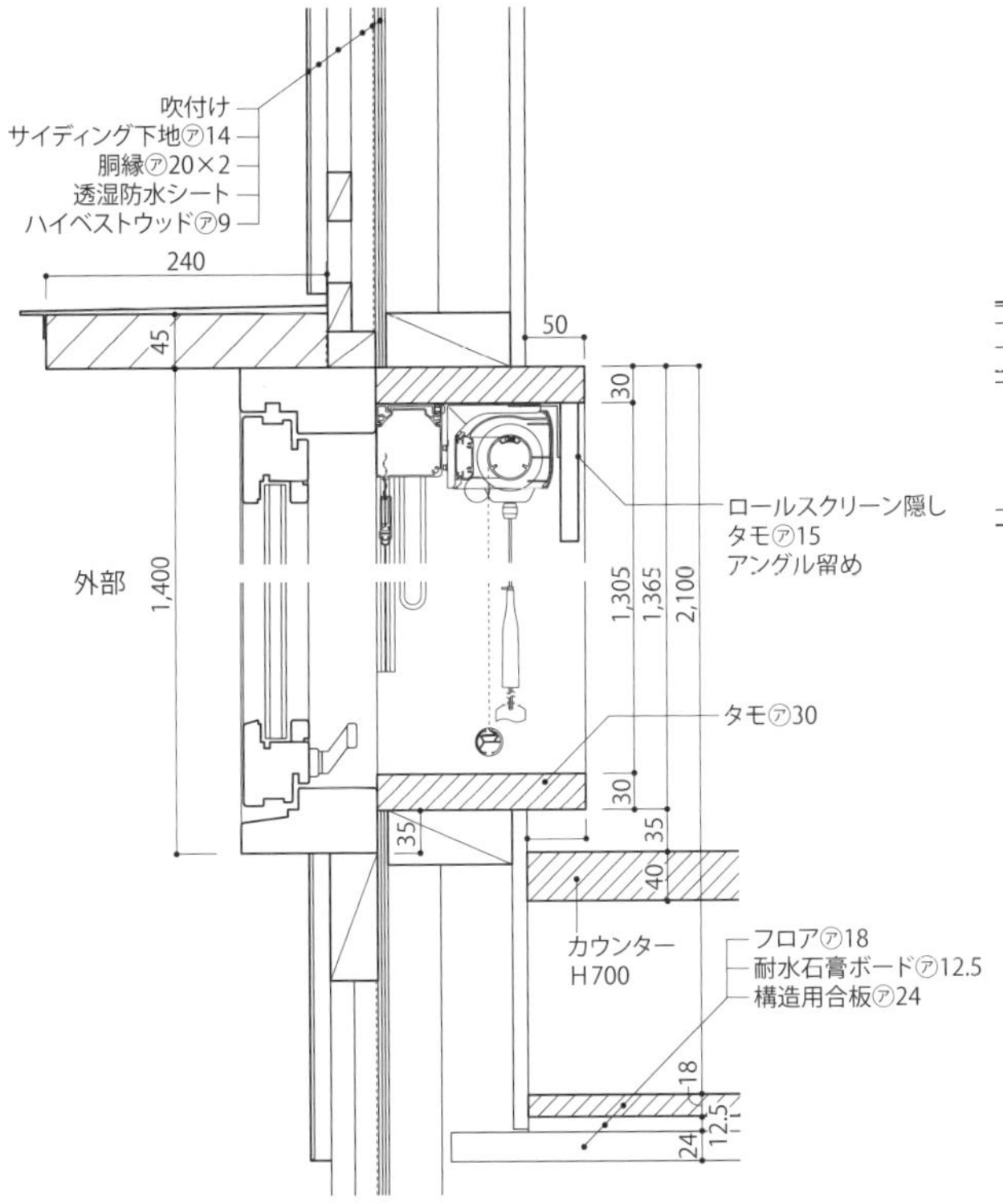
吹付け
サイディング下地㋐14
胴縁㋐20×2
透湿防水シート
ハイベストウッド㋐9
240
45
50
30
外部
1,400
1,305
1,365
2,100
ロールスクリーン隠し
タモ㋐15
アングル留め
タモ㋐30
30
35
35
40
カウンター
H700
フロア㋐18
耐水石膏ボード㋐12.5
構造用合板㋐24
18
12.5
24

2階出隅窓断面図(S=1:10)

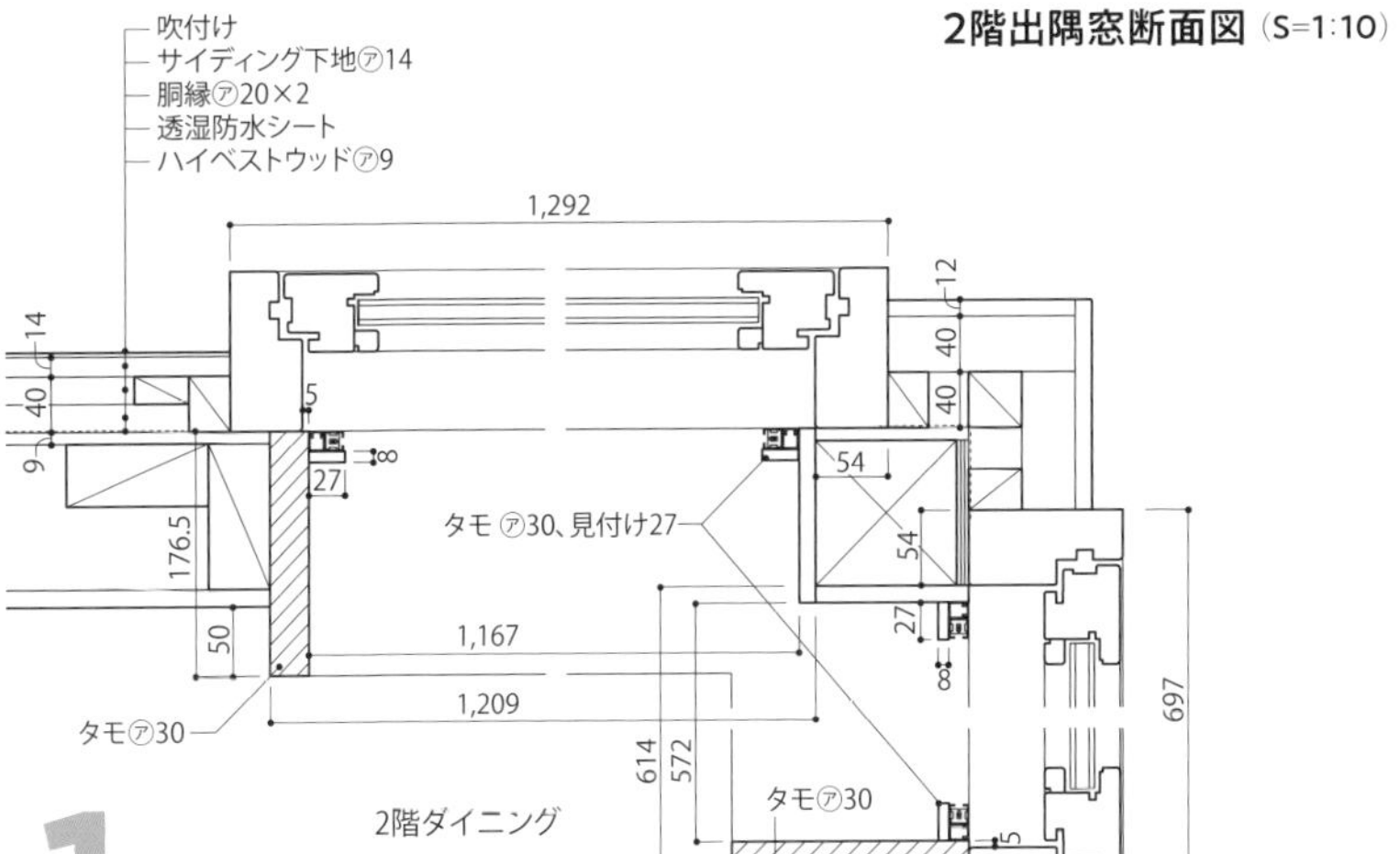
吹付け
サイディング下地㋐14
胴縁㋐20×2
透湿防水シート
ハイベストウッド㋐9
1,292
12
14
40
40
40
9
5
8
27
54
54
タモ㋐30、見付け27
176.5
50
1,167
1,209
27
8
タモ㋐30
697
614
572
2階ダイニング

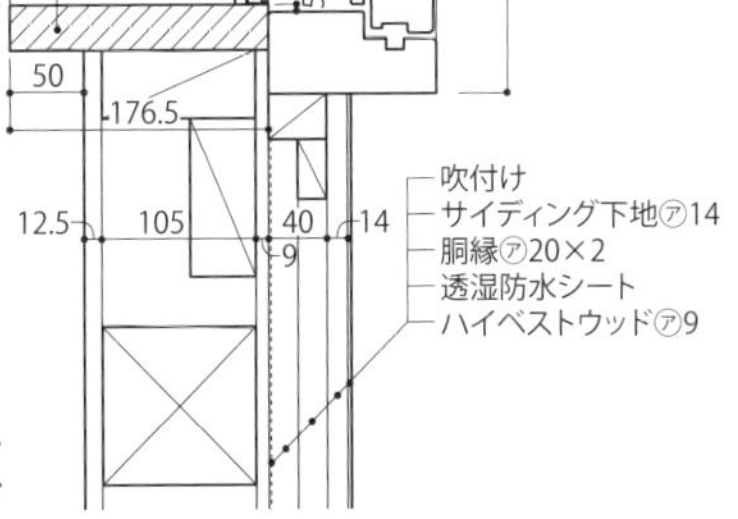
タモ㋐30
5
50
176.5
12.5
105
40
14
9
吹付け
サイディング下地㋐14
胴縁㋐20×2
透湿防水シート
ハイベストウッド㋐9

1
見せ場の窓に木製窓を使ってみる

断熱性とデザイン性を両立するのであれば、木製窓が最適だ。ただし、費用がどうしてもかかってしまうので、リビングなど目立つ場所に限定して使いたい。

2階出隅の窓を内側から見る。木製窓に造作の額縁を回すことで、奥行きのある印象に

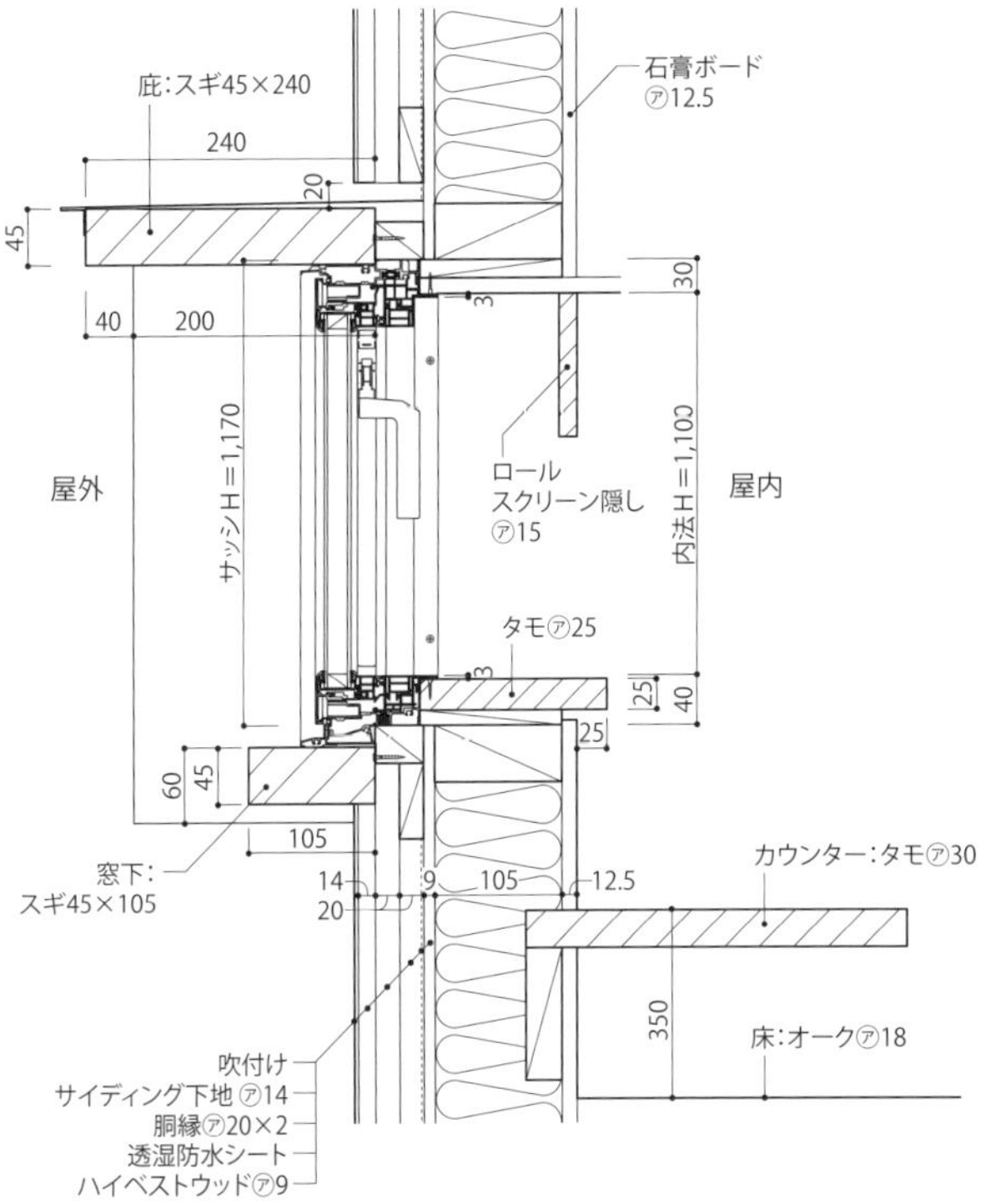
庇:スギ45×240
石膏ボード
㋐12.5
240
20
45
30
40
200
3
屋外
サッシH=1,170
ロール
スクリーン隠し
㋐15
内法H=1,100
屋内
タモ㋐25
3
25
40
25
60
45
105
窓下:
スギ45×105
14
20
9
105
12.5
カウンター:タモ㋐30
350
床:オーク㋐18
吹付け
サイディング下地 ㋐14
胴縁㋐20×2
透湿防水シート
ハイベストウッド㋐9

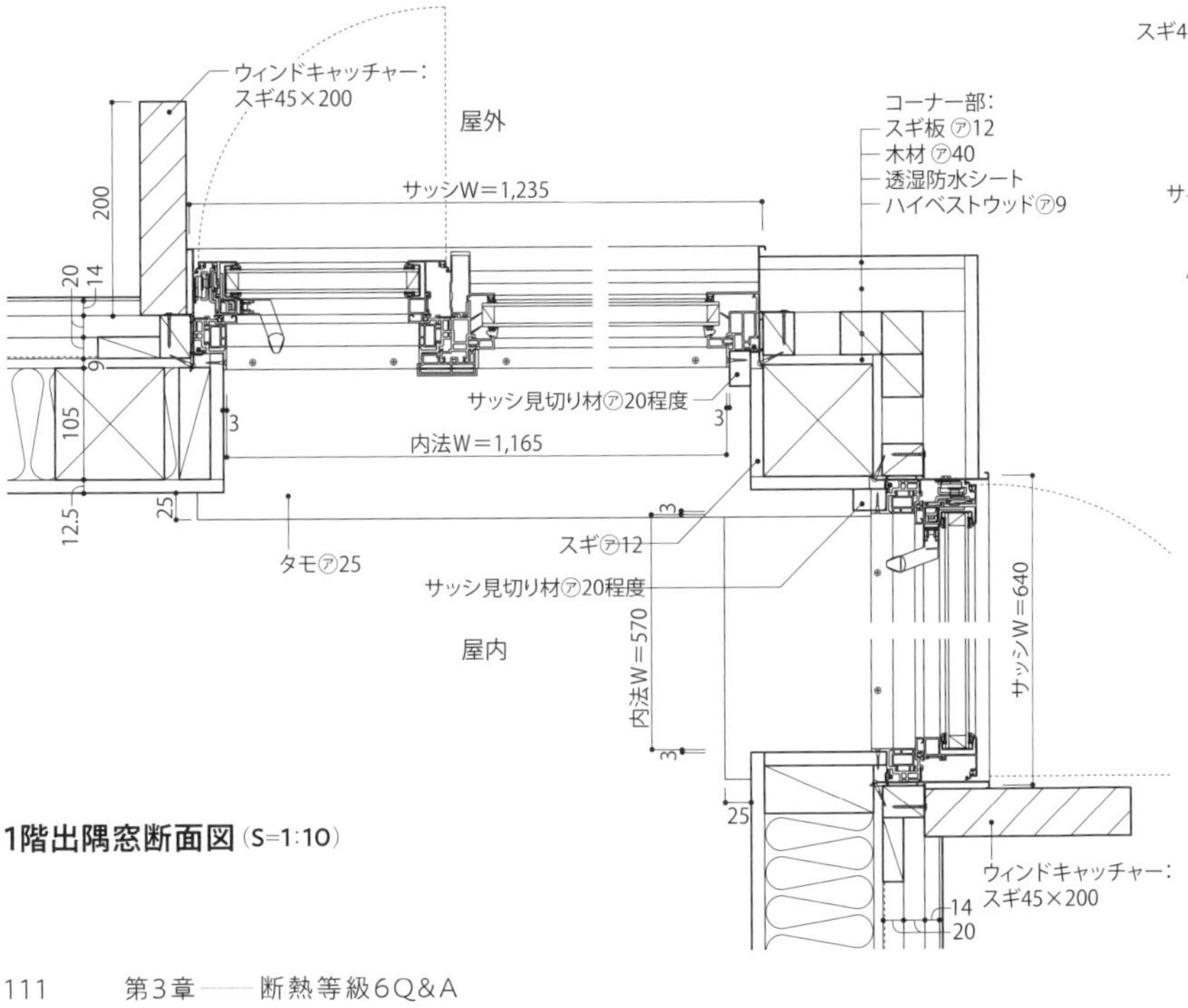
ウィンドキャッチャー:
スギ45×200
屋外
コーナー部:
スギ板 ㋐12
木材 ㋐40
透湿防水シート
ハイベストウッド㋐9
200
サッシW=1,235
20
14
9
105
3
サッシ見切り材㋐20程度
3
内法W=1,165
12.5
25
3
タモ㋐25
スギ㋐12
サッシ見切り材㋐20程度
屋内
内法W=570
サッシW=640
3
25
ウィンドキャッチャー:
スギ45×200
14
20

1階出隅窓断面図(S=1:10)

1階出隅の窓を内側から見る。納まりを調整して樹脂窓の框を消している

「四注の家」の片引き+FIXの樹脂窓を内側正面から見る。FIXの木製建具のような印象に見える

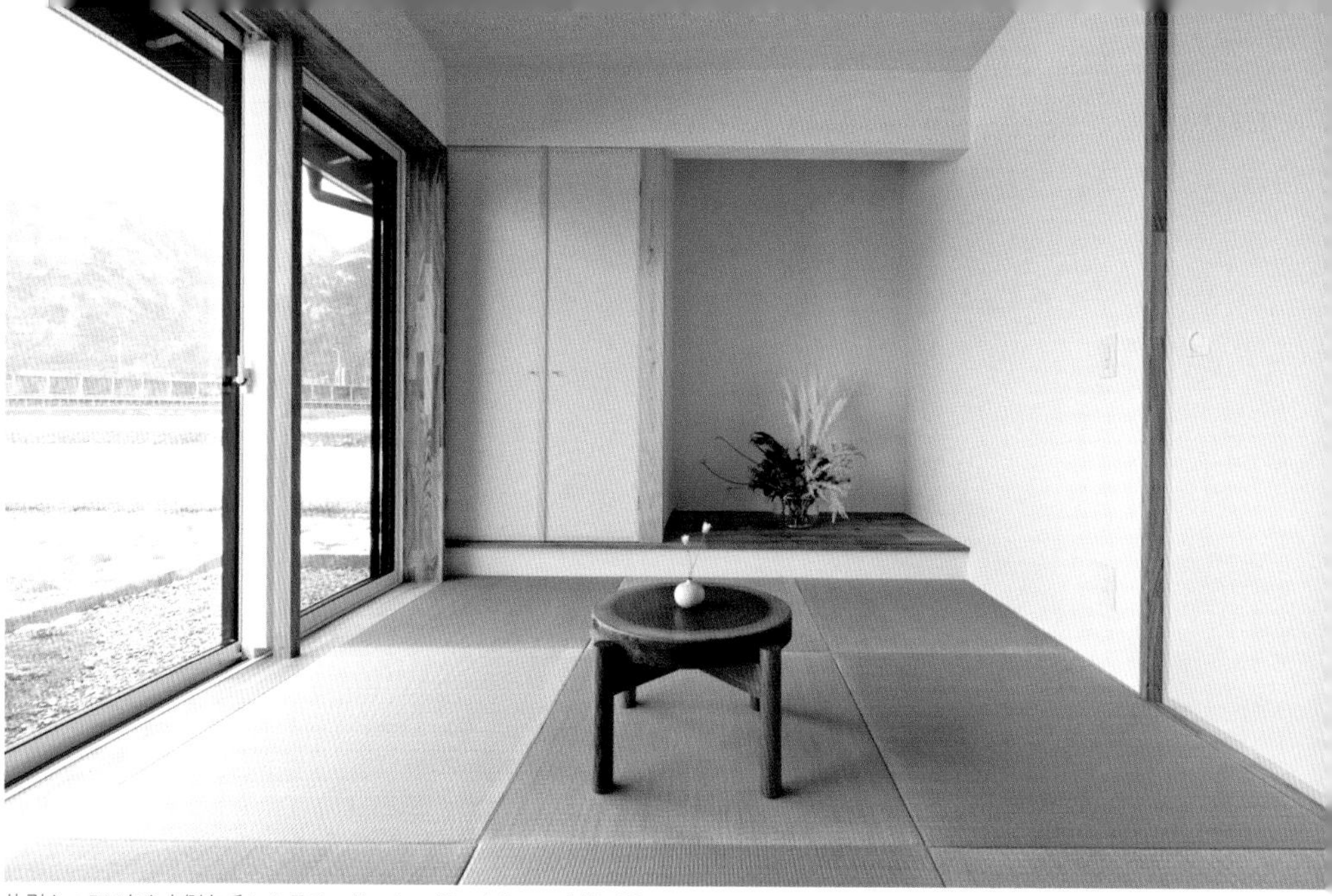

片引き+FIX窓を内側左手から見る。サッシの框に合わせて木枠が設けられているのが分かる

2 サッシの框を上手に隠す

窓でどうしても目立ってしまうのは召し合わせ框である。この窓のように片引きとFIXの組み合わせで召し合わせ框が可動しない場合は、造作材や柱などで框を隠すよいだろう。

片引き+FIX窓立面図
(S=1:25)

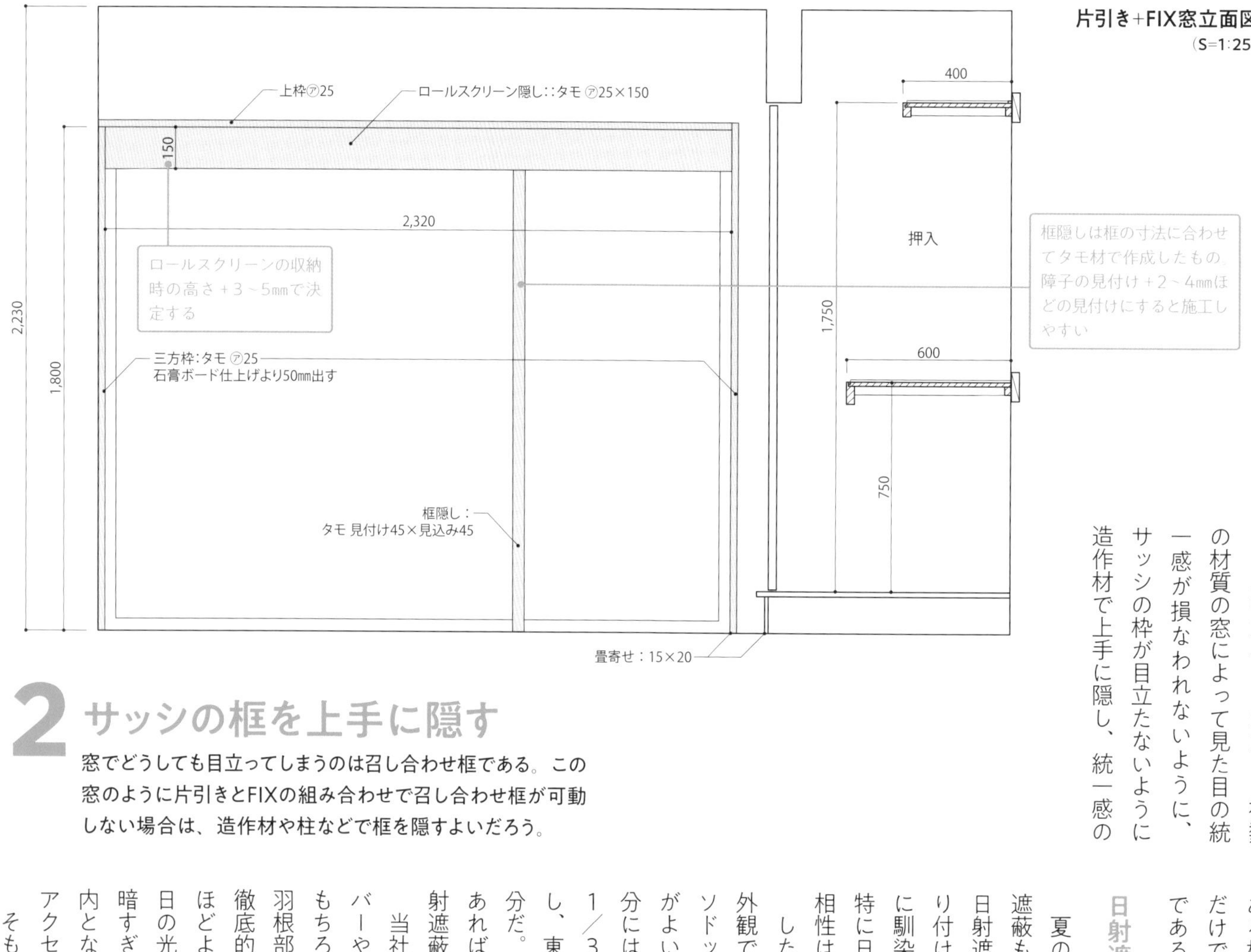

上枠㋐25
ロールスクリーン隠し::タモ ㋐25×150
150
2,320
ロールスクリーンの収納時の高さ+3~5㎜で決定する
2,230
1,800
三方枠:タモ ㋐25
石膏ボード仕上げより50㎜出す
框隠し:タモ 見付け45×見込み45
畳寄せ:15×20
400
押入
1,750
600
750
框隠しは框の寸法に合わせてタモ材で作成したもの。障子の見付け+2~4㎜ほどの見付けにすると施工しやすい

うとよいだろう。ただし、複数の材質の窓によって見た目の統一感が損なわれないように、サッシの枠が目立たないように造作材で上手に隠し、統一感のある枠廻りにする。これは内側だけでなく外側についても同様である。

日射遮蔽設備は製作を検討

夏の暑さ対策として窓の日射遮蔽も欠かせないが、既製品の日射遮蔽設備の多くが外壁に取り付けるものであるため、外観に馴染ませるのがとても難しい。特に日本的な和のデザインとの相性はかなり悪い。

したがって、軒を出すような外観であれば、特に南面はオーソドックスに屋根や庇で遮るのがよいだろう。夏の日射を遮る分には、軒の出をサッシ高さの1/3程度とれば十分だ。ただし、東西の窓は庇だけでは不十分だ。ある程度の大きさの窓であれば、窓全体を覆うような日射遮蔽設備が必要になる。

当社では、造作した木製ルーバーや格子で日射を遮っている。もちろん、ブラインドのように羽根部分が動かないため日射を徹底的に遮ることはできないが、ほどよく日射を遮ってくれるし、日の光をほどほどに取り込んで、暗すぎないほどよい明るさの室内となる。もちろん、外観上のアクセントにもなる。

そもそも日射取得や日射遮蔽

3 木製ルーバー引戸を日射遮蔽に使う

外観の美観と日射遮蔽を両立するのであれば、木製ルーバー引戸を使うことを勧めたい。完全に日射を遮れるわけではないが、風や視線、光をほどよく通すとともに、冬は開放すれば日射を目一杯受けられる。

を最優先すべきとは考えていない。ほどよい暗さやそれによる陰影は室内を美しくみせ、自然素材のテクスチュアもより強調され、そこにいる人の心を落ち着かせることもできる。したがって、それぞれの室内空間に応じた最適な明るさを決め、それに基づいて窓の位置や大きさ、日射遮蔽設備を決めていくのがよいだろう。

欄間で個室の通気を促す

断熱等級6のような断熱性能の高い家は、保温性に優れるため、家の温度が均一化する。したがって、1・2台の冷暖房機器で家全体を温める「全館暖房」が可能になるのだが、ドアで締め切ることができる個室は十分に温め、冷やすことができない。したがって、ドアを閉め

木製ルーバー引戸断面図(S=1:10)

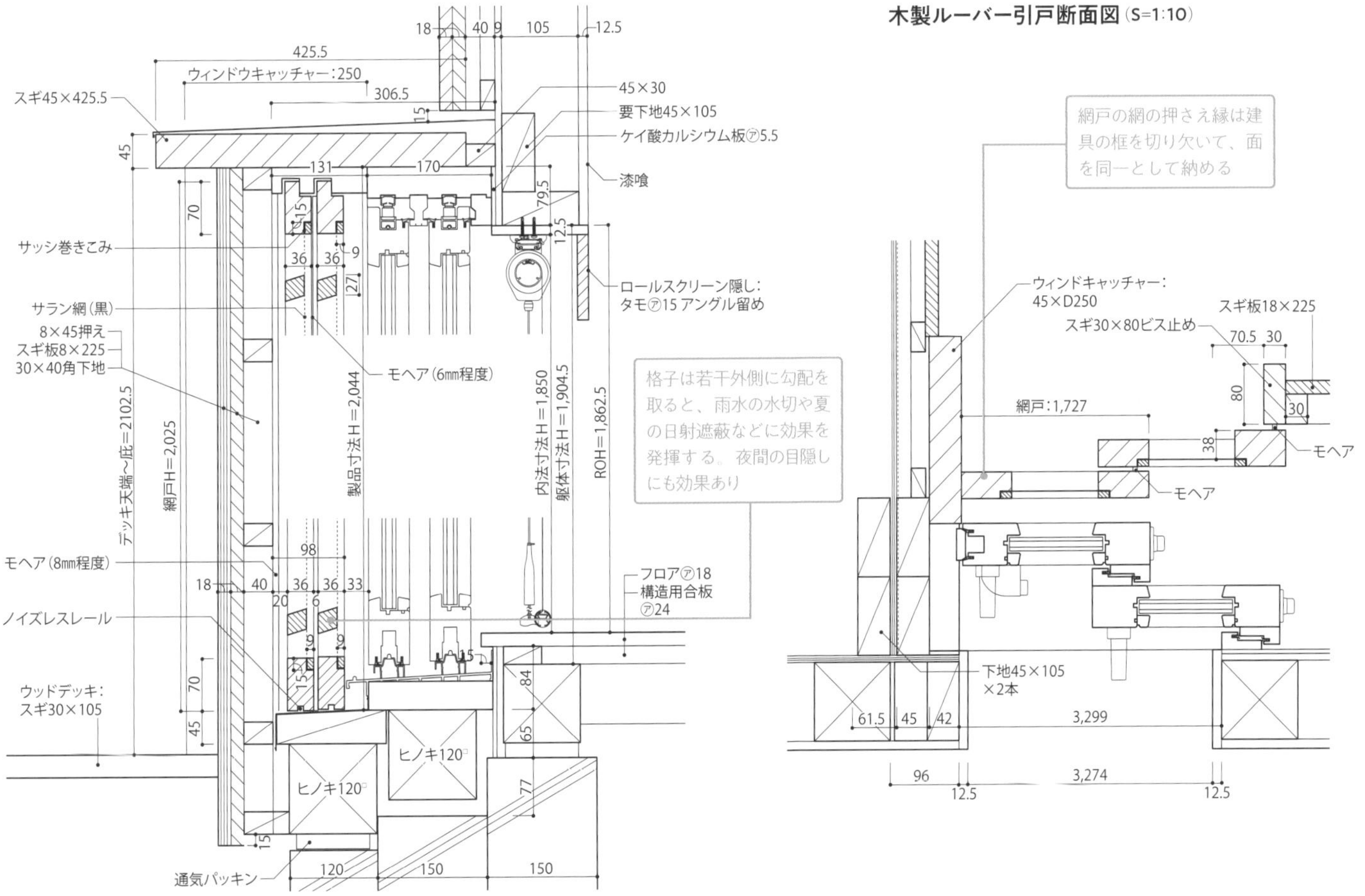

スギ45×425.5
425.5
ウィンドウキャッチャー：250
306.5
45×30
要下地45×105
ケイ酸カルシウム板㋐5.5
漆喰
サッシ巻きこみ
ロールスクリーン隠し：タモ㋐15アングル留め
サラン網(黒)
8×45押え
スギ板8×225
30×40角下地
モヘア(6㎜程度)
製品寸法H=2,044
内法寸法H=1,850
躯体寸法H=1,904.5
ROH=1,862.5
デッキ天端～庇=2102.5
網戸H=2,025
モヘア(8㎜程度)
ノイズレスレール
フロア㋐18
構造用合板㋐24
ウッドデッキ：スギ30×105
ヒノキ120□
通気パッキン
格子は若干外側に勾配を取ると、雨水の水切や夏の日射遮蔽などに効果を発揮する。夜間の目隠しにも効果あり
網戸の網の押さえ縁は建具の框を切り欠いて、面を同一として納める
ウィンドキャッチャー：45×D250
スギ板18×225
スギ30×80ビス止め
網戸：1,727
モヘア
下地45×105×2本
3,299
3,274

右／室内側から見た木製ルーバー引戸(風色の家)。外の光がほどよく室内に落ちているのが分かる
左／外側から見た木製ルーバー引戸。夏の高い高度の日差しを庇で遮っている

ダイニングに設けた永田格子を内側から見る（琴の家）。ルーバーと比べてより重厚な印象になる

永田格子断面図
（S=1:10）

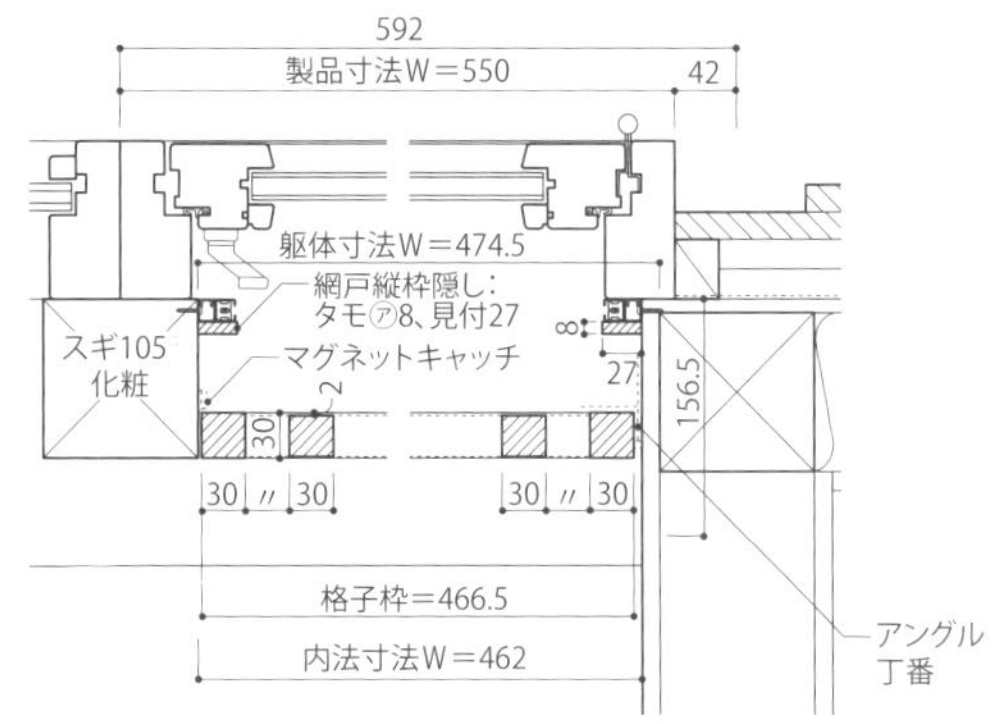

592
製品寸法W＝550
42
躯体寸法W＝474.5
網戸縦枠隠し：
タモ㋐8、見付27
スギ105
化粧
マグネットキャッチ
27
156.5
30
2
30 〃 30
30 〃 30
格子枠＝466.5
内法寸法W＝462
アングル
丁番

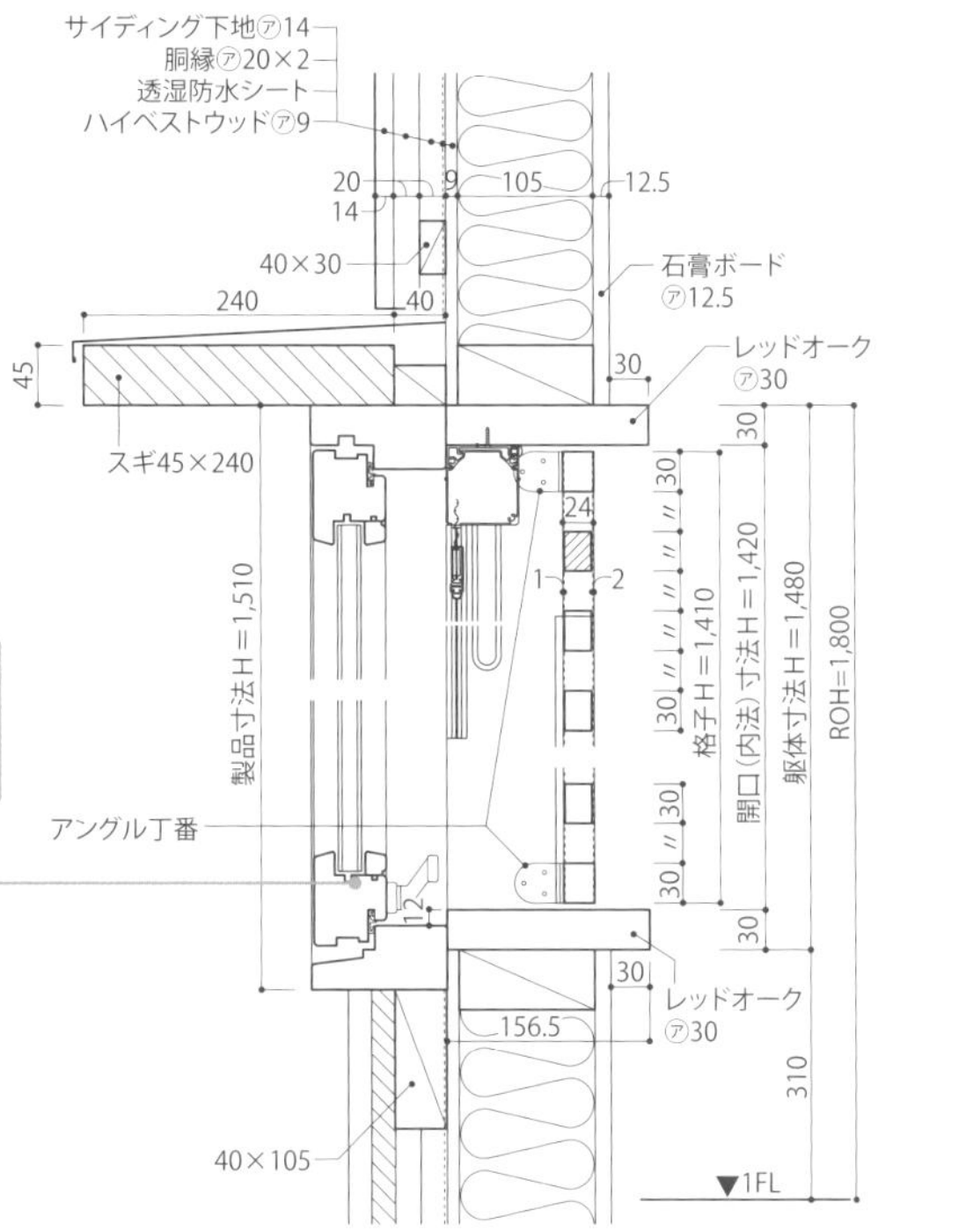

サイディング下地㋐14
胴縁㋐20×2
透湿防水シート
ハイベストウッド㋐9
20
14
9
105
12.5
40×30
40
石膏ボード
㋐12.5
240
45
30
レッドオーク
㋐30
スギ45×240
製品寸法H＝1,510
24
1
2
格子H＝1,410
開口（内法）寸法H＝1,420
躯体寸法H＝1,480
ROH＝1,800
アングル丁番
12
30
レッドオーク
㋐30
156.5
310
40×105
▼1FL

桟の見付けやピッチの寸法も大切だが、見込みの寸法も印象を決める大切な要素である

4 陰影を強く出したいときは「永田格子」に倣う

建築家・永田昌民が多用していた格子のことで、事例ではより細かく割って陰影をつけているルーバーと比べるとより光が制御され、落ち着いた雰囲気になる。事例ではFIX窓と風を通すためのサイドスイング+永田格子を組み合わせた。

5 軒の出し方で内外の見え方を調整する

南面の窓であれば庇や屋根で遮るのが意匠上バランスがよい。軒の出寸法は日射取得だけにこだわるのではなく、日差しの入り方の好みで調整すればよい。当社では1,700～2,000㎜が多い。

屋根の勾配は通常は1.5～2.5寸が多いが、今回は東屋と連結するため3.5寸とした。軒の出については外観のバランス、夏冬の日射の入り方、中間領域の居心地の3要素で決める

庇断面図
（S=1:50）

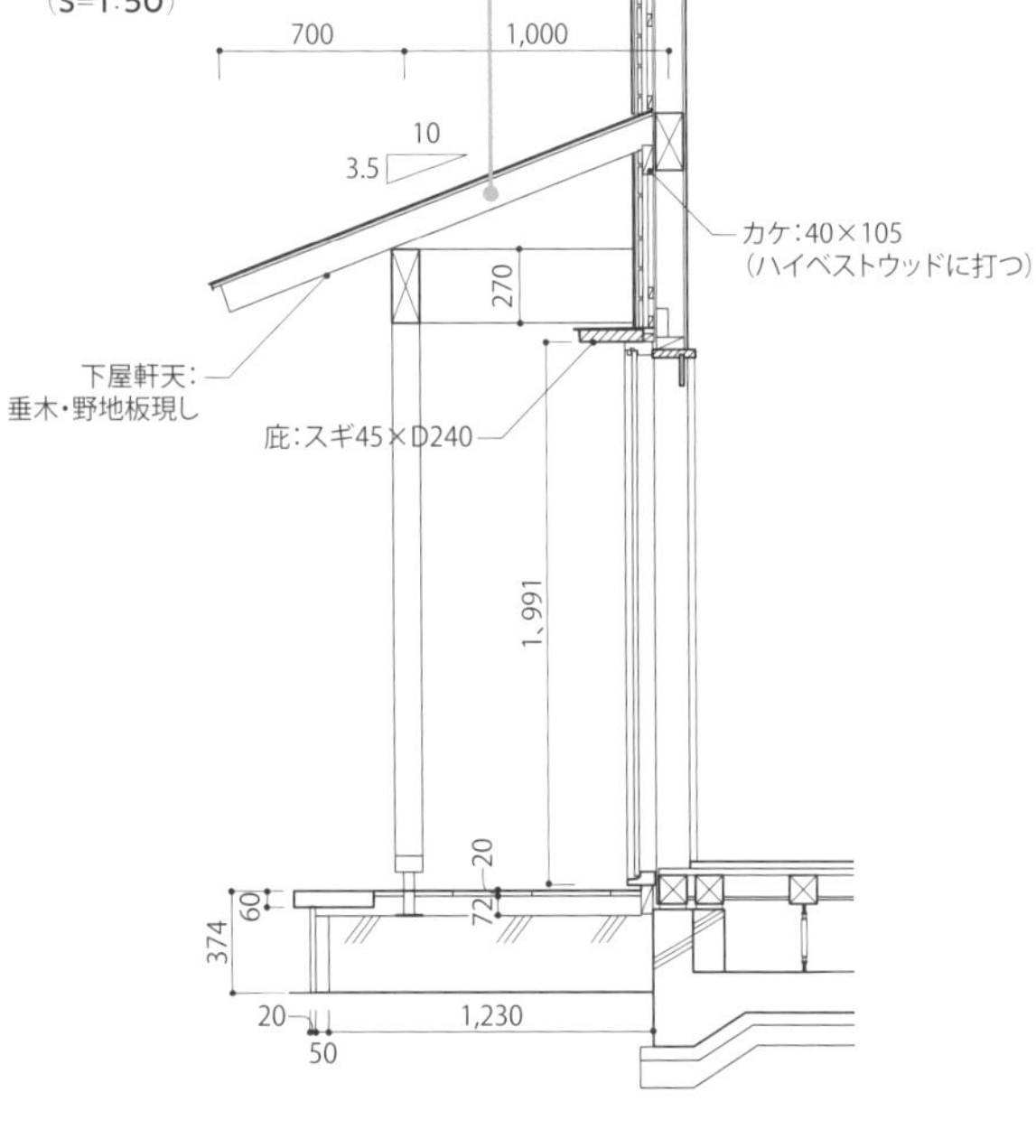

700
1,000
10
3.5
カケ：40×105
（ハイベストウッドに打つ）
270
下屋軒天：
垂木・野地板現し
庇：スギ45×D240
1,991
20
60
72
374
20
1,230
50

写真右手の庇は軒の出が1,700㎜あり、暑い時期の日射を十分に遮ってくれる。また、やや広めの土間の雨除けも兼ねている

造作したドアの上部に開閉する欄間を設けた例(木漏れ日の家)。ドアと同材のシナフラッシュでつくられている

欄間だけではなく、間仕切壁の上部を300㎜ほど開けて、部屋間の空気の対流を促すのも効果的だ(朝月の家)

開閉欄間詳細図
(S=1:10)

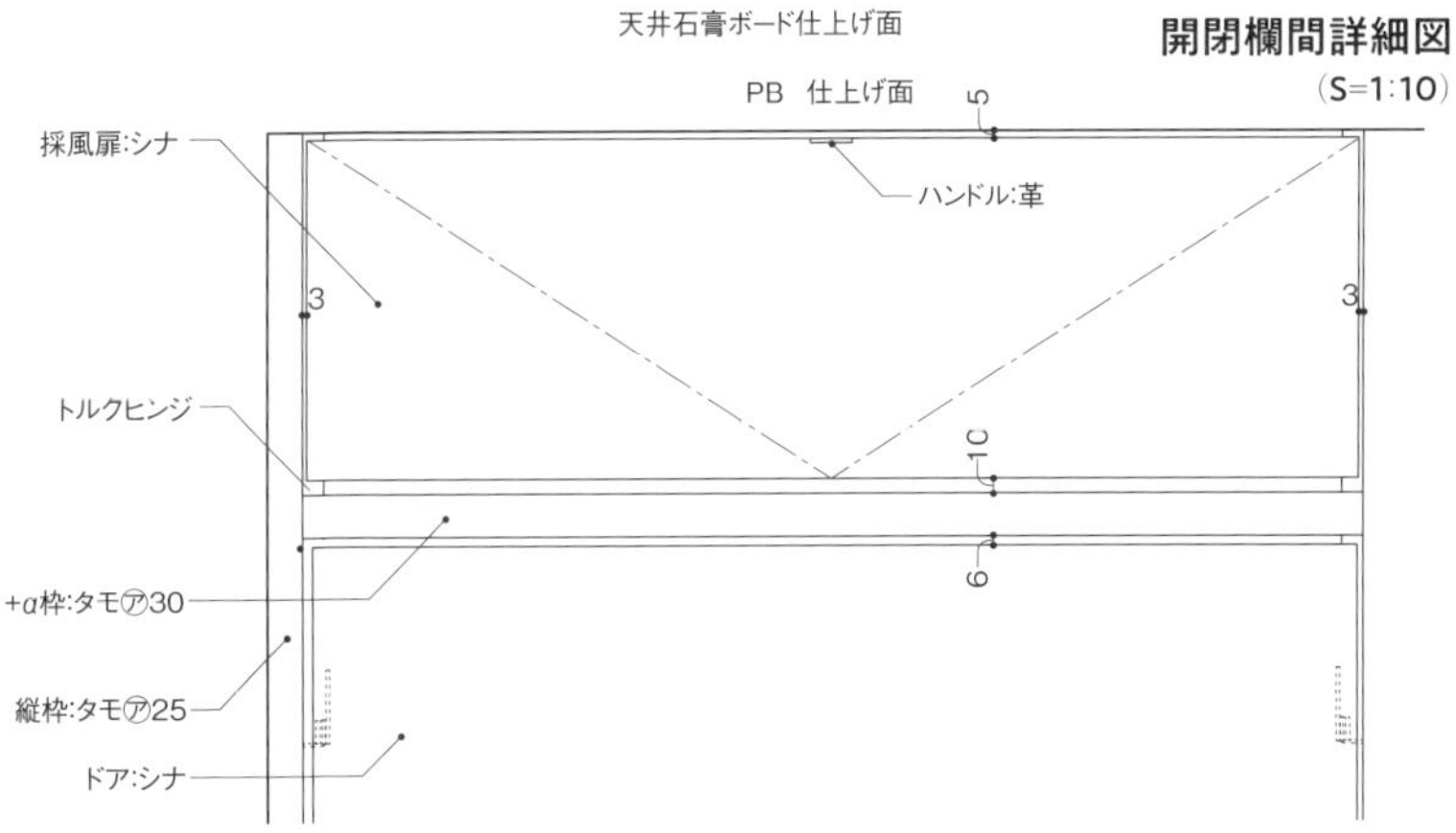

天井石膏ボード仕上げ面
PB 仕上げ面
5
採風扉:シナ
ハンドル:革
3
3
トルクヒンジ
10
+α枠:タモ㋐30
6
縦枠:タモ㋐25
ドア:シナ

6 建具と一体に見せる可動式の欄間

全館空調などで個室の室温を調整するには暖冷気を送り込む隙間が欠かせない。その点で欄間は開口面積が大きく効果的だが、見た目の存在感が強く、デザイン上の工夫が必要だ。周囲の壁やドアと一体性を確保してシンプルに設計したい。

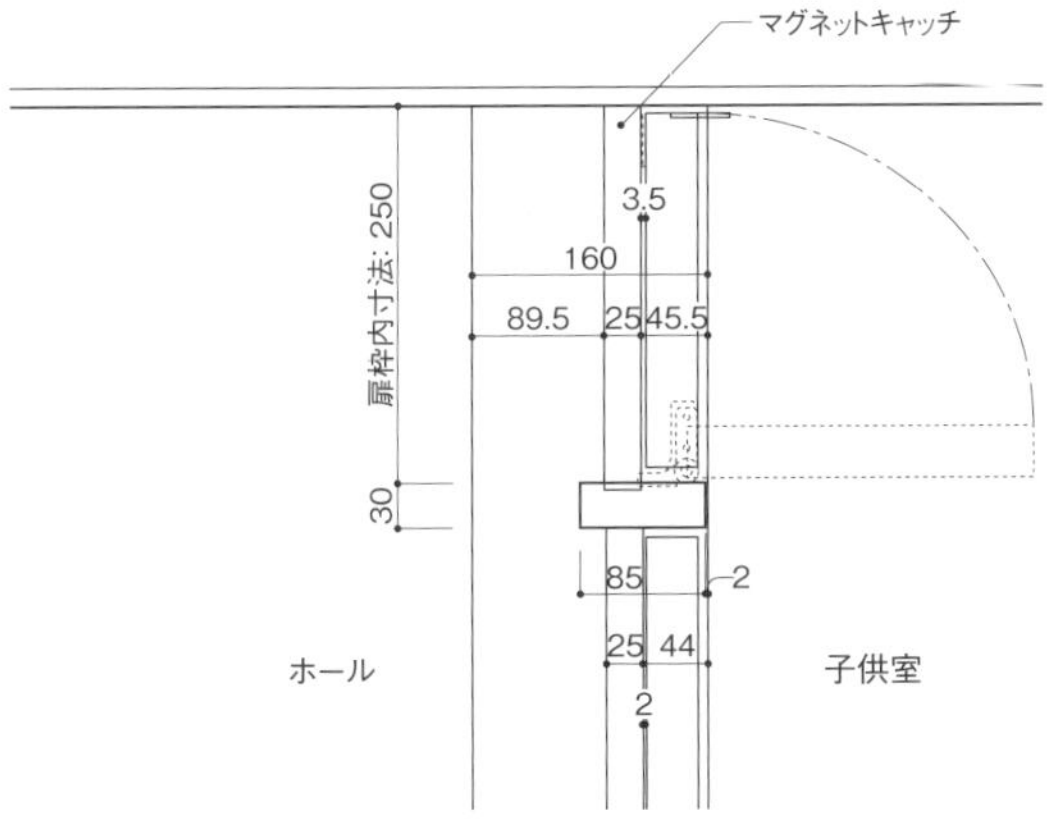

マグネットキャッチ
扉枠内寸法:250
3.5
160
89.5
25
45.5
30
85
2
25
44
2
ホール
子供室

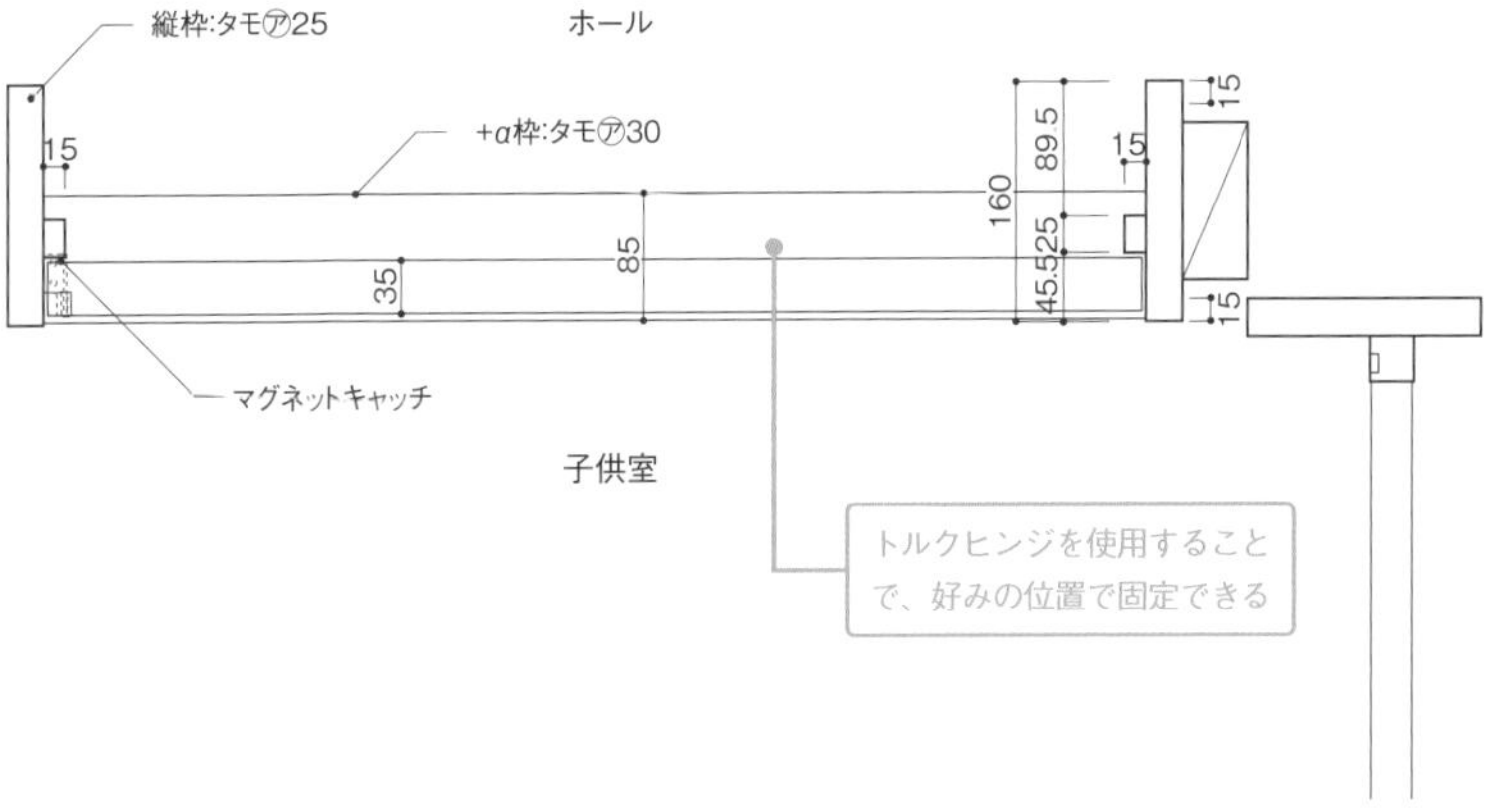

縦枠:タモ㋐25
ホール
15
+α枠:タモ㋐30
160
89.5
15
15
25
85
35
45.5
15
マグネットキャッチ
子供室
トルクヒンジを使用することで、好みの位置で固定できる

上／リビングからダイニングキッチンを見る（石蕗の家）。右手の飾り棚の上部のルーバーの奥にエアコンが収納されており、室外機はキッチンの壁の裏、パントリーのある路地側に設置されている
下／リビングのある部屋を外から見る。エアコンは板張りの外壁の裏に設置されているが、室外機やスリーブはまったく見えない

N
ビルトインガレージ
SIC
玄関
ホール
ランドリールーム・脱衣室
和室
リビング・ダイニング
AC
パントリー
スリーブ
室外機
トレーニングスペース
ライブラリーコーナー
主寝室
WIC
先行配管することで、エアコンの室外機がウッドデッキ周辺に置かれるのを避けた

平面図（S=1:200）

7
エアコン室外機は先行配管して目立たぬ場所へ

エアコンの室外機は、箱を設えて隠してもやはり外観の中で目立ってしまう。できれば庭や道路から見えない位置になるように、あらかじめ配管計画をしてから工事を行いたい。

A 窓の処理、光の入れ方を工夫し、空調設備はとにかく隠す

た状態でも暖冷気が個室に送られるような対策が必要だ。

一番簡単なのはドアの下を開けるアンダーカットだが、ドアの上を開ける欄間のほうが面積が大きい分空気の出入りが多くお薦めだ。ただし、ドアの上に欄間となるとややうるさい印象になる。安易に壁をくり抜かずに開閉方式の欄間にしてドアや壁と同材で仕上げるなど目立たせないようにしたい。また、開閉方式の欄間にすることである程度の音漏れや光を抑えられる。

エアコンを上手に隠す

家電や設備も部屋の雰囲気を損なう要素になるが、暖冷房機器の主流であるエアコンは壁に掛けることが多く、どうしても目についてしまう。見た目を重視するのであれば、ルーバーなどで見えないように隠したい。

ただし、エアコンをそのままルーバーで囲っているだけだとかえって目立ってしまう。ほかの造付け収納や家具の周囲にエアコンを配置し、それらと一体でルーバーを造作して隠すほうがよいだろう。

また、エアコンの周囲にはスリーブが設けられることが多いが、これらもルーバーや収納内に納めるなど目立たせない工夫を行いたい。同様に換気の給気口なども収納内に上手に隠すか、露出する場合もリビングの窓廻りやテレビの周辺など目につきやすい場所を避ける。

エアコンの室外機も外観上うるさくなる。これも木の箱や造作したルーバーで隠したとしてもかえって目につくので、道路や庭から見える場所を避けて設置したい。設計時にエアコンの室内機・室外機の位置を決め、ダクトを先行配管するように指示しておけば問題ないだろう。

8 エアコンはルーバーで必ず隠す

リビングなどのエアコンは必ずルーバーで隠したい。図のようにルーバーをやや広めに取って、配管やコンセントもまとめて隠すのがよいだろう。露出する場合は窓側の壁など目につく場所を避ける。

テレビ台断面図
(S=1:20)

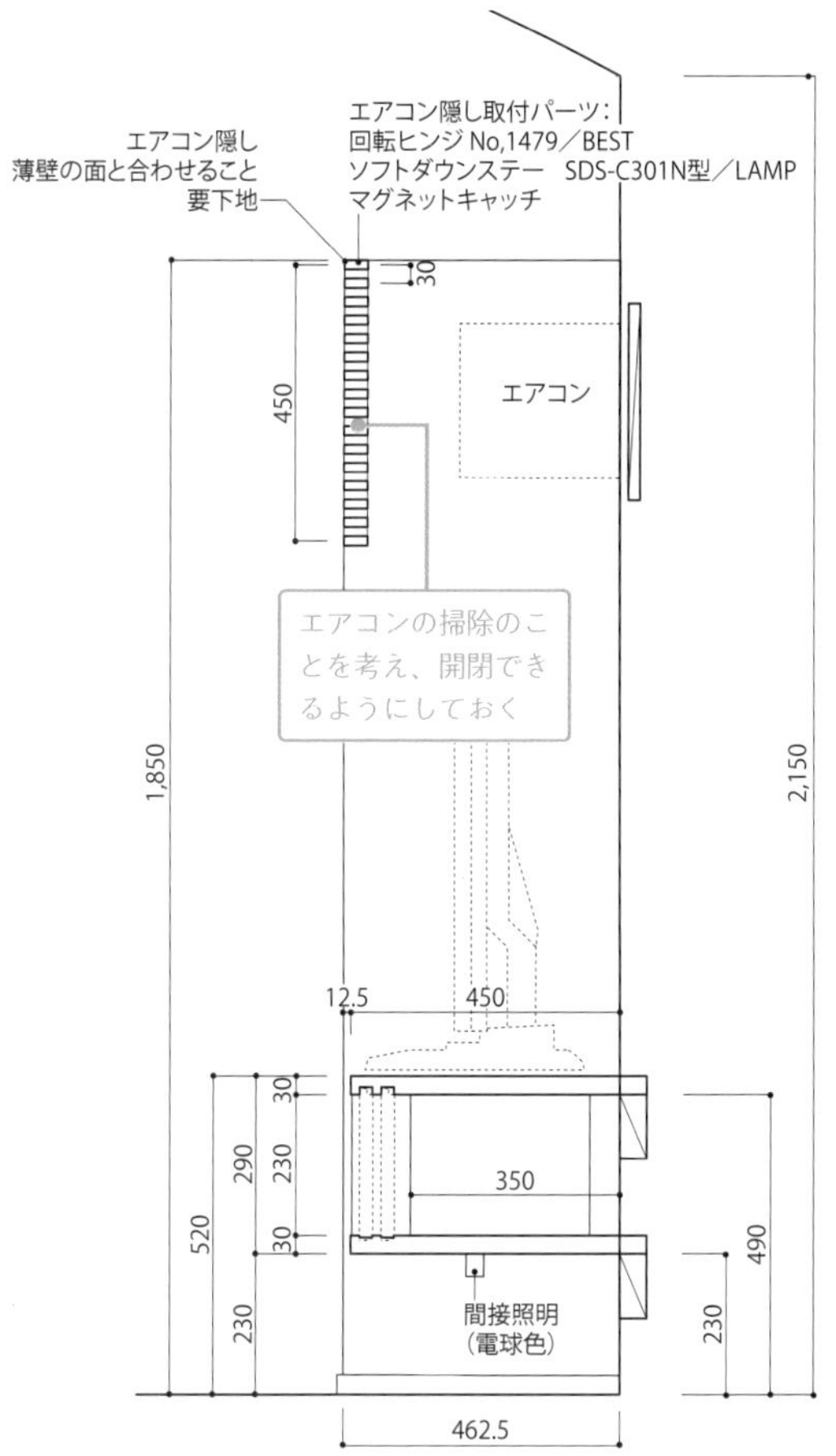

エアコン隠し
薄壁の面と合わせること
要下地
エアコン隠し取付パーツ：
回転ヒンジ No,1479／BEST
ソフトダウンステー SDS-C301N型／LAMP
マグネットキャッチ
30
450
エアコン
エアコンの掃除のことを考え、開閉できるようにしておく
1,850
2,150
12.5
450
30
290
230
30
350
520
230
間接照明(電球色)
490
230
462.5

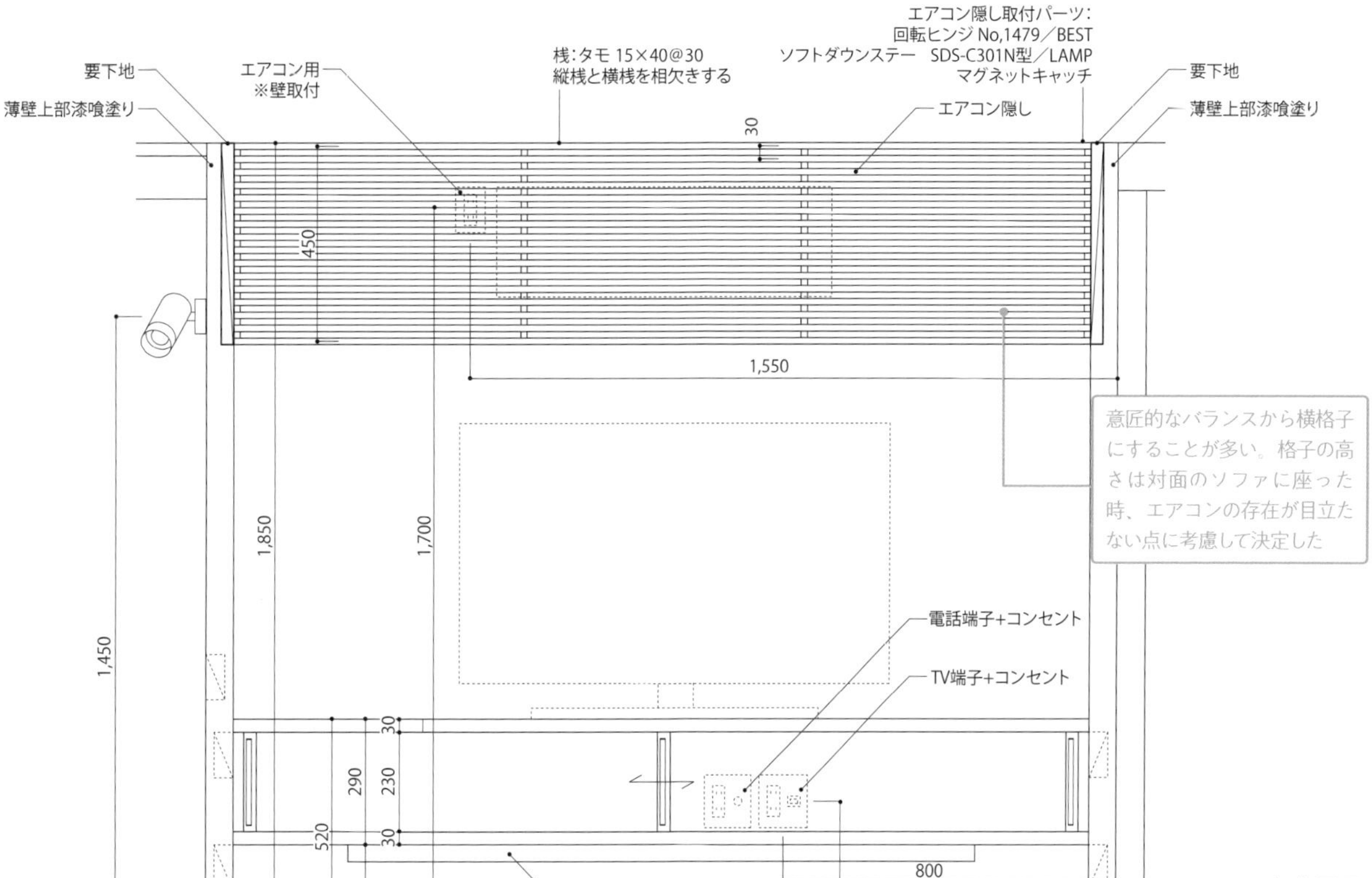

エアコン隠し取付パーツ：
回転ヒンジ No,1479／BEST
ソフトダウンステー SDS-C301N型／LAMP
マグネットキャッチ
要下地
薄壁上部漆喰塗り
エアコン用
※壁取付
桟：タモ 15×40@30
縦桟と横桟を相欠きする
エアコン隠し
要下地
薄壁上部漆喰塗り
30
450
1,550
意匠的なバランスから横格子にすることが多い。格子の高さは対面のソファに座った時、エアコンの存在が目立たない点に考慮して決定した
1,850
1,700
1,450
電話端子+コンセント
TV端子+コンセント
30
290
230
30
520
230
800
間接照明(電球色)
330

テレビ台立面図
(S=1:20)

Q
等級6の気密工事はどこに注意すべき？

解説：清水一人（ダイシンビルド）

A
漏気が発生しそうな場所をボードでしっかりと塞ぐ

当たり前のことだが、断熱等級を上げても気密性能が低いままだと、快適で省エネな住宅にはならない。確かに、耐力壁に面材を使うことや、根太レス合板・基礎断熱が普及したことで、気密性能は自ずと高くなってきてはいるが、内外の空気が隙間から出入りしないように「気密層で隙間なく包むこと」を意識して施工しない限りは、合板で壁や床を張りまくっても十分な気密性能は得られないだろう。

断熱等級6ほどの断熱性能であれば、まずはC値1㎠／㎡を下回ることを目指したい。面材を使うのであれば、梁や柱、土台などとの間に隙間ができないようにしっかりと張り、特に妻壁や入隅、出隅、下屋、バルコニーなど形状が複雑だったり、凹凸が発生したりする箇所は丁寧に面材を加工し、張っていく。

床や壁などを貫通する配管やスリーブ、配線、コンセントボックスなども、専用の気密部材を使いながら隙間をつくらないようにしていくことが重要だ。同様に、壁を貫通する窓廻りの処理も、先張りシート（気密シート）などの手順を間違えないように注意したい。

面材によるボード気密が普及したことで、室内側の防湿シートがラフに施工されているケースが散見される。防湿シートは、気密はもちろん、水蒸気の躯体への浸入を防ぐうえでも極めて重要。ポリエチレンシートは継目の重ねをしっかりと確保し、耳付きの断熱材などもきちんと耳を出して留め付ける。

屋根は面材で気密をとるのが難しく、ここだけはシート気密になる。屋根断熱の場合は棟木や母屋、軒桁の周辺などは建方が終わるとシートの処理が難しくなるので、建方時に先張りシートを挟み込んでおく。また、屋根断熱を吹込みとして専門業者に発注することがあるが、吹込み前に業者が施工するシートは気密シートではない。その内側にポリエチレンシートを張り、しっかりと気密を確保する。

工事の話をひと通りしてきたが、気密工事で一番重要なのは「気密測定」である。気密測定をしなければ、十分に気密されているのかどうかは分からない。したがって、全棟気密測定を行い、気密工事の精度を上げていくこと。これが一番大事である。

1 一番簡単なのはボード気密

気密工事で最も簡単で気密性も確保しやすいのが、面材を使ったボード気密である。基本的には壁の外壁下地と床下地を隙間ができないように丁寧に施工すればよい。特に妻壁や床の柱廻りなどに注意して精度を上げていこう。

1／外壁用の石膏ボードで気密をとった例。ウッドショック以降、安定供給される建材のなかでは比較的安価
2／ダイライトで気密をとった例。こちらも安定供給が期待できる
3／針葉樹合板で気密をとった例。最も安価だが供給が不安定なので、使用頻度が下がった
4／合板を張る柱、梁の面に気密パッキンを張った例。木材の経年変化による隙間対策として使用

2 屋根はシート気密で丁寧に

屋根はシート気密を行うのが基本。袋入りの場合は断熱材側面の垂木などに正確にステープルで留めていく。シート張りの場合は、棟木や母屋、胴差などに先張りしておかないと施工が大変になる。

母屋の先張りシート。建方中にシートを入れなくてはならないので、事前準備が大事

屋根のシート張り。シート通しのジョイントや孔のあいた箇所などはテープで留めておく

3 外壁の際は先張りシートで処理

ボード気密であっても、室内側の防湿シートの施工をおろそかにしてはいけない。壁の中に水蒸気が浸入しないように、壁や基礎、梁などの場所では先張りシートを取り付けておく。

窓廻りは気密・防湿の重要ポイント。施工マニュアルに従って、先張りシートやパッキンなどで壁の防湿・気密層をサッシにしっかりとつなげることが重要だ

右／壁から飛び出した筋かいの金物の施工前に取り付けられた先張りシート
左／土台廻りも防湿層が連続するように先張りシートを事前に取り付けておく

4 外壁を貫通する穴は専用資材を使って確実に

外壁を貫通するエアコンのスリーブや配管、配線、貫通しないまでも壁につくられるコンセントボックスなどは、気密上の弱点となりやすい。専用のパッキンやテープなどを使い、隙間ができないように丁寧に施工する。

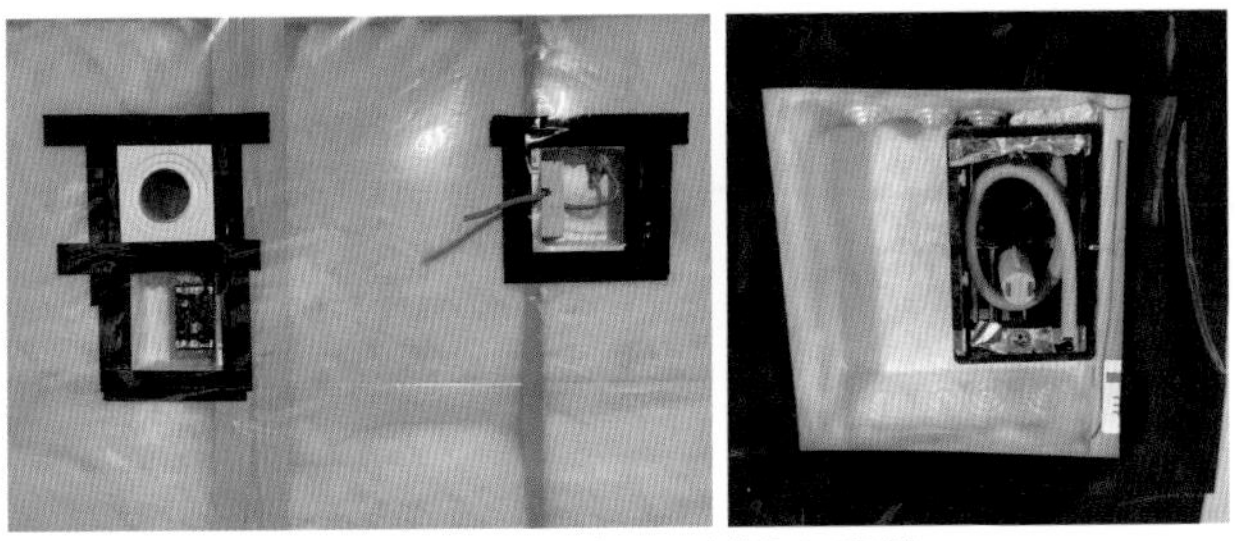

右／コンセントは市販の気密コンセントボックスを使うのが原則
左／しっかりと箱状のスペースをつくり、そこに配管を貫通させた例（左）。隙間は現場発泡ウレタンなどで充填する

CD管の防水・気密対策

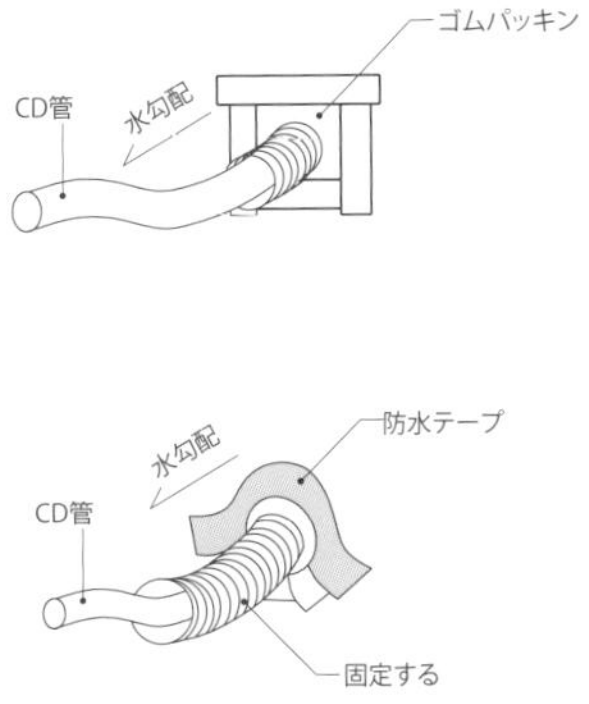

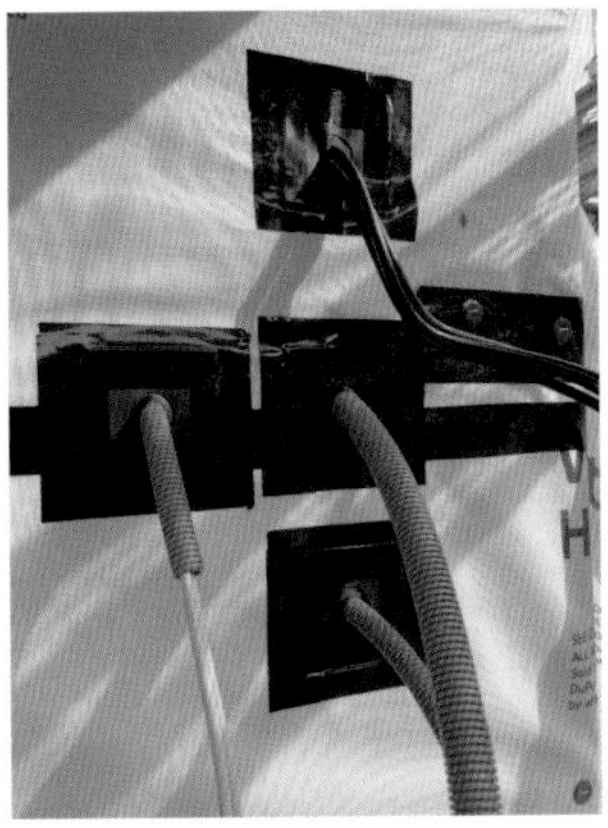

外壁を貫通するCD管なども、専用のパッキンを使うなどして、丁寧に気密施工を行う

Column エアコンスリーブの防水・気密対策

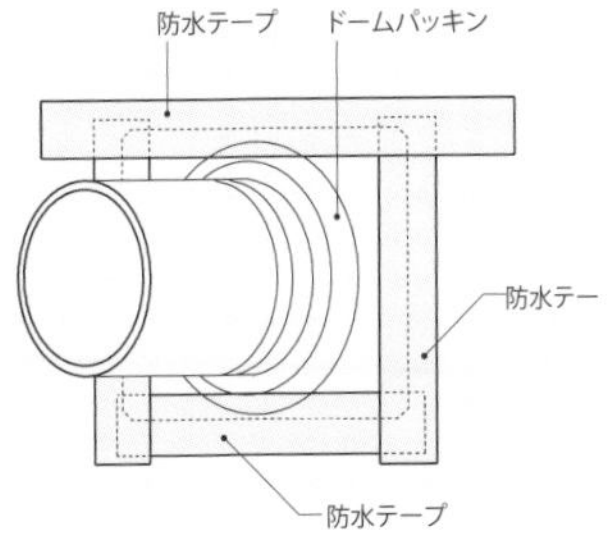

外壁に貫通したスリーブ。専用のドームパッキンを使えば、テープ処理などもしやすくなる

透湿防水シートの縦継目との取合い

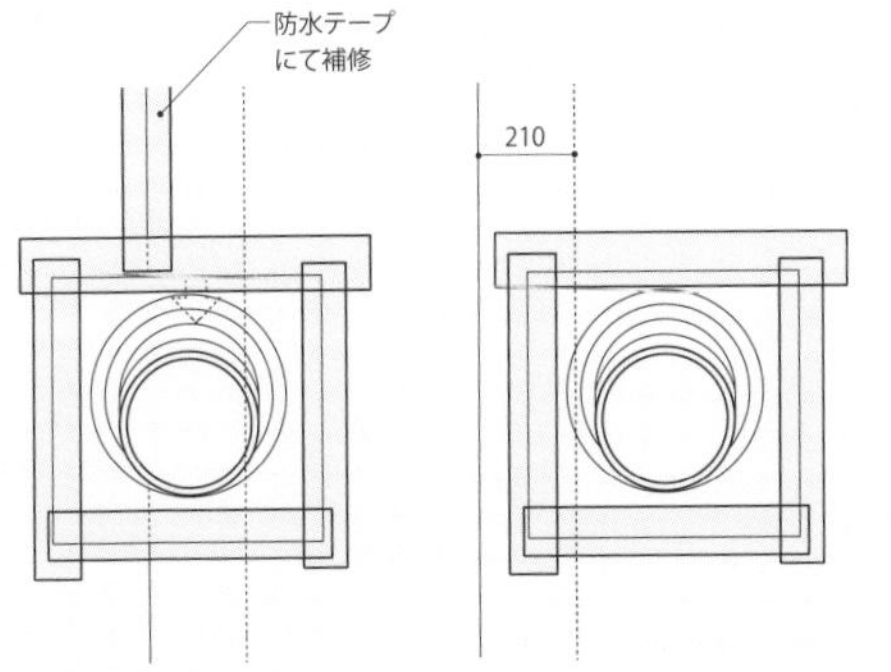

透湿防水シートの横継目との取り合い

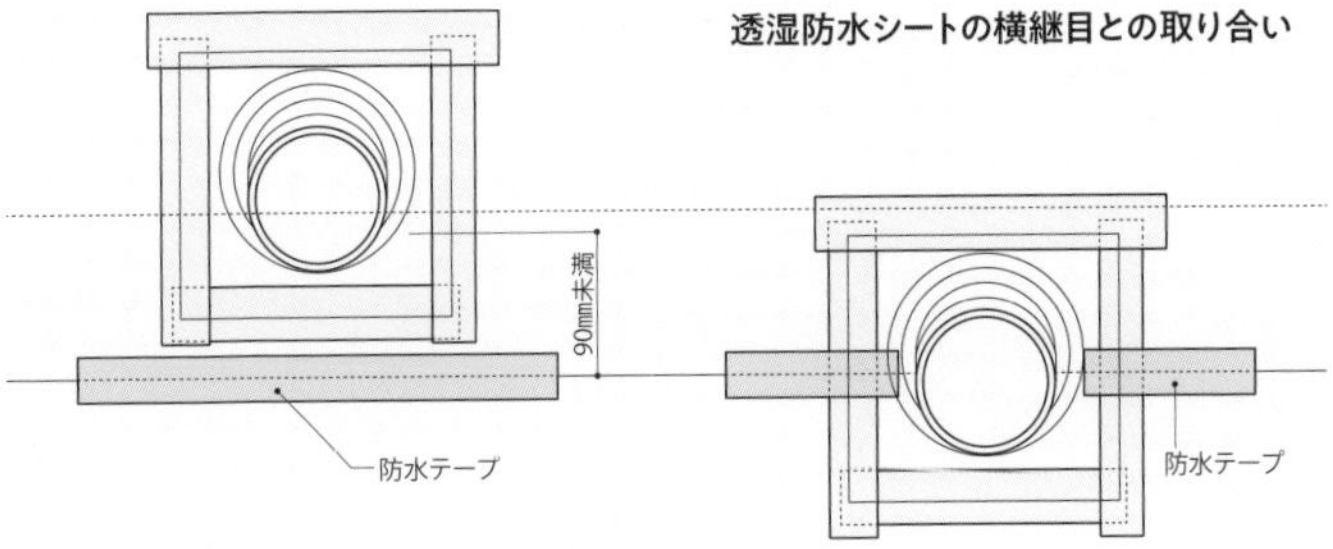

Q 等級6の断熱工事はどこに注意すべき？

解説：清水一人（ダイシンビルド）

省エネ基準レベルから断熱等級6にすると、その分、断熱材は厚くなり、断熱工事の内容も変わってくる。ここでは、何が変わってくるのか、具体的にどう工事を進めるのかを解説する。

屋根断熱は厚みが大きく変わる

省エネ基準レベルの断熱性能であれば、屋根は断熱材の種類を問わず厚さ100～150㎜程度で納まることが多い。したがって、垂木間や、そうでないとしても胴縁を付け足せば比較的容易に断熱材を充填することができる。しかし、断熱等級6とした場合、グラスウールであれば少なくとも150㎜を超える断熱材の厚みが必要になることも多く、施工がかなり面倒になる。

したがって、グラスウールであれば約7万円のコスト増にはなってしまうが、専門業者に吹込みを依頼する手もある。一定

1 屋根吹込み工事は楽チンで高精度

グラスウールやロックウールなどで屋根の断熱材に厚みが求められる場合は、専門業者による吹込みとしたほうが簡単だ。厚みも自由に選ぶことができ、下地組も容易である。ただし、気密工事は別途行う必要がある。

①特別な下地を組む必要はないので、垂木などは断面が小さくてもよい
②下地を組めば、断熱材を受けるシートを専門業者が張ってくれる
③吹込みの様子。何カ所かに孔をあけながら断熱材を吹き込んでいく
④断熱工事が終了したら、気密シート張りを行う
⑤気密シート張りが完了したら、天井下地のボードを張っていく

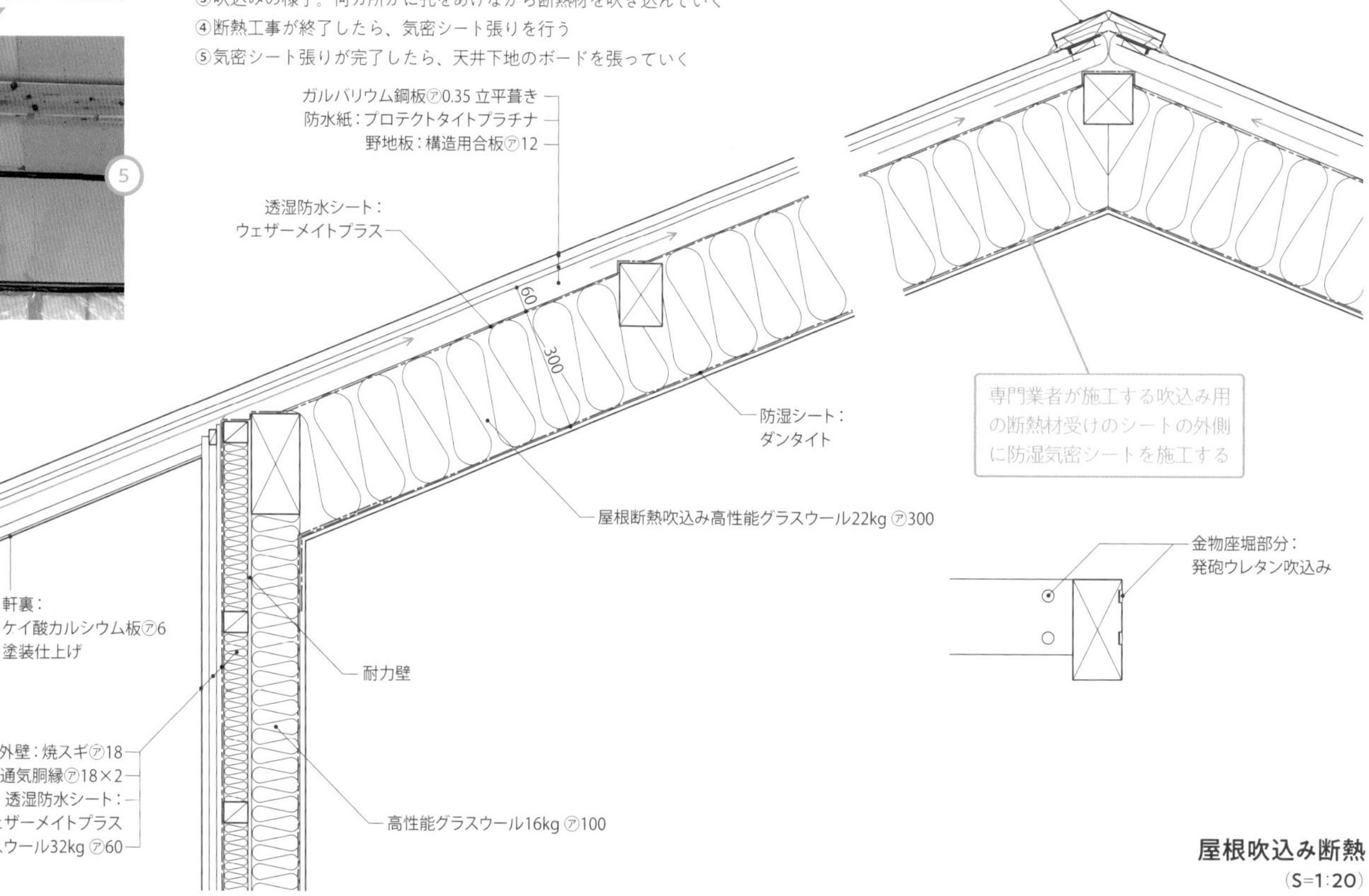

棟換気
ガルバリウム鋼板㋐0.35 立平葺き
防水紙：プロテクトタイトプラチナ
野地板：構造用合板㋐12
透湿防水シート：
ウェザーメイトプラス
60
300
防湿シート：
ダンタイト
専門業者が施工する吹込み用の断熱材受けのシートの外側に防湿気密シートを施工する
屋根断熱吹込み高性能グラスウール22kg ㋐300
金物座堀部分：
発砲ウレタン吹込み
軒裏：
ケイ酸カルシウム板㋐6
塗装仕上げ
軒裏換気
耐力壁
外壁：焼スギ㋐18
通気層通気胴縁㋐18×2
透湿防水シート：
ウェザーメイトプラス
高性能グラスウール32kg ㋐60
高性能グラスウール16kg ㋐100

屋根吹込み断熱
（S=1:20）

文：編集部

2
屋根敷込み工事は やや面倒で安くならない場合も

グラスウールなど厚みが必要な断熱材の場合は、性能が高くなるほど大変。充填するための下地を組まなくてはならない。昨今は木材の価格が高騰気味で、吹込みとのコスト差も小さくなってきている。

以上の施工精度を確保でき、わずかながら工期も短縮できる。特に200㎜を超えるような厚さであれば、さらにメリットが大きくなる。また、屋根で厚さをかせぐことができれば、ある程度までは外壁に付加断熱せずにU_A値を高めることが可能だ。

もちろん、6地域で断熱等級6ギリギリを狙うのであれば、厚さ150㎜程度で納めることができる。この程度であれば、下地となる垂木に背のあるツーバイ材を使ったり、胴縁を追加したりして、その隙間に充填してもそれほどの負担にはならないだろう。

屋根断熱の厚みで小屋裏の高さが確保できないのであれば、小屋裏をつぶして天井断熱や桁上断熱にするのもよいだろう。勾配のある屋根断熱に比べれば断熱工事も作業しやすい。また、桁上断熱にすれば、屋根の気密も面材を使って桁上で取ることができるため、気密工事はだいぶ楽になる。

屋根と壁との取合いは納まり上、熱橋のポイントになることがある。必要に応じて発泡ウレタンを充填するなど断熱補強を行うとよいだろう。

一番簡単なのは背のある垂木を使い、その隙間に充填する方法。ただし、昨今はツーバイ材を中心に供給が安定しないので納期遅延のリスクが高い

垂木に断熱材を充填しているところ。厚みがそれほどでもなければ、比較的容易に断熱工事を進められる。

断熱材を大工で充填する場合は、垂木内に通気部材を仕込んで屋根通気を取ることができる。これは吹込み工事ではできない

通気スペーサーの設置

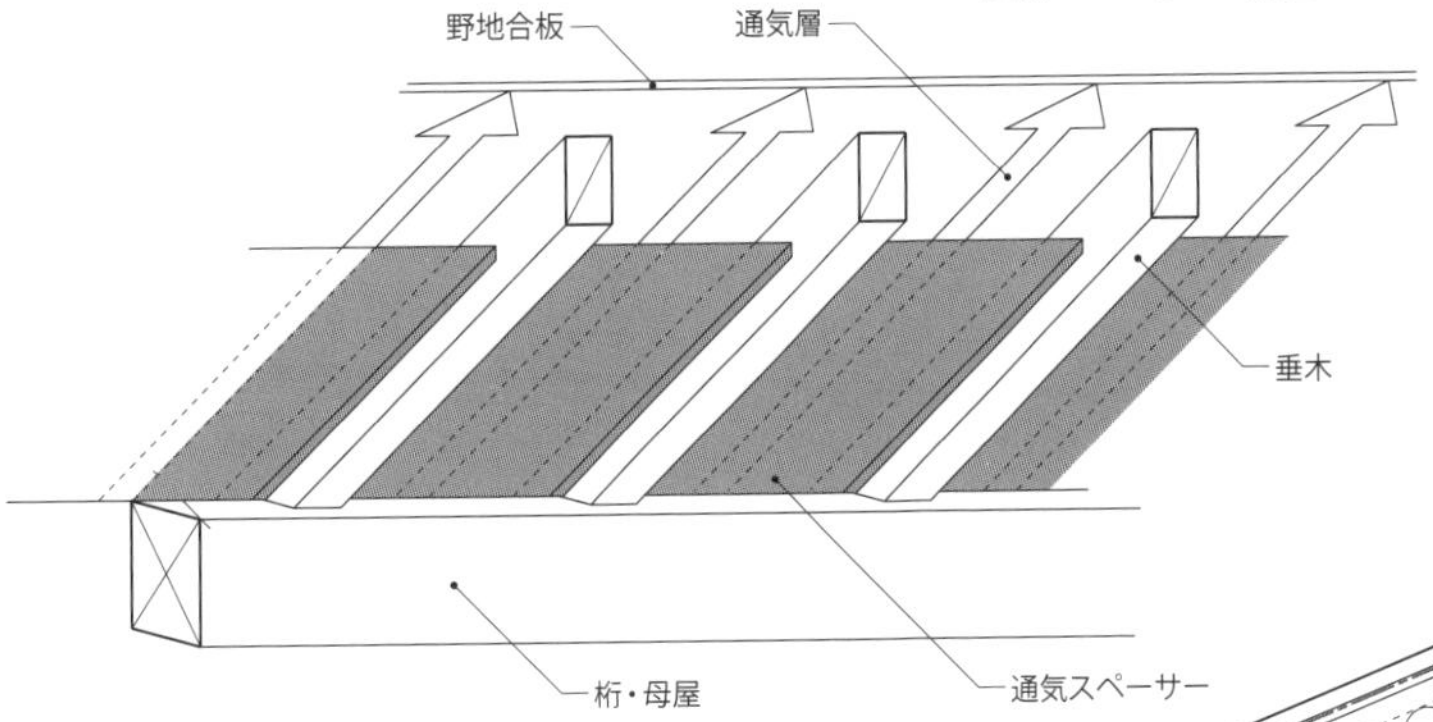

野地合板
通気層
垂木
桁・母屋
通気スペーサー

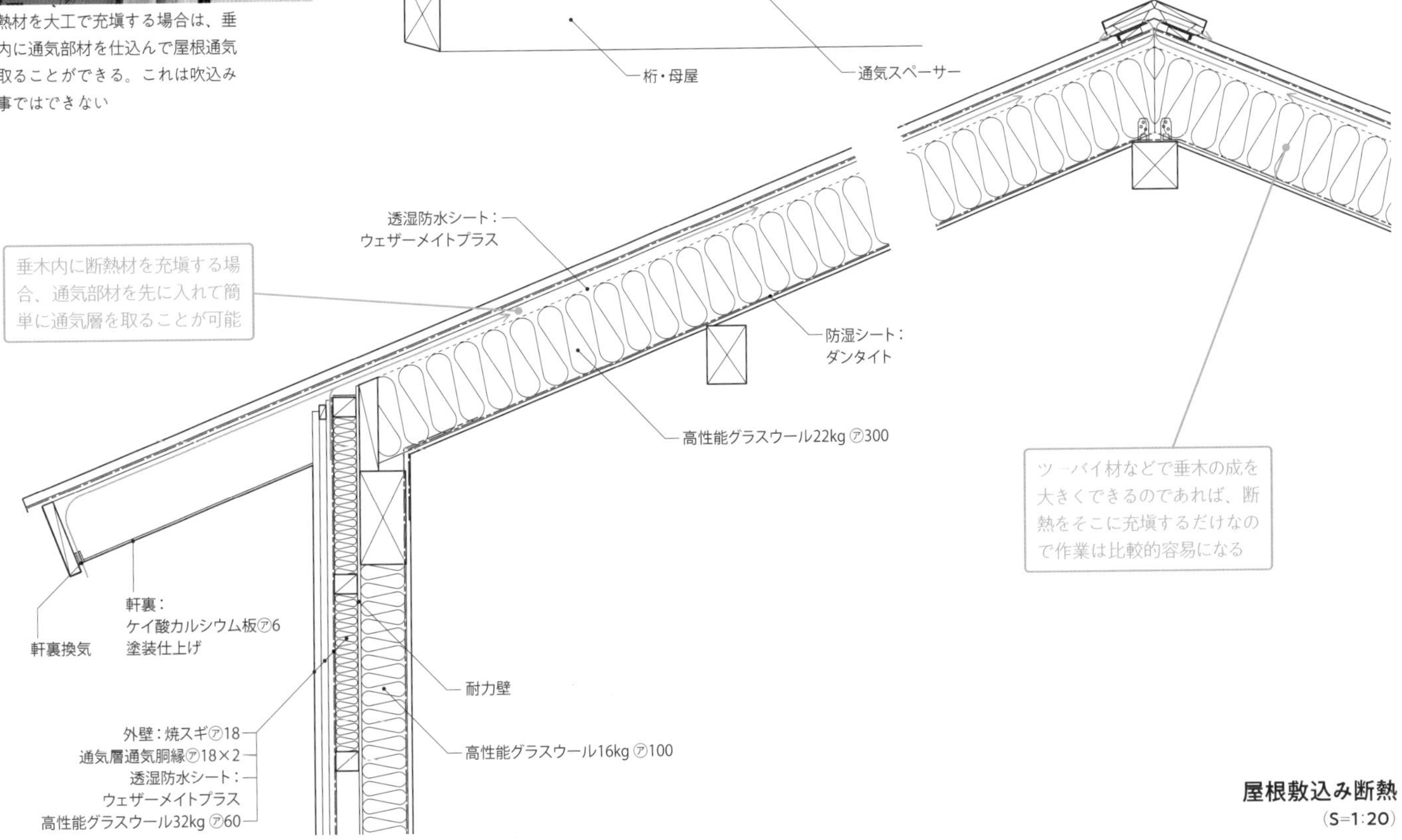

透湿防水シート：
ウェザーメイトプラス
垂木内に断熱材を充填する場合、通気部材を先に入れて簡単に通気層を取ることが可能
防湿シート：
ダンタイト
高性能グラスウール22kg ㋐300
ツーバイ材などで垂木の成を大きくできるのであれば、断熱をそこに充填するだけなので作業は比較的容易になる
軒裏：
ケイ酸カルシウム板㋐6
塗装仕上げ
軒裏換気
耐力壁
外壁：焼スギ㋐18
通気層通気胴縁㋐18×2
透湿防水シート：
ウェザーメイトプラス
高性能グラスウール32kg ㋐60
高性能グラスウール16kg ㋐100

屋根敷込み断熱
(S=1:20)

外壁は付加断熱が必要な場合も

5〜7地域であれば、断熱等級6であっても屋根の断熱材を厚くし、窓の性能を上げることで付加断熱を避けることが可能だが、1〜4地域であれば付加断熱はほぼ必須となる。また、温熱環境が劇的に向上する断熱等級6.5といわれるような場合にも付加断熱が必要になってくる。

付加断熱の基本は外壁の外側に胴縁を組み、そこに断熱材を充填していくことだ。胴縁は断熱材の幅に合わせて並べ、柱や間柱にビスなどで直接固定するだけ。特別な技術は必要ない。なお、断熱材各メーカーでは、胴縁を使わない工法もいくつか用意している。また、地域によっては付加断熱工事を専門業者に外注することも可能である。

外壁を外側に付加したくない場合や、外装材のやり替えをしないリノベーションのケースなどでは、内側に付加断熱を施すこともある。居住スペースはやや狭くなってしまうが、室内で作業が行えるので作業もしやすく、天候の影響を受けにくい。

これは付加断熱に限ったことではないが、外壁の妻壁部分は形状が複雑なため、上手に断熱材を入れることが難しく、ついつい雑な作業になりがちだ。隙間が生じそうな場所は小さく断熱材をカットして埋めたり、現場発泡ウレタンなどを使ったりしながら、断熱欠損にならないように注意深く作業・確認を行いたい。同様に、配管、スリーブ、配線などが外壁を貫通する場所も断熱欠損が起こりやすいので、隙間ができないように断熱補強を行う。

また、断熱工事とは直接関係ないが、断熱等級6ではサッシ・ガラスもかなり重いものが使われる。付加断熱の場合もビ

外壁の付加断熱
(S=1:20)

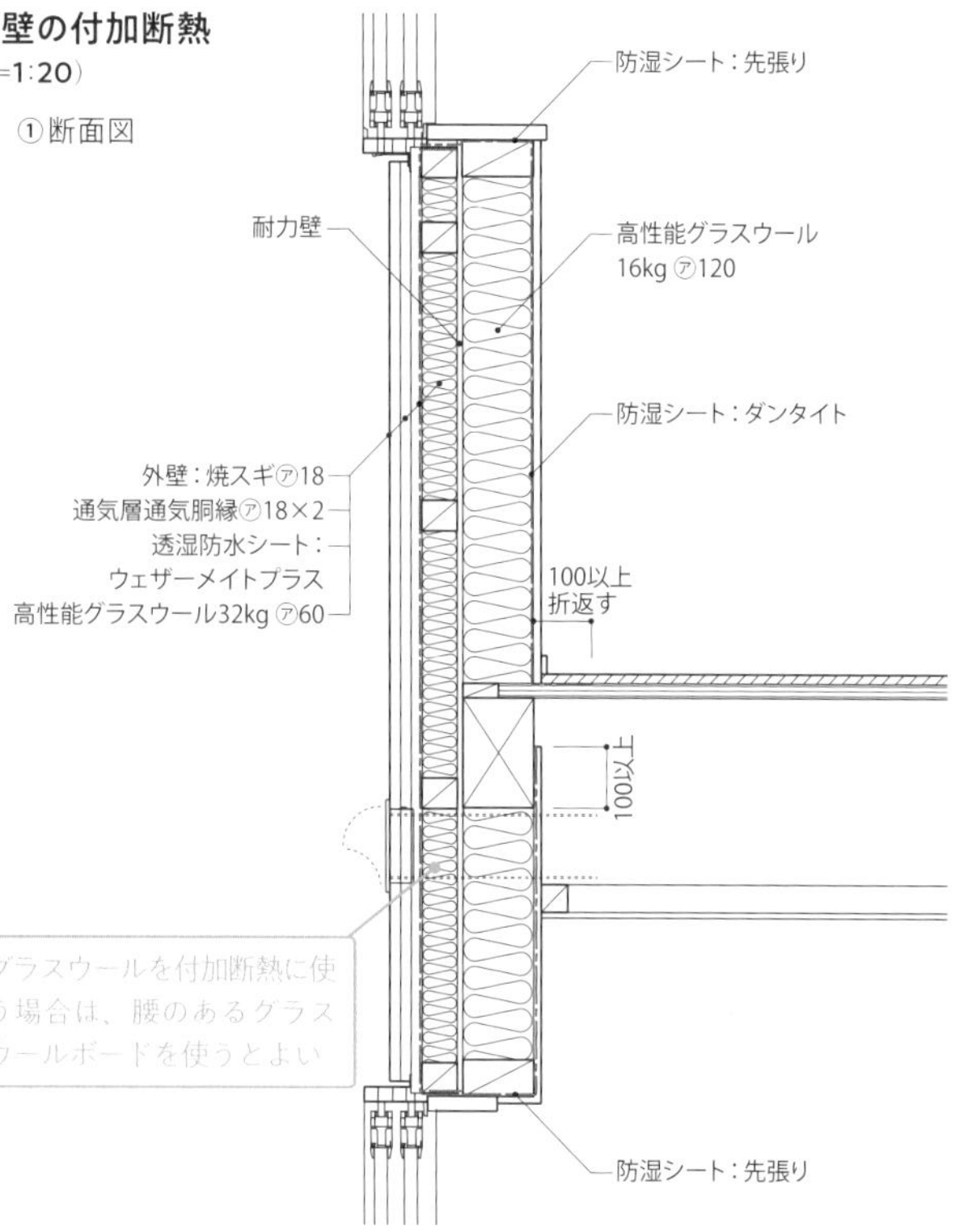
①断面図
防湿シート：先張り
耐力壁
高性能グラスウール
16kg ㋐120
防湿シート：ダンタイト
外壁：焼スギ㋐18
通気層通気胴縁㋐18×2
透湿防水シート：
ウェザーメイトプラス
高性能グラスウール32kg ㋐60
100以上
折返す
100以上
グラスウールを付加断熱に使う場合は、腰のあるグラスウールボードを使うとよい
防湿シート：先張り

②平面図

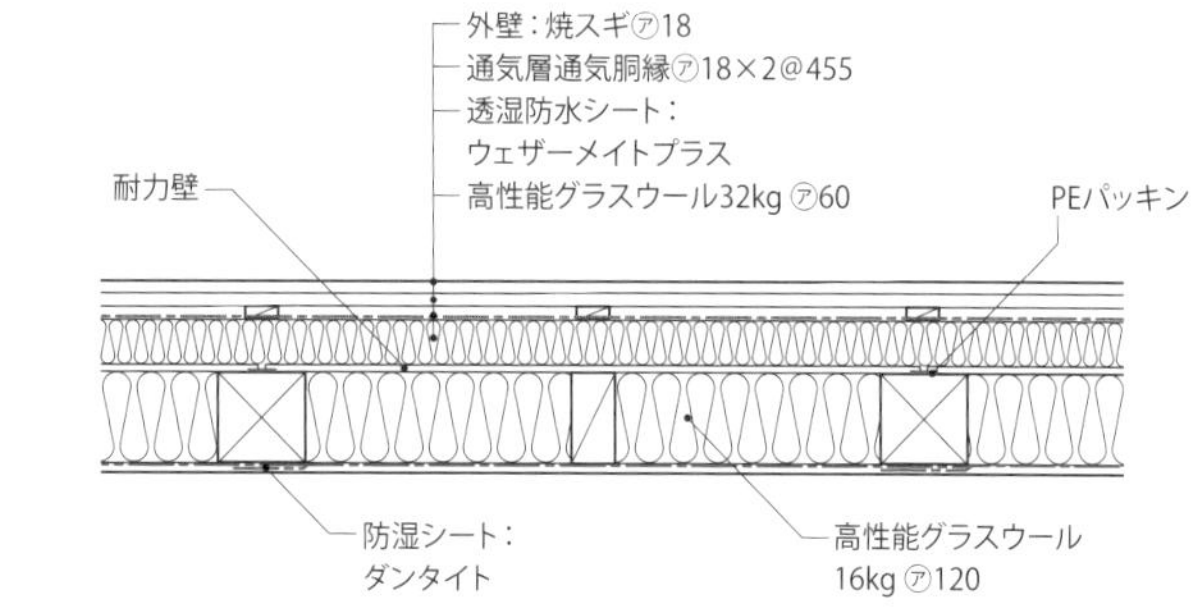
外壁：焼スギ㋐18
通気層通気胴縁㋐18×2@455
透湿防水シート：
ウェザーメイトプラス
高性能グラスウール32kg ㋐60
耐力壁
PEパッキン
防湿シート：
ダンタイト
高性能グラスウール
16kg ㋐120

3 付加断熱は丁寧な施工で断熱欠損を防ぐ

付加断熱の下地は、断熱材の幅に合わせて正確なピッチで下地を組むことがポイント。充填する際にうまく断熱材をカットできず、隙間ができてしまった場合は、現場発泡ウレタンなどでその都度充填しておく。

1
グラスウールなどは裸のものを使うのが基本。妻壁や窓、スリーブ、バルコニー廻りなどは断熱材をカットして納めていく

2
断熱材のガイドとなる下地（胴縁）を組む。断熱材のピッチに合わせて正確に下地（胴縁）を施工する

3
断熱材の上から透湿防水シートを施工する。サッシや外壁貫通部材の防水処理は特に丁寧に行う

4
最後に通気胴縁を施工する。繊維系断熱材の場合、外側に膨らんで通気層を狭くすることがあるので、密度の高いものを使用する

スを正確なピッチで打つなど、十分な補強を行いたい。

基礎断熱は特に難しいことはない

断熱等級6の場合、足元は基礎断熱と床断熱のどちらを選択してもよいが、基礎断熱のほうが施工が簡単である。基本的には耐水性の高い押出法ポリスチレンフォームなどプラスチック系の断熱材を外気に接する立上りの側面に施工すればよい。ただし、断熱等級6であれば、立上り周囲のスラブ上にも敷くのが定石だ。また、断熱材を設置してからはコンクリート打設当日までに雨水が基礎に入らないよう、必要に応じてシートなどを掛けておく。

床下の空間を収納や冷暖房のチャンバー、蓄熱などに利用しないのであれば、床断熱にしたほうが床の冷たさを感じにくくなる。断熱等級6では厚さ100㎜を超えるケースもあるが、その場合は断熱材受けのシートなどを設置する必要がある。

4 透湿防水シート工事は徹底的な防水処理が肝

透湿防水シートは長期の使用に耐えられる製品を選びたい。外壁を張るまで露出するので最低限の耐候性も大事。また、ジョイントやステープル留めなど防水上の弱点となる場所は特に丁寧なテープ処理を心がけたい。

透湿防水シートの施工ポイント

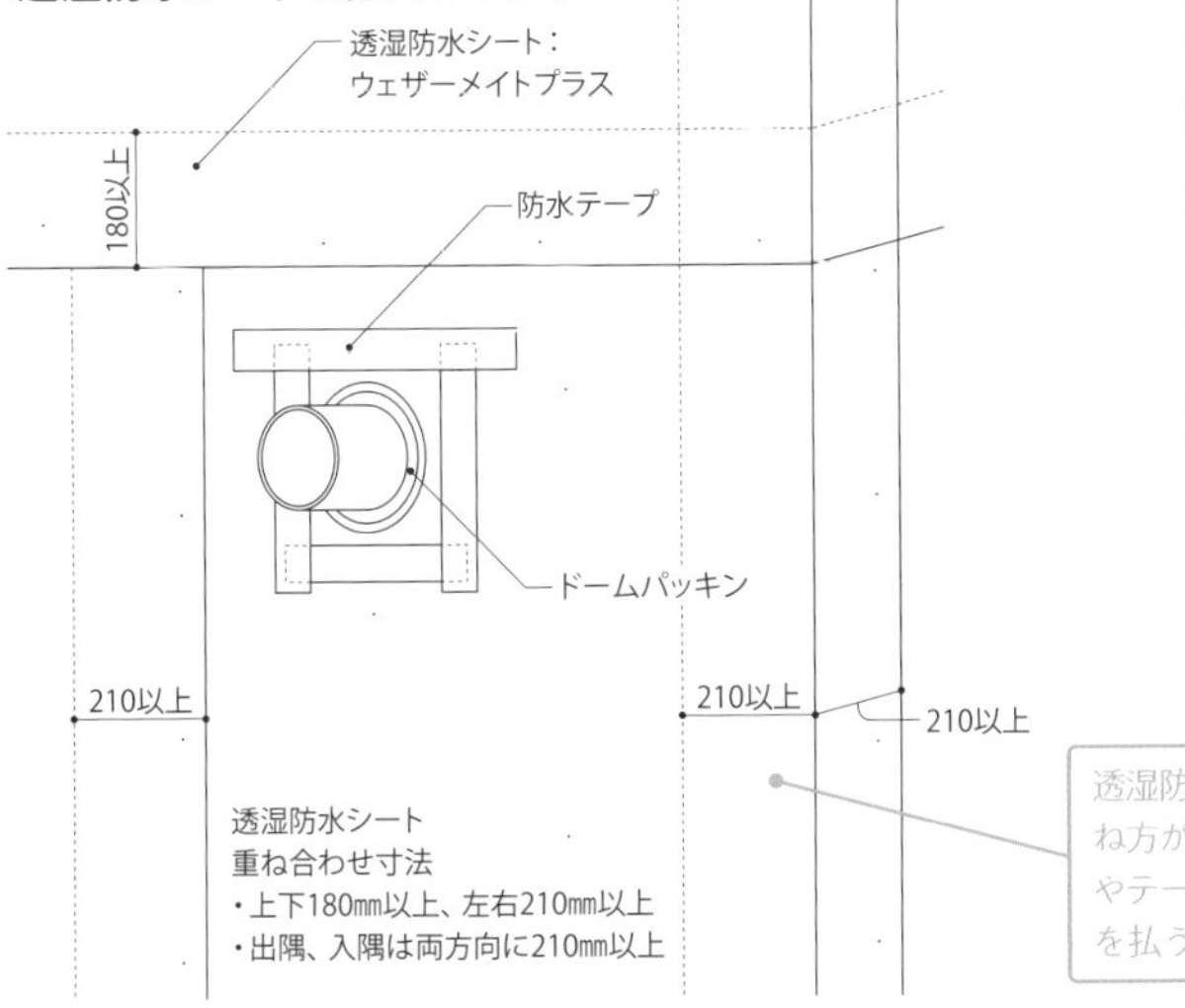
透湿防水シート：
ウェザーメイトプラス
180以上
防水テープ
ドームパッキン
210以上
210以上
210以上
透湿防水シート
重ね合わせ寸法
・上下180㎜以上、左右210㎜以上
・出隅、入隅は両方向に210㎜以上
透湿防水シートは重ね代と重ね方が重要。ステープル留めやテープ処理にも細心の注意を払う

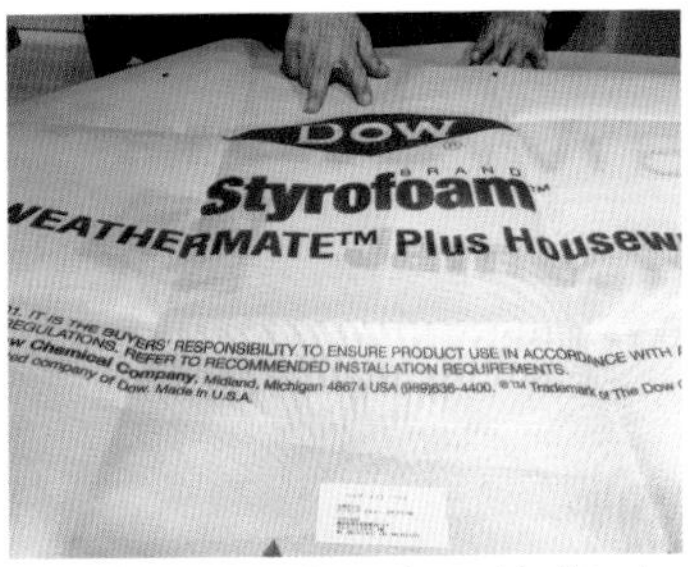
DOW
Styrofoam

当社で使用している「ウエザーメイトプラス」。耐候性・耐久性・透湿性に優れる

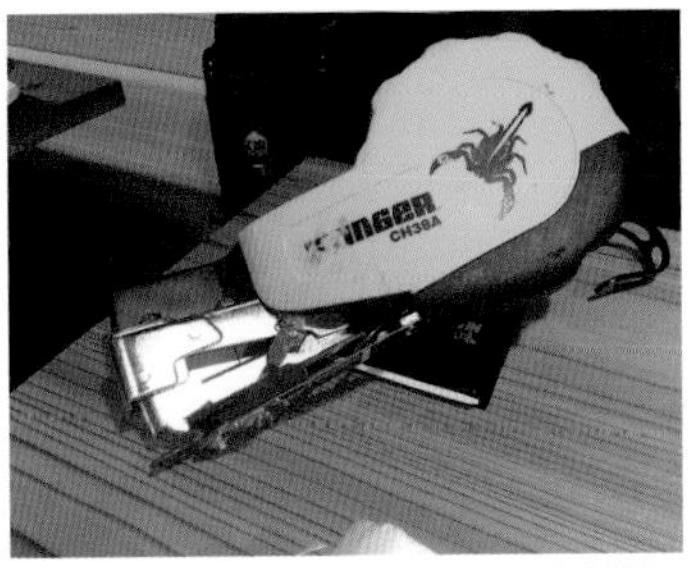

「ウエザーメイトプラス」のタッカー。止水機能がついた専用のステープルを使うために必要

5 下屋やセットバックは断熱・防水・気密ラインに注意

下屋やセットバックなどが絡む箇所は、とにかく断熱・防水・気密ラインを連続させることが重要。どこで気密をとるのか、断熱欠損している箇所など、図面と現場で十分に確認する。

付加断熱×下屋の取合い
(S=1:20)

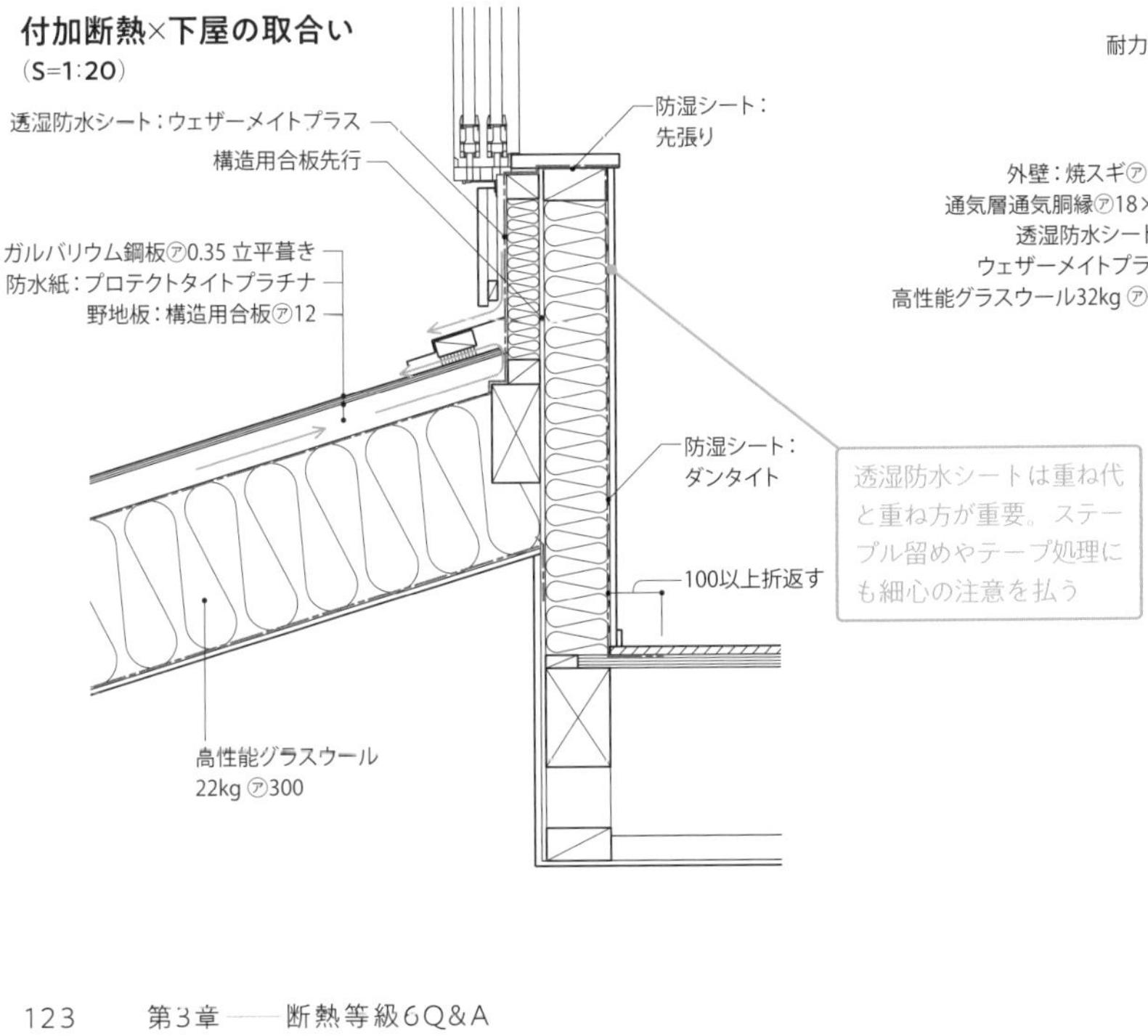
透湿防水シート：ウェザーメイトプラス
構造用合板先行
ガルバリウム鋼板㋐0.35 立平葺き
防水紙：プロテクトタイトプラチナ
野地板：構造用合板㋐12
防湿シート：
先張り
防湿シート：
ダンタイト
100以上折返す
高性能グラスウール
22kg ㋐300
透湿防水シートは重ね代と重ね方が重要。ステープル留めやテープ処理にも細心の注意を払う

付加断熱×セットバック
(S=1:20)

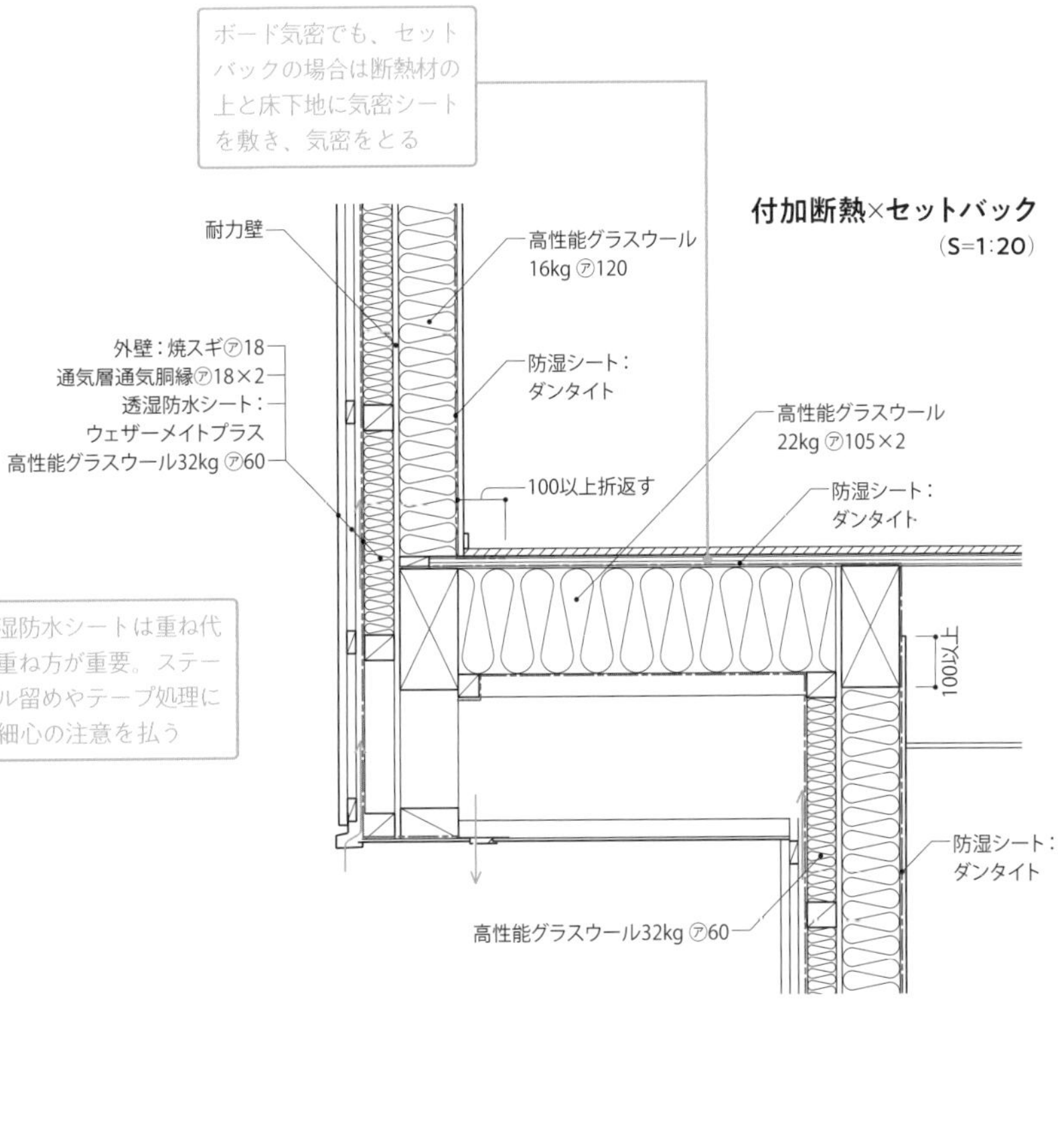
ボード気密でも、セットバックの場合は断熱材の上と床下地に気密シートを敷き、気密をとる
耐力壁
高性能グラスウール
16kg ㋐120
外壁：焼スギ㋐18
通気層通気胴縁㋐18×2
透湿防水シート：
ウェザーメイトプラス
高性能グラスウール32kg ㋐60
防湿シート：
ダンタイト
100以上折返す
高性能グラスウール
22kg ㋐105×2
防湿シート：
ダンタイト
100以上
防湿シート：
ダンタイト
高性能グラスウール32kg ㋐60

A
付加断熱以外は特殊なことはなし。屋根は専門業者に任せたほうが楽な場合も

6 基礎断熱は立ち上がり・スラブ上を隙間なく施工

基礎断熱は特別難しいことはないが、コンクリート打設時に固定するので若干の隙間ができることがある。そのような場所があれば速やかに現場発泡ウレタンなどで充填したい。土台との取合いの必要に応じて断熱補強する。

基礎断熱の施工範囲

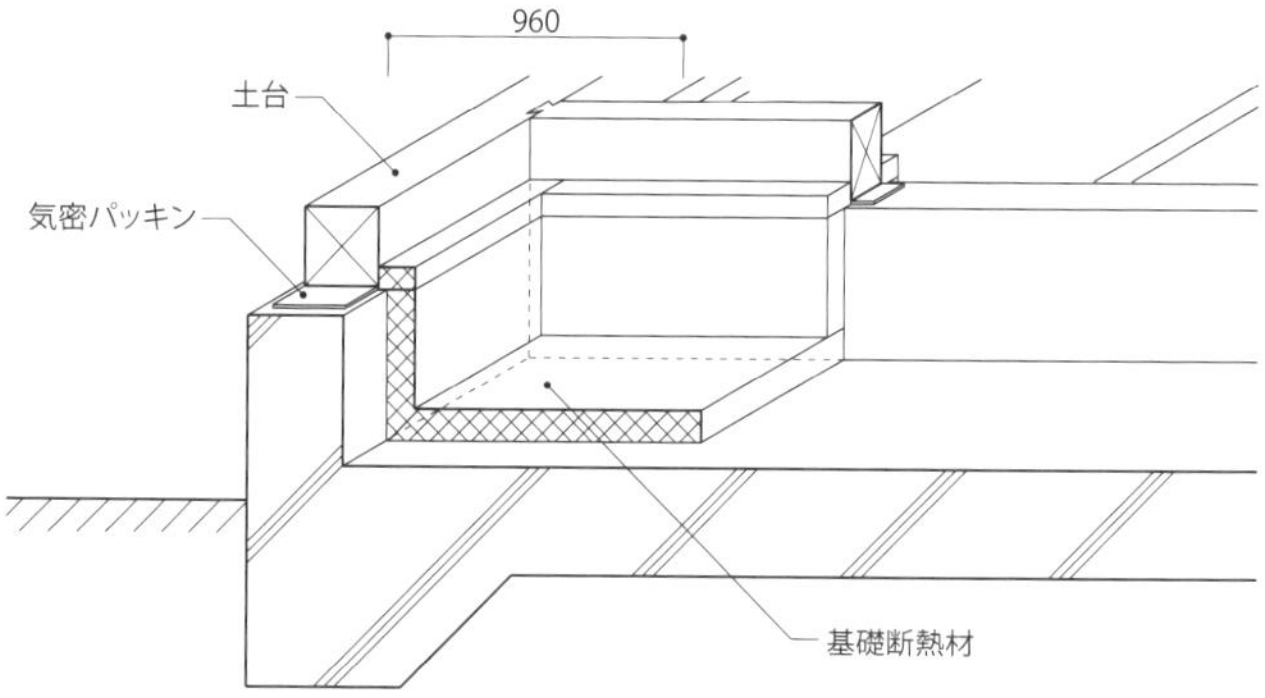
960
土台
気密パッキン
基礎断熱材

基礎の外周部に隙間なく施工されている。ここでは土台と基礎の間の断熱欠損を考慮して、その隙間に断熱材を詰めて補強している

基礎断熱（S=1:20）

掃出し窓部分

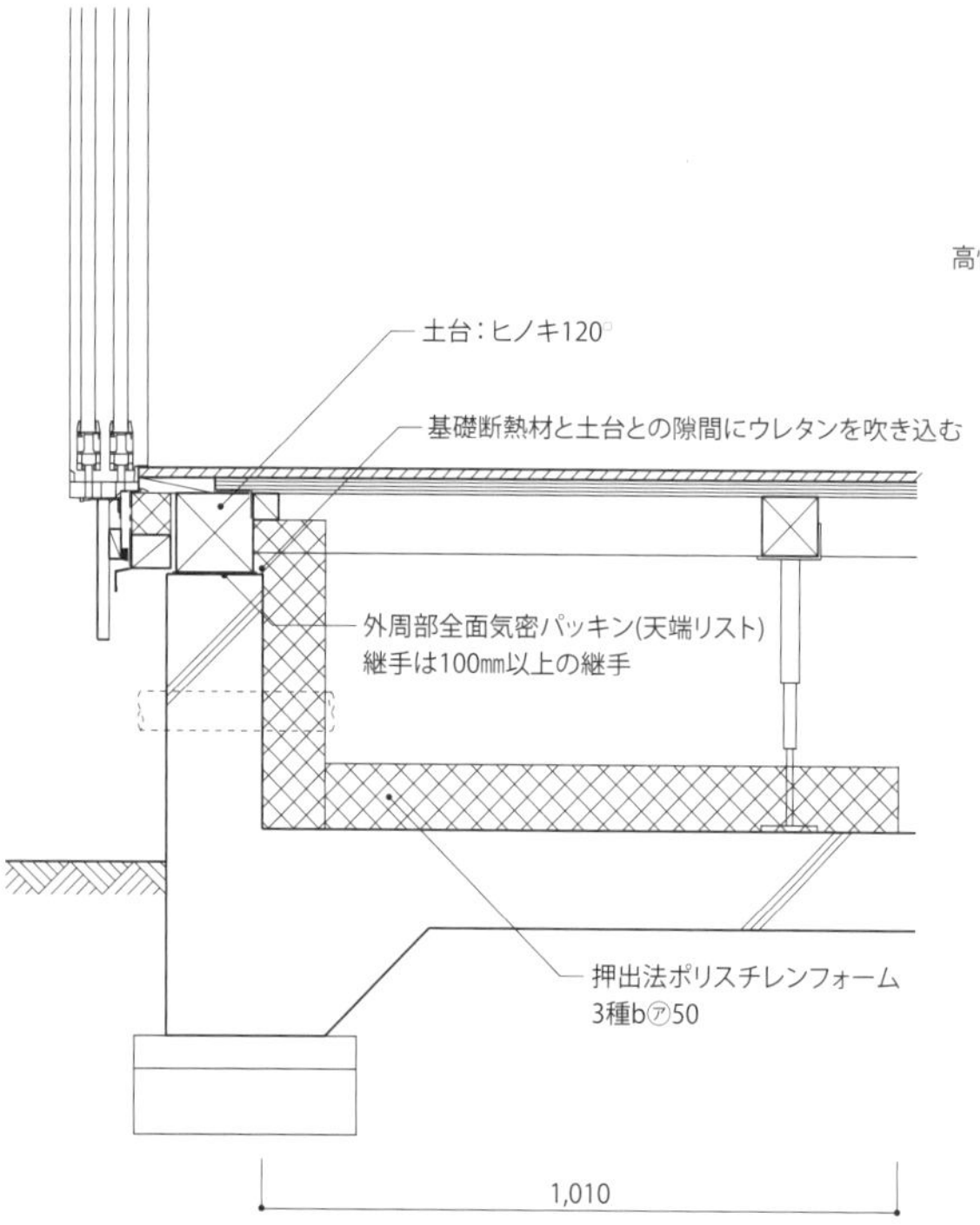
土台：ヒノキ120□
基礎断熱材と土台との隙間にウレタンを吹き込む
外周部全面気密パッキン(天端リスト)
継手は100㎜以上の継手
押出法ポリスチレンフォーム
3種b㋐50
1,010

外壁部分

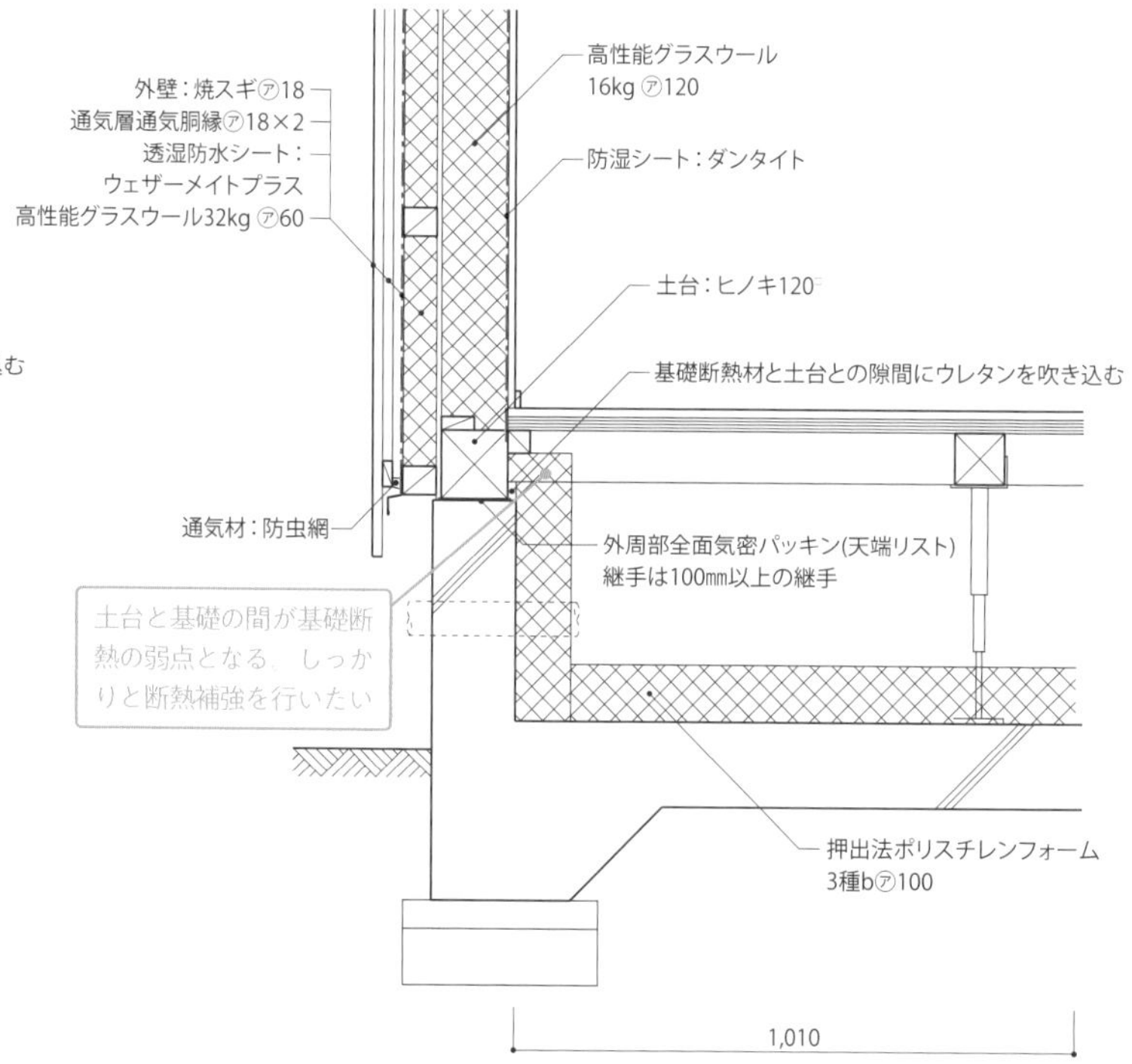
高性能グラスウール
16kg ㋐120
外壁：焼スギ㋐18
通気層通気胴縁㋐18×2
透湿防水シート：
ウェザーメイトプラス
高性能グラスウール32kg ㋐60
防湿シート：ダンタイト
土台：ヒノキ120□
基礎断熱材と土台との隙間にウレタンを吹き込む
通気材：防虫網
外周部全面気密パッキン(天端リスト)
継手は100㎜以上の継手
土台と基礎の間が基礎断熱の弱点となる。しっかりと断熱補強を行いたい
押出法ポリスチレンフォーム
3種b㋐100
1,010

断熱工事の勘どころ

取材・文：編集部

「高断熱」住宅を謳うのであれば「等級6が標準」といわれるほど、高性能化が進む高断熱住宅（＝エコハウス）だが、工事のうえで大事なことは性能の高低とは関係なく「高気密」であることだ。したがって、建物を包むように隙間なく断熱材と気密材が施工され、熱が換気口以外から無計画に出入りしないようにしなくてはならず、工事中は常に「高気密」であることを考えて作業を行う必要がある。

　ここからは今まで詳しく解説していなかったグラスウールを使った高断熱住宅の工事の要点をイラストとともに紹介する。

床の付加断熱の施工

　床下の「付加断熱」とは聞きなれない言葉かもしれないが、通常の土台や大引の成である100㎜や120㎜を超える厚みの断熱材を施工する工法である。

　具体的には120×150㎜など平角の土台や大引を敷き、そのなかに90㎜厚+60㎜厚の断熱材を2層分敷く。こうすることで、床の断熱性能が格段に向上し、床の表面温度が上昇。床は体（足）が直接接する場所なので、ほかの部位より体感的に暖かく感じる。

　床下の付加断熱では、厚みのある断熱材を土台・大引間に充塡するため、断熱材を受ける貫や防風シートを適切に施工することが重要だ。また、根太レス合板を使って、気密は床下地でとるため、必要に応じて土台・大引とは別に気密をとるための下地を入れておく必要がある。

　床は床下配管が貫通する場所でもあるので、事前にスリーブや木下地を組んで、断熱・気密層にできるだけ干渉しないようにしたい。

外壁の合板気密の施工

　かつて袋入りグラスウールやポリエチレンシートで行っていた気密工事を、外壁に張る構造用合板を利用して行うのが、合板気密である。構造用合板は高断熱・高気密の有無にかかわらず使用する定番の材料なので、大工さんもポリエチレンシートなどよりは抵抗なく施工でき、現在では気密工事の定番となっている。ただし、気密をとるからには、隙間は絶対につくってはいけないわけで、通常の合板とは異なる工夫が必要になる。

　まずは梁や柱にただ単純に張るのではなく、隙間や穴ができそうな場所は下地などを追加するということ。これができていない現場が多く、結果壁の各所に隙間ができ、十分に気密がとれない。

　気密テープは隙間ができないようにていねいに貼ること。波打つように張ってしまっては、気密性能が落ちてしまう。

　合板気密では、「合板で気密をとっている」ということ常に意識しながら工事に取り組みたい。

合板気密工事のポイント

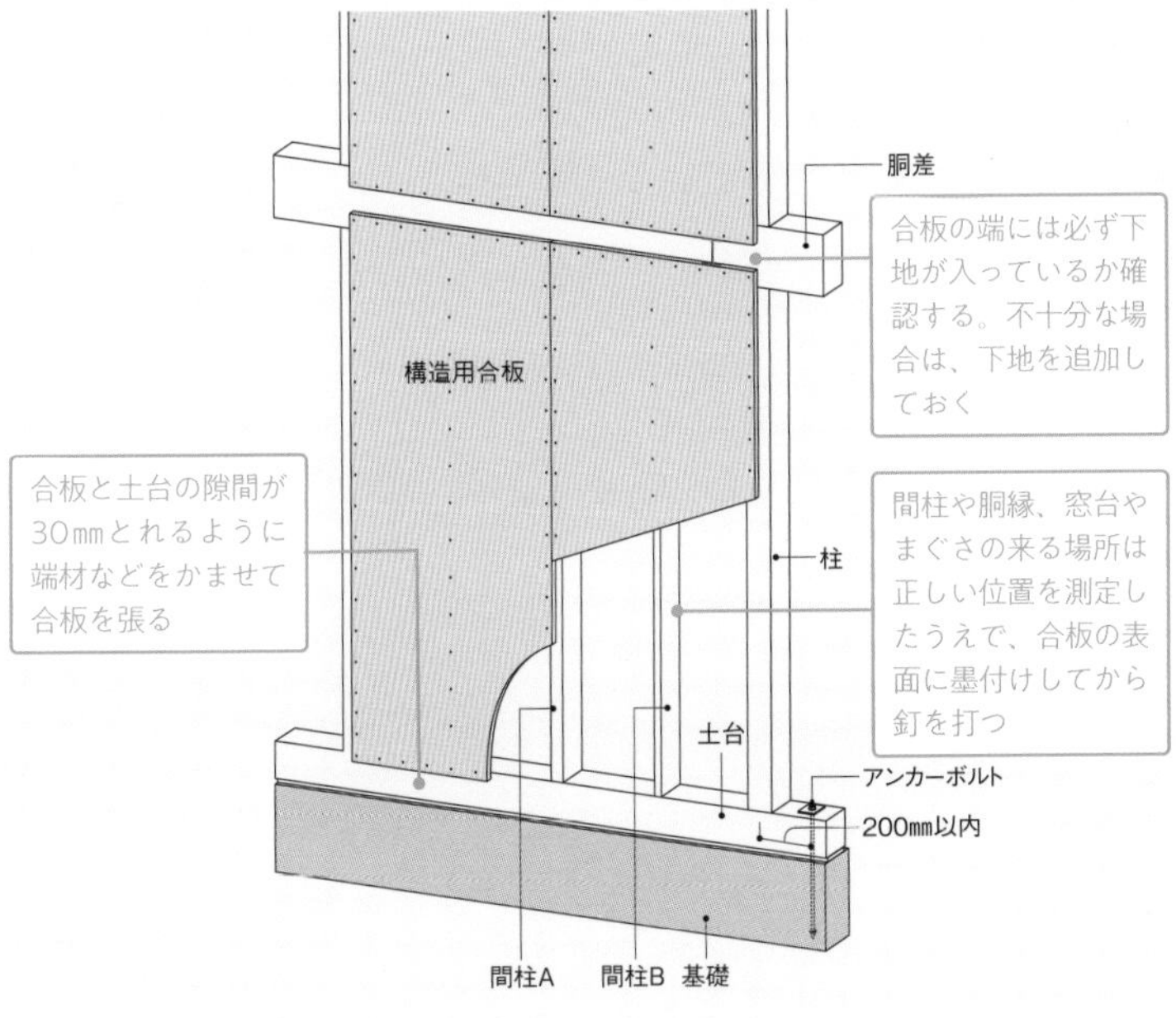
胴差
合板の端には必ず下地が入っているか確認する。不十分な場合は、下地を追加しておく
構造用合板
合板と土台の隙間が30㎜とれるように端材などをかませて合板を張る
間柱や胴縁、窓台やまぐさの来る場所は正しい位置を測定したうえで、合板の表面に墨付けしてから釘を打つ
柱
土台
アンカーボルト
200㎜以内
間柱A
間柱B
基礎

床付加断熱のポイント

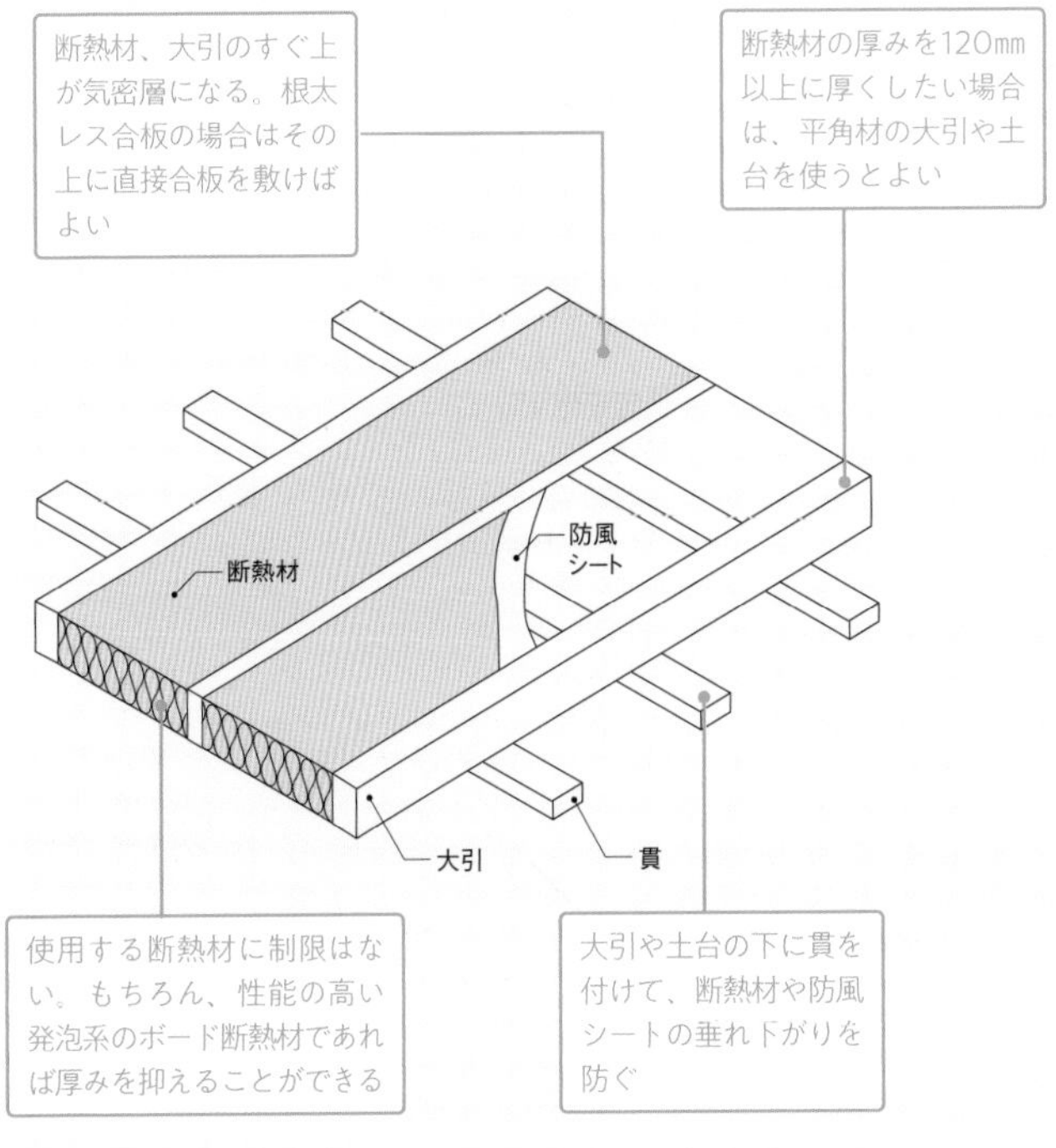
断熱材、大引のすぐ上が気密層になる。根太レス合板の場合はその上に直接合板を敷けばよい
断熱材の厚みを120㎜以上に厚くしたい場合は、平角材の大引や土台を使うとよい
断熱材
防風シート
大引
貫
使用する断熱材に制限はない。もちろん、性能の高い発泡系のボード断熱材であれば厚みを抑えることができる
大引や土台の下に貫を付けて、断熱材や防風シートの垂れ下がりを防ぐ

裸のグラスウールの充填

壁の充填断熱にはグラスウールやロックウール、発泡プラスチック断熱材などが使われるが、ここでは最も一般的なグラスウールによる工事を紹介する。

壁の断熱では、隙間なく断熱材を充填することが何よりも重要だ。したがって、発泡プラスチック系の断熱材であれば問題ないが、グラスウールやロックウールなどであれば、袋入りではなく、むき出しのもののほうはコシがあり加工しやすいので、できるだけそれらの製品を活用したい。そして、充填される場所の形状や寸法を正確に測って、それに合わせて断熱材を適切にカットするとよい。ただし、複雑な形状の場所や断熱材が入れにくい場所は断熱材を無理に入れようとせず、現場発泡ウレタンを活用すればよい。

なお、断熱工事では、取り付け作業よりも加工作業に手間と時間がかかる。作業しやすい作業台を階ごとに用意し、専用の工具などもできるだけ活用しながら工事を進めるようにしたい。

屋根・壁の防湿シートの施工

防湿シートは、無駄なく隙間

屋根・壁の防湿シートのポイント

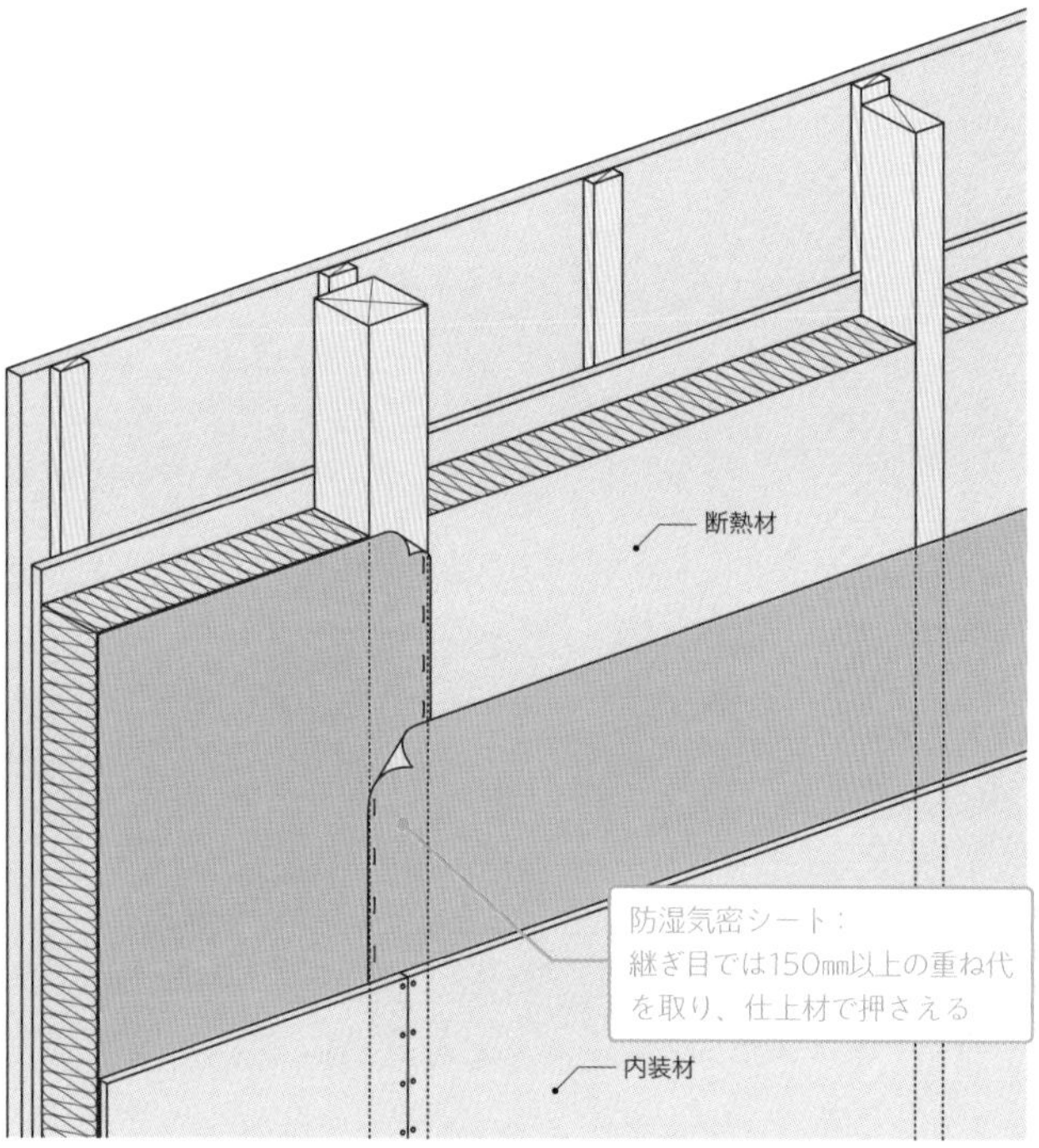
断熱材
防湿気密シート：
継ぎ目では150㎜以上の重ね代を取り、仕上材で押さえる
内装材

裸のグラスウールの充填断熱のポイント

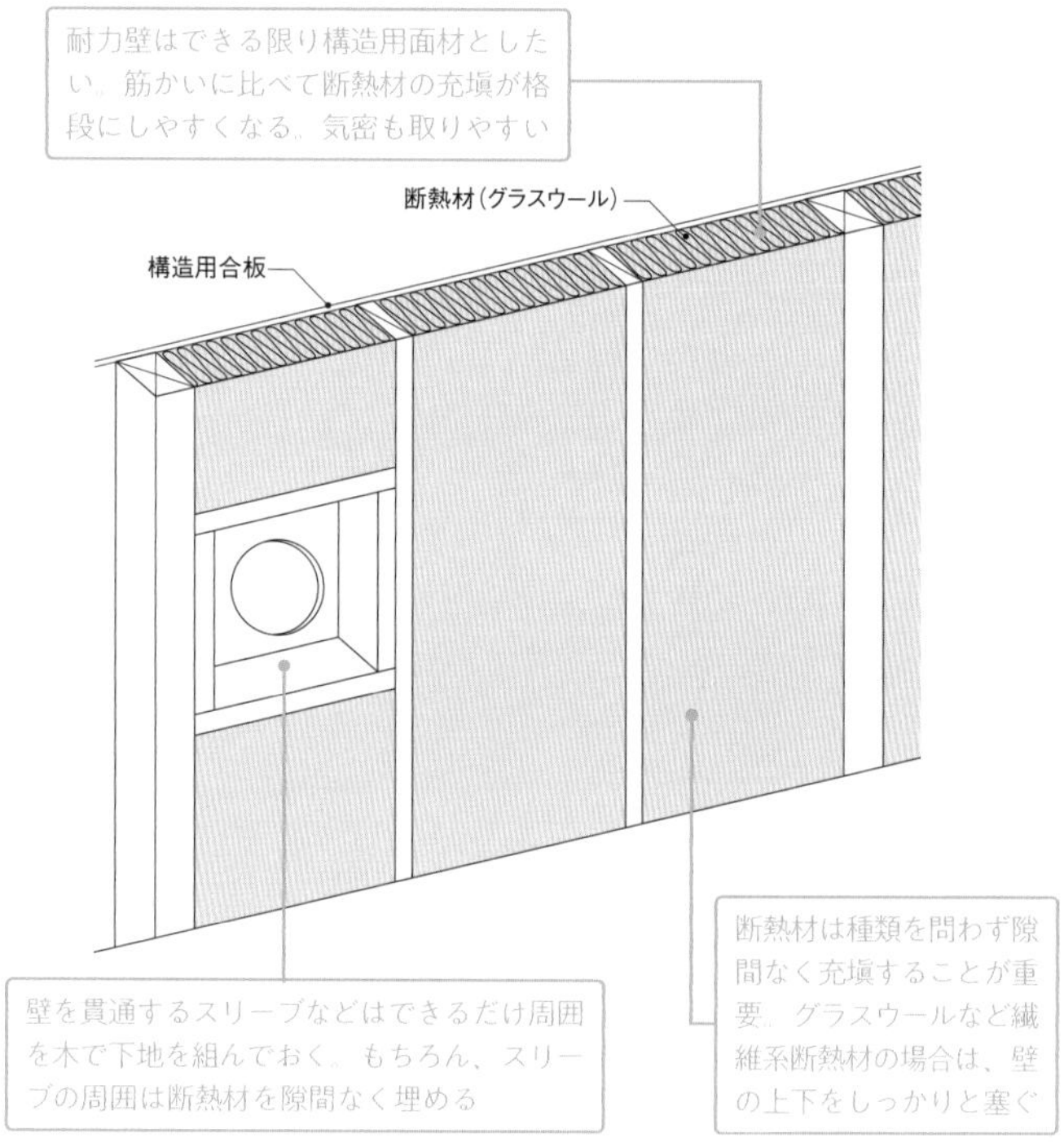
耐力壁はできる限り構造用面材としたい。筋かいに比べて断熱材の充填が格段にしやすくなる。気密も取りやすい
断熱材（グラスウール）
構造用合板
壁を貫通するスリーブなどはできるだけ周囲を木で下地を組んでおく。もちろん、スリーブの周囲は断熱材を隙間なく埋める
断熱材は種類を問わず隙間なく充填することが重要。グラスウールなど繊維系断熱材の場合は、壁の上下をしっかりと塞ぐ

半外付けサッシのポイント

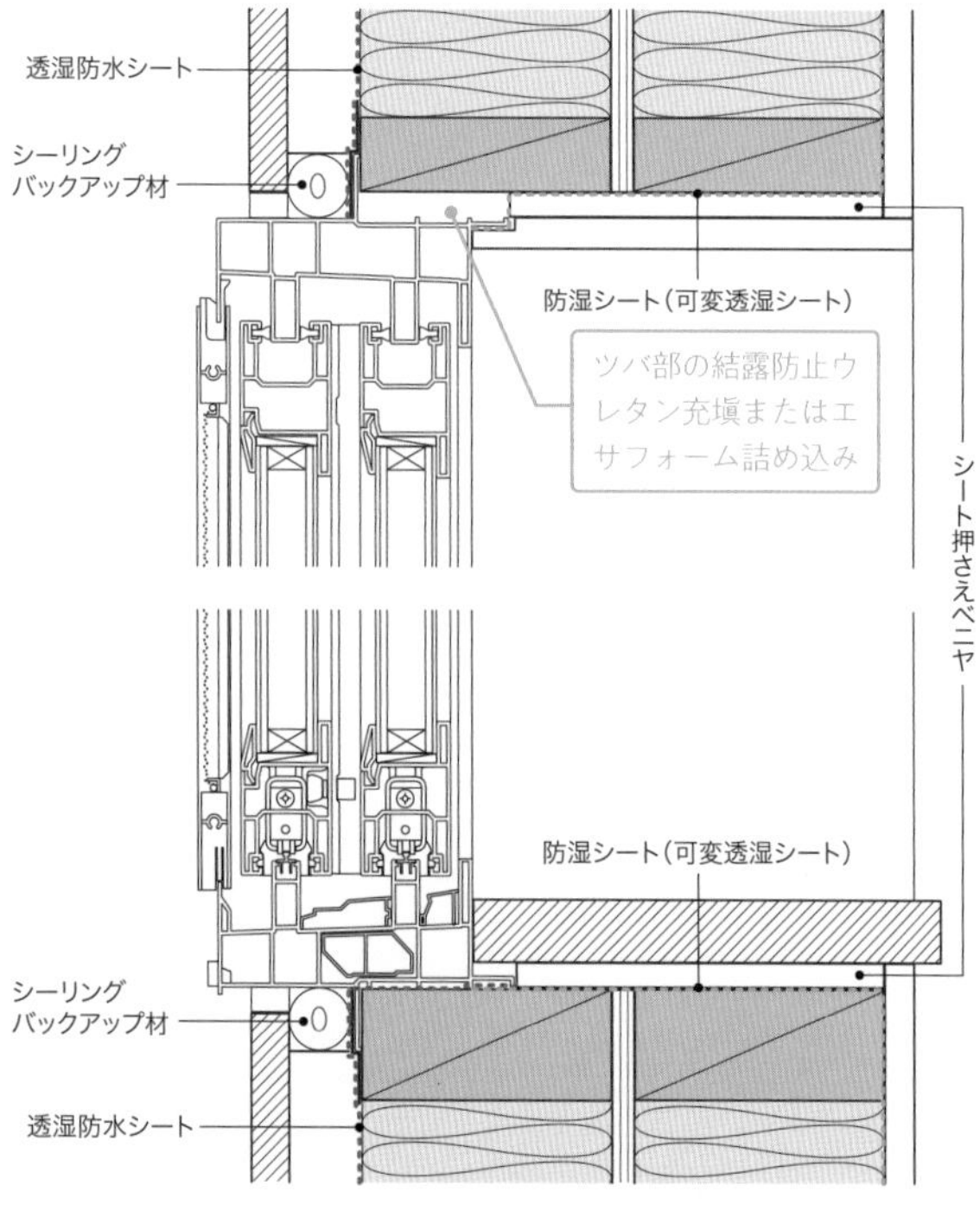
透湿防水シート
シーリング
バックアップ材
防湿シート（可変透湿シート）
ツバ部の結露防止ウレタン充填またはエサフォーム詰め込み
シート押さえベニヤ
防湿シート（可変透湿シート）
シーリング
バックアップ材
透湿防水シート

通気胴縁のポイント

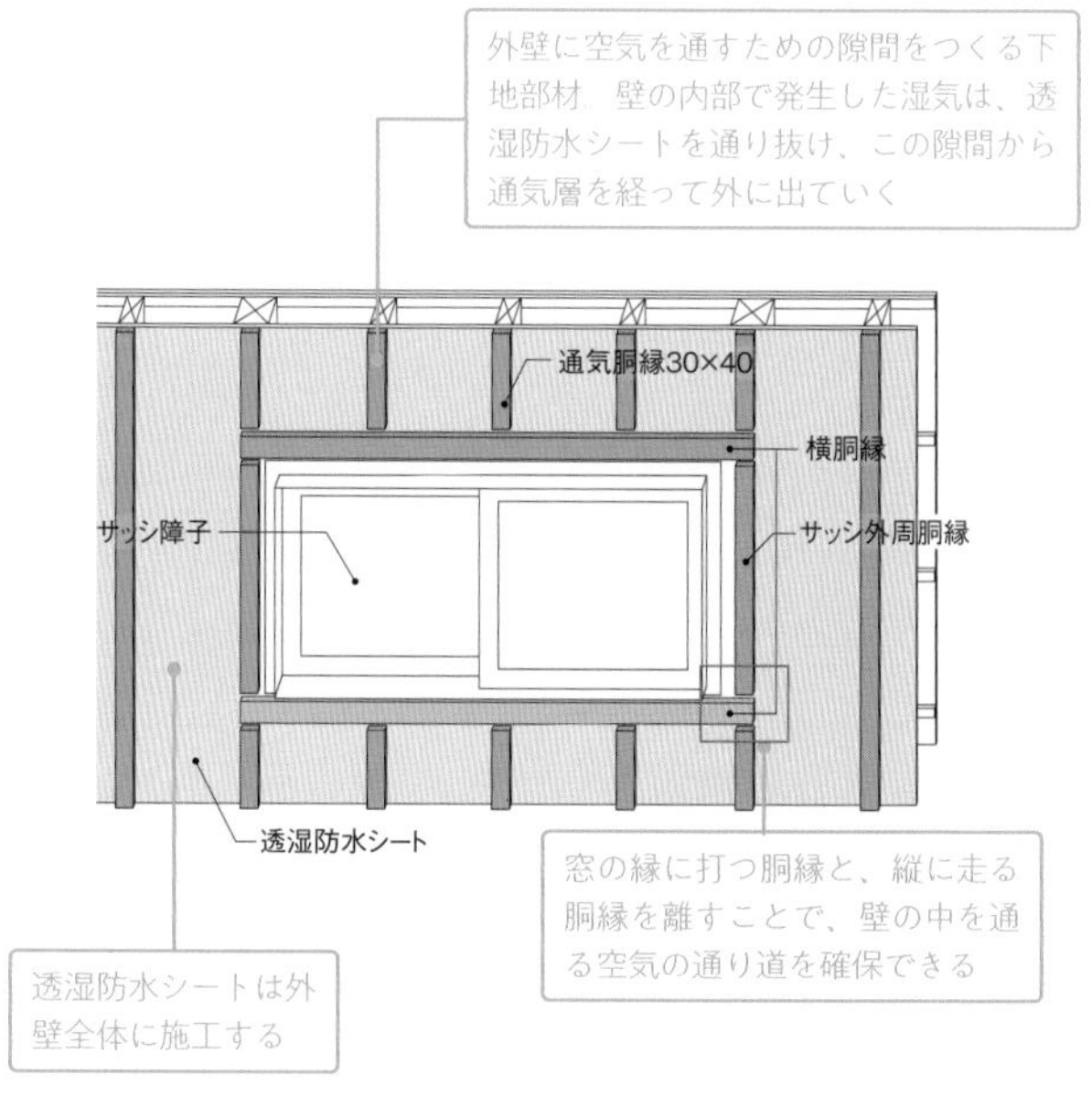
外壁に空気を通すための隙間をつくる下地部材。壁の内部で発生した湿気は、透湿防水シートを通り抜け、この隙間から通気層を経て外に出ていく
通気胴縁30×40
横胴縁
サッシ障子
サッシ外周胴縁
透湿防水シート
窓の縁に打つ胴縁と、縦に走る胴縁を離すことで、壁の中を通る空気の通り道を確保できる
透湿防水シートは外壁全体に施工する

なく均一に張ることが重要である。同社では防湿シートではなく、マグ・イゾベールの可変透湿シート「イゾベールバリオエクストラセーフ」を使っている。これ以降の誌面では、防湿シートを用いて解説する。

施工は、防湿シートの始めのカットを丁寧に。シートを壁面に合わせてピンと張ったときに、余りや不足が出ないだけでなく、シートどうしの重なり部分を、約150㎜幅に保ちやすい。シートは柱・間柱の見付け面にタッカーで留め付ける。留め付けの間隔はおよそ200㎜。マグ・イゾベールの可変透湿シートは、ライン付きでタッカー留めがしやすく、半透明なので、留め付け場所や重なり幅を確認できる。

2階は天井面から施工する。壁との境目には150㎜程度シートを確保しておく。

通気胴縁の取付け

通気胴縁は、外装材のわずかな隙間から浸入する雨水や水蒸気、壁の内側から排出される水蒸気などを外部へ排出する「外壁通気層」に欠かせない部材である。

通常、外壁通気層は18㎜が多く、通気胴縁も18×45㎜のものが多く使われるが、透湿防水シートのたわみや外壁のゆがみなどのことを考えれば、若干心もとない。ここでは、外壁通気層を30㎜とし、通気胴縁も30×40㎜のものを使っている。

通気胴縁には、竪張りと横張りがあり、これは外装材の張り方によって決まってくる。たとえば、外装材が横張りであれば、通気胴縁は竪張りとなる。

通気の面で有利なのは通気胴縁の竪張りである。しかし、どうしても外装材を竪張りとしたい場合は、通気胴縁を横張りするのではなく、2つの通気胴縁を井桁状に重ねて2重の通気胴縁として、しっかりと縦方向に通気がとれるようにするのが望ましい。

半外付けサッシの施工

高性能サッシの施工で気をつけるポイントは、防水処理と荷重によるゆがみ対策である。ここでは、半外付けサッシ（掃き出し）の施工手順を紹介する。

事前に、構造用合板に気密テープが処理されているか確認する。そのうえで下地材を取り付ける。下地材は、たわみを防ぐため45㎜角以上の木材を使い、専用のビスで固定する。

掃き出し窓の場合、透湿防水シートを下側のみに取り付ける。特にサッシ下の隅の防水処理には気をつける。同社では、ピンホール防止としてすべての半外付けサッシに日本住環境のコーナー材「シールドコーナー」を取り付けている。

サッシの取り付けでは、ゆがみの補正を入念に行う。特に樹脂サッシはやわらかくゆがみやすいので、仮留めをしながら上下左右、対角線をメジャーで何度も測り、水平・垂直・直角に納まっているかを確認する。大きなサッシの場合は垂れ防止材を取り付ける。

半内付けサッシの施工

半内付けサッシとは、サッシを柱の内側に取り付ける施工方法である。付加断熱を採用したときに使える仕様である。

半外付けサッシと比べると、サッシ周辺からの熱損失が少なくなる。半外付けと防水ラインが異なるので注意する。まず、構造用合板の気密テープ処理をし、下地材を取り付ける。次に、透湿防水シートを張る。この時、防水ラインはサッシのツバで取るので、防水シートを下地材すべてに取り付ける。また、シートを下地材に数㎝伸ばして張ることと、後から断熱材を入れる四隅のシートを下地材に沿って直角になるように納めることが重要である。

サッシの種類は掃き出しタイプ以外ならなんでもよい。同社では南面は半外付け、その他の面の小窓は半内付けにしている。外壁仕上げ材より後退した仕上がりになるので、サッシ廻りに奥行きのある外観になる。一方で、日射取得は減るので、適材適所を見極めて使い分けよう。

外壁内で納める半内付けサッシのポイント

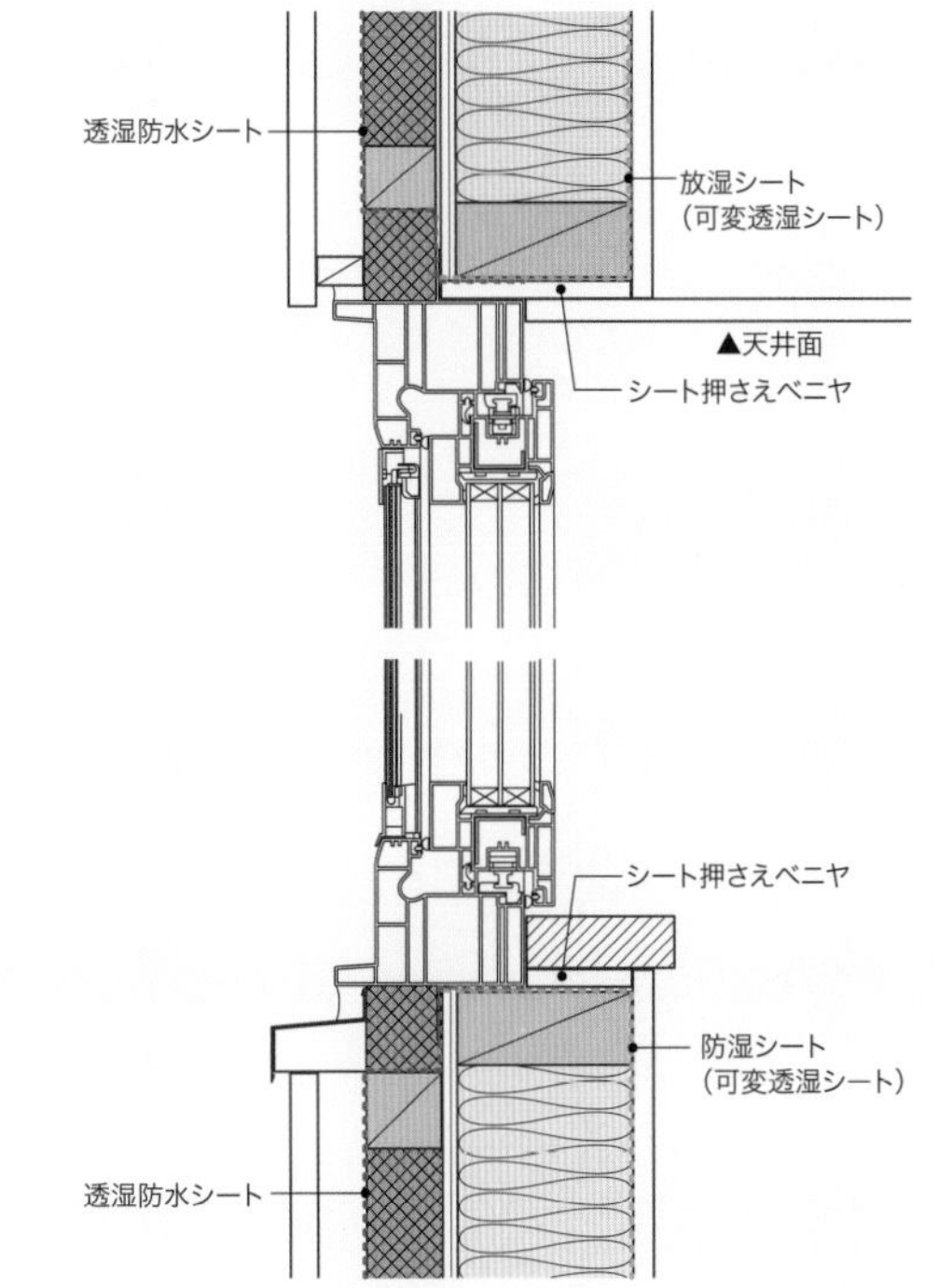
透湿防水シート
放湿シート
（可変透湿シート）
▲天井面
シート押さえベニヤ
シート押さえベニヤ
防湿シート
（可変透湿シート）
透湿防水シート

断熱・気密・換気・空調Q&A

2024年5月21日　初版第1刷発行

発行者　三輪浩之

発行所　株式会社エクスナレッジ

〒106-0032 東京都港区六本木7-2-26

https://www.xknowledge.co.jp/

問合せ先

編集　Tel 03-3403-1381　Fax 03-3403-1345

info@xknowledge.co.jp

販売　Tel 03-3403-1321　Fax 03-3403-1829